继往开来

清华园里"新工人"

《继往开来——清华园里"新工人"》编辑组 编

清华大学出版社
北京

版权所有，侵权必究。举报：010-62782989，beiqinquan@tup.tsinghua.edu.cn。

图书在版编目（CIP）数据

继往开来：清华园里"新工人"/《继往开来——清华园里"新工人"》编辑组编.—北京：清华大学出版社，2022.11
ISBN 978-7-302-61441-8

Ⅰ.①继… Ⅱ.①继… Ⅲ.①清华大学—校友—回忆录 Ⅳ.① G649.281

中国版本图书馆 CIP 数据核字（2022）第 171345 号

责任编辑：纪海虹
装帧设计：傅瑞学　刘玉洁
责任校对：王荣静
责任印制：沈　露

出版发行：清华大学出版社
　　　　　网　　址：http：//www.tup.com.cn，http：//www.wqbook.com
　　　　　地　　址：北京清华大学学研大厦 A 座　　邮　编：100084
　　　　　社 总 机：010-83470000　　　　　　　　　邮　购：010-62786544
　　　　　投稿与读者服务：010-62776969，c-service@tup.tsinghua.edu.cn
　　　　　质量反馈：010-62772015，zhiliang@tup.tsinghua.edu.cn
印 装 者：三河市龙大印装有限公司
经　　销：全国新华书店
开　　本：185mm×260mm　　　印　张：27.5　　　字　数：502 千字
版　　次：2022 年 12 月第 1 版　　印　次：2022 年 12 月第 1 次印刷
定　　价：168.00 元

产品编号：096633-01

本书编辑组成员

庄丽君　白永毅
田　芊　孙　哲
黄文辉　冯　茵

序 一

贺美英

清华园里的"新工人"是清华大学历史上很有特色的一群人。1970年，清华在1964级、1965级两届毕业生中同时留下800多人参加学校工作，时称"新工人"。半个世纪以来，他们与老教师一起，在学校的教学、科研、管理及社会服务等各个岗位上努力工作，起到了承上启下的重要作用，为改革开放以来清华探索与建设世界一流大学作出了自己的贡献。"新工人"这一批教师与共和国一起成长，经历了清华从20世纪60年代以来的一段历史，将其记载下来对保存清华校史是很有意义的。因此，我非常支持他们写回忆文章，这不仅是个人的回忆，也是学校历史的回顾，这很重要。现在编辑出版《继往开来——清华园里"新工人"》这本书，这是一件令人高兴的事。

"新工人"这一批教师入学和留校工作时，我正在清华校团委和学校主管学生工作的领导岗位上，所以对他们中的不少人都认识并有所了解。我看到了他们成长进步、始终努力奋斗和不断取得成绩，看到他们参与清华的建设和发展并发挥了很好的继往开来作用，这是一个奋发有为的群体。这本书记录了这批教师在清华参加工作后亲身经历的一些事情与感悟，是真实生动的历史。之所以我认为这个回忆录有意义，是因为文章中不仅叙述了曾经的工作往事，可以看到清华在那个历史时期的缩影，而且显现出他们在人生历练后的真实感受，以及对事业、对清华的真挚情感。他们的回忆是那个时代的记忆，可以为后人留下不少历史的回想与时代的启迪。

回顾历史，当时清华留下这批教师是必要的。虽然起初是为改造清华教师队伍，准备在"资产阶级知识分子"的老教师中"掺沙子"；但事与愿违，历史证明他们是清华教师队伍的新鲜血液，是清华在新的历史时期里坚持传统办学的继承者。虽然起先有人怀疑他们理论与基础不行、知识与能力不够，不知道能否接好班；但是他们不怕误解、脚踏实地前行，终于不负众望。事实证明他们是清华教学、科研、管理各方面建设和发展中不可或缺的补充力量，尤其是参与了清华在提高中发展，是创建世界一流大学中的奋斗者和贡献者。

清华留下了这批教师是幸运的：由于他们在清华学习、工作和生活经历了磨炼，比较了解清华的历史，受到清华文化的熏陶与影响，比较理解清华的精神及传统。正是由于清华的教师队伍中有了这样的生力军，在"文革"结束后的转折时期里，清华的变化才得以平稳过渡，没有大起大落地折腾；在进入改革开放时代以后，清华的发展才得以持续有序，能够稳步、大步地前进。他们以自己的不懈努力证明，他们是清华在向改革开放转型时期的重要力量。

这批教师生在旧社会，长在红旗下，与共和国同行。他们随同新中国一起成长：经过 20 世纪五六十年代革命和建设的艰苦奋斗历程，经受了"文化大革命"风云变幻的磨砺，又投身了改革开放波澜壮阔的大潮。因而他们更加懂得历史，从历史中汲取力量，更加明白幸福生活来之不易，明了振兴中华之必要。他们从正反两方面的历史经验中树立了正确的政治观念，以及明确的世界观、人生观和价值观。他们忠诚党的教育事业，牢记时代使命与责任，是清华大学走自己办学道路的接班人和开拓者。

这批教师因"文革"错失了学习的最佳岁月，所以他们格外珍惜时光，努力补课，刻苦学习，为提高学业知识打好基础。他们十分勤奋务实，能够适应环境、抓住机遇，能够吃苦耐劳、踏实肯干，在基层锻炼提高才能，努力在实干中成长。学校对他们给予关心与培养，为他们举办研究生班提高学术水平，提拔他们到教学科研及管理的重要岗位上锻炼。老教师们予以悉心栽培提携，言传身教，热情帮助他们；他们尊敬与爱戴老教师，虚心学习，继承了"严谨治学，敬业乐教"的精神。如同清华 50 年代一样，又一次新老教师"两种人会师"，他们和老教师一起成为清华向世界一流大学迈进、不断发展的主要力量。

从这批教师身上可以看到清华教育的影响和清华文化的烙印，他们秉承了清华精神与传统，牢记"自强不息，厚德载物"校训，践行"严谨，勤奋，求实，创新"学风，彰显了清华人"爱国奉献，追求卓越，又红又专，敬业自强"的精神风貌。他们不管在什么岗位、承担什么任务，能够做到有挑战顶着上，遇难关攻得下，做出了十分可喜的业绩。他们中有不少人成为院士、学术带头人、教学名师，以及学校、部处、院系的领导骨干，更是有许多人忠于职守、坚贞守正，踏踏实实、默默无闻地工作，少有个人计较，多有高风亮节。他们和所有清华人一样有着浓厚的爱国心、清华情，不计名利得失，不互相攀比，这种"甘于平凡，乐于奉献"的精神，尤其令人称道。

《继往开来——清华园里"新工人"》书中有不少往事回顾，这些记忆在几十年后的今天读来，也还是很有意思，让人回味。这些记事对"新工人"自己是终生难以忘怀的，对后人了解清华曾经的一段历史也是很有帮助的。在这本书里，虽然这些记事只写了在清华工作的一些片段，还不够完整、全面，却是校史中不可缺少的重要一部分。在这本书里，还只是他们中少数人写的一些记事，我希望这是一个开始，期望有更多的人记录下自己的回忆，趁现在还写得动，能多写一些，写一写自己的体会、感受。也欢迎各班级、年级能组织同学们编写回忆录出书。《继往开来——清华园里"新工人"》这本书可以作为清华大学110周年校庆的贺礼。

清华大学已走过了100多年的发展历程，始终"把立德树人作为根本任务，把服务国家作为最高追求"，经过一代代清华人矢志不渝的共同努力奋斗，终于迈入了世界一流大学的行列，为振兴中华作出了自己的贡献。但是，清华还有不足，需要做得更好。我们要谦虚谨慎，不骄不躁，自强不息，努力进取；要不忘办学初衷，牢记历史使命。我们要不辜负国家和人民的期望，为实现中华民族伟大复兴和推动人类文明进步继续不懈地努力，作出新的贡献！

2021年12月

序 二

一个独特而多彩的群体

韩 景 阳

读了《继往开来——清华园里"新工人"》，书中的大部分作者我都认识，其中有一些我还非常熟悉，读着他们这些不同角度、不同时间段的真实经历和切身感受，好像这些老师们就在面前，把他们的故事徐徐道来，生动形象又情真意切。白永毅老师让我写篇东西，开始我还有点儿犹豫，但书越读越感觉亲切，越受到感染，于是不由自主地拿起了笔。

"新工人"，这是一个具有强烈时代感的名称，虽然经历了半个世纪，在大家的记忆中逐渐淡去，但作为一种别样的标记，留给了清华大学一个独特的群体。

我最初听到"新工人"这个称呼，是在上大学期间。偶尔从教研组老师们的口中听到"新工人"这个词儿，感觉很奇特，问老师为什么有这种称呼，老师解释说，他们是在"文化大革命"前入学的最后一两批学生，在"文革"中毕业，有800人留在清华工作，基本上都在学校的校办工厂、车间当工人，为了区别他们与上一代知识分子，同时也区别于工厂里的工人，给了他们一个很独特的"新工人"称呼。我一直以为这只是一个有特色的、大家口中的叫法和称呼而已，看到这本书才知道，这原来还是一个挺正式的称呼，已经标注进了他们的工作证。后来我到学校机关工作，进一步了解到，"新工人"的称呼也是当年的军宣队、工宣队为了给老知识分子"掺沙子"，将当时留校的毕业生的职务取名为"新工人"，以与老教师区别。当然，随着"四人帮"被打倒，学校用"新教师"取代了"新工人"，慢慢地，这一称谓只有在特定的时候才会被人们提起。

我最早接触的"新工人"是我们教研组的老师，其中有我们班的政治辅导员王金凤老师、教研组给我们上辅导课程的殷树勋老师等。那时，听说这些老师们在带我们、教我们的同时也在参加课程补习，或者上回炉班，或者在复习，准备考研究生。"文化大革命"耽误了他们的学业,他们虽然是老师,但和我们这些学生一样,也在勤奋刻苦地学习。

上大学时,我们非常崇拜的一位"新工人"是我们自动化系电子学教研组的胡东成老师,他给我们自动化系和电机系77级学生上"电子技术基础"大课。"新工人"给恢复高考的首届学生上专业课那可是特殊破格的,他讲课思路清晰,逻辑严密,语言简洁干净,板书漂亮工整,给我们留下了非常深刻的印象。听说他在广播电视大学给童诗白先生做助手,给学生讲辅导课,让听课的学生们佩服得五体投地,一致认为清华大学连这么年轻的老师都有这么高的水平,真是了不起。

毕业以后我留在学校工作,接触了更多的"新工人"老师们。在校团委学生部,我的"新工人"领导有任彦申老师、瞿振元老师、郑燕康老师等。他们气质不同,风格迥异,但对我都是谆谆教诲、悉心指导、帮助、放手使用、培养。任彦申老师是学校的大笔杆子,除了校团委书记的工作外,学校的一些重要报告他也执笔起草。他作报告理论性、思辨性都很强,特别受大家的欢迎。我在学生部工作期间,瞿振元老师接替王凤生老师担任部长,后来我又跟着他调到研究生院负责研究生思想教育工作。他思想敏锐,勤于思考,工作张弛有度,1989年,我在他的领导下工作,有着一段特殊的记忆。郑燕康老师则开朗豪爽,工作特别有劲头,我在他的领导下做过一段研究生思想教育工作。到20世纪90年代,我早就调到校工会工作了,可他们还在研究生社会实践项目报教育部教学成果奖时不忘把我也算上一份。

刚留在校团委工作时我还"双肩挑",在自动化系电子学教研组做一些教学工作,董名垂老师讲"电子技术基础"课,我做他的辅导老师(助教)。他讲课不仅条理清楚,而且生动幽默,我们教学小组也非常团结默契。看到他写的《站上美国大学领先奖答辩台的清华人》一文,让我想起了一段往事。当年我在校工会工作时,兄弟高校的负责人很想到清华来参观,工会领导们一商量,就决定去当时正搞得很红火的CIMS工程中心参观。我请董名垂老师出马,给各个高校的工会主席们作介绍,董老师的介绍深入浅出,比喻形象、生动,把当时很超前、很先进的CIMS工程讲得通俗易懂,又令人赞叹折服。听了董老师的介绍后,那些工会主席们都说,你们清华的老师太厉害了,这么高深的科研项目,经董老师一讲,让我们这些纯粹的外行们都听明白了,知道是干什么的,怎么干出来的了。董老师既可以面对世界顶尖的专家讲CIMS的研究思路、组织构架、实施进展和重大突破,也能给一张白纸的外行们讲项目的功能和意义,的确令人钦佩。

我到校工会工作时,"新工人"张启明老师是副主席,他为人坦诚热情,工作有魄力、有干劲,跟他一起工作很愉快。后来我调到组织部工作,直接领导是孙道祥老师,他考虑问题周到、全面,处理问题谨慎、稳妥,做事情认真、细致,让我学到了不少东西。在校机关党委、机关事务组工作时，我的直接领导是"新工人"何建坤老师，他思维敏捷，看问题独到、深刻，而且工作总能想出新点子、新方法，常常令人茅塞顿开。我在宣传部工作时的直接领导是"新工人"张再兴老师，后来在校关工委的工作，也是跟着他学做起来的。他不仅是一位思想型的领导，思考问题、讲话逻辑性非常强，而且对工作极其精益求精，不论是讨论文章还是研究工作，经常达到废寝忘食的地步。我又回到组织部工作时的直接领导是"新工人"庄丽君老师，她工作思路清晰，对待问题态度鲜明，处理问题干练、爽快，跟她一起工作很融洽、很默契。后来我在学校领导班子工作时的"新工人"领导是顾秉林院士，他在"非典"的关键时刻上任校长岗位，带领清华经历了风风雨雨，更感受过清华百年校庆的高光时刻，精明与厚道在他的身上有着最绝妙的结合。

现在回想起来，我留校工作以来的直接领导，绝大多数都是"新工人"老师们，他们对我的成长起到了非常重要的指导者和引路人的作用，从他们身上我学到了不少宝贵的东西，使我终身受益。在他们身上，除了有清华人共有的对"自强不息，厚德载物"校训的传承、"爱国奉献，追求卓越"精神的弘扬、"行胜于言"校风的陶冶，以及为祖国健康工作50年的劲头，他们的独特成长经历和工作学习环境，还为他们注入了一些很突出的气质和品格。给我印象非常突出的有以下几个方面：

第一，他们有一种非常强烈的求知欲，刻苦学习并善于学习。正像他们自己的自我评价"先天不错，后天不足"，他们经历了比较完整的基础教育，也参加了重要的筛选过程——高考，基础还是非常好的；但由于"文革"的影响，他们在文化知识学习方面被耽误了，在大学只学了不到一年或不到两年，使大学阶段的学习造成了一定的空缺。正因为如此，他们的学习积极性非常高，有着非常强烈的求知欲，珍视任何可能得到的学习机会。从他们在改革开放之初积极参加培训、回炉班、报考研究生等，到后来许多人在各学科中崭露头角，还有一些人转行投身新的学科建设和发展并有所建树时，都能感受到他们对知识的渴望，在学习上的如饥似渴。他们不畏惧新学科、新专业、新技术的挑战，他们不惧怕转行，他们能够迅速捕捉前沿信息，敏锐感知最新技术，并快速学习，很快进入角色，正是这种积极、勤奋、刻苦的学习态度，使他们中的许多人在相关领域取得了骄人的成绩。

第二，他们身上有一股谦虚又执着的精神，干一行爱一行，干好一行。我比较熟悉的一些"新工人"，有的一直在专业岗位上钻研业务，他们努力把业务钻深钻透，把书教得有声有色，像华成英老师、薛芳渝老师等，他们是教书育人的名师，课讲得娴熟精湛、生动流畅。他们有的致力于科学研究，瞄准前沿问题，埋头苦干，不畏困难，努力攀登科技高峰，好多位都成为了两院院士。他们中还有不少人服从组织安排，离开了自己熟悉的、喜爱的业务岗位，转而做党政管理工作，这些人我接触得更多一些，他们有一种干一行爱一行、干好一行的精神品格，他们把党政管理工作当成事业来做，钻研相关业务，善于探讨实践，舍得花工夫花力气，追求工作的高质量和高水平。冯冠平老师在深圳研究院的大手笔、吴敏生老师在大学校长岗位上的建树，以及白永毅老师、陈皓明老师、裴兆宏老师等一大批"新工人"老师们对管理工作的思考、钻研和敬业精神都给我留下了极为深刻的印象。他们对工作的勤奋和一丝不苟，他们对工作的高标准严要求，他们那种奋斗、执着、追求的精神，正是"爱国奉献，追求卓越"精神面貌的生动写照。

  第三，他们对实践的重视和具有的良好基础。我读这本书的时候发现，他们中的绝大多数人都曾经在学校的汽车厂、机械厂、车间、工地等生产一线工作过比较长的时间，他们和工人师傅并肩工作，研制727汽车，参加基建工地建设，研制调试设备，对车、铣、刨、磨，直至数控机床等多项工种都有涉猎，有的还比较精通。他们还虚心向工人师傅学习，又有较好的知识基础，所以能够很快掌握生产技术技能，在工作中学习，在战斗中成长。他们对生产实践有一种天然的情感和格外的重视，这对他们后来的教学科研等工作产生了重要影响。他们中的不少人都认为，那一段"新工人"的历练对自己后来的工作有很大的帮助。所以他们在教学中也非常重视学生动手能力、生产实践的培养和锻炼，在科研中更是以良好的工程实践经验为依托，善于自己动手去解决生产技术中遇到的实际问题，为理论研究成果转化为实际工程技术和产品生产打下了良好的基础。

  一代人有一代人的使命，一代人有一代人的长征。清华园里的"新工人"是非常特殊的一个群体：他们身上既有老一代知识分子的家国情怀和儒雅风范，又有强烈的为国争光精神和创新、创业的劲头；既能潜心敬业于平凡岗位的工作，又能适应需要担纲重任。历史不会忽略每一代人，在关上一扇门的时候，一定会打开一扇窗，让你获得不同的视角和心境，以独特的姿态展现在这个时代的画卷中，书写自己多彩亮丽的一笔。

2022年1月于清华园

序 三

亦师亦友，一生受益

史宗恺

1980年的秋天，我跨入清华园，开始了全新的大学生活。我是工物系的学生。

开学后不久，系里组织义务劳动。有一天，正在劳动时，有一位老师过来加入我们的行列中与同学们交流，通过介绍，我知道这位老师叫陈章武。这是我在清华认识的第一位"新工人"老师。我现在仍清晰地记得当时与陈老师交流的情景，他说话时的温和以及带着微笑的样子，和我现在看到的陈老师一样，温厚质朴。

"新工人"称谓的由来，是我后来才知道的。

大学5年里，我们班有两任班主任，第一任班主任是贾宝山老师。贾老师也是"新工人"。那个时候，学校还没有完全恢复辅导员制度，班里的事情都是班主任安排、负责、操心，如学生助学金的确定、安排班委，等等。贾老师对我很关心，关心我的学习，鼓励我参加班里的活动。贾老师经常到宿舍里来，和同学们交流，参加我们班里的活动，了解大家的学习生活。贾老师以及后来的班主任肖隆水老师，到现在都与我们班同学有着密切的联系，成为我们班里的重要成员，亦师亦友。

在我的任课教师中，有若干教师是"新工人"。我上"核反应堆物理"课时，小课教师是施工老师。我毕业后，施工老师成为这门课的主讲教师，我给他做了一个学期的助教，施工老师给了我许多润物无声的教导。

系里主管学生工作的几位教师也是"新工人"，有瞿振元、孙毓仁等老师。我毕业时，孙毓仁老师建议我留校，时任校团委书记的陈希找我谈话，我因此毕业后留在了校团委。我初到校团委工作的时候，回工物系做了一年的带班辅导员，也因此认识了杜彦从老师。她当时是其中一个班的班主任，也负责整个年级的学生事务。杜老师非常了解班里的每一位同学，像母亲一样关心爱护学生，她给我进一步树立了做清华老师的示范和榜样。

1988年，我到学校党委办公室工作。90年代初，学校重视青年教师，我参与了"学术新人奖"的策划和具体方案的起草。记得有一次讨论时，荣泳霖老师对"新人奖"这个提法提出了不同看法，大家热烈讨论后，还是同意用"新人奖"的提法。这也让我体会和感受到学校领导之间议事的气氛，大家坦诚相见，最后达成共识。从那时起，我更多地接触到了在校机关工作的"新工人"老师。

1993年，我担任校长办公室副主任，当时的校长办公室主任是田芊老师。田芊老师和我谈心，给了我许多工作上的指导。后来，张启明老师担任了校办主任。那个时候，我因为年轻气盛，不懂规矩，曾经为了工作，与张启明老师跳着脚大吵，张老师从未因此责怪我，给了我极大的宽容，给我成长的空间。至今，我仍然从张老师那里学习为人处事的原则，学习他的包容大度。再后来，白永毅老师接任了党办主任，白老师对我而言，也是亦师亦友，给我各方面的指导。这3位老师都是"新工人"，是我成长过程中的指导者，是我的导师。

我在担任校办副主任期间，何建坤老师从核研院调到学校担任秘书长，后来任副校长。我在何建坤老师领导下工作了许多年，他对我耳提面命，是我工作中的引路人，不断地启发和指导我。

1997年，学校安排我赴美筹办"清华北美教育基金会"。我曾专门去找时任物理系主任的顾秉林老师请教，顾老师给了我许多建议。时任研究生处的郑燕康老师专门想办法支持了我一台笔记本电脑，在那个经费非常困难的时期，这是多么宝贵啊！

1998年，我回到学校，担任校长办公室主任。这是我与一批"新工人"老师一起共事最久、最密切的时候。这段时期，"新工人"在不少院系和校机关部处担任主要负责工作，在校领导中许多人是"新工人"。我因此有机会与这些老师在一起，共同为清华的发展献计献策，贡献力量。这是我工作成长最快的时候，也是特别愉快的一段时间。我们共同策划了许多对学校发展有重要影响的工作，老师们对我的指导更直接，始终包容我。在何建坤常务副校长的领导下，我们出色地完成了90年校庆的策划与方案的制定和实施，以及一系列的改革事项。校办与教务处、研究生院以及学生系统策划了毕业典礼的整体调整方案，其中，陈皓明老师提出了特别具体的意见和建议，甚至连学位颁授时播放的乐曲，都是陈老师反复挑选的。冯冠平老师作为深圳清华研究院院长，虽还处于创业的艰难阶段，但仍支持本科生学位服的制作。刘颖老师和陈皓明老师在不同时期对我的学习成长都给予了细致的关心和支持。陈老师也经常给我许多工作上的建议。

那个时候，我有机会经常与各位"新工人"老师一起交流。在与这些老师们相处的过程中，我们建立了亦师亦友的深厚情谊。我们曾一起畅谈，工作生活无话不谈，工字厅办公室的灯光经常一直亮到深夜；我们也曾一起痛饮，体会人生中如此的豪迈。这些老师和前辈们的丰富经历及对清华的感情，始终教育着我，感染着我，让我更深刻地理解和认识清华的历史与传统。"新工人"在清华经历了许多重大政治事件，他们经验丰富，政治上有认识、有判断，事业谋划上不急功近利，具体工作上能够牺牲小我，"新工人"老师们身上的优秀品质对我的思想和工作都产生了极大的影响。吴敏生老师对清华教育教学改革的思考和认识、冯冠平老师对清华科研规划和布局的判断、陈皓明老师在研究生教育方面的独到见解、李树勤老师在法学院建设中的投入和奉献、陈克金老师在"非典"的关键时刻勇挑重担，等等，对我后来的工作一直有着很大的影响和启发。

2003年，我到云南迪庆挂职。李树勤老师是第一位来看我的学校老师，他鼓励我融入当地，努力为少数民族地区的发展作贡献。吴庚生老师也给予我很大的支持。

2006年，我到核研院任党委副书记。时任党委书记的徐景明老师的从容不迫，以及对核研院工作的把握、给我的具体建议，都让我在随后的工作中受益良多。

在我担任主管学生工作的党委副书记期间，我继续受到"新工人"老师们多方面的支持和指导。2008年，我们启动了"新生导引项目"，旨在给大一学生迅速适应大学生活方面以技术性的指导，使他们在"适应"和"养成"两个方面有所收获，也包括了对大一新生进行挫折教育的重点内容。精仪系贾维溥老师连续几年担任了这个项目的指导教师，为这个项目的实施提供了很好的示范。李树勤老师多次就素质教育的认识和具体实施找我谈话，对我的工作提出要求和希望。李老师推荐给我的《失去灵魂的卓越》一书，我认真学习后，推荐给了学生系统的老师和辅导员们阅读，它使我们对研究型大学在人才培养方面存在和面临的问题有了深入的认识与理解。张启明老师在加强学生体育和代表队建设方面继续给我建议和指导。范守善院士非常支持学生的科创活动。许多"新工人"从关工委的角度直接加入对学生的思想教育工作中，例如，刘裕品老师作为指导教师，为学生公益社团"唐仲英爱心社"的成立和发展做了大量工作。新闻学院的王健华老师，被学生们称为"王奶奶"，她对学生的热爱和细致的关心都让我感动，并且以她为榜样。陈章武老师在赵家和老师设立公益基金和后来基金的使用过程中做了大量默默无闻的后台工作，他与赵家和老师一起，为我们树立了极好的榜样。李永德老师热爱冬泳，他对清华冬泳协会的贡献许多老师和校友都知道，他在病重的时候，还专门找我讨论冬泳协会的具体工作。我要向他学习，学习他积极乐观的生活态度。还有白永毅老师，每次见到我都给我鼓劲打气。

2017年，我的办公室从工字厅移到强斋，但仍然和许多"新工人"老师在我的办公室深入交流，我继续在与他们亦师亦友的关系和情谊中受到教育。吴敏生老师回京时，也时不时到我的办公室来交流。吴敏生老师在教务处、深圳研究生院以及在福州大学工作的时候，我们一直都有深入的交流，他的敏捷思维和丰富的学识，以及对学生和青年教师的关心，都让我一生难忘。我任校办副主任的时候，吴敏生老师策划了"本科生研究训练计划"（SRT，Student Research Training），我正好帮助校团委联系到了一个为大型展览做局域网的学生实践项目，吴老师非常支持，使这个项目成为第一个SRT项目。1999年，吴老师又支持我与清华校友联合进行了一项研究——"基于网络环境下的学生过程性评价"项目。我们有许多海阔天空的交流，吴老师给我推荐了许多前沿科技类的书目，让我大大开阔了视野。2019年，吴敏生老师突然离世，我满心悲痛，在参加于福州举行的追悼会上，热泪长流。时至今日，有时候我会恍惚听到他在走廊里叫我名字的声音，还有他爽朗的笑声。

我在清华读书、成长，后来留校工作，一路走来，都有"新工人"老师们对我的关心，有他们付出的心血，他们教育了我，看着我成长，让我一生受益。他们是我的老师，也是我一生的朋友。

我所提到的这些老师都是"新工人"，他们于1964年、1965年考入清华，1970年毕业后留校工作。"新工人"的称谓是历史给他们留下的特殊印迹，而他们给清华留下的，远不止是这个历史印迹。他们见证了改革开放后清华的大发展和大跨越，并且和这段时期所有的老师一起，成为清华这段时期发展过程中重要的建设者和贡献者。在清华从多科性的工业大学成长为综合性、研究型、开放式世界一流大学的建设过程中，在为中华民族实现伟大复兴的进程中，这些老师有着重要的贡献，他们也因此留给清华一段重要和珍贵的历史记忆，并且在传承清华传统的同时，与时俱进，创造着清华传统中新的内容。我们要记得这些把一生都贡献给清华的老师们，把他们所作的贡献记录下来，让其中的那些有意义的故事作为"新工人"传奇流传下去，变成清华传统中的独特部分，最终成为大学文化的一部分。

2022年3月清华园强斋

目 录

001　难忘汶川地震那10天的工作 / 马宝民　土建系1965级 房002

009　我和中国近代建筑的机缘 / 张复合　土建系1965级 建00

019　坚守清华工程教育培养"工业通才"的传统 / 卢达溶　水利系1964级 水工03

029　我为祖国"存"石油 / 李仲奎　水利系1964级 水工02

039　我确实是一个"新工人" / 李树勤　水利系1965级 水工001

043　身负使命　精心耕耘 / 傅水根　农机系1965级 汽002

055　我的清华时光（1970—1988年）/ 雷源忠　农机系1965级 汽002

063　做一块铺路石

　　　——回顾创建公共管理学院 / 田　芊　机械系1964级 光0

075　向两届总书记的汇报 / 冯冠平　机械系1964级 精0

081　行政工作中的一颗螺丝钉 / 陈田养　机械系1964级 制01

085　在9003工厂工作那些年 / 贾惠波　机械系1964级 精0

095　学术生涯的三次选择 / 隋森芳　机械系1964级 制01

099　我的科研经历 / 潘龙法　机械系1964级 制01

107　清华大学现代远程教育历程 / 吴庚生　机械系1965级 光002

115　砥砺图精　追求完美 / 余兴龙　机械系1965级 制001

125　校办厂工作 22 年的情结 / 徐友春　机械系 1965 级 精 00

133　90 周年校庆建成校史展览馆始末 / 徐振明　机械系 1965 级 光 001

143　影响我半个多世纪的清华篮球队 / 霍玉晶　机械系 1965 级 光 001

153　材料科学与工程系的成立及教学改革 / 邓海金　冶金系 1964 级 金 0

161　在工程实践教育中拼搏与奉献

　　　/ 严绍华　冶金系 1964 级 焊 0　王天曦　马二恩　冶金系 1965 级 焊 00

171　和学术大师共事，创建世界一流学科 / 林　亨　冶金系 1964 级 压 0

179　努力做好组织交给的每一份工作 / 郑燕康　冶金系 1964 级 金 0

193　南国紫荆亦芬芳

　　　——到深圳异地办学 / 关志成　电机系 1964 级 高 0

203　四十春秋多离别的一家子 / 刘廷文　电机系 1965 级 发 001

209　"新工人"的教师生涯 / 陈　刚　电机系 1965 级 企 001

217　"你将成为人类的一个思想"

　　　——难忘恩师童诗白先生 / 胡东成　电机系 1965 级 高 00

227　站上美国大学领先奖答辩台的清华人 / 董名垂　电机系 1965 级 电 002

235　龙山涪水　峥嵘岁月

　　　——献给绵阳分校的"新工人" / 冯正和　无线电系 1964 级 无 02 班

245	绵阳分校纪行 / 乐正友　无线电系 1965 级 无 005
255	从教学一线到教学管理岗位 / 汪蕙　无线电系 1965 级 无 003
263	我与清华的一生缘 / 罗建北　自控系 1964 级 自 03
275	三十年河东　三十年河西 / 王水弟　自控系 1965 级 自 003
283	创办软件学院的岁月 / 孙家广　自控系 1965 级 自 004
289	我与中文信息处理的不解之缘 / 陈群秀　自控系 1965 级 自 001
299	支援西部教育那些年 / 周立柱　自控系 1965 级 自 002
307	从"新工人"到中国工程院院士 / 郑纬民　自控系 1965 级 自 002
315	一个"新工人"的足迹 / 孙哲　工物系 1964 级 物 02
325	我的退休庆贺会 / 李子奈　工物系 1964 级 物 03
335	一个非典型"新工人"的经历和思考 / 朱邦芬　工物系 1965 级 物 002
341	教书育人 50 年，平凡岗位尽责任 / 施工　工物系 1965 级 物 004
349	乘火车赴丹麦留学那些事 / 顾秉林　工物系 1965 级 物 002
357	努力创出清华出版社的品牌 / 蔡鸿程　工物系 1965 级 物 003

361　栉风沐雨　行远自迩

　　——我的清华之路 / 周海梦　工化系 1965 级 化 001

369　与数学为友 / 刘坤林　数力系 1964 级 力 05

379　在工字厅的日子 / 裴兆宏　数力系 1964 级 力 01

389　一块砖

　　——后勤工作大有可为 / 陈克金　数力系 1965 级 力 004

398　附录一　清华世纪鼎和零零阁

405　附录二　1965 年院系名单及 0 字班、00 字班班号

406　附录三　1970 年留校毕业生（新工人）名单

415　附录四　系名全称简称对照表

416　编后记

马宝民,男,1946年生,河南卢氏人。研究员,副总工程师。1965年入学清华大学土木建筑系,1970年毕业留校,1983年获硕士学位。曾在核研院、土木系、建筑设计院工作。做过两届政治辅导员。北京市教授级高级工程师评审专家,国家一、二级注册结构工程师考试命题专家。

难忘汶川地震那 10 天的工作

马宝民 土建系 1965 级 房 002

回顾我在清华大学 50 多年的工作历程，触动最大的事情还是被派往四川地震现场那 10 天的工作，自我感觉心灵受到震撼，学术认知也上了一个台阶。

一、派往极重灾区

2008 年 5 月 12 日，汶川发生了 8 级特大地震，震惊了全国，震惊了世界。惨不忍睹的画面不断从电视传来，揪住了亿万民众的心。我本是做建筑结构设计工作的，建筑抗震是工作的最重要内容之一，看着地震震塌房子砸死人，更加心不能安。

5 月 26 日上午，清华大学建筑设计院领导问我，能不能去四川地震灾区帮助做一些工作，我当然义不容辞。简单收拾一下行装，下午便飞到成都，当晚 8 点在四川省政府大楼开会接受任务，第二天一早开始到几个极重灾区做现场考察调研工作。

专家组共 14 人：中国建筑科学研究院 2 人、清华大学建筑设计院 2 人、防灾科技学院 2 人，四川省建筑研究院、设计院等 8 人。我是清华大学 2 人之一。任务是对极重灾区部分建筑的震害逐栋深入调查分析。

汶川地震，最后确认为 8 级特大地震，释放能量的大小相当于两个唐山地震。这次地震的大断裂到达地面，最大垂直错动 5 米、水平错动 4.8 米、震源深度 10 千米、地震延时超过 100 秒（有资料说 162 秒）。主断裂带从汶川到青川 300 公里，造成汶川、都江堰、什邡、彭州、绵竹、北川、安县、茂县等 10 个市县的极重灾区。一般来说，地震延时超过 1.5 秒就会引起房屋破坏，延时 160 秒就相当于使一栋五六层的房屋反复摇晃了一二百次！

对我来说，已有的全部地震和抗震知识都是来源于教科书、抗震规范、自己的实验观察、他人的学术报告，亲身到现场感受真实地震还是第一次。唐山地震时我在北京，有过剧烈晃动的感受，但那毕竟不是房倒屋塌的现场。我到汶川地震现场已是地震过去的第 14 天，许多惨烈场面早已过去。尽管如此，仍然有许多触目惊心的事情震撼着我的心灵，改变着我的已有认知，包括专业知识认知和社会责任认知。

因为营救需要，不少倒塌房屋的现场已被彻彻底底地翻了个遍，看到那"干净"的地面，不能不令人联想到当时营救场面的惨烈。听专家组一个同志说，他在那里偶遇了一个过去的同事，那同事原是学建筑结构专业的，毕业后做了地震研究工作。因为工作需要，哪里有地震他们就第一时间赶到现场。汶川地震也是这样。地震当天，他在现场看到了被压在倒塌房屋下面的鲜活生命在惨烈挣扎，而营救者心急如焚却手足无措、毫无办法。那同事无奈地攥紧拳头自言自语嚷道："结构！结构！结构！……"一连喊了8个"结构！"——那意思是，如果房屋的结构能够多坚持一会儿，哪怕让人跑出来再倒塌该多好啊！

让人跑出来再倒塌，我们的房子没有能做到这一点。能不能做到呢？结构工程师能不能担当起"让人跑出来"这样的社会责任？我一直在想这个问题。因为在砸死人面前，说地震太大毫无意义，苍白无力。

成千上万的生命在一瞬间便无谓地消失了。地震已经过去14天了，空气中仍然到处弥漫着古怪的难以忍受的气味，令人心情十分压抑。那记忆挥之不去。冤魂们也在用另一种方式呼唤"大震不倒！"

二、竟有这样的震害

汶川地震后的白鹿中学操场

彭州山区的白鹿中学位于雁河湾一块难得的平地上，学校仅有两栋教学楼，楼间有一块40来米宽的操场。地震断裂带就硬生生地从两栋教学楼中间的操场上穿过。该校杨校长站在操场上给我们讲当时的情况：不到10秒钟，眼看着3层的"勤学楼"连同地面一起抬高了将近3米！顿时有着20多厘米厚混凝土面层的操场，裂开30多厘米宽的大口子，成了伤痕累累的斜坡。所幸两栋教学楼没有倒塌，而且损伤不重。学生们迅速从教室"跑"到操场上蹲下（根本站不住），无一人伤亡，而操场两端地震带经过的宿舍楼和民房全部垮塌。十几天后，"勤学楼"又慢慢回落了1米多。两栋教学楼没有倒塌纯属侥幸。

都江堰的聚源中学距离震中映秀镇23公里。地震时，一栋3层的教学楼除楼梯间外，教室部分彻底垮塌。当时正是上课时间，学生死伤惨重。没有垮塌的楼梯间救了不少人。同院的另外4栋楼开裂严重，但没有垮塌。与教学楼垂直走向，仅几米远的实验楼开裂严重，没有垮塌，有一个班的学生在那里上实验课，躲过一劫，无一伤亡。

我们从垮塌的教学楼建筑构件堆中寻找、分析垮塌原因，勘察分析同院没有垮塌的另几栋建筑的情况，希望找到地震引起房屋破坏机理的蛛丝马迹，比较垮塌房屋和不垮塌房屋的区别，探求原因。

在当时的抗震规范中，都江堰的设防烈度是7度，而这次地震，都江堰的实际烈度差不多是9~10度。烈度每增加一度，地震作用就增加一倍，也就是说，那里的房屋受到的地震作用是正常设防抗震能力的4~8倍。垮塌的教学楼是砖混结构，那几年学生数量增加，教室不够用，就加建了一层。加建投入的资金相当紧张，抗震的技术措施也有缺陷，加上地震作用的显著增加，是垮塌的重要原因。另外，和教学楼方向垂直的其他4栋楼没有垮塌，所以教学楼的垮塌也许还和地震波方向有关。

在极重灾区的民房中，住宅的破坏形态是以前从来没有见过的，一栋住宅楼像刀劈一样从上到下裂开一道大口子，而且多数是沿着厨房、卫生间这样的小开间劈开的。以前一般认为厨房、卫生间这样的小跨度房间是相对安全的地方，可是这里眼见的情况却不是这样。也有少数住宅的劈裂是沿房屋的纵向，更是耐人寻思。这些垮塌的住宅楼多数比较老旧，建设年代较早，多为砖混结构、预制圆孔板。有的窗户偏大，窗间墙偏小，尤其是房屋角部。还有一些似乎是习惯性的不当做法，这些都不利于抗震。

还有一种较严重的破坏是房屋底部的一二层垮塌，上面几层整个坐下来。乍一看还以为是基本完好的房屋，实际上底部一二层已经没了。这种破坏形态的房子还不少见。底层本来荷载最大，往往还有较大的公共空间（如商店、门厅等），使得

汶川地震受损建筑沿小开间劈裂（上左、上右）和沿纵向劈裂（下）

主要承载的墙、柱截面反而变小。专家组同志见到有一户人家，住在一栋5层楼的4层，这栋楼的底层垮了，他们家却基本完好。在台湾211地震、日本阪神地震等其他地震中也发生过这样子的破坏。

在极重灾区，房屋明显开裂是普遍的，只要不倒塌就是好样的，就不会严重伤人。据估计，垮塌的房屋大约占到8%左右。不垮塌房屋和垮塌房屋同样有重要的研究价值。

对每一个调查对象，我们的做法是：请当地同志叙述地震时的情况；请当地同志尽可能提供房屋的设计图纸；查看建筑的破坏实况。然后专家组的几个人一起分析、探讨房屋破坏原因。专家组内有专门研究地震方面的，有专门从事建筑结构设计的，有对当地情况十分熟悉的，大家在一起可以从不同角度综合分析问题，方便尽快找出合理答案。

三、上下同心　多难兴邦

一天下午，我们正准备去看一座垮塌的桥，领队通知大家马上到就近的一个地方开会。到了那个临时的会议室才知道是建设部部长汪光焘同志来看望大家，了解震害调查情况，听取大家意见。在座谈会上，每个同志逐个发言，谈所见所闻，谈对破坏房屋的调查分析，谈对抗震工作和重建工作的建议。汪部长听得非常仔细，不时记录，随机插话，最后汇总了大家的意见，说一定如实向人大常委会委员长报告，并对我们的工作作了指示。

又一天晚饭后，国务委员刘延东同志和教育部部长周济同志等来看望大家，开座谈会仔细听取大家的意见。专家组每个同志都充分谈了自己的意见和建议。刘延东同志会前会后都有讲话，中间有插话，并不时记录大家意见。

对专业问题，几位领导同志都很在行，涉及地震、抗震问题讲得还很有深度，所谈很有指导意义。在我印象中，地震后几乎每天都有中央领导同志到现场考察，指导工作。

在两次座谈会上，专家组谈到的意见大体是：这次地震的实际烈度远大于设防烈度是造成震害的主要原因；老旧房屋破坏较重，按照新规范建造的房屋破坏较轻；我们的规范经受了地震的检验；还谈到房屋选址、走向、结构形式、投资、农民房、对地震波的认识等许多具体问题。建议提高学校、医院建筑抗震设防标准；对规范设防烈度区划需要调整；对老旧房屋需要全面鉴定，必要的要加固，等等。

果然，不久发布的建筑抗震方面的规范、规定、措施等文件中增加了不少内容，学校、医院设防标准提高一级，设防烈度区划标准也大幅度调整、提高，不少地区老旧房屋的抗震加固工作也开始逐步进行。

经过几天的紧张工作，我们对十几个区块的几十栋房屋进行了深入详细的调查研究，写出了调查报告。按当地安排，还在四川电视台作一次地震和抗震方面的科普宣传，帮助人们了解地震和地震破坏房屋的一些知识，这是大家迫切需要的。

6月3日晚上，我和西南建筑设计院的陈总接受了采访，就地震的震级、烈度、地震如何破坏房屋、同一院内为什么有的房屋倒塌有的房屋不倒塌、建筑是如何抗震的等大家最关心的问题作了解答。节目顺利做完并播出。

回到北京不久，我又就上述类似问题接受了中央电视台采访，在6月23日的《焦点访谈》节目中播出。

四、"读天书"

在四川工作的10天，一直接待我的是省质量监督站的向副站长，彼此建立了友谊，取得了信任。临别前，他把他和周围厅局六七个同志在地震发生第一时间拍的照片复制送给了我。我立刻明白，他是希望我能对这些照片作进一步的深入研究，从而对建筑抗震问题提出有益的见解，也是对抗震事业的一点贡献。我非常感谢他的善意，同时也感到责任重大，不知道自己能不能实现他真诚美好的心愿。

回到清华以后，一有空我就对那上千张照片一张一张地在计算机上放大仔细分析，思索每栋房屋破坏的过程和原因。对照片中房屋破坏形态进行分类梳理。一时难以解释的破坏，放一段时间再回过头来看，反复多次，每次都有一些新的启发、新的收获。

不久以后的6月14日，日本东北部的岩手县和宫城县发生了7.2级地震。7月9日至12日，中日建筑结构专家在成都召开了一次小范围的学术研讨会，结合中国和日本的两次地震进行研讨。会议安排对都江堰震区作实地考察。我参加了会议，并在会上发言与大家交流，对在汶川地震中一些被破坏的和没有被破坏的房屋进行了分析，提出自己的看法。由于我掌握的第一手照片比较多，发言分析也较有依据，因此反应较好。

我认为这次大地震实际上是老天给的一次最真实的"实验"，比实验室的试验价值高得多，所以我很看重那些珍贵的震害照片，反反复复地研究。我把看照片叫作"读天书"。2008年10月18日至20日，第八届中日建筑结构技术交流会在北京召开，这是两年一次的定式交流会，有中国大陆、港台地区和日本代表近300人参加。我发表了《分析汶川"5·12"震害，探求大震不倒途径》的论文，并在会上作了发言。经过几个月深入地分析研究，提出了一些有新意的看法，得到了与会代表的好评。发言刚结束，《震灾防御技术》杂志副主编就找到我要了那篇稿件，修改后发表了此文。

到此还没有完，有一个问题一直萦绕在我的心中。我国抗震规范的设防目标虽然是"小震不坏，中震可修，大震不倒"，但那"大震不倒"的概念并不是一般人心中想的"无论多大的地震房子都不倒"的意思。而倒房子砸死人的社会影响太大，比较而言，人民生命安全远比财产安全重要，二者根本不是一个数量级的。只有在"无论多大地震房子都不倒",或者"让人跑出来房子再倒",才能保证人民生命安全。建筑结构在技术上能不能做到这一点?在汶川地震的极重灾区(9~11度)确实有不少房屋并没有倒。仔细研究这些建筑,是有可能在不增加太多投资的情况下做得到的。如何做到?还是要"读天书"。问题的关键所在已初见端倪,对普通多层民房来说,不倒的关键是竖向构件,竖向构件的关键是底部一二层。

还有一个我总在想的问题,就是结构工程师们都是遵照规范建设房子的,这没有错。但是,只"对规范负责"还不够,最根本的还是要"对房子负责"。粗看起来似乎是一回事,但细琢磨还是有差别的。因为在实际工程中有大量具体问题,规范不可能规定得面面俱到,而且,对规范条文不同的理解,就会有不同的做法。另外,过几年规范就要修订一次,说明规范是需要不断改进的。"只要满足规范,就没有责任"和"房子不出问题,就没有责任"是有区别的。这就要求工程师有社会担当,不断学习,向书本学,更要"读天书"。不仅要对规范负责,更要对房子负责。有这样的心态,才能提高房子的安全度。科学实验允许失败,但工程不允许失败,哪怕一次都不行。我对年轻工程师们不厌其烦地讲这个道理。

受"自强不息,厚德载物"熏陶了几十年,干事情就该较真,对社会就该有担当。

2021 年 9 月

张复合，男，1947年生，山东东平人。教授。1965年考入清华大学土木建筑系，1970年毕业留校，从事教学和研究工作。1992年获日本东京大学工学博士学位，先后在东京大学生产技术研究所做博士研究员、研究员。曾担任中国建筑学会建筑史学分会近代建筑史学术委员会主任委员、大理大学客座教授、北京清华同衡规划设计研究院顾问专家。

我和中国近代建筑的机缘

张复合　土建系1965级 建00

1970年3月毕业留校时，土木建筑系改为"建筑工程系"，建筑学专业停办，因此我被分配到新设的"地下建筑"专业所属"0304"科研组，参加由施岚青老师主持的北京地下铁道工程顶部"高梁"破坏试验项目；不久，转而由阚永魁老师带我进行820工程地下设施入口防爆门设计项目。

1972年建筑工程系开始恢复招收建筑学专业学生（三年制工农兵学员），我于1974年3月回到建筑学专业，参加建3班（1973年9月入学）教学工作。1977年1月建3班毕业后，转而参加建6班（1976年3月入学，1980年11月毕业）教学工作；1980年6月转而参加9月入学的建0年级教学工作。

虽然1978年建筑工程系恢复了招收建筑学专业本科生（学制五年），但生源尚杂；到1980年，建0年级的生源才整齐划一，均为当年毕业的在校高中生。当时我担任建0年级的年级主任，兼建01班的班主任。

毕业留校后10年间，我的工作从科研转到教学，似乎稳定了下来。1979年7月至1980年7月参加北京琉璃厂文化商业街改造规划方案设计（辜传诲和王炜钰两位先生指导我和两位硕士研究生）的这段经历，使我接触到了历史地段的调查、研究与保护，——想不到，这竟是我今后人生之路变化的序曲！

一、偶然结缘

1983年3月，系里负责留学生工作的郭黛姮老师找到我，说系里有一名日本高级进修生村松伸正在写以"中国近代建筑史"为题的博士学位论文，准备去济南、青岛两地调研。按照当时的规定，外国留学生去国内各地调研及查找资料不能单独行动，需要有本校中国教师陪同；由于一直陪他的沈惠身老师临时感冒去不了，希望我能去一下。当时村松伸正在天津调研，我随即到天津大学同他会合，一起前去济南、青岛。

村松伸在东京大学随稻垣荣三教授攻读博士，学位论文题目是《关于中国建造体系的近代化与建筑艺匠的"传统化"之研究（1840—1977年）》，他想要看的资料和调研对象大多摘自20世纪50年代中国国内的研究成果。根据当时的规定,他的调研计划需要由陪同的教师先看过才能确定实施,想要查找的图书和资料也需要由陪同的教师先看过才能提供给他;因此,村松伸在青岛和济南的图书馆和档案馆查阅的图书与资料都是由我先看。

陪他按计划去现场调研,又看了很多资料,我意识到中国近代建筑很有价值,这个领域很重要。

1983年3月,张复合(右)陪同村松伸在青岛调研近代建筑

我看了济南商埠地、青岛德租界等处的外来样式建筑之后,感到新奇和震惊;加之我出生在哈尔滨,在这个随着俄国人修建东清铁路于1898年发展起来的近代城市中长大,街道两边的俄式住宅、样式奇异的教堂等外来的建筑从小就在脑海中留下了深刻的印象。进了清华园之后,在这所最初以美国政府退还庚子赔款"余额"名义于1909年开办的游美肄业馆(1911年迁入清华园)发展起来的校园里面,看到法国"孟莎"顶的清华学堂大楼、西洋圆穹顶的大礼堂,使我萌生出对外来建筑的许多遐想。

哈尔滨的感受,清华园的体验,济南、青岛的所见所得,使我对中国近代建筑产生了极大的兴趣。中国近代建筑基本上是指在中国国土上于近代社会发展历史时期(1840—1949年)所建造的建筑。当时,清华大学有关于外国古代建筑、外国近现代建筑、中国古代建筑的研究,而中国近代建筑则无人问津。

回到北京后,我又进一步查阅了一些相关资料,逐渐了解了此前国内学者做过的关于中国近代建筑的研究。在中国,中国近代建筑的研究主要是在20世纪40—

70 年代，这期间的研究及著作奠定了中国近代建筑的研究基础，但这个基础甚为薄弱，加之 20 世纪六七十年代受当时各方面条件的制约，在全国范围内来看，中国近代建筑的研究实际上是长期处于停顿状态。

二、主动应对

偶然的机会、多年的潜移默化、现实的工作环境，促使我产生了投身到中国近代建筑研究中去的想法。于是，我就去找了当时的系主任赵炳时先生，谈了自己的想法。

赵炳时先生非常重视，很希望我能搞起来。但他感到我一个人来做这么大的一件事情，影响力有限，就建议我能否找一位在学术界有影响力的老先生，号召更多的人一起来搞。当时我正在随汪坦先生学习专业英语，考虑到他的资历和威望，就去同他商量，看看能否请他出面，一起开展对中国近代建筑的研究。

听我说过之后，汪先生作为亲历者也对中国近代建筑的历史很感兴趣。他说，从你跟我学英语的情况来看你有这个能力，我可以出面，你放手去干！

之后，我就开始搜集 20 世纪 50 年代的研究成果和论文等资料，有了召开一个小型座谈会的想法。开展研究工作、举办座谈会都需要经费，赵炳时先生特意写信推荐我去建设部找科技局林志群局长。

林志群局长也非常支持，推荐我向中国建筑技术发展中心申请立项。

1985 年 4 月 1 日，汪先生和我向中国建筑技术发展中心领导提交了《关于进行中国近代建筑史研究的报告》（下称《报告》），我们在《报告》中提出：

"中国建筑的这一段历史是非搞不可的。今天不搞，明天也要搞；我们不搞，我们的后来人也要搞。迟搞不如早搞。这一段历史刚过去不久，许多当事人还健在，许多建筑物还保存尚好。搞得越早，条件越好；晚搞一天，耽误一天。为了中国现代建筑今天的发展，为了中国建筑的未来，有必要尽早正确认识和评价中国近代建筑的历史。"

同时，赵炳时先生也给中国建筑技术发展中心的领导写了推荐信：

"'中国近代建筑史'的研究工作在我校一直无人进行，是一段空白。这对全面研究中国建筑的发展情况，系统进行建筑教育工作是很不利的……我们非常支持汪坦先生进行这一研究，并尽力创造条件。望贵单位领导同志能够研究汪坦先生和张复合同志的报告，考虑列入科研项目为盼。"

1985 年 6 月 17 日，"近代建筑史研究"列入中国城市规划设计院"1985 年城市规划一般科研项目"，继而于 1986 年 10 月 21 日"中国近代建筑史研究"作为"城乡建设科研项目"在城乡建设环境保护部立项（1986—1990年）。

1985年8月，由清华大学发起的"中国近代建筑史研究座谈会"（"八月座谈会"）在北京举行，20世纪50年代曾参加《中国近代建筑史》（初稿）编写工作的部分专家，以及有关单位的代表与会。与会的十几名学者交流了20世纪50年代以来国内外开展中国近代建筑研究的情况，总结经验教训，围绕着在新时期如何进行研究的问题进行了讨论；向全国发出《关于立即开展对中国近代建筑保护工作的呼吁书》，拉开了中国近代建筑研究进入新时期的序幕。

座谈会的参加者，是我查了之前已发表过的论文和相关的研究资料，找出曾经作过中国近代建筑相关研究工作的人，发邀请信请来的，有20人左右。当时的会议条件很差，代表们自行来清华大学报到，住的是4人一间的上下铺，自带餐具去食堂打饭；除房费外，伙食费和路费均为自理。

座谈会上提出应该召开一次全国性的关于中国近代建筑的学术研讨会，以便把研究工作推向全国。经过讨论获得了一致的赞同，于是这项工作提上了日程。

三、互为契机

在日本，近代建筑研究的第一时期是20世纪50年代末60年代初，主要研究明治初期的建筑，东京大学教授村松贞次郎先生（1924—1997）是日本近代建筑研究的先驱。20世纪70年代，日本近代建筑研究进入第二时期，经过10年来的努力，随着1980年《日本近代建筑总览》、1983年《新版日本近代建筑总览》的出版，日本近代建筑研究的第二时期基本结束。1985年，日本近代建筑史研究进入第三时期，大题目是《日本近代建筑历史与外国的关系》。因此，要查明日本西洋风格建筑的来龙去脉，首先必须研究中国的近代建筑，然后再推到东南亚，以至欧洲。

这一重任落在村松贞次郎先生的学生、东京大学教授藤森照信先生身上。为纪念村松贞次郎先生退休，东京大学筹备1985年11月举办"日本及东亚近代建筑历史国际研究讨论会"。由于同往济南、青岛考察的经历，加之其后我对中国近代建筑研究的努力，以及1985年8月"中国近代建筑史研究座谈会"在北京的召开，通过村松伸的介绍与推荐，我被邀请与会并作主旨发言。

为赴日参加这次国际研讨会准备学术论文，我去圆明园西洋楼遗址调研。

在1965年9月刚入校时，为参加"清华学生文艺社团"的"文艺社"，我把初到圆明园西洋楼遗址的感受写成题为《在圆明园的废墟上》的散文，被《新清华》第752期（1965年10月26日）刊登，得以进入"学生文艺社"并担任其下设的"散文小说组"的副组长。

1985年9月，距我首次站到圆明园西洋楼遗址上整整20年之后，不同于当年的热血青年，我开始以中国近代建筑史研究者的眼光重新加以审视。于是，题为《圆明园"西洋楼"与中国近代建筑史》的论文，成为我第一次参加国际会议的论文，也成为我在此后的岁月里所主要从事的中国近代建筑史研究工作的首篇论文。

11月29日，我的论文在东京"日本及东亚近代建筑历史国际研究讨论会"上发表。论文的日文版收入会刊《东亚近代建筑》。中文版于1986年4月被《清华大学学报》（哲学社会科学版）第1卷第1期收录，并获1986年清华大学优秀学术论文奖。此后，《新建筑》1986年第2期、韩国 TOTAL DESIGN 1989年第8期相继刊出。

汪坦先生在1985年11月5日《清华大学参加国际会议论文审查表》中认为，此论文"用比较方法进行了初步分析，有自己独特的见解"。村松贞次郎先生在1986年7月27日给我的来信中认为，此论文"定会成为纪念中国近代建筑史研究出发点的重要的历史性论文"。

日本近代建筑史研究的进程，同中国近代建筑研究的起步互为契机。这次国际研讨会，是日本近代建筑史研究进入第三时期的起步，也是中国近代建筑研究进入国际交流的契机。

四、国内交流

"八月座谈会"召开后的一年多时间里，中国近代建筑的研究发展很快，有关文章及研究生论文陆续问世，引起广泛关注，使召开全国性的研讨会有了基础。

1986年10月14日第一次中国近代建筑史学术年会（北京研讨会）会场

1986年10月，第一次中国近代建筑史学术年会（北京研讨会）在清华大学召开。这是继1985年"中国近代建筑史研究座谈会"之后，中国举行的第一次全国性研究中国近代建筑史的学术会议，是新时期中国近代建筑史研究正式起步的标志。

全国高等建筑院校、设计机构以及有关单位的代表50余人参加了会议，提交论文15篇。论文多数为中青年学者和研究生的辛劳所成，也有多年致力于中国近代建筑史研究的专家的作品，反映了20世纪80年代以来国内从多种角度、以多种方法研究中国近代建筑史的成果。

1987年1月，国家自然科学基金委员会材料与工程科学部、建设部城乡建设科学技术基金会决定把"中国近代建筑史研究"作为联合资助科学基金项目；1988年12月，国家自然科学基金委员会国际合作部把"中国近代建筑史研究"作为国际合作项目，同日本丰田财团联合资助。这意味着新时期中国近代建筑史研究已获得国家认可，进入发展轨道。

五、国际合作

继1985年11月"日本及东亚近代建筑历史国际研究讨论会"后，1986年10月藤森照信先生、村松伸等日本学者来清华参加第一次中国近代建筑史学术年会；1987年5月，村松贞次郎先生访问清华大学；1987年11月，以汪坦先生为代表的"中国近代建筑史研究会"同以藤森照信先生为代表的"日本亚细亚近代建筑史研究会"就合作进行中国近代建筑调查工作达成初步协议。

1988年2月，由汪坦先生、周祖奭先生（天津大学）和我组成的"中国近代建筑考察团"赴日访问，应邀在日本亚细亚近代建筑史研究会主办的讲演会上作报告，并正式签署《关于合作进行中国近代建筑调查工作协议书》，从此开始了长达8年的中日共同进行中国近代建筑调查工作的国际合作。

1988年5月，"中国近代建筑讲习班"在天津举办；1989年4月，中日合作在青岛、烟台联合进行主要针对近代建筑的实测活动。这两次活动，中国方面有来自全国高等建筑院校、设计机构的青年教师、设计人员和研究生参加，他们在以后进行的中日合作以及各地的近代建筑史研究工作中发挥了重要作用，成为骨干力量。

至1991年10月，中日合作进行了16个城市（地区）的近代建筑调查已全部完成，填制调查表2612份，中日合作圆满完成；至1996年2月，《中国近代建筑总览》16分册出版（获建设部1998年度科技进步二等奖）。

1992年藤森照信先生给张复合代发学位证书

1988年9月,我作为博士研究员进入东京大学生产技术研究所,进行为期1年的博士学位论文的相关研究;1991年12月16日在东京大学进行工学博士论文《北京近代建筑历史源流》答辩;1992年1月23日,东京大学授予我工学博士学位。

2004年4月、2008年12月,在我的博士论文基础上经修订,由清华大学出版社出版了《北京近代建筑史》(清华大学学术专著)、《图说北京近代建筑史》。

六、进取开拓

继1986年10月第一次中国近代建筑史学术年会在清华大学召开之后,我组织全国高等院校、建筑设计及文物保护部门等有志于此的相关人员共同参与,联合办会,陆续在武汉、大连、重庆、庐山、太原、广州—澳门、宁波、开平、北海、昆明、厦门—金门、贵阳、旅顺、西安组织召开16次中国近代建筑史学术年会,接收论文1255篇;出版论文集5本、学术丛书10辑,收入论文887篇。

1997年8月,中国建筑学会决定在建筑史学分会下设"中国近代建筑史专业委员会"(2001年6月改为"中国建筑学会近代建筑史学术委员会"),由我担任主任委员,统筹中国近代建筑史研究工作,使之有了可靠的组织保证。

中国建筑学会近代建筑史学术委员会的成立,对中国近代建筑史这一研究领域的扩展发挥了积极的作用,对中国近代建筑史研究方向进行了有意识的引导(如通过会议举办地点及大会主题的选择，推动近代建筑史研究同当地的发展相结合，推动近代建筑史的研究对象拓展至内陆和西部地区，等等）；对中国近代建筑史这一研究领域的拓展发挥了积极的作用，并加强了与国际学界的交流。这些工作得到国内外学者的广泛认可，形成了很大的社会影响力。

同国计民生关系密切的科学技术史分支学科的基础研究，特别是有关建筑历史方面的基础研究，如果不能面向现实、对当前的建设产生作用，就难免会囿于"象牙之塔"，曲高和寡。中国近代建筑史研究密切注视中国建筑界的实际状况，其研究进程同现实发展紧密相关，结合实际建设项目进行近代建筑保护与利用。其主要有：原京奉铁路北京正阳门东车站改建（1994—2000年）、北京王府井东堂修复及院门重建（2000年）、长春市城市整体设计历史文化研究与紫线划定（2004年6月—2005年6月）等20余项，获教育部2000年度优秀设计奖三等奖（1998年）、北京市第十四届优秀工程设计一等奖（2009年）等。

改建后的原京奉铁路北京正阳门东车站、修复后的北京王府井东堂及重建后的院门

从1995年开始，我把研究成果和实践经验及时引入教学环节，结合重点课题和实际建设项目指导本科生毕业实践，培养研究生。2001年2月（2000—2001学年春季学期）正式开设"中国近代建筑史"课程（32学时），为国内首次开设。2012年9月我退休之后，由我的学生刘亦师（现为副教授/特别研究员）接替开设至今。

退休之后，我梳理了各时期散见于多种杂志报纸、图书文集的论文和学术会议、演讲报告文稿以及项目调研总结，承清华大学出版社大力支持，从1985年冬至2014年夏30年间正式发表的百余篇论文之中选出58篇，汇编为《三十年雁迹泥痕：中国近代建筑研究与保护文选1985—2014》于2015年4月出版，从多个侧面展现了本人进行中国近代建筑研究与保护历程之全景。

此书出版后，《水木清华》2015年第11期《人物》栏目曾以《信守如一 不计东西——记清华大学建筑学院教授张复合》发表记者访谈。

为弘扬"为祖国健康工作五十年"的清华体育精神，继续发挥余热，我虽已在清华大学退休，但仍努力为中国近代建筑的研究、教学再作贡献。2019年1月被云南大理大学聘为"客座教授"，6月前往教授半学期的"中国近代建筑之认识"课程；2019年12月被北京清华同衡规划设计研究院聘为"顾问专家"，开办专题讲座；今年110年校庆，作为建00班的代表参加了第64届"马约翰杯"学生田径运动会1965级毕业50年方队。

　　目前，我正致力于"中国近代建筑史研究"进一步向"中国近现代建筑史研究"拓展，与时俱进；计划明年9月在呼和浩特召开的"第17次中国近现代建筑史学术年会"正在积极筹备中。

2021年10月

卢达溶，男，1946年生，北京人。教授。1964年入清华大学水利工程系，1970年毕业留校任教。基础工业训练中心教授、经管学院课程责任教授，国家级精品课程"实验室科研探究"、北京市精品课程"工业系统概论"首任课程负责人，清华工程教育研究中心学术委员会、文化素质教育课程建设委员会委员。获北京市教学名师奖、经济技术创新标兵称号，获国家级等奖6项。

坚守清华工程教育培养"工业通才"的传统

卢达溶　水利系 1964 级 水工 03

一、过往皆为序章

1969 年，学校工宣队决定：由机械系、动农系、精仪系、数力系和电机系 5 个系联合，以校办机械厂和设备厂为基础，组建清华大学汽车厂，研制"727"牌 4 吨载重卡车；试图以产品生产为轴心，组织工农兵学员的教学活动，进行教育改革。1970 年，学校从刚刚毕业留校的 800 多名本科毕业生（当时称为"新工人"）中抽调 130 余人支援汽车厂，同时进厂的还有部队转业战士 300 余人和中学应届毕业生学徒 400 余人。这 3 批人，与原机械厂、设备厂以及各实验室抽调来的工人和实验技术人员构成了当时的生产力量。从各系抽调的教师，则构成了当时的技术力量。生产场地为校内机械设备厂厂房及征调的一批实验室，另有国家拨款 460 万元，于是，围绕汽车设计、制造进行的教学活动正式展开了。清华大学汽车厂前后历时 4 年，生产汽车近百辆，规模最大时曾拥有师生 2500 人。1972 年，汽车厂进行了转产，与精仪系和自动化系联合研发生产了两个型号的数控机床 60 台，并在几年内为学校各系一线科研配套非标准仪器设备数千项。与此同时，金工教研室得以恢复，担负起全校实践教学任务。这一阶段虽然带有明显的"文革"色彩，偏失颇多，但是广大师生以巨大热情投入的教学与生产实践，还是给人留下了深刻的印象。

随着时间的推移，大部分"新工人"返回各系工作或转调到其他教学科研部门。机械厂、设备厂和后来成立的教学仪器厂，最终只留下十几个"新工人"做技术、管理和教学工作，成为专职从事实践教学的骨干力量；之后，其中一部分人又充实到清华企业集团成为骨干和领导者。这些同志，虽然在专业方面没有得到继续系统深造的机会，但是在汽车研发、数控机床研发以及为全校科研进行装备配套的技术服务中、在综合性大学向高科技领域进军的大背景下，向多学科的专业老师学习，向老工人学习，通过努力钻研和认真进行工业实践，逐渐在为成长为"工业通才"积聚能量。

在工程实践中，我们必须以务实的态度培养出整合的能力和向实践、向他人学习的习惯；直面实际问题和不同的成长道路，必须进行实事求是的独立思考；对任务过程和服务对象的敬畏，一遍遍地锤炼着我们的社会责任感。这种人格的养成和知识结构的完善，这种由书本知识到过程性知识以至于对整体系统的战略思考，这种由个体学习向群体学习推进的需求……在面对实际工程和生产难题时，都成为内生的必需，是那么自然而然、顺理成章。这些体验都是难得的、独特的。

这种不同于文理学科侧重理论深造的另一条成长道路，其实也是清华大学育人的一个传统。自20世纪30年代始，梅贻琦校长顶着"权威"和"名流"的压力，坚持在综合性大学办工科，以培养"工业通才"为中国的现代化演兵布阵。中华人民共和国成立后，蒋南翔校长又顶着苏联专家的压力，在工科大学以"又红又专，全面发展"为目标指导教师和学生，为共和国的工业化和建立独立的工业体系准备了一大批领军人才。这一历史选择和育人思路，一以贯之地延续下来，并未因"文革"而湮灭，尤其在工程教育的实践教学环节更有生命力地保持着。

面对大学生由中学应试教育带来的积习，面对学生在人格养成和工程素质方面转化为高素质人才所需跨越的鸿沟，我们更加真切地体悟到了工程实践教学的意义和责任。我们的任务不仅仅在于教授学生一些生产加工技能的基本知识和提高动手能力，更在于培养学生在成人立德之品格养成上的迁移作用。从自身的实践中，我们也更真切地体会到，要培养真正能在工业领域以至社会各领域领军的将才，必须走工程教育与管理教育相结合的道路。为了实现这一战略转变，我们除了在金工教学上进行改革外，还必须以校级训练中心的身份肩负起协助学校整合全校资源的任务，为全面培养学生服务。当然，要做到这些，我们必须突破自己原有的机、电专业背景，向全校各专业学习。

机会终于来了。1985年，经管学院向金工教研室求援，要求派教师接替邢家鲤老师为经管学院本科生开设"工业生产过程概论"课程。这门课是1980年经管建系之初，老教务长邢家鲤老师代表学校与经管系确定清华经管本科生培养方案时，坚持提出一定要有一门课能带领学生了解实际社会生产过程，在此基础上学习的经管理论才有价值和效果（后来邢老师告诉我，这是蒋南翔校长主张的）。对此，大家都十分赞同，但是当时却找不到能承担这样综合程度课程的师资。因此，邢老师亲自动手，以他丰富的学养（邢老师于解放前后在国内外多所高等院校正式读过4个理工专业，工作以后又按北大、人大、师大的教学计划认真自修了6个文科专业），以及在长期主持清华教务工作中向各系教学科研全方位学习而体会认识到的工程各专业之间的联系，并通过精心的课程设计，认真地重新学习和备课，边教边改。历时5年，邢老师开设了"工业生产过程概论"和"中国近现代经济史"两门课程，将不同学科知识纳入统一的系统结构，将思想教育寓于业务内容之中。这两门课程的教学效果十分显著，以至于清华经管早期的几届毕业生都把邢老师当作毕生贤师，他们说，"做邢老师的学生，就一辈子不能干坏事"。后来的事实证明，学生们发展得都很好，这说明此项教学改革是成功的。

与此同时，金工教研室抓住机遇，派我去探路，以开辟在金工实习、机械制造基础等课程之外的另一个教学方向，并为传统金工课程改革蓄力。

美国经历了几次经济危机，深感实体经济受到冷落而造成经济动力不足。由此，美国3个最大的官方研究机构（美国国家科学院、国家工程院和国家研究理事会）的50名院士，从2000年起，历时6年，联手完成了"2020年的工程师"立项研究。在为美国未来所作的战略考虑中，突出强调了工程教育综合化和面向文科的工程教育。而此时，我们的"工业系统概论"课程实践在这两个方面已经成功进行20多年了，并在经管学院、工业工程系作为本科平台课受到学生广泛好评。在经管学院本科学生进行的唯一一次经管十佳教师评选中，我获评第一名，在经管学院本科教学通过AACSB国际认证的申报过程中，"工业系统概论"作为主要的通识课程作出了重要贡献，当年以"用综合基础课整合实践教学，用实践教学充实通识教育"为题获评清华大学教学成果一等奖。而后，被评为北京市精品课程，其配套教材也被评为北京市精品教材。我作为课程负责人获评北京市高等教育教学名师奖和北京市经济技术创新标兵称号。这种综合性的课程还产生了更为广泛的影响。2005年，该课程教材《工业系统概论》第二版出版后，我们曾捐赠40本请学生课程实践小分队带到甘肃，本想放到乡镇图书馆，可是省长陆浩看到后，竟将其作为干部学习资料分发给省委主要干部和下属14个县的县长和书记。陆省长说，他自己是学化工的，但作为省长必须掌握整个产业的基本情况。《工业系统概论》将主要工程门类及其关系写进一本书里，并与经济管理结合形成系统，对提高实际工作水平是非常有用的。听到回来的老师和同学说的这些话，我们真是百感交集。想到当时刚刚去世的邢老师为这门课程所付出的巨大心血：从建成中国独立工业体系的实践和需求出发构建课程体系的宏大气势，到依托清华百年工程教学科研实践提炼整合各工业部类知识框架的认真求实态度，甚至于每一个案例数据都经过了严格的考证。先生的讲稿、板书，讲课时的音容笑貌，与同学交流时酣畅淋漓的情景，都汇成了清华的文脉和高度。我们的先贤们，从中国解放和建设的伟大实践中一路走来，对人才培养的见解是如此具有生命力，前瞻又务实，掷地有声，他们是教育战略家。我们中华民族的复兴要靠自己奋斗，不可能循人之路求人施舍，我们真的用不着妄自菲薄。

在这样的先生带领下，我们放弃争取出国深造的机会，抵挡住下海发财的诱惑，踏实下心来，边干边学。对课程重点论及的8个主要工业部类（能源、材料、化工、机械、电子、汽车、轻工业、建筑业），我们均通过自学、请教和调研，一项一项地补全自己的知识结构;对所涉及的经管知识,一门一门地跟学生一起去听课、作题、研讨;再通过自己编写教材将其结构化、体系化。由于一遍遍地不断修正教学实践的内容和方法,在行动研究中终于迭代出新的认识,综合出"新质",实现了知识创新。从 1985 年去接替先生上课,直到先生去世,前后二十几年,我受教良多。如今先生已去,但文脉存留了下来。我们的课程和队伍又有了很大发展,由原来只服务于经管、工业工程等管理学科,发展到作为文化素质核心课程,成为大文科 STEM 教育的主干课程。此外,还在本课实践教学环节(参观校内各种重点实验室)的基础上,不断积累经验,摸索课程虚拟组织模式,逐步发展演绎出全校性大型研讨课——实验室科研探究,组织本、研、MBA(工商管理硕士)、MEM(工程管理硕士)等各类同学,跨专业进入全校各种实验室,结合一线科研进行小班现场研讨,拓宽视野,交叉融合。该课程规模已达到每年有 4000 余学生上课,参与教师逾百人。此举盘活了存量积累,扩展了教学资源,激发了学生志趣,落实了通识教育,对"规模化培养,个性化发展"的教育模式进行了有益的探索和铺垫。

发展未有竟时,知识经济时代即将到来。"工业通才"恰恰正是为新时代开辟道路的一群人。面对新的生产力,如何以系统思维引领,以设计思维开局,以计算思维落地,让我们的学生站上成长的快车道,迅速成为国家各条战线的将才和帅才,然后他们再引领更多的人做好准备,跟上时代的发展,享受到发展的红利,这是教育的任务。我们仍在努力。

人的一生,都在路上。

二、吾辈仍在努力

在新百年的历史节点上,教育必须担负起民族复兴大任。我们要在新的生产力格局下,在国家发展的关键阶段,重新认识实践教学的重要性,厘清逻辑关系,改善实践教学新范式,并打造、支撑新生态。

逻辑 1:古往今来,成功的教育都是由理论教学和实践教学双轮驱动的,工程教育尤其如此。

人的认识不可能一次完成。思维方式不改变,创新性是激发不出来的。实践教学在学生心理和认知链上成功地制造中断和震动,引发反思和警醒。由此引起的迁移作用,对由一个学生转变成一个能担当工程责任的人才至关重要。1933 年,清华大学工学院首任院长顾毓琇先生发表的《我们需要怎样的科学》一文强调"科学的目的在于科学的应用"。他认为工程教育的方针应是"工程国本化",即"使工程学术同国家问题相关联"。工程人才的培养"要预备工程学生从毕业乃至将来的一生,从与工匠一起动手做苦工到做总工程师负责全部计划为止"。他还说,"近代西洋从事于工业建设的人告诉我们,只靠技术人才,是不足以成事的,组织人才的重要至少不在技术人才之下"。由此我们看到:工程的实践性,与工程的时代性、工程的民族性、工程的综合性一道,构成清华大学在综合性大学办工程教育,培养工业通才的初心。

逻辑 2:实践教学应有一个与理论教学有机融合的体系。

随着学校教育教学改革的深入,新的任务摆在面前。工程创新领军博士项目,要求有更高水平的工程文化探究课程。清华大学 5 个书院的成立,更是要将各个阶段的实践教学与相应的理论教学紧密结合,循序渐进、不留痕迹地把学生导入融合创新的自主学习。这些都要求我们在认真研究形势、广泛与各专业各融创中心及智库深入沟通的基础上,改革既有课程,设计出新的课程和教学体系。

例如,作为实践教学经典环节的金工、电子工实习,不仅要有工程技术基本功的操作训练,而且还要有机会让学生在入学早期就能接触到工程和产业实际,引发系统思考,体验胜任力养成的路径;然后,再与理论学习相结合,迎接实习的挑战。如此迭代,直至毕业设计的综合实践训练。面对新的教育教学改革要求,这个迭代可能还需要进一步细分,与理论教学的对应更加细致紧密。条块不易协调的话,"综合出新质"的路就很难走通。

要克服既有的分散性,就需要有一支基干队伍站出来,从思想、组织和学术上承担起更大的责任,成为实践教学的总体部分。在学校的领导下,以虚拟教研室的思路,与各院系单位负责实践教学的领导及职能部门先将培养体系中各环节的联系悟透,再以优质的服务协调全校更多的教师在实践教学上贡献智慧和力量,把事情做细做实。例如,为实践教学设立专门的分学术委员会,对教育双轮驱动之一的实践教学进行专门的系统研究,并摸索出一套针对实践教学过程的师生评价体系和激励机制,真正起到在实践教学中指导教师、学生投入和成长的作用。

逻辑 3:适应新生产力要求的实践教学和工程训练需要一个新的范式。

我们在三四十年的大时间跨度中,通过对传统课程金工、电子工实习的改造,对本科文化素质核心课程工业系统概论和制造工程体验的完善,对大型研讨课程实验室科研探究、MBA 课程清华新兴技术探究、EMBA 课程清华探究、金融硕士课程中国实体经济探究、MEM 课程工程管理导引和新雅书院探索性课程超越学科界限的认知基础等课程的开发,对全校选修的能力证书项目人工智能+探索,加之帮助机械系重整本科大三学生赴企业认识实习和生产实习,以及组织各种创新创业教育活动……等一系列教育教学改革的实践,环环相扣,步步为营,逐步形成了一个以产业需求和实际项目为导引的群体合作实践新模式,如图所示。

- 超越学科界限的认知基础
  - 系统思维
  - 设计思维
  - 计算思维

- 思维结构优化的迫切性
- 产业和学界的顽疾需全新的思维方法论开辟道路
- 寓思想成长于业务内容之中的最好抓手

- 产业需求（胜任力）导向性的群体合作实践
  - 产业需求（项目）牵引的设计训练
  - 产业资源、科研资源、教学资源的重组
  - 可计算（检测评价反馈）的群体合作学习机制
  - 包括沟通写作、发布、维权的全方位训练

- 与产业升级和实践教学适应的网络平台
  - 浸润式的全栈学习体系（数字化素养）
  - 资源、规矩、方法、工具
  - 硬件、软件、内容、思路、标准
  - 团队协同工作的流程
  - 数字化出版流程

- 课堂学习转变为过程性学习
- 离散知识转变为集成性知识
- 个体学习转变为群体学习
- 模拟性作业转变为有产出的学习成果

- 适应现代社会的分布式、集中化特征
- 支撑行动研究，强调协同和社会性智慧的获得
- 将尚未进入数字时代的企业人，带领进入基于数字化资源整合（数字资产交易）场景的全栈学习体系

其中，超越学科界限的认知基础是方法论。这是课程的高度，但不是主体。课程主体是：在方法论及其具体方法的指导下的自主学习和工程实践。宏观上用系统思维进行战略思考，使过程遵循"整体优化—结构流程—层次转化—差异协同—自组织涌现"的规律；微观层面用计算思维逐层展开"硬件—软件—内容—思路—规矩"，把分布式的要素集中化地组织起来，赋能产业和自身发展。其中间的介观层面，是最活跃的，用设计思维把宏观和微观打通，把整个过程和各门课程所学连成一个整体，应用到实际中去建构体系。课程不仅要有思维方法论的概念，而且要把具体的、行之有效的方法做到平台上。例如，学生不会开会，就引入联合国议事日程；学生不会提炼主题，就引入美国财政部统筹经费项目的逻辑模型。如此方法几十种，具体指导学生如何开题、如何复盘、如何成文、如何演讲、如何考核、如何激励……使学生做事有法可依，有章可循，一上手就是高手。要下决心、下大力气组织引进企业的实际问题，作为实践教学的牵引和抓手，用群体合作学习向前推动；将过程数据积累于平台，可方便地与理论学习有机配合，通过建构—质疑—适配—选择—试错，并用组织迭代推动任务和认识上的快速迭代，不断扬弃。实践证明，这可以使课程活跃度、学习效率、拓展性和延续性提升到传统课堂不可想象的高度，在实践教学中实现了把学习的主动权真正交给了学生。师生互教互学，打破了学科、专业和课程的隔离，盘活了全校、全员和全过程的资源，使学生不仅学到一个专业，而且是在念一所"大学"。

基于实践的思考，迫使学生必须面对实际。要解决问题，就得用带有建构意义的批判性思维替代书生意气的批评性思维，从而逐渐摆脱习惯性的情绪思维，自觉地进入理性思维。基于群体智慧的个性化发展，寓思想教育和素质教育于业务内容之中，使学生养成身心、家国一致的价值取向。在工具方面，数字化出版流程等新的教学手段，更具挑战性和成就感，不仅开启了新的写作沟通形式，而且可以给后续写作沟通课积累丰富的素材和毛坯，以便在更高的起点上把学生的境界推向新的高度。这样的通力合作，便把一个尚未进入数字时代的学生和企业人带入了一个有灵魂、有方法的浸润式的学习体验中。

梅贻琦、潘光旦两位先生合著的《大学一解》，用"中庸"解"大学"，提炼清华教育理念："教育之最大目的，要不外使群中之己与众己所构成之群，各得其安所遂生之道，且进以相位相育，相方相苞，则此地无中外，时无古今，无往而不可通者也"。其后的各历史阶段，几代人又都各有建树。知耻图强，立德树人，行胜于言，人文日新，不断推动着清华大学的发展。清华大学近百年的工程教育在充分吸收传统与西方文化资源的基础上构建出新的大学理念，用发展之道和实用理性之道解决了文化的撕裂问题（包括中、西文化，传统文化与现代文化，价值理性与工具理性等）。中国工程教育自主创新自此时就开始有了自己的逻辑。我们的工作和努力，都是其在新生产力格局下的延续。清华文化在这个起点上的发展是清醒的、扎实的、一以贯之的。

逻辑4：支撑这种实践教学新范式，需要一个产、学、研结合的新生态。

学生，尤其是工科学生的自主学习，需要产业实践的引导。能在入学早期就接触到工业实践，对人的发展意义非凡。将产业实践与实验室实践结合起来，纵向是学科、产业和国家发展的历史，横向是综合出新质的转化创新平台。经纬天地，便是文化。

产、学、研结合的道理是显而易见的。中国的经济和教育都亟待转型升级，同时，大家也深感产、学、研结合促进技术创新的路径并不畅通。这需要我们认真分析构成要素的各种存在形态、内在逻辑和不愿示人的短板，群策群力，共建共享，找到突破的途径。

学校寻求学生去企业实践的途径，企业向大学征询产品升级的"项目"，但多因简单化而彼此失望。科学研究在探索未来，而企业更关注实际应用和效益。二者的认识和诉求不尽相同，中间横亘着尚未工程化的"死亡之谷"，但这并不足以构成障碍的全部。学校长期的努力和人力物力的投入，积累下诸多技术，可成为技术供给源。但它是分布式的，与同样是分布式的企业需求之间，若只幻想用一个集中式的机构去沟通深化，恐怕存在方法论上的误区。所以，一定要想办法寻找到一个分布式的介观。

我们能否以学生的创新教育以及工程教育与管理教育相结合的改革为纽带寻得转机？我们很多年以来都在通过各种教学环节，与各类学生、各级领导及不同专业老师不断地进行讨论，在教学的行动研究中不断试验，说服大家不用一门课来看待我们所作的探究，更希望大家成为一个研究的团队，把在清华的学习做成一个研究的过程——在技术生产的源头，与技术的生产者共同探寻，构筑体系，建设产学、研、结合新生态。

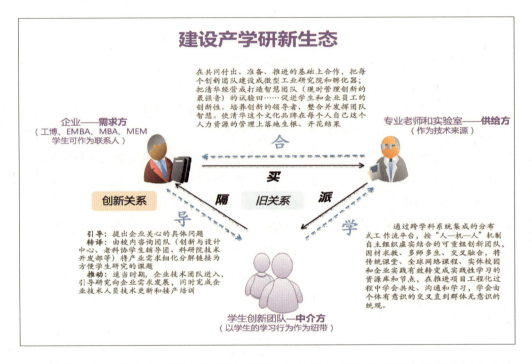

学校在完成国家和不同企业项目时派生出来的众多技术（而非项目）与企业升级遇到的技术瓶颈之间，急需一个沟通的机制，以平衡各方利益，形成一种结合模式。比如，可由校、企共同推动，引导企业研发团队与学生创新学习团队有机结合，形成分布式的、可跨学科灵活重组的联合创新研究团队。以此作为介观层面，沟通分布式的产业需求与分布式的学校科研技术成果的供给，打造出学科交叉、校企融合的桥头堡，形成企业寻找、预研、整合和孵化所求技术的微单元，可谓之虚拟微型工业研究院模式。通过金工实习、认识实习、生产实习、毕业设计及就业创业等渠道的有力组织，促进其与理论课程及实验室研究的有机融合，逐步深化、带土移植，以期适应数字时代突出的分布式—集中化特征，形成共学共进、共建共享新生态下的协同创新平台，实现交互式、分布式、开放式的共同创新。使学校真正成为知识兴企的智库和技术后援，同时为我们的实践教学开拓沃壤。

逻辑的自洽需要磨合。这会是一个长期的过程，甚至不是一代人可以完成的，但未来可期。

把事情做细，才能把资源盘活；人才和企业成长了，国家就好了。我们在共同创造历史！

到那时，"老工人"也会对接力者说：人的一生，都在路上！

2021 年 9 月

李仲奎，男，1946年生，河北保定人。教授。1964年考入清华大学水利工程系，1970年毕业后留校。1990年在奥地利维也纳科技大学获工学博士学位。从事水电站建筑物、岩石力学及地下工程、数值分析与物理模拟试验技术等教学科研工作。承担多项国家自然科学基金项目、"973"项目、科技攻关项目，三峡、溪洛渡、二滩、锦屏等重大工程项目。曾任中国岩石力学与工程学会副秘书长等职。

我为祖国"存"石油

李仲奎　水利系 1964 级 水工 02

我们这辈人应该对《我为祖国献石油》（薛柱国词，秦咏诚曲）这首歌都有深刻印象，那是 20 世纪 60 年代初，歌颂大庆石油工人的一首著名歌曲。对于一名清华水利工程专业毕业留校的"新工人"，熟悉的人可能看到这个题目都会一头雾水，俗话说"油水不溶"，你是搞了一辈子水电站建筑工程教学、科研的"水利人"，与石油有"半毛钱"的关系吗？这事儿说来话长，且听我细细道来，但得先从我的新工人"正传"说起。与"石油"二字结缘，那可是我以水利系"新工人"为祖国健康工作了 40 年之后的事了。

一、我的"新工人正传"

1970 年毕业留校后，我在清华汽车厂造了近 3 年的"727"牌载重卡车的驾驶楼，被授予了具有清华当年时代特色的"新工人"称号，同时继续接受"工农兵的再教育"。在那段时间里，几次为造出百台"727"汽车"大会战"，连续加班加点日夜奋战，"革命加拼命""要车不要命"是当时最响亮的革命口号。虽然辛苦些，但我们遇到了好师傅，学会了钣金工、钳工和焊工的一些基本技能，我还买了这些工种的培训书籍和手册，增长了动脑又动手的能力。这些能力在我后来从事的水电站科研项目中还发挥了重要作用。3 年后，由于当时教改的需要，我从汽车厂调回水利系，参加了由张光斗、黄文熙、施嘉炀等当时被批判为"反动学术权威"的泰斗级人物和教授们任教的培训班，进行水利工程专业补课。虽然学校仍保留了我们"新工人"的称号，但当时的工农兵学员们并不认可，他们戏称我们是"太学生"。而"臭老九"却是我们这批不识抬举且半生不熟的小知识分子们最为青睐的自称。

俗话说"名师出高徒"，我们这些已经在"文革"前学完基础课的"太学生"们，经过这些"权威"们的培训和熏陶，专业知识果然大有长进，半年之后就开始承担教学、科研、生产等各种任务了。那时"讲成分，但不唯成分论"，我因为出身不属于"红五类"，政治上不是依靠对象，就直接派到了"生产"第一线，参加北京张坊水库的建设去了。从张坊水库设计大队到密云水库设计处，一干就是五六年。

在张坊水库，拒马河的河滩上印过我踏勘的脚印，大坝防渗墙工地的冲击钻机操作把手上，曾留下了我的汗水。我们住在房山县张坊村冬暖夏凉的窑洞式土坯房里，没承想一场大雨，土坯房顶塌了下来，把床板、脸盆都砸碎了，幸亏正赶上大家每月一次的两天回京休假，没人员伤亡，算是命大。水库指挥部爱惜人才，为了安全，让我们搬到离工地最近的"风葫芦台"上，住进用杂木杆子和芦苇席子搭成的油毡房里。安全倒是安全了，但这种房子准确点应该叫"棚子"，抵御夏日的酷热和冬天的严寒却远不如"窑洞"。

在密云水库，我爬遍了密云水库的全部7座大坝，在各种隧洞、竖井里钻进钻出，爬脚手架，钻钢筋笼。从密云水库高水位蓄水防渗工程，到1975年8月河南大洪水后密云水库防洪加固工程，再到1976年"7·28"唐山大地震后的抗震抢险加固工程，我亲手设计、绘制工程图纸不下百张。

那时可不像现在这样有CAD制图软件方便又快捷，所有的图纸都是手工绘制和复制。首先要在地形图上画布置草图，经过计算定出具体方案和尺寸，再开始在毫米方格纸上按比例绘制出铅笔图；然后将一张透明的硫酸纸盖在铅笔图上，用描图笔沾专用绘图墨水，在透明纸上描出"墨水底图"，这张底图就像以前印照片用的"底版"一样，可以用来"晒"出多张供施工使用的"蓝图"。

在工地上没有大设计院里使用的"晒图机"，就只能手工翻转"晒图板"来晒图了。晒蓝图用的"晒图纸"在使用前类似尚未感光的相纸，需要避光保存。"晒图"时把透明纸底图与"晒图纸"重叠在一起压在"晒图板"的玻璃下，再翻转过来在阳光下晒十几到几十秒钟，然后立即翻回来避光将"晒图纸"迅速卷起，放入"熏图筒"中，再用氨水熏蒸，被线条和文字遮挡的部分被保留下来，形成"蓝图"。

有一次，我们从化工商店买来的氨水用完了，工地又急着要图，我只好到溪翁庄大队的农用氨水库里借用。由于是第一次自己从氨水罐里用瓶子灌氨水，没有经验，也没有任何防护措施，刚打开巨大的氨水罐的盖子，一股浓烈的氨气扑面而来，我立即被熏得晕倒在地，几分钟后才清醒过来。

在工地的几年里，我既当设计人员又当"监理"人员，几乎日夜坚守在工程施工工地。施工队的工人可以倒班，我们却无法倒班，除正常的巡查和向施工单位交代设计意图外，只要工地来电话，不管白天黑夜、酷暑严寒也要步行几里地，一口气爬上300多级台阶的大坝，去处理出现的各种工程难题。1976年唐山大地震时，密云白河主坝发生严重滑坡，为了保护党中央和京津冀人民的安全，水利电力部和水电总局调集全国各地的技术力量和施工力量，会集在密云水库，打开库底的导流廊道放空水库里的水，日夜奋战抢修大坝，增加防洪设施。时任国家主席华国锋同志还带领政治局党政领导人到密云水库抢险工地视察，并参加劳动，极大地鼓舞了

在密云水库管理处前合影。左1为王清友老师，左3为钮茂生同志（后任水利部部长），右1为李仲奎

李仲奎（前左）在密云水库白河主坝坝坡上砌筑护坡石

大家的斗志。我们设计人员则昼夜加班，对大坝的稳定性进行校核，还在余震未消之时乘坐海军登陆艇到水库中测量大坝滑坡后水下部分的坡形，以便计算新的坝坡坡比和工程量。除了设计工作外，我们也常常参加工地的施工劳动，记得我在密云白河大坝上砌筑坝坡块石的照片还被登在了《密云水库报》上，光荣地露了一下脸。

1978年秋季恢复研究生制度，清华水利系也开始招收水工专业本科生，我被安排担任78级新生班主任，并在职攻读硕士学位，这才又回到久别的清华园。

斗转星移，日月沧桑，回到清华园后的我，赶上了改革开放的好时机。1980年和1987年先后两次出国进修深造，在清华获得硕士学位后，又于1990年在奥地利维也纳科技大学获得了工学博士学位，可以说是成了"范进中举"式的"洋博士"。

1990年回国后，到2010年退休前一年，我与"石油"这两个字仍然没有任何关系。我从事的教学是"水电站建筑物"和"地下结构工程"，从事的科研是与水电站地下厂房洞室群的布置、设计相关的基础理论和关键技术研究，作为项目负责人参与的国内外项目涉及二滩、三峡、龙滩、江垭、溪洛渡、锦屏等一级水电站的地下厂房，以及北京地铁隧道叉路段结构研究，盾构隧道与站厅结合段施工关键技术等；还有联合国资助的伊朗德黑兰引水隧道项目、澳大利亚墨尔本某煤矿岩体稳定数值模拟项目，中日合作的各向异性岩体真三轴试验项目，等等。我主持进行的"溪洛渡水电站地下厂房洞室群三维地质力学模型试验"项目，被以钱七虎院士为首的专家组鉴定为"整体达到国际领先水平"。

明眼人大概已经看出来了，我从事的这些工作虽然与"石油"无关，但大部分却与"地下"二字密不可分。终于，就在我即将退休之前，黄岛国家石油储备基地的陆宝麒总经理找到了我。从此我这个"水利人"与"石油"结下了缘分，而且这次合作可算是"水油交融"，让我这个退休之后的老"新工人"，还能老有所为，继续为国家战略能源储备项目作了十几年的贡献，这就算是我的"新工人后传"吧。

二、为国分忧

石油作为战略物资在世界政治、经济发展中起着重要作用，具有举足轻重的地位，经过几次能源危机的教训，早已被各国所认同。一个国家对石油的拥有和使用量，已成为衡量一个国家综合国力的重要因素。同样，石油在中国经济发展中的重要地位也早已被人们充分认识。

石油资源在全球的分布极不均衡。中东、俄罗斯、中亚地区蕴藏着世界65%的石油资源和73%的天然气资源，是世界的主要石油供应地，而东亚及欧、美世界三大石油消费地区的进口石油主要来自上述地区。由于世界石油资源和消费的不均衡，使石油成为战略物资，也使得各消费国极其重视石油的战略储存。

改革开放以来，我国由于政通人和、经济腾飞、人民生活迅速改善，石油需求量急剧增加，但受国内资源的制约，供需矛盾日益突出，石油进口量连年增加，随着对国外原油依存度的提高，我国石油稳定供应的难度不断加大。2006—2018年，我国原油对外依存度逐年增加，2009年已超过51%，2020年已高达73%，超过总量的2/3。

世界政治、经济、军事形势复杂，国际石油市场风云多变，石油运输通道上危机四伏，在这样严峻的形势下，为规避石油供应不足或中断的风险，建立一定规模的战略石油能源储存，是我国国民经济发展的一项重要而迫切的战略任务。而在这方面，我国还大大落后于主要发达国家。

2009年前，我国建设的第一期石油储备基地，还都是在地面上建造大型储油罐群，多次发生的安全事故警示人们，与地面储油罐相比，深埋地下的水封洞库储油，其安全性和经济性都大为提高。在许多专家的建议下，地下储油被决策者逐步接受，成为后来解决我国战略能源储备问题的首选方式。这种方式是在完整性较好的岩体中于必要的地下水位以下，人工开挖存储石油的大型地下空间。从中国"十二五"第二期国家能源储备项目的黄岛地下水封石洞油库开始，就全部或大部采用了地下储油方式。

其实，早在20世纪60年代末的"文革"时期，我国就曾在山东青岛的黄岛地区，建设过一个15万立方米的小型地下水封库，清华土木系也参与了该项工程，且受到了当时军宣队、工宣队的表彰。但由于密封性没有做好，后来被废弃；1977年又在浙江象山建造过一个4万立方米的小型地下水封成品油库，仅仅用来为渔船提供柴油。

虽然我国以前建造过小型地下水封油库，但与黄岛的300万立方米的大型地下水封石洞油库相比，那就是小打小闹了，也不是太成功，而且这已经是四五十年前的事了。

三、奋战黄岛

第二期国家战略能源储备基地项目包括山东黄岛、广东某州、某江、辽宁某州4座大型地下水封石洞油库（黄岛项目是唯一可以对外公开的项目）。黄岛项目是第一个开工、第一个建成、第一个投入运行的项目，它的工程质量和各项技术指标

李仲奎在建国 70 周年成就展黄岛工程模型前

均达到了国际领先水平。2015 年它被评为"中国国家金奖工程";2019 年它被列入了新中国建国 70 周年"新中国 150 个第一"的建设成就,它的模型被放进了北京展览馆建国 70 周年成就展中。

由于黄岛项目是中国的第一个超大型地下水封石洞油库,所以缺少经验就成了它最大的难关。国家发展改革委、能源局把这个项目交给了中国能源行业的国企老大——中石化。挂帅这个项目的陆宝麒总经理,就是第一期国家战略能源储备项目黄岛地面储油基地的总经理,他也曾在"引滦济津"大型泵站及引水项目中作出过突出贡献,具有深厚的石油储运专业知识和极强的领导协调能力。论年龄他还长我 1 岁,1963 年考入北京石油学院,1968 年毕业。担任黄岛地下油库建设项目总经理时已是 65 岁,应是破格留任,大家都尊称他"陆总"。由于行业的差别,他谦虚地表示对"地下工程"一窍不通,四五次来清华邀请我参加这个国家重大工程项目的建设。

我被陆总的"年即老而不衰"的奋斗精神和人格魅力所感染,成了他的"地下工程参谋长",带领几个博士后组成的小团队参与了黄岛项目施工的全过程,而且在工程施工结束合同到期后,又被聘请继续担任项目的"高级技术顾问",继续完成整个地下储库的气密性试验工作,使项目各项指标符合验收标准,并达到国际领先水平。

我也确实没有辜负陆总的期望,没有给清华丢脸,没有辜负工程参建单位对我的赞誉——"清华金牌教授"这一名声。虽然在工程进行不到一年后,我也到了 65 岁,清华按规定给我办理了退休手续,但还是保留了我在清华的科研条件,使我能继续黄岛地下水封洞库的工作。而工地条件与校内比还是要艰苦得多,吃、住、行都要自己解决,即自己租房、自己做饭、自己开车。尤其到后期,博士后出站了,所有事情都需要我一个人来完成,既当"顾问",又当"翻译",还当"司机",可谓名副其实的"万金油"了。

我曾带着几位博士后爬遍了洞库区域的山上山下、钻遍了地下所有的隧道、洞库。追随着工程开挖的进程,收集各种观测、监测数据,分析博士后计算成果,推测地下围岩条件的稳定性和可能发生的风险,为地下工程动态设计和动态施工提出相应建议。这些建议大部分为陆总和设计施工单位接受,并最后证明是正确的。除追随施工整个进程不断进行的洞库围岩稳定性综合判识外,值得一提的还有如下几点工作:

1. 分析了地下水封石洞油库与水电站地下厂房洞室群特点和功能的异同,在详细查勘了洞库区域地形地质条件后,大胆提出了事先调整洞库布置方案的建议,通过超前钻探,把多条主洞库向围岩条件良好的一端各延伸开挖50米,先期增加库容十几万立方米。为后期因遭遇到严重不良地质条件不能继续开挖而造成的库容损失保留了充分的库容储备,并避免了工期延误。

李仲奎与挪威工程院院士吕明教授(右)在黄岛地下水封石洞油库隧道入口留影

2. 从辩证思维的角度以及裂隙渗流与孔隙介质渗流理论的差别，提出了"水封系统的'双刃剑'作用"这个与国际上流行的对水封系统作用评价的不同看法，纠正了对水幕系统过度迷信的认知，以及没有科学依据的施工要求；提出水幕注水和灌浆封堵渗漏通道之间的辩证关系，以及不同时期、不同条件下应采取的水封系统运行方式，从而使黄岛洞库群的总渗漏水量减少近2/3，实现了每万立方米库容日渗水量只有1立方米左右，达到国际领先水平；大大降低了地下水封油库50年生命周期内的运行成本，并能明显减少对环境的危害。

3. 将水利工程中防渗帷幕与排水孔幕的设计理念，通过逆向推理应用到地下水封石洞油库，提出"信息化双幕系统"概念及采用的条件和方式，申请并获得国家发明专利。

4. 对严重影响整个工程项目的气密性试验进行的ZK003水位观测孔的渗漏难题提出了正确有效且简单的处理方法，既保证了由国家聘请的外国权威机构主持的气密性试验的如期进行，又保证了该观测孔的功能可继续长期发挥作用。该观测孔深达400多米，如果废弃，则需要重新造孔，该处理方式防止了数十万元的损失。

四、老有所为

黄岛项目的圆满完成，并未结束我与"石油"领域的缘分。自黄岛地下水封石洞油库高质量建成之后，我被黄岛项目的上级部门主管中石化技术部的李主任推荐到中咨公司（前身为国家计委，承担所有国家重、特大项目的咨询和评审，为顶层决策提供依据）做咨询专家。这些年我参与了几乎所有国家第三期地下原油储库项目的考察和评审，以及地下水封石洞油库的国家标准的讨论和制订工作。项目分布从北方的黑龙江到南方的广东、海南；东从沿海的浙江、福建，西到云南；以及华中地区的安徽省。这些项目的业主包括中国石油界的四大国企——中石油、中石化、中海油和中化石油。我和这些行业的老总、专家、工程师们一起踏勘现场、一起讨论交流，从跨行业和跨领域的角度取长补短，为中国的战略能源安全贡献才智和力量，可以说是"水、油交融"，让我在古稀之年以后，还能为自己的祖国有一点作为。

除此之外，我还接受了水利系领导交给的任务，从享誉中外的著名水利专家谷兆祺教授身后留下的80多本700多万字的笔记中，精选了50多万字，编辑、注释了《谷兆祺教授笔记撷珍》一书，2019年由中国水利电力出版社正式出版。

在我实现"健康地为祖国工作五十年"目标之际，幸运地被评为清华大学2020

李仲奎的老有所为获奖证书

年"老有所为"先进个人。虽然奖状不大,也没有所谓的"含金量",但能得到培养自己多年的母校的认可,还是很让自己开心快乐的!

"廉颇老矣,尚能饭否?"用 1970 年毕业时广为流传的一句豪言壮语来结尾:只要国家和母校需要,我还是"小车不倒只管推"吧!

2021 年 7 月

李树勤,男,1946年生,辽宁北票人。研究员。1970年3月毕业于清华大学水利工程系并留校任教,工学硕士。曾任校长助理、水利水电工程系党委书记、法学院党委书记、人文社会科学学院党委书记等职。

我确实是一个"新工人"

李树勤　水利系 1965 级 水工 001

1970 年 3 月，清华 1970 届两个年级共 3200 多名同学迎来了毕业分配的日子。用当时我们的行话来说，"4600 部队在向我们招手了"。意思是，我们开始每月拿 4600 分人民币工资，从此自食其力了。

与以往的毕业分配相比，最特殊的是，有 800 多名同学毕业后留校工作，占全体毕业生的 1/4。这在清华的历史上是空前的。上面给出的理由是，继续完成"斗批改"任务，特别是"教育革命"的任务。但与以往毕业留校工作的毕业生不同，留校不能成为教师（以往都是见习助教），而是另外起了一个名称：新工人。据说有两个考虑：一是大家都是出身于"文革"的红卫兵，和原有的教师（通称"资产阶级知识分子"）有区别；二是划为"领导一切"的工人阶级还不够条件，毕竟是所谓"旧学校"培养出来的，还需要继续接受工人阶级的"再教育"。有自知之明的我们，也就欣然接受了，毕竟有作为领导阶级的"工人"两个字，使我们有一种莫名其妙的满足。

对我的工作安排，确实名至实归，真的让我在水利系车间当了一名新工人。我早已练就了"革命战士是块砖，哪里需要哪里搬"的功夫，欣然从命。当年，水利系车间随着整个系搬到了三门峡水电建设工地。初到三门峡，在当地还闹出点小误会：清华校办厂工人的工作服是一身黑色，在右胸上方印着毛主席所题校名中的白色草体"清华"两字。虽说"要想俏，一身皂"，可是一群"黑衣人"走在只有几万人口县级市的大街上，还是很扎眼。有一天，附近一个老乡在路边卖烤红薯，边烤边卖，一群人围着买。我们车间的一个青工也夹在人群中买红薯。可是卖红薯的老乡只卖给别人，唯独不卖给他。他着急地问为什么不卖给他，老乡不回答，但就是不卖。原来老乡看他穿一身黑，衣服上又印两个白字，误认为是从监狱里跑出来的犯人，怕惹事，因此不卖给他。

可别小看水利系车间，虽然只有 20 多个人，却涵盖了钳工、车工、刨工、焊工、木工等多个工种，由 1960 年毕业的田立言老师担任主任。从技术水平来看，有全校屈指可数的八级木工，七级工、六级工也有好几个；从学历层次来看，有胡锦涛同年级同学、被打成"反动学生"安排到车间劳动改造的宋某某、沈某某，重点大学毕业的孙凤兰，还有原在实验室工作的实验技术人员任裕民、朱永春。全车间最年

1970年毕业留校的4位同学在河南三门峡留影。右起：
李树勤、张思聪、谢树南、陈乃君

长的接近 60 岁，最小的是刚初中毕业、在车间学徒的十五六岁的青工。初到这个车间的我，虽然二十几岁，大学毕业，但干起活来只能和学徒工为伍，工资却是他们的 2.7 倍。学起技术，我只能心服口服、自愧弗如。常言道：钳工怕打眼，车工怕车杆。真要把眼打正，把杆车匀，绝非轻而易举。用锉刀在一个六面体上锉一个平面，怎么锉都是弧形面。因为它要求你端着锉刀的两只手绝对在一个水平面上移动。所有这些，比我们在教室里做习题难多了。可见，要培养一个大国工匠有多么难！所有这些经历，造就了我一生对工人师傅抱有尊重和敬畏的态度。

车间的任务主要是为教学实验和科研加工一些所需的辅助设备及设施，任务不算太重。清华校内正在强调教育与生产劳动相结合，建了汽车厂，生产"727"牌汽车。很多留校的毕业生都分配到各个生产车间。我们在三门峡的车间，也跃跃欲试，总想搞点产品。经过调研我们发现，豫西山区的很多农村通不了电，但有不少山间溪流，急需发展小水电。因此，师傅们大胆提出生产小型水轮发电机组。这个大胆的倡议，很快得到系里领导的批准。我们先到洛宁县机械厂学习考察，最后确定生产受山村欢迎的 18kW 水轮发电机组。

真要搞生产，还是遇到不少困难。

首先是缺少专用设备，特别是加工定子矽钢片和转子薄铁片的冲床，这是必不可少的。大家真是敢想敢干，决定自己造一台 40 吨冲床。师傅带我们跑到三门峡工程局大修厂废料堆里捡废弃的转轮和工字钢等，硬是造出一台土冲床。虽然开起来噪音很大，但能用。至于铸造发电机机壳和水轮机涡轮等，我们就通过外协的办法，请工程局的水工机械厂帮忙。

其次是缺材料，当时所有物资都是按计划供应，市场上根本买不到。好在我们用量很小，车间就派我去相关厂家请求支援。正品的矽钢片、薄铁板、导线等，花钱请人家调拨点。加工模具用的铬12钢，就用人家锯下不要的料头。一来二去，师傅们认为我对外打交道有些办法，一遇到这类事，就派我去。我们也真尝到了艰苦创业的味道。

过了年，校本部要求在国庆节前生产出"727"牌汽车，国庆节开到天安门前，接受毛主席检阅。我们在三门峡也提出完成生产两套水轮发电机组，向国庆献礼。我们也像校内一样，组织通宵大会战，终于如期完成。按照规范，我们对机组的各项指标进行测试合格后，系领导派最能对外打交道的宋毅夫老师带我去洛阳地区计委汇报，想把机组卖出去。根据"香烟一递，说话和气"的经验，我们买了一包牡丹牌香烟（买不到中华牌的），见到接待的干部，先递上一支烟，顺手划火点燃，然后说明来意。那位干部听了，先是一愣："没听说三门峡还有生产水轮发电机组的厂家。"待宋老师说明前因后果，那位干部皱了皱眉头说："按规定，你们第一次生产，产品应先做破坏性试验。"我一听，心里凉半截。我们忙了一年，就是为了你们把产品破坏掉？我很不满，心想，我们要在黄河上修个水坝，难道是为了让你们炸掉的吗？还是宋老师会做工作。最后达成的意见是，先给村里装上试用，过一段时间没发生问题再付款。后来我听说，村民对这两台机组的质量很满意。生产创业的成功，大大地激发了我们的斗志。于是我们计划下一个年度再生产15套水轮发电机组。但是，1972年车间又随水利系迁回北京了。

我的这一段当"新工人"的生活，是激情燃烧的岁月，身心受益，终生难忘。我所学到的东西，时常在起作用。1978年我在职读研究生，我研究的题目是《在平面应变条件下沙土本构关系的试验研究》。整个研究的关键是研制一台能测量中主应力的平面应变仪。我当"新工人"的经历帮了我的大忙。一是我经常回到车间请师傅们帮助我修改设计方案；二是我请师傅下班前将车间钥匙交给我，我晚上自己来加工所需零件，连图纸都不画，边想边加工。

又过了近20年，学校派我负责法学院和人文社科学院的工作。我的一个主要任务是引进高水平的文科师资。不少老师初到清华、人生地不熟。有时家里遇到一些困难，比如下水道堵了、热水器打不着火了、电视机没图像了，等等，不知道找谁。他们问我，我就直接把问题解决了，他们很满意。这些都得益于我年轻时当"新工人"的经历。

人生的一切经历都是财富。对这一点，我深信不疑。

2021年8月

傅水根，男，1945年生，江西峡江人。教授。1965—1970年在清华大学农业机械系学习。留校后从事工程实践教学和制造工艺理论教学，国家级教学名师、北京市优秀教师和北京市教育创新标兵。讲授与指导"金工实习""机械制造实习""机械制造工艺基础"等课；主编国家级教材4部、其他教材30多册，译著2部；系统研究工程实践教育，研制装备和系统8种46台，获国家级教学成果奖4项。

身负使命　精心耕耘

傅水根　农机系 1965 级 汽 002

一、我的教学使命

　　清华大学的老校长梅贻琦先生说过，所谓大学者，非谓有大楼之谓也，有大师之谓也。这句话，不知被多少高等教育界的知识分子引用过；这句话，不仅点明了称之为"大师"的教师在高等教育中不可动摇的地位，而且由于大师同样是广大教师中的一分子，因此也点明了教师在大学中的重要地位。

　　在这个世界上，谁天生为大师？有一点可以肯定，大师一定来自青年教师，也一定来自普通教师。大师是在长期的教学实践、科研实践和做学问实践中严格要求，不断探索、磨砺与提升自己，并不断接受实践和时间的检验而被世人所公认的。因此，作为一名青年教师，要以大师为榜样，淡泊名利，耐得住寂寞，经得住时间的考验，在教学、科研和学术生涯中不断提升与完善自己。当然，学校也要积极引导和给予适当的政策，提供培育大师的良好环境。

　　我自清华大学毕业后有幸留校工作，开始作为"新工人"，很快有资格进入教师队伍，作为清华大学的一名教师，有一种很强的自豪感和荣誉感。面对全国选拔而来的优秀学生，不由得产生一种很强的责任感。我经常对同事和同行们说，清华大学超过 2/3 的本科生都要到训练中心参加实践教学，相当比例的优秀学生都要经过我们的亲手培养，这便是孟子称之为"人生三大乐事"之一的"得天下英才而教育之"，该多么荣幸。在清华当教师，这样的机会特别值得珍惜。

　　在 1996 年创建的清华大学基础工业训练中心（其前身为金工教研室），大多数学生在大一或大二阶段，都要经历他们在长达 12 年的基础教育阶段——小学、初中、高中最缺乏的和一生中难以忘怀的唯一一次工程实践教学。他们要在精心安排的工程实践教学计划里，通过 3~6 周的时间，在知识、能力和素质方面得到普遍提高，在智商、情商、健商和创新思维的培养方面获得一定发展。无论作为一名普通教师，还是作为金工教研室或基础工业训练中心的主任，肩负着如此重大的使命，我告诫自己：一定要忠于党的教育事业，业精于勤，竭尽全力，开拓前进，不辱使命！

在长期的工作实践中，我搞教学想着学生，搞科研想着学生，搞管理仍然想着学生。因此我在备课中、在授课中、在批改作业中、在答疑中、在批改试卷中、在指导学生的实践教学中、在指导学生的创新实践中、在将科研成果反哺本科教学的转化中、在实践教学和课堂教学的综合性改革中，都舍得花时间、花工夫、花精力。因此，学生也喜欢听我的课。有的学生在实习小结中亲切地称我为"傅师傅"，我由衷感到高兴。

我的本科教学工作有3部分内容：第一部分是在实习、实验现场指导各种类型、各种学分的实践类教学。在40多年的教学时间里，我都在实践教学一线。基于实践教学对人才培养重要性的理解，我心甘情愿地长期在一线指导学生的实习与实验。1977年我国恢复高考之后，面对清华大一、大二的学生，在实践教学现场指导他们的金工实习、机械制造实习，以及之后发展出的工程训练。在清华大学校史馆的清华大学百年校史展里，有一张我在一线指导学生车工实习的照片，这就是我长期实践教学生涯的真实写照。第二部分是机械制造工艺的理论教学。这部分教学工作在教室里进行，为了提高教学效果，有时候也与相关的实验结合。第三部分是针对工程训练基地不断充实、演进的实践教学资源开设新的选修课程。我还开设过制造工艺设计选修课、特种加工技术选修课；主管并开拓出实验室科研探究大型公共选修课；为青年教师策划、开拓出颇受学生欢迎的机械创意设计与制造选修课；与工业工程系的教师合作，开拓出用英语授课的研究生课程"Manufacturing Technology"。总之，与时俱进，我不

现场指导学生金工实习

断开设各种新的课程。在清华工作看似漫长、实则短暂的日子里,作为一名教师,我始终把教学看成是一种不可推卸的责任和光荣的使命。

二、将科研成果反哺本科教学

我在长期的教学实践中发现,无论是实践教学,还是制造工艺理论教学,教学基地的装备和课堂教学所采用的教材内容往往滞后于生产实际,尤其滞后于科研实际。怎样在教学中突破原有教学条件的局限,使学生获得更为基础、广博和新颖的知识,并在培养创新思维能力方面更好地发挥作用呢?作为大学的工科教师,不少人本来就是一边从事教学,一边从事科研工作的,为什么不能将这二者有机地结合起来,将获得的科研成果融入教学中呢?为此,我提出了"将科研成果反哺本科教学"的学术观点,并在几十年的实践中一以贯之。

我在回国后 20 多年的科研工作中,共主持研制出 8 种类型、46 台套先进的机电一体化装备和系统。这些装备和系统,被一批高校、企业和研究单位采用。我发现,科研成果除了可以用于发表论文、申报专利、申报奖励、指导研究生,以及通过不同途径实现产品转化,直接为国民经济服务外,还可以直接为深化教学改革服务,为提高人才培养质量服务。为了使科研成果反哺本科教学,我在创新实验教学手段、丰富授课内涵、更新教材内容、充实模型教具、指导研究生、带毕业设计,以及建设师资队伍等方面进行了系统性探索,并取得了一些实效。

讲授制造工艺课程

（一）创新实验教学手段

1987年，我从英国回清华工作的第二年，申请到国家自然科学基金项目"人造聚晶金刚石复杂型面的放电加工与加工机理研究"。经过课题组近3年努力，取得的成果获得了国家专利，《科技日报》头版、清华大学闭路电视予以报道，美国国家科学基金委员会邀请我参加"美国国家科学基金受资者学术会议"。在赴美代表团团长师昌绪院士的指示下，我代表国内多所大学教授作学术报告。之后，我将该科研成果转化为"数控旋转电火花磨削聚晶金刚石演示实验"，使清华学生得以及时了解到国际上加工聚晶金刚石的最新工艺方法，特别是具有国际领先水平的小直径聚晶金刚石麻花钻头。1992年，该实验荣获清华大学实验技术成果一等奖。1993年，我将该成果在《电加工》杂志发表了论文。1996年，该论文获得中国机械工程学会全国会员大会优秀论文奖。2019年，该论文再次获得中国机械工程学会特种加工分会的优秀论文奖并受到表彰。

1998年，"211工程"的第一批经费到位。我开始主持"局域网络条件下数控线切割二维创新设计与制作系统"的研究。我大胆起用青年教师，自行研制局域网络系统。经过半年多的共同努力，研制成功该局域网络系统，并于当年开始了数控线切割二维创新设计与制造实验。这是在特种加工领域，我国高校和企业利用局域网络将4台数控线切割机床联网，实现数控线切割二维创新设计与制作实验的首次尝试。该成果于2000年获得清华大学实验技术成果一等奖，所发表的论文获得教育部高等学校首届现代教育技术学术研讨会优秀论文奖。该实验技术成果在我国高校工程训练中心的实验教学中获得广泛推广。

（二）丰富授课内涵

1997年，我开始认识到，超声波加工不仅是特种加工研究领域的一个薄弱环节，在我国的本科实验教学领域更是一片空白。而对于像玻璃、陶瓷一类不导电的硬脆材料，采用切削加工和放电加工都是勉为其难的。因此，我果断地将研究方向转向旋转超声波加工。经过近两年努力，成功研制出旋转超声波加工机床，并用于特种加工教学实验，使学生学习到一种新型的加工硬脆材料的有效方法。该机床经过前后15年的深入研究与改进，无论是在机床本身、超声发生和振动系统、控制系统，还是在加工范围和加工精度上，都有实质性的进展，于2012年获得清华大学实验技术成果一等奖。这种先进的超声波加工机床，先后被哈尔滨工业大学工程训练中心、北京石油化工大学选用。

2001年，我主持完成的"体质智能化测试系统"通过了教育部组织的技术鉴定，并获得国家发明专利。清华大学体育部利用这套系统，建成了我国高校第一条"体质测试走廊"，广泛用于清华本科生的体质测试。这项成果，经过技术转化，实现了产业化，其产品用户遍布全国。更重要的是，这项技术打破了进口价格昂贵的日本和韩国产品主导市场的历史，成为我国本科体育教学和开展人体体质综合研究的一种新型关键装备。

（三）更新教材内容

1998年以来，训练中心引进了一大批数控加工机床、特种加工机床和先进制造系统等。借主编各种教材的机会，我不仅将这些新装备、新技术和新工艺引入新教材，而且将在科研工作中取得的成果，如数控旋转电加工机床、数控线切割二维创新设计与制作系统、十二工位数控激光淬火机床、旋转超声波加工机床的典型案例，编入国家教委教材建设委员会的研究重点项目的后续成果《机械制造工艺基础》教材（获北京市教学成果二等奖）、国家级"十五"规划教材《现代工程技术培训》国家级"十一五"规划教材《机械制造工艺基础》（第2版，北京市精品教材），以及国家级"十二五"规划教材《机械制造工艺基础》（第3版，第二届中国大学出版社优秀教材一等奖）和《机械制造实习》（北京市精品教材）、全国工程训练实验教学示范中心系列教材《以项目驱动的机械创新设计与实践》（第四届中国大学出版社优秀教材二等奖）中。我的科研成果典型案例还被清华大学、东南大学、山东大学、西北工业大学、北京航空航天大学等大学的教授们主编的教材采用。这些努力不仅提高了清华教材的编写质量，形成了清华教材的特色，而且还拍摄成获得广泛推广的电教片《特种加工——电声光部分》（1996年获全国首届教育优秀音像出版物一等奖），扩展了清华教学和科研在国内高校中的影响力。

（四）充实模型教具

对于面向工科学生的课堂教学，模型教具是工科领域课堂教学中不可缺少的重要辅助手段。我们利用研制的新装备，制作了颅内血肿排空器、人造聚晶金刚石车刀、铣刀、小直径麻花钻头和立方氮化硼车刀等。这些模型教具，学生可以细致观察、仔细触摸，充分发挥学生的多感观功能。这些很具展示度的模型教具，市场和高校罕见，极大地提高了学生的学习兴趣和探究潜能。

（五）指导研究生和毕业设计

在金工教研室，既没有指导硕士和博士研究生的任务，也没有指导本科毕业设计的项目。经过20多年的艰苦努力，金工教研室形成了先进机电一体化设备、制造工艺、特种加工和精细材料成形等多个科研方向，成长了一批科研骨干，为包括清华大学在内的多所高校指导完成3篇博士论文、9篇硕士论文、10多名本科毕业设计。学生们在预定的论文写作或毕业设计期间，都高质量地完成了任务，按期获得相应学位。其中，我为北京理工大学指导的一名在职博士研究生，不仅按期获得学位，并获评学校优秀博士论文，我也因此获授该校优秀博士论文指导教师。

（六）培养师资队伍

无论是主持科研项目，还是主编教材，我都尽量组织青年教师和实验技术人员参加，让他们全程参与，使他们在实战中成长，以便承担更重要的任务。丰富的实战经历，使这些青年教师很快成为教学和科研的骨干。工程训练中心虽然只拥有11名教师的编制，而获评的北京市精品教材就有8部，国家级"十五"规划教材3部（全国同领域5部）、国家级"十一五"规划教材7部（全国同领域约60部）、国家级"十二五"规划教材1个系列（实践类教材4部）加1部（全国高校1024个系列和部），发表研究论文200多篇。无论是数量还是质量，训练中心出版的教材无疑在全国都名列前茅。我于2006年主持完成的《机械制造实习双语挂图》，被包括清华大学在内的全国60多所高校采用。在我任金工教研室主任和训练中心主任期间，依靠取得的过硬业绩，除了我被择优晋升外，还有严绍华、卢达溶、王天曦、李鸿儒、张学政、李双寿共7名教授，以及李生录、洪亮、王坦、汤彬、左晶、张秀海、王豫民等一批副教授、高级工程师和高级实验师得到了晋升，这在全国高校同行中也是首屈一指的。

三、引领全国高校的工程实践教学改革

（一）项目引领与实践教育理论探索

1998年，教育部高等教育世界银行贷款项目中的全国高校教学实验中心立项会议在京举行。当时工程训练中心立项的专家组组长为北京航空航天大学的前教务长陈孝戴教授，组员为浙江大学蒋静坪教授和我。所幸工程训练中心项目的立项被教育部通过，为我国高校工程训练中心建设争取到一个极好的发展机遇。紧接着，教育部又组织专家组对全部已立项的项目制定实验中心建设目标和设备配置方案。教育部专家组仍由原3人组成，我担任组长。专家组制定的建设目标和设备配置方案被教育部审核通过。世界银行贷款，使得获批的每个训练中心能得到数十万美元的资金支持。这就像一场甘霖，使我国的工程实践教学领域摆脱了长期资金亏欠的困

境。这样,教育部批准的全国11所重点高校的工程训练中心建设项目,就按照专家组制定的中心建设目标和设备配置方案抓紧实施,驶入高速发展的快车道。

我一边从事教学、科研实践,一边不断思考,系统性地开展工程实践教育科学研究,共发表了180多篇论文。这些论文所提炼出的重要学术观点,促进了我国实践教学的改革与发展。

其一是实践的内涵与价值功能:实践是内容最丰厚的教科书;实践是贯彻素质教育最好的课堂;实践是实现创新最重要的源泉;实践是心理自我调理的一剂良药;实践是完成简单到综合、知识到能力、聪明到智慧转化的催化剂。

其二是实践对人才培养的转化功能:将知识转化为能力,将潜力转化为实力;将自疑转化为自信;将历练转化为素质;将聪明转化为智慧;将才能服务于国家和社会。

其三是实践中的认知过程与认知规律:在实践中观察,在观察中思考,在思考中领悟,在领悟中成长。

没有想到的是,这三段话曾被华南理工大学、华中科技大学、清华大学、武汉理工大学、吉林工业大学、广西钦州学院、首都师范大学和长春理工大学等多所大学选挂在训练中心墙上。

其四是将原金工实习的课程教学目标"学习工艺知识、提高动手能力、转变思想作风",通过吸纳其合理内涵,经过进一步思考、提炼,推进为"学习机电工艺知识,增强工程实践能力,提高综合素质,培养创新精神和创新思维能力",并写入教育部课程教学指导小组制定的课程教学基本要求中。

我在多次学术报告中向老师和学生提出"要从做事转化为做学问""要从浅度思维转向深度思维"和"要着力培养学生的深度思维能力"。2008年,在袁驷副校长主持的清华大学名师座谈会上,我还提出清华大学要为国家培养"事业的中坚,社会的中坚,国家的中坚,世界的中坚"。

(二)荣获多项国家级教学成果

教育部以工程训练中心项目实施为促动力,紧接着"211工程""985工程",质量工程的经费随着而来。这使得实践教学基地、教学基础设施得以更新换代,以及由此引起的实践教学课程的全面深化改革。我于1996年任训练中心主任,经过多年的基地建设和实践教学改革,实践教学的成果已经在全国高校中崭露头角。

2004年,金工实习课程的内涵已经发生了重大变化,不仅增加了不少新装备、新技术、新工艺的实习实验内容,而且创建了"集工程基础训练、先进技术训练、创新实践训练和综合素质训练为一体,以模块式选课为基本特征,理工与人文社会学科相贯通，整体开放，资源共享，服务清华，面向北京，辐射全国的工程实践教学体系"，更重要的是，同时形成了"面上普及，重点突出，课外延伸，赛课结合"的创新实践教学体系。在征得教务处主管宋烈侠教授的同意后，将课程名称改为"机械制造实习"，并申报了北京市精品课程和国家级精品课程，成为我国高校工程实践教学领域的首门国家级精品课程。

2005年，我以"创建国内领先的工程训练教学示范中心"为题，申报北京市和国家级教学成果奖，结果获得了国家级教学成果二等奖，成为我国工程训练领域第一批获国家级教学成果奖的单位（共3所高校）。

2006年，我将清华大学基础工业训练中心所获得的成果申报国家级实验教学示范中心。因为那时全国高校的工程训练中心能够拿到国家级精品课程和国家级教学成果奖的只有清华一家。基于我们实践教学基地建设和课程改革的实际业绩与对外影响力，通过专家组评审后，训练中心首批跻身于11个国家级工程训练实验教学示范中心的行列。同年，我获评高等学校国家级教学名师奖，成为我国高校工程训练领域的首位国家级教学名师，并获评北京市总工会"北京市教育创新标兵"称号。

2009年，我主持申报国家级工程训练系列课程优秀教学团队，由于队伍结构优良和业绩突出，结果也如愿以偿。该业绩在清华大学110年校史展览中展出。

2004—2009年，在学校领导的支持下，以国家和清华累计投入约1500万元的较小代价，获得了国家级教学成果的大满贯，为我国工程训练领域的实践教学改革提供了典型样本。兄弟院校纷纷表示，本以为清华的经费投入很大，原来并不大，清华提供的实践教学改革经验是值得我们学习并可以学到的。

（三）教育部兼职发挥作用

1996—2013年，我连续三届兼职教育部机械学科教学指导委员会委员、教育部机械基础课程教学指导委员会副主任委员和教育部工程材料及机械制造基础课程教学指导小组组长。其间，我带领教育部课指组全体成员，以清华大学基础工业训练中心取得的业绩为出发点，依靠全国各省市的金工研究会、跨省市的金工研究会、《金工研究》杂志和每3年一届的国际现代工业培训学术会议，注重我国工程训练中心建设的理念提炼、内涵建设和可持续发展，领导全国金工领域数十名教授完成了机械制造实习教学基本要求和工程训练中心建设基本要求的制定，并完成了工程训练中心基地、课程、师资队伍和安全保障体系建设的全国性调查，每年召开一届课程教学指导小组的扩大会议，每5年召开一届全国性的学术会议，明确当前和今后课程改革与基地建设的重点发展方向。在我兼职的17

年间，全国高校的工程训练领域共有 33 个工程训练中心跻身于国家级实验教学示范中心行列，18 门课程跻身于国家级精品课程行列，3 名教师跻身于国家级教学名师行列，有近百部教材跻身于国家"十五""十一五"和"十二五"规划教材建设行列。这些名列在榜的国家级实验教学示范中心、国家级精品课程、国家级教学名师和国家级规划教材，为我国工程训练中心的可持续发展奠定了难以撼动的根基。

（四）教育科学研究

我于 1970 年清华毕业当了"新工人"，参加汽车生产的大会战，1971 年开始指导工农兵学员的学工劳动。我的第一篇教育研究领域论文发表于 1992 年。我吸取了金工教研室老领导张万昌、李家枢、金问楷等重视教学研究的经验，组织全体教师和实验技术人员积极开展教育科学研究与教学改革实践。虽然当时的经济实力不强，但对在各级刊物发表教研论文者，都给予一定的经济奖励。这使得大家的教育科学研究论文的数量明显增加，质量显著提高，获得一批优秀论文奖。作为第一作者，我获得的教育教学研究优秀论文奖就有 13 项。我意料不到的是，作为第一作者，我居然在国内外学术会议、《中国大学教学》《清华大学教育研究》《实验技术与管理》和《中国教育报》等杂志及报纸共发表教育科学研究论文 150 多篇。最后这些论文被收录到 2000 年出版的《傅水根教育教学研究论文集》（44 篇，张学政主编，2000 年），以及由傅水根编著、清华大学出版社出版的 3 本著作：《探索工程实践教育》（2007 年）《探索工程实践教育》（第 2 辑，2013 年）《探索工程实践教育》（第 3 辑，2020 年）。这些论文，对工程实践教育进行了全方位的实践与理论探索，对我国高等学校工程实践教育的健康发展发挥了重要作用。对教育科学研究认识的逐渐深入，我最终对其内涵和功能提炼为：教育科学研究是凝练教育理念、梳理教学规律、深化教学改革、提高人才培养质量、促进师资队伍成长的强大促动力。

（五）学术报告

我应邀在教育部组织的会议、国际现代工业培训学术会议、各省市与跨省市金工研究会、2006 国际机械工程教育大会、教育部国家网络中心、北京市高等学校学术骨干培训班、教育部机械基础课程教学指导委员会、教育部工程训练教学指导委员会，以及包括北京大学在内的全国数十所高校和国内外企业，就课程教学改革、工程实践教育、创新实践教育、创新人才培养、国外考察、教材编写、先进制造工艺技术、职业技术教育、高中基础教育、德国工业 4.0 和中国制造 2025 等方面作了 360 多场学术报告，及时向不同领域、不同层次的听众汇报经过长期实践积累和最新的研究成果，积极推进我国金工/工程训练和相关领域的改革与发展。

我能为我国高等工科教育的发展和清华大学向世界一流大学的发展奉献一点微薄之力，主要是在出国期间和回国以后（包括退休之后），即主要是在获授英国伯明翰大学名誉研究员、晋升副教授、择优晋升教授之后的30多年时间内完成的。对我来说，晋升职称并不意味着功成名就，而是有了一个带领团队向未来发展重新起步的新台阶。在此之前，我只知道认真、勤奋、踏实完成领导交给的各项任务，还不懂得怎样以问题为导向去开拓事业、超越前人、将做事转化为做学问，因此，出国留学，是我人生的关键转折点。党领导下的改革开放国策，使我为国家为人民服务、实现人生价值的梦想搭上了时代的快车。对我来说（或许对不少人也是这样），尤其是工作在科研、教育和工程技术领域，获取成果大体在40岁以后，特别是1986年回国以后，以前主要是一个工作、学习、历练和逐渐积累的过程，体现出"九层之台，起于累土"。而这个积累不只是知识，或者说最重要的不是知识，而是为人处事、开拓进取、科研队伍的组织能力及知识的整合能力、批判性思维能力，包括胸襟、气度、阅历、胆识、见解和对研究方向的洞察力。

因此，人过了40岁，千万不要以为做不成事了；人过了50岁，千万不要以为已经老了！事实上，你还可以继续为国家、为人民做很多事情。现在人的寿命延长了不少，事在人为，大有可为。即便退休，只要体魄健康，利用过去的积累和不停地学习、思考，还能为国家和事业的发展继续发挥余热。

四、结束语

我于1970年从清华大学农业机械系毕业以来，作为清华大学的一名教师，一直工作在教学、科研、管理及社会服务的基层和一线，尽心尽力，无怨无悔，做了我应该做的事情，终于实现了蒋南翔校长"争取为祖国健康地工作五十年"的嘱托。

回顾我的成长过程，是毕业后首先在清华大学汽车厂作为"新工人"，在生产一线打好了工程实践基础；接着在精密仪器系参加业余大学多门课程的教学工作，进一步打好了理论基础；继而出国留学，在科研领域取得突破，利用发展出的创新思维和科研成果反哺本科教学，最终在工程实践、创新实践、基地、课程、教材、团队建设领域取得整体性突破的。仔细观察，不难发现：人的天分是父母给予的，或者说是先天赋予的，但在人的成长过程中，做人的品格和做事的勤奋、思考、毅力及积累，却是可以自己掌控的。换句话说，我们难以改变天资，却可以通过后天的不懈努力不断激发和提升自己的潜能。在现实世界中，不乏这样的事例，一个本来天分很好的人，最后未必能实现所期待的人生价值；而不少天分并非出众的人，凭着良好的品格和体魄以及长期的勤奋、思考、毅力和积累，最后却较好地实现了他们的人生价值。

  人来到这个世界上，无论是国家、父母、老师、朋友还是自己，都希望他有个美好的人生，都希望他活得比较有价值。那么，在短暂的人生旅程中，人生的最大价值究竟是什么呢？我的看法是：人生的最大价值，不是升官，不是发财，也不是出名，而是将个人的潜力健康地发挥到极致，为国家和人民提供最好的服务。若是长期拥有这么一种积极的心态，我想，一个人无论身处任何行业、任何环境、任何岗位，都会始终以饱满的热情、昂扬的斗志，激发出个人聪明才智和潜藏的创造力，并在集体的奋进中绽放出奇光异彩！

2021 年 4 月

雷源忠，1946年生，湖南嘉禾人。研究员。1965年考入清华大学农业机械系，1970年毕业后留校，曾获1991年国家技术发明奖。1988年调入国家自然科学基金委员会工作，曾任工程二处处长、机械学科主任。发表论文50余篇，被他引300余次，专著有《机械学科发展历程》，组编机械学科发展战略研究报告6本。清华大学车辆工程学院学术顾问、大连理工大学兼职教授。

我的清华时光（1970—1988年）

雷源忠　农机系 1965 级 汽 002

1970 年 3 月，我结束了大学生活，走向社会，投入祖国建设的怀抱，燃烧青春的火焰。从学生转变成工作者，这是人生的一大转折。可什么是自己理想的工作呢？

马克思在《青年在选择职业时的考虑》中告诫我们：人的职业是由社会来决定的。如果我们选择了最能为人类谋福利的事业，繁重的负担就不会把我们压倒，因为这是为大众而牺牲的，我们就不会去享受可怜的、有限的、自私的快乐，我们的幸福乃是属于千千万万的人民的。

大学毕业分配时，虽然我主动要求到东北边陲工作，但最后还是服从分配留在清华，开始了长达 5 年的汽车制造工作。当时，清华大学还没有复课，很多干部、教师和"新工人"就成了制造"727"牌汽车的骨干和主力。

1970 年毕业留校的青年教师被称为"新工人"。清华大学"新工人"有 3 个特点：一是身份特殊——清华大学本科毕业生，但大学课程并未修完；二是工作特殊——学校工厂的工人，有的也是工农兵学员的老师或实验员；三是地位特殊——清华大学的新主人，学校行政、教学和科研的主力。其中佼佼者后来成了两院院士或国家领导干部。"新工人"在清华大学历史上可谓空前绝后。

相对同班其他的同学，我和傅水根在一起的时间更长些。毕业后，我们在清华汽车厂的前桥车工班一起工作过 3 年。傅水根思想上进，学习刻苦，工作踏实，参加工作一年多就入党了。他对我有较大影响。我暗下决心，努力工作，刻苦学习，争取早日入党。

1972—1974 年，汽车厂大件车间领导分配我做车间调度。其中一项工作是要将加工零件从一个工种转到下一工种，车间的车、铣、刨、磨、钳组分布在校河两边，我经常推着车在河东河西之间转运零件。协调进度、服务师傅，是件需要热情、细心而费力的工作。同时，我还是厂共青团干部，组织学习，出黑板报。

在此期间，车间推荐一位"新工人"到清华大学读研究生班，我也是被提名的两个人之一。车间书记刘宝恕找我谈话，我的表态是：有机会读研究生更好，但服从领导安排。最后，来自汽 001 班的范守善同学被推荐并录取到清华固体物理研究班,后来他在纳米材料研究领域卓有建树,成了中国科学院院士。

由于思想上进、工作勤奋、表现突出,1973年6月28日,经车工班徐阿炳和郭锦贯两位同志介绍,我光荣地加入了中国共产党。

1974年秋,我参加了清华大学组织的干部插队班,到海淀区北安河大队劳动锻炼,接受贫下中农再教育,历时半年。可我的工作和班里其他老师不一样,并不是下地劳动,而是和水利系张达成老师一起为大队设计制造一台自动筛米机,目标是将混在大米中的石子、稻壳等杂物快速、彻底地分离出来。我是"文革"前最后一届大学生,上课不到一年就开始"文革"了。没有学专业课和机械设计,也没有机械方面的技能及经验。刚接到设计任务时一片茫然,不知从哪儿做起。好在张老师经验丰富,我以他为师,边干边学,参加了自动筛米机的调研、设计、制造、装配和试验全过程,最终试制成功。稻米与其他杂物的分离效果好、效率高,受到了队里领导和社员的称赞。除此之外,我还在插队小分队食堂学会了蒸馒头、炒菜做饭。插队的队友来自清华大学不同的系和专业,我们利用自己所长为农民做好事,如修收音机、理发、修闹钟,访贫问苦,和农民交朋友。我曾作《七律·蹉跎岁月》纪念这段难忘的岁月。

1972年雷源忠(左)在当时的汽车厂做车间调度

蹉跎岁月北安河，往事回眸有几多？
同炕畅聊今古事，登峰高唱友情歌。
铁肩能扛百斤粟，巧手可蒸白面馍。
明媚春光今又是，芬芳桃李满山坡。

1975年，清华大学机械厂和机械系、精密仪器系合并为机械系厂。我被调任机械系厂团总支副书记，分工负责学生工作。一年以后，厂系又分了家，我被调到精密仪器系机械制造教研组，转入教师队伍，主要从事教学和科研工作。

20世纪80年代的中国正处在拨乱反正、改革开放的大变革时期。1970年起，清华大学开始招收"工农兵学员"，共招六届。1977年恢复高考，1978年精密仪器系恢复正规招生。

这一时期的我，既是老师，又是学生。先后承担工农兵学员机3—机6（1973—1976年）共4个年级的学生工作，并担任机61班（1976—1980年）和制82班（1982—1986年）的班主任。

在做学生工作的同时，我还讲授或辅导液压传动、制造工艺课程，指导学生机械设计，并带大学生到北京机床厂、长春汽车厂、湖北十堰二汽、包头一机厂等企业进行专业实习。

同时我边干边学，将"文革"期间耽误的课程补回来，经过6年的"回炉"，先后补修了"文革"期间耽误的大学及研究生课程，包括线性代数、复变函数、控制工程、机械零件、工程力学、材料力学、专业英语等。

1978—1982年，我被分配到液压教研组，参加液压传动教学和科研工作。在液压教研组徐丰仁教授指导帮助下，编写液压传动教材，在清华大学分校上液压课，建造液压滑台动态特性试验台，并创新性地开展了液压滑台动态特性的理论及实验研究，把研究结果发表了论文并写进教材。

1979年8月，我被邀请到乌鲁木齐新疆工学院参加新型液压泵技术鉴定会。我第一次坐飞机，第一次到新疆，第一次当液压技术鉴定会的专家。鉴定会非常科学、严谨，液压泵的每个技术参数都要经过3位鉴定委员的现场测量和认可。会议开了近两个星期，这可能是我参加过的时间最长的一次技术鉴定会了。初到新疆，领略到祖国大西北的美丽壮阔。天池的静美、南山的牧场、天山的风雪、美丽的雪莲花；乌鲁木齐街上羊肉串的美味、大饼的清香、维吾尔族姑娘的美妙舞姿和纯真笑脸……一个与内地完全不一样的新疆，给我留下了深深的印象。

1982年学校恢复职称评审，我被聘为清华大学讲师。如果不是10年"文革"的耽误，怎么会到36岁才评上讲师呢？"文革"不仅在我的身心留下了伤痕，还使我虚度了 10 载青春年华。

1982 年，由于科研任务的需要，我从液压组转到工艺组，参加了王先逵教授为首的课题组，共同承担国家"六五"攻关项目——计算机硬磁盘表面超精密加工技术。经过师生 6 年的共同努力，终于试制成功。计算机硬盘超精密砂带研抛机获得 1990 年北京市发明展览会金奖和 1991 年度国家技术发明四等奖。

作为主要骨干，我参加了计算机硬盘超精密砂带研抛技术项目的全过程研究，包括超精密加工国内外情况调研、研究方案的讨论及制定、装备结构的创新设计、超精密装备的加工和装配、实验平台建设、盘片的精密砂带超精密抛光试验研究、抛光装备的调试及改进，镜面抛光的工艺稳定性试验、表面质量的超精密测量、撰写技术发明专利和学术论文。

计算机硬盘的超精密砂带研抛技术用于 14 英寸磁盘加工的最后一道关键工序，即磁盘毛坯经过超精密车削、磨削、抛光、涂胶等工艺后的超精密抛光，磁盘超精密加工后的表面粗糙度 $Ra \leq 1nm$。由于国外工艺保密，我们只能自主创新。课题组经过反复调研，提出了精密砂带液压柔性振动研抛技术方案，对关键部件研抛头进行了多次方案设计和试验研究，最后采用 3M 公司的超精密砂带，设计研制了真空吸盘和研抛头装置，实现了液压伺服控制研抛压力、伺服电机调控振动频率和振幅的多参数优化协同控制的超精密表面研抛方法。经进一步研究发现，抛光轨迹对磁盘表面的波纹度及表面粗糙度有重要影响。经过很多次试验研究，不仅精度上达到了磁盘表面粗糙度、平面度及表面完整性要求，而且显著提高了研抛加工效率。我起草了计算机硬盘超精密砂带式研抛机的核心专利申请，并获得了国家发明专利授权。

超精密抛光后的计算机硬磁盘盘片还必须去除磁盘表面纳米级微凸起（微高点），磁盘微纳高点铲刮是与磁盘抛光并行的另一个课题，王老师要我带两个硕士生（高锦宏、白勇）承担此课题，磁盘微高点铲刮技术成果获得 1992 年国家教委科技进步二等奖。高锦宏毕业后在北京信息科技大学和北京石油大学担任副校长、党委书记，白勇毕业后在美国辛辛那提一家企业工作。

1985 年，我参加了清华大学英语阅读、听力和会话进修班，来自美国的两位英语老师热情生动的教学使我们受益匪浅，英语水平有了显著提高。1987 年 6 月，我首次出席在南京召开的切削加工国际学术会议，在分组会上报告"磁盘表面精密砂带振动超精密抛光加工方法"，由于内容新颖，吸引了不少国内外与会者。当我第一次穿上西装，在国际会议上用英语宣读论文，并回答国内外学者的提问时，感到非常高兴和自豪。源于兴奋，当天夜不能寐，觉得今天才真正是个清华大学的学者了。

课题组研制的计算机硬盘超精密砂带研抛机

这个时期我正处而立之年，教学、科研、学生工作以及补课进修4样事情并行，家里还要顾及妻儿老小。工作繁忙紧张，生活丰富多彩。老师和学生兼为、读书与工作并行、父亲与儿子双任。

在清华工作期间，有几位老师及同事令我至今难忘。

王先逵老师主要从事机械制造工艺研究和教学。他待人真诚而谦逊，学问广博而扎实；分析问题重点突出，研究工作井然有序；讲课深入浅出，文笔洒脱自如。在教学和研究中给了我很多的影响、指导与帮助。我从液压组调到工艺组后，被安排参加国家"六五"攻关计划计算机硬磁盘超精密加工技术课题。他亲自带我到国内有硬磁盘加工制造的研究单位调研，参加硬磁盘超精密砂带式抛光加工设备的设计、制造和加工试验研究。

液压教研组的徐丰仁教授，是我从校办工厂转到精密仪器系后遇到的第一个老师。徐老师为人宽厚，待人真诚，对学生细心培养，大胆使用。他亲自带领我们建造液压试验平台，指导我们这些青年教师做液压滑台试验研究，编写液压传动与控制教材，鼓励及安排我们登台讲课，还积极创造条件，安排我参加国内学术会议和技术鉴定会。徐老师以身作则，工作勤奋，一丝不苟，经常熬夜写教材和论文。液压教研组的同事潘龙法、白永毅和魏喜新老师在思想、业务及工作上给了我战友般的帮助。

人生路上，决定事业成败的三大要素是知识、智慧和机遇。面对机遇，或者驾驭机遇，或努力争取。历史上，许多人有知识、有智慧，却没有遇到能发挥潜力的机遇。有的机遇来了，却让它如滔滔长江水，悄悄东流去。

清华大学当时有800多"新工人"留校，形成了同届留校人数的最高峰。我所在的教研组就有9人之多，削峰分流是大势所趋。

1987年春节后，教研组党支部书记王则豪向精密仪器系金国藩主任推荐我到国家自然科学基金委员会工作。新建立的基金委是我国科技改革的产物，是国务院直属副部级事业单位，主要职能是运用国家经费发挥专家作用，支持基础研究。人员主要由科学院、北大、清华的学者，教授和科技部的管理干部组成，首届基金委主任是国务院直接任命的国内外著名的化学家唐敖庆院士。

人生要不停顿地改变自己，追逐新的梦想。有到国务院直属国家自然科学基金委员会工作的机会，这不是实现新梦想的一个机遇吗？得失利弊，思考良久，清华虽然难舍，但最后我还是决定不能错过这次机遇。

1987年3月，经过系主任金国藩推荐，我被借调到基金委工程与材料科学部机械学科工作。一年半之后，正式调入基金委。从高等学校转到国家科技管理部门，从教学科研岗位转到学科管理岗位，这两个转变改变了我的人生，从此开启了我在基金委工作的18年历程。

回想清华18年，其中在汽车厂工作5年，其间做过车工、车间调度、团总支副书记。到精密仪器系后提升为讲师、实验室副主任；任机3—机6年级约400名学生的工作组长，以及机6班和制82班的班主任；从事金工教学、液压传动、机械制造工艺等领域的教学和科研活动，包括讲课及辅导、撰写教材、指导课程设计；带近百名大学生到北京第一机床厂、十堰二汽和包头坦克厂实习；在计算机硬磁盘超精密加工领域获得过国家技术发明奖。清华大学的18年是平凡而又永远难忘的18年。

从清华大学的一个普通老师成为国家自然科学基金委员会机械学科的管理人员，不仅需要较强的学科管理能力，还必须具备较高的学术水平和较广博的知识面。我能较快胜任基金委机械学科的工作，得益于清华大学18年教学科研工作中积累的知识和经验，为到基金委工作作了思想、学术和学科管理的素质准备。

1965年上大学前18年、清华大学读书5年、清华大学工作18年，以及1988年调到基金委至2006年退休共18年，组成了我退休前的四段人生历程。回顾往事，不胜感慨，七绝一首，可作为我在清华大学18年的总结：

转带飞盘九万转，挑灯备课三更寒。
种得桃李满天下，霜染两鬓亦坦然。

2021年8月

田芊，男，1946年生，江苏南通人。教授。1964年入读清华大学精密仪器及机械制造系，1970年毕业留校从事教学、科研工作，研究激光、光纤传感技术。先后在电子工程系（绵阳分校）、精密仪器系、公共管理学院、校长办公室、校史研究室工作。曾任清华大学校长办公室主任、副秘书长，精仪系党委书记、系主任，公共管理学院筹备小组组长、院党委书记及副院长，校史编委会副主任、校史研究室主任。

做一块铺路石
——回顾创建公共管理学院

田芊 机械系 1964 级 光 0

在我们那个年代，清华流行一句话："要做一块砖，哪儿需要往哪儿搬。"我在清华毕业留校后，先后在电程系（四川绵阳分校）、精密仪器与机械学系、公共管理学院，以及校长办公室、校史研究室工作过。其中，参与创建清华公共管理学院的3年，是我特殊的一段经历。2000年6月，我不再担任精仪系主任，被任命为公共管理学院（下称"公管学院"）筹备组组长，参与了公共管理学院的创建工作；10月，学院成立后担任学院副院长和党总支书记（2002年6月改为院党委），到2003年初离任。过去的岁月已逝终归留不住，留下的是记忆；记忆也许会淡忘，而难忘的是曾经的岁月。20年过去了，清华公共管理学院茁壮成长，现在已有了很大的发展，取得了长足的进步，小树苗已成大树，生机勃勃。

一、有志者 事竟成

随着我国改革开放的深入及和谐社会的建设，公共管理作为现代管理科学三大分支之一，其发展显现出蓬勃的生命力，其作用越来越为社会所重视。为了适应我国改革开放和经济全球化新时代的需要，必须探索适应我国国情的公共管理方法和培养适应国家发展的公共管理人才。清华大学建设公共管理学院，就是为国家培养高层次的公共管理人才、提供发展战略与政策的研究和推动公共管理事业的发展；同时，也是清华大学为跻身世界一流大学行列，发展文科教育、加强文科建设的一个战略考虑和重要举措。

起先我并不愿意去参加筹建公共管理学院，有点踌躇和犹豫。我踌躇，是因为放不下在研的项目及好几个博士生，本来准备可以专心致志地搞科研、讲课教学，其中，创新探索研究环形固体激光器等项目正进入关键时刻，新开设的"工程光学"课一时也找不到合适的代替教师；我犹豫，更是因为将由工科领域转到文科领域是跨界，而且对"公共管理"一无所知，是外行，在完全陌生的环境里参与新建一个学院又谈何容易。时任校党委书记的贺美英、副书记胡显章分别找我谈话，他们谈及建院目的和意义，坦承存在的困难与要求，鼓励我边干边学。建设公共管理学院的重要性与必要性吸引了我，他们的诚意更是感染了我，让我丢掉踌躇和犹豫，走马上任。

我深知要能够胜任工作、完成任务，首要之事是学习，面临从未接触过的学科领域需要加紧学习补充知识，以及陌生的环境需要尽快掌握情况筹划工作。因此我除了突击阅读有关管理的书籍和文章了解基本知识，更是抓紧时间进行调查研究，了解实际情况。我与10多位老师进行了一对一的交谈，与院长陈清泰、公共管理系兼任系主任的赵纯均及原校党委书记方惠坚进行深入谈心。我虚心向他们学习、请教，因为他们都是我的"老师"。虽然其中很多人和我是第一次见面，但是大家都很坦率诚恳，他们对建院的热望、对我的热诚深深感动了我，给予了我极大的帮助。正是他们的信任坚定了我的信心，激起我迎难而上的勇气。但是万事开头难，在参与公共管理学院的创建中我深深地体会到创业难。

首先，当时清华要建公共管理学院的条件并不很成熟。因为公共管理是在传统的行政管理基础上发展起来的，因此，清华与中国人民大学、中山大学、北京大学等校相比，学科的基础差距很大。但是公共管理是新兴的学科，其管理的主体变化为更广泛的社会，而不只是政府组织；其学科理论正处于不断完善之际，需要深化发展。这对于清华而言恰好是良机，可轻装上阵，在一张白纸上好画图。我相信，只要把握住方向，敢于、善于实践，建设好清华公共管理学院是大有希望的，为我国发展公共管理事业是可以大有作为的。

其次，建设一个学院将需要面对许多方面的困难。虽然为建院我做好了思想准备，但深入了解后发现仍是准备不足，遇到的具体困难比想象的要多。当时面临建院的实际困难，主要是"三缺一紧"：缺人、缺钱、缺地方，而且学校希望尽快建院时间紧。面对这样的处境我也有点犯难，但是没有退缩，坦率地说，这是基于抱定了为清华建设好公共管理学院的决心，而决心源于公心，心底无私天地宽。我相信只要以身作则、带头努力，大家同心协力一定会有办法来克服困难的；更相信只要坚定信念，有学校和其他院系的支持，有全体师生的努力，一定能把公共管理学院建设起来。尤其我坚信，关键在于团结和依靠群众，相信"以诚感人者，人亦诚而应"，重要的是调动和发挥师生们的积极性与聪明才智。

我记得当初曾表态：我的目标是尽快建立公共管理学院，就是搭好一个舞台让有作为者施展才华，并为将来建更大舞台打好基础。现在清华公共管理学院终于如愿建立起来，并取得了不菲的成绩。建院成功的事实让我深深感到，做好工作需要有"责任"和"信任"，只要依靠组织和群众，"有志者，事竟成"。想到这些，我特别感谢当年曾经并肩奋斗建院的老师和同学们，尤其感谢大家对我的信任与工作上的支持，携手一起创业；同时，由此寄希望后面的师生们继往开来，把清华公共管理学院建设得更好。

二、先树旗 后加固

20世纪90年代，公共管理在中国作为社会科学研究独立的学科出现不久，清华大学就酝酿筹建公共管理学院。1998年11月，公共管理系挂靠在经济管理学院成立了。时任经济管理学院常务副院长的赵纯均兼任系主任，薛澜、王孙禺和宁向东为副主任，他们分别来自21世纪发展研究院、人文社会科学学院和经济管理学院。为加强教师队伍建设，公共管理系于1999年3月成立了一个研究生师资班，共有学员19人，是在学校各单位青年教师和应届毕业研究生中选拔组成的。后来，师资班中沈勇、慕玲、曹峰、刘五一等人留下，成为建院的一部分基本力量。2000年8月15日，国务院学位委员会办公室通知，批准我校开展公共管理硕士（MPA）专业学位试点工作，这加速了公共管理学院的筹建工作。

公共管理学院的正式开始筹建工作于2000年启动，由当时学校分管文科的胡显章副书记组织讨论学院的建制等，最后决定学习哈佛大学肯尼迪政府学院的模式建设一所独立的专业性学院。作为建院的基础和依托，曾有多种建院方案，最基本的方案是"二合一"。所谓"二"：一是指公共管理系；一是指成立于1996年的21世纪发展研究院。21世纪发展研究院主要从事国家发展战略和公共政策的软科学研究，科研工作有一定的基础，并有博士后和研究生。也有的提出"三合一""四合一"等多种方案，这涉及合并人文学院的部分学科（系所），而合还是不合，主要考虑能否整合学科优势和一系列人员安排，为建院奠定一个好的基础。

虽然当时建院的条件还不很完备，但无论采取何种方案，我们的想法是先干起来再说，时不我待捷足先登，确立了"先树旗，后加固"的建院方针。最终经学校批准，建院采取了较为成熟的"二合一"方案组建"一个实体、两块牌子"：公共管理学院（英文名为School of Public Policy & Management）、21世纪发展研究院。学校特地聘请到时任国务院发展研究中心的党组书记、副主任陈清泰为院长，任命我和薛澜、傅军为副院长。陈清泰担任院长真是十分合适，他毕业于清华动力系，曾任第二汽车制造厂总厂厂长、国家经济贸易委员会副主任等，多年主管企业改革与发展，主持过多项经济结构调整、政府职能转变的政策研究工作。他统筹建院大局，加强与国家有关政府部门的联系，在公共管理学院的创建和发展中功不可没。而且他十分谦和平易近人，第一次见面交谈他就让我放手干，予以极大的信任与鼓励。我很庆幸能与他共事，得到真诚的指导和具体的帮助，他是我的良师益友。

筹建学院的时间非常紧迫，学院师生上下齐动员，积极性非常高，为学院的成立做好方方面面的筹备工作。大家齐心协力分工合作，如研究生们承担了筹备联络组的工作，负责邀请与接待国内外学者、政府官员、非营利组织领导等嘉宾，做了大量细致的工作。在学校的协调下得到了法学院的大力支持，借用明理楼五层及四层一部分，作为学院的临时场所。大楼的内部改建装修及添置办公家具是第一件事，经过暑假一个多月的紧张施工和操劳终于赶工完成。回顾当时筹建学院的岁月，可谓"天时、地利、人和"。经过日夜努力，学院虽小却也初步成形，学院的组织及办事机构基本能运作，教学、科研工作可以开张了。

清华大学公共管理学院于 2000 年 10 月 24 日成立，图为成立大会会场

公共管理学院成立大会于 2000 年 10 月 24 日上午召开，大会隆重、热烈而简朴。大会由校党委副书记胡显章主持，校党委书记贺美英宣布公共管理学院成立的决定。王大中校长、公共管理学院陈清泰院长分别致辞。全国人大副委员长蒋正华、国务院人事部部长宋德福等领导同志及兄弟院校、社会团体等专家学者出席。下午还举行了"公共管理与中国发展"学术论坛。这是国家批准开展 MPA 教育试点后，我国最早成立的公共管理学院。2001 年 6 月，当时挂靠人文学院的台湾研究所正式并入学院，算是实现"三合一"，拓宽了研究领域，学院的力量因而进一步得到壮大。公共管理学院迈步开始了探索中国公共管理教育之路，也开始为推动我国公共管理事业发展而发挥作用。

由于学院早期发展受到空间制约,建设独立的教学科研大楼就提上了议事日程,这反映了学校对新兴的公共管理学科的重视。为建大楼,学校的支持力度相当大,当时香港爱国实业家伍舜德先生出资捐赠建楼,但尚缺少部分建楼费用,是学校解决的。在2000年公共管理学院成立的第二日,就举行了公共管理大楼"伍舜德楼"的奠基典礼,王大中校长和伍舜德先生共同剪彩、挥土奠基。

清华大学公共管理学院"伍舜德楼"于2000年10月25日奠基,
左4为伍舜德先生、左5为王大中校长

此后在不到一年的时间里,学院的教学、科研和管理都逐步地很快走上运行轨道,已初具规模。我们采取的"小实体、大联合"的建院模式为学院今后的发展铺平了道路。"小实体、大联合",就是"内挖潜,外借力"。内挖潜,学院的师生虽人不多但都很有能力、能量,只要积极性调动起来,很多难办的事都能解决。外借力,仅靠自身的力量是不够的,必须与外界进行通力合作,方能得到大力支持,办成大事。

合作交往是全方位的,既有校内外的,也有国内外。校内,与学校有关部处加强联系,争取理解与支持;与经管学院、人文学院、法学院及教育研究所等建立了友好合作关系,许多人如王孙禺、李强、景军、王保树等在建院起始就给予了关心和支持,这是不能忘记的。校外,向国内兄弟院校如北大、人大等学习,并与它们在教学与科研上开展合作交流；为省市地方、企事业及社会有关单位提供各类培训和咨询服务，扩大影响；同时，积极和政府部门如中组部、人事部、科技部、最高检察院及国务院发展研究中心等建立联系及进行良好沟通。

此外，由于公共管理学科的国际化特性，学院的国际交往甚为频繁。与美国哈佛大学、锡拉丘兹大学、卡内基梅隆大学、香港大学、日本东京工业大学等许多有关院系建立了友谊，在课程建设、师资培训、合作研究、案例写作、联合培训等多方面开展了合作与交流。很多海内外专家学者和友人都给予了热情的支持和帮助，我特别感谢美国哈佛大学托尼·赛奇（Tony Saich）、美国锡拉丘兹大学童海燕、日本东京工业大学桥爪大三郎等人，他们是真诚的朋友。

现在回想，当年公共管理学院"先树旗，后加固"的做法有点违背"常规"，但从建院后发展的历程来看是很有必要的。在改革开放时代，需要抓住机遇、努力进取，需要脚踏实地、奋勇前行。

三、抓队伍　图发展

清华历来重视教师的作用，视其为学校的核心力量。要办好学院，搞好教师队伍建设是首要问题和关键问题。公共管理学院建院之初，兼职教师有许多，而在编的教职工不多。其中，一批老教师侯世昌、刘震涛、何晋秋、范德清、王孙禺、施祖麟、于永达和殷存毅等，他们有多年教学科研经验，给予了许多很好的建议和支持，是压舱石、稳定力量。学院教师队伍的主体是一批年轻教师，其中包括薛澜、胡鞍钢、王名、楚树龙、路风、傅军、王有强、程文浩、巫永平、杨燕绥、殷存毅、苏竣等，他们是相继从美国卡内基梅隆、耶鲁、哈佛大学和日本名古屋大学等引进的，以及从国内高校及科研单位调入的、从学院博士后中择优留下的，是生力军、骨干力量。这些年轻教师充满爱国情怀，有志气、有青春活力、有朝气，具有世界优秀文化理念和知识，形成了一支多学科、高水平、了解我国国情和有国际视野的教师队伍，现在更成为了学院教学科研工作的主力军、中坚力量。

刚建院时，来自国内外各校的教师既有性格因素差异，也有在学院发展上的不同看法，队伍建设存在一个相互磨合问题。由于新进教师背景经历不同，磨合过程有些起伏，有时还存在冲突。为此，当时在队伍建设上做了不少工作，"事业上关心，生活上照顾"，这是我们的一个基本态度。我与每一名教师都进行过谈话，有的多次谈话还家访。相互交心、相互理解，希望能更好地了解他们的想法，他们也能更多地了解学院的做法。特别是在学校条件比较有限的情况下，竭力帮助海外引进学者解决住房等家庭生活实际困难。这个磨合过程有两三年，大部分教师成为学院队伍中稳定的一员，其中许多人成为骨干力量。

每个老师都有自己的专业优势和才华能力，只有整合起来才能发挥合力，只有齐心才能协力，所以如何让大家同心同德是学院当时主要着力解决的问题。真正的整合是源自对学院发展的共识，但要把来自五湖四海的教师统一到学院发展的大方向上来，把自己作为清华的一员建设好学院，这困难是不小的。为了解决这个问题，我们采取清华"团结百分百"的态度，不论是国外留学的还是国内学习的教师都"一碗水端平"，不论是教师还是职员都一视同仁；采取民主集中的做法，不论是肯定的还是批评的意见都广泛听取，不论是意见相同还是意见相左都集思广益；强调提高"信噪比"，鼓励和衷共济、多提有益于学院发展的倡议，希望排除杂音、少说不利于学院团结的话，心往一处想，拧成一股绳。

为了齐心协力众志成城，我们采取全员参与、民主参与的管理办法，大家的事大家办。学院以教学、科研工作为中心，有关学院的重大问题都让全体教工明了，通过广泛征求意见后由院务会决策。学院的教学、科研工作让教授主管并发挥主导作用，通过公议推选产生了学院教学培养工作组、学术研究工作组。教学培养工作组采取每两周一次的教学例会制，充分就研究生培养工作的方方面面进行讨论；学术研究工作组多次组织学院发展战略研讨会，共议学院的学科建设和研究方向。为了尽快形成共识，学院还召开了很多会议，包括小型讨论会及全院大会、党员大会，大家一起畅所欲言、集思广益，共商学院未来的发展。

在筹备与建设学院中，除了教师队伍，还有博士后和研究生队伍，这是学院不可或缺的主要组成部分。由于学院初期教师不多，而博士后和研究生数量不少，且文化水平较高，因此他们就成为可信赖、能战斗的重要力量。学院专门成立了博士后领导小组和研究生工作组，要求自己管理自己。我们鼓励他们和教师一起参与到学院的建设之中，强调大家都是"同一条战壕中的战友"。博士后和研究生们虽然在学院学习工作的时间只有几年，但是他们都能够为学院长远发展着想、为学院整体建设出力，锻炼与展示了自己的才能。后来，其中有不少人留校成为骨干，如苏竣、孟庆国、孟延春、彭宗超、邓国胜、王亚华、沈群红、熊义志、过勇等。他们的青春洋溢、聪明能干深深感染了我，他们是学生，但我向他们学习到不少东西，和我是亦师亦友。那时，学院每一次重大活动中都活跃着他们年轻的身影，每每回忆起当年和他们一起学习、研究与工作的情景，至今仍会让我感动。

在教师队伍建设中，我还感到特别需要搞好文化建设。文化建设包括学校的历史和精神文化传统教育，以及学院自身特色文化的形成。由于许多老师到学校任教不久，所以增强对清华的认同感尤为重要。我们有意识地广泛在教师和研究生们中讲清华校史，谈清华的校训和校风；讲清华精神，谈清华文化传统和杰出校友；讲清华使命，谈做爱国奉献和自强实干的清华人。

同时，根据学院的办学理念和建院精神，构建公共管理学院的文化。比如，院训是学院文化的精髓。对于学院而言，有什么样的院训就会有什么样的育人文化。于是学院专门号召师生出主意、提方案，青年教师张岩峰提出"大学之道，在明明德"和"天下为公"可构成"明德为公"的意见。最后，经学院师生共同讨论，在学院成立时确定"明德为公"作为院训。这个院训与公共管理学院的定位及宗旨非常吻合，也符合清华大学创办公共管理学院的高远立意。建院初期，我们还提倡追求卓越的创新精神、直面社会的求实精神、合作互助的集体精神、艰苦奋斗的创业精神，建设好公共管理精神家园。我体会到，学校、学院的文化与精神是办学理念的体现，其影响力和潜移默化的作用是不可估量的。

四、抓教学　育人才

培养人才是学校的根本任务，公共管理学院培养什么样的人才以及什么规格和层次的人才，需要认真考虑。自建院之初，学院就根据学校建设世界一流大学的目标和培养公共管理人才的使命要求，积极探索人才培养的思路与做法，逐步明确学院人才培养的方向、目标和重点。经过反复讨论，考虑到公共管理学科的特点是综合性、应用性强，学院确定先不宜进行本科生教育，人才培养重心应当是研究生层次的教育，并且确定了学术型研究生、专业学位硕士（MPA）和高级管理培训3种不同的培养类型。其中，学术型研究生培养定位在控制规模基础上，注重高层次和创新性人才培养；MPA教育突出实践性和复合性，在严格标准的基础上摸索经验求发展；短期培训针对不同行业与地区注重质量，进一步提高人才层次和素质，创出品牌，扩大影响。

学院在刚成立时，就有博士生、硕士生近100人，他们是21世纪发展研究院原已有的一些研究生，以及核研院、人文学院转入的。这是学院开始教学工作的一个良好基础，可是教学管理以前都是依托经管学院、核研院代管的，现在需要学院尽快地建立起自己的研究生培养体系和独立进行教学管理。为此，学院成立了教学业务办公室，一边组织整顿，一边摸索展开，郑蓉等不少老师为加强与校研究生处沟通、完善培养研究生管理做了很多细致的工作。不久，学院的研究生教育就步入了轨道，教学工作也有条不紊地开展起来。由于公共管理是新学科，学院专门成立了教学培养工作组，并发动全体教师积极参与，商讨摸索研究生培养的特点和方法，以及不断调整与改进培养工作。

对于学术型研究生教育，学院明确提出关键在培养质量，重在提高学术水平。

首先要求导师把好培养质量关，特别强调要抓住"选题开题、论文研究"两个主要环节。同时要求在研究生培养全过程中强化质量控制，提出一步步建立起研究生招生选拔、课程建设、论文指导到综合素质训练等各个环节的质量控制措施，还陆续出台了一系列教学管理规章制度，要求逐步形成符合学院教学特点的教学规范，为今后学院人才培养奠定了良好的基础。

这些年来，公共管理学院培养了一大批研究生，其中有许多优秀的毕业生在各个不同岗位发挥了很好的作用并做出了成绩。还有不少人走上了基层领导岗位，成为人民欢迎的干部，在建党百年时获得全国优秀县委书记称号，如山东费县县委书记赵庆文、新疆巴楚县委书记药宁和广东怀集县县委书记黎晓华。

清华公共管理学院是我国 2000 年首批开展公共管理硕士（MPA）专业学位试点工作的学院，因此在建院初期把抓好 MPA 教育作为教学的重点工作。MPA 教育是全新的课题，由于公共管理实践性较强，又面对的是有工作经验的学生，所以要搞好 MPA 教育非常不容易。尤其是，一方面学院刚建成，过去缺少教学方面的基础；另一方面，以往的教学内容与方式很难适应专业学位的需要。为迎接挑战，学院组织教师在 MPA 教学上全力以赴，经过广泛、认真地讨论研究有关的一系列工作，决定先做好招生、课程建设两个主要环节。MPA 教学工作在全院有条不紊地展开，大家齐心协力纷纷主动承担教学任务和工作。如薛澜是全国 MPA 指导委员会副主任委员，为推动 MPA 教育投入了很大精力；楚树龙为加强课程建设，牵头筹集经费建设 MPA 系列教材；教学业务办公室的沈勇、吴延军等努力克服困难，把具体教学管理工作落实做细，等等。

关于招生工作，学院首先广泛开展招生宣传工作，通过编发招生宣传材料、举办招生信息发布与咨询会等多种措施，增进社会对 MPA 教育、对清华公共管理学院的了解。同时，改革传统的招生选拔评价标准，强调多角度选拔人才，并且改进招生方法，强调程序公正，使录取政策更好地反映培养目标的要求。后来 MPA 招生工作的进展非常鼓舞人，上线人数、平均分都远远高于其他院校；从 MPA 录取结果看，连续 3 年的学生入学平均成绩居全国第一，其中，每年联考状元都出自我院考生。学院招生工作经验也被推荐在全国 MPA 指导委员会大会上介绍。

MPA 作为国内新设立的一个专业学位，一下子需要开十几门课，课程建设的压力非常大，成为教学上的主要矛盾。学院组织讨论教学发展计划，通过探索各类学生培养方案、开展核心课程教学研讨、调整改善课程知识结构、组织案例教学培训等多种方式，提高课程教学质量。学院通过实行 MPA 课程主讲教授负责制，建立课程梯队，创造条件鼓励教师开设各类课程。当时围绕每一名教师的开课申请，往往要讨论很多次，一门课、一门课过关，包括讲什么、如何讲都要形成基本共识。为促进课程及教学资源共享，对全院课程与知识体系进行整合。同时，加强课程教材建设，多次召开讨论会确定教材的大纲、体例等。在全校课程评估中，学院以 MPA 为主体的课程总体评价连续 3 年位于学校前 5 名，还相继有几门课程列入研究生精品课程建设立项，学院的课程建设工作由此起步。

特别是学院建院没几年即遇到抗击"非典"的艰难时刻，我们经受住了考验。在面临包括学术型研究生、在职 MPA、脱产 MPA 以及深圳 MPA 等多种学制和多种教学计划的复杂条件下，学院通过精心组织，采取阳光讲堂、网络授课和集中补课等多种形式，使各项教学计划得以落实并在保证质量的基础上按期完成。经过首批 MPA 教育试点工作，学院的教学工作上了一个大台阶，无论是教师的教学水平、课程建设，还是教学管理等都得到很好的提升。

为了保证培养质量，要抓好培养过程中的各个环节，重点之一是论文环节。平时加强论文指导，定期召开学院、方向两级师生见面会，建立师生互动机制及交流网络，有效提高师生的交流效果和指导质量。同时，严格质量控制，把好论文评审关，制订论文评价机制及标准、办法，从导师把关、答辩委员会审查、专业审核委员会进行会审三个层次来确保论文的质量。由于学院在公共管理硕士等方面人才培养质量、教学总体水平的显著提高，2003 年清华公共管理学院在全国首批获得了公共管理一级学科授权。现在回顾这一过程，我感到犹如打了一场大胜仗。

公共管理学院人才培养的另一项重要任务是干部培训教育。随着改革开放的不断深入，需要各级干部转变观念补充新知识，提高管理能力与水平，因此干部教育显得尤其重要，而且干部培训教育对公共管理学院建设也是非常有益的。但在建院初期力量有限的情况下，要不要办干部培训班既是一个决策问题，也是一个选择问题。我们思考后认为必须要办，并要创造条件先办起来。尽管当时的条件不具备，但学院下决心迅速相继举办了几个培训班，包括中组部组织的与哈佛大学肯尼迪政府学院联合举办的全国高级公共管理培训班、科技部组织的全国科研院所长培训班、教育部组织的"21 世纪中国经济社会发展与教育改革培训班"、河北省省委组织部组织的县处级后备干部班，以及国务院台办课程班等。在筹办及组织落实干部培训教育中，全院上下齐努力，许多教师如刘庆龙、沈勇等为之付出辛劳，培训教育有了好的开端。

学院的培训教育应社会之需培养了一大批干部，得到了中组部、科技部等的肯定与好评，以及社会的良好反响。后面有些班连续举办了多期，其他各种培训班、各类高级研修班也蓬勃开展起来，如与最高人民检察院联合举办了全国检察机关预防职务犯罪高级培训班，为中科院、哈尔滨市、成都市等举办了行政管理研究生课程进修班。现在回想，建院初期就立即开展高级管理培训教育是十分重要且很有必要的，对于提高师资教学能力、提升课程建设及学科水平、积累经验完善教学管理、增加经费改善办学条件、建立学院品牌扩大影响，以及加强对外联系服务社会，都是很有帮助的。

在短短几年间，公共管理学院由无到有、从小到大，顺利创建并迅速发展壮大，这离不开大家的主人翁精神和不懈努力。在学院建设中，学院的每一个人，包括新、老教师和管理人员，以及师资班、博士后和研究生在内，都是第一批参与者、建设者和见证人，在学院创办中凝聚了他们的心血、留下了他们的足迹。现在回顾创建公共管理学院的那段岁月，是责任和信任支撑着我前行，让我甘心做一块铺路石。我由衷地真诚感谢学院全体师生员工的协同和支持、宽容与理解，感谢院长陈清泰和学院其他领导、各研究所与办公室予以的信任、配合和真诚扶助，感谢学校和许多部处、院系给予的关心和大力协助，感谢曾结识的政府部门及社会各界的领导、学者和朋友给予的关照与热情帮助，他们令我终生难忘。

我参与公共管理是历史的机缘巧合，为能做一块铺路石感到十分幸运。我从中获益匪浅，由对公共管理学科知之甚少到有所了解，由原只有理工科的思维到人文社会科学知识的丰富，增加了认知与才干；尤其是在学院创建中感受到清华文化的魅力和清华的发展，感受到在迈向世界一流大学中时代的步伐和清华的进步。同时感到还有一些遗憾，这是因为由于我的知识水平和工作能力有限，在建院中有些事做了却没有做好，有些事想到了还没能去做，也有些该做的事但没有想到；如果现在来做会更好些，但这就是历史，历史是没有如果的。我深深感到，一代人有一代人的命运与历程，一代人有一代人的使命与担当。我们这代人，经历了毛泽东时代和改革开放时代，曾投身于那些激情燃烧的岁月，作出了各自的努力。我觉得只要努力了，就是无悔的一生。

清华大学百多年来，在伴随中国高等教育事业的发展中，办学曾依照过西方教育模式，也学习过苏联教育经验，但始终在探索着"走自己经过实践检验的道路"；改革开放后，更是为迈向世界一流大学而努力探索中国特色办学道路。清华公共管理学院将在新时代继续砥砺前进，"不忘初心，方得始终"，我相信未来会更美好！

2021 年 7 月

冯冠平，男，1946年生，江苏武进人。研究员。1964—1970年在清华大学精密仪器及机械制造系学习，留校从事科研和教学工作，获硕士学位。历任精仪系副系主任、校科技处处长、校长助理、校务委员会副主任及深圳清华大学研究院院长。推动学校科技成果产业化，创办、投资百多家高科技公司企业。获国家、省部级科技奖励多项，全国高等学校先进科技工作者、中国创投界十大风云人物、深圳特区建立40周年创新创业人物和先进模范人物等荣誉。

向两届总书记的汇报

冯冠平　机械系 1964 级 精 0

我 1964 年进入清华大学，1970 年毕业留校工作，这一段大学生活，应该是空前绝后的，给我一辈子的工作、生活留下了难以磨灭的印象。

刚进入大学，就收到毛主席的指示，教育要改革，要强调创新，不要死读书。当年，我们就开始了一边学习、一边当工人、半工半读的大学生涯，接下来就是轰轰烈烈的"文化大革命"，经历了生与死的考验。大学毕业后，我就去了 9003 工厂当了工人，因表现不错，升任车工班班长，后来又不知什么原因，被送到江西鲤鱼洲农场劳动一年，当上了农民，再加上大学期间参加了军训一个月，可以说工农兵的经历我都有了。经过这一段终生难忘的经历，带给我深远的影响是：政治上较成熟，对党的领导、大是大非问题，有比较清醒的认识；勇于创新、敢于创新，在后来的科研及科研管理方面有战略眼光；大学的半工半读和毕业后当工人的经历对自己来说也是受益匪浅。1986 年，在德国亚琛大学教授创办的研究所工作期间，帮助他们解决了几个多年来未解决的技术问题，受到表彰。

不久前，收到清华大学原党办主任、档案馆馆长白永毅老师的短信，她说："个人曾向两位总书记汇报工作，清华唯冠平也！"回想起 2019 年国庆期间，观看新中国成立 70 周年庆典电视直播，见到两位总书记站在天安门城楼上，我想，在清华历史上，这一纪录可能已经无法打破了。这促使我写下这段历史的回忆，献给我学习、工作过的母校清华大学，献给在北京、深圳工作期间和深圳清华大学研究院给予我大力支持的领导、同事和朋友们。

一、战胜"非典"的日日夜夜

2003 年，全世界都记住了这一年，这一年发生的"SARS"疫情袭击了 30 多个国家和地区，超过 8000 人感染，其中近 900 人死亡。

2003 年 4 月，胡锦涛总书记到广东视察。4 月 11 日下午 3 点，总书记在广东省委书记张德江及深圳市主要领导陪同下视察深圳清华大学研究院。清华大学党委书记陈希、常务副校长何建坤也专门从北京来到深圳参加了接待。

当我介绍研究院的情况和我们正在研究的传感技术时,张德江忽然插话说:"刚才总书记在车上还跟我说起,香港和广东现在有'非典'病人,双方都不要互相传染。现在海关客流量这么大,你们能不能开发一种测量体温的传感器?那就解决大问题了!"胡总书记也饶有兴趣地问道:"'非典'病人一发烧就开始传染,你们能不能研究一种测量体温的仪器,手在上面一扫,就能显示温度?"

对于我们深圳清华大学研究院长期从事科学研究的专家们来说,借总书记一朵小小的思想火花也足以燃起熊熊燎原的智慧之火。立即,我们研究院总动员,全员投入到研制传感器的战斗中,这是一场没有枪炮声的战斗。

这难忘的7天7夜是研究院参与这个研制过程的同志们永远抹不掉的记忆。7天7夜的奋斗拼搏换来了春天永恒的美丽,直到现在大家回忆起来仍然都会热泪盈眶,这里有说不完的可歌可泣的故事。4月18日深夜,第一台可用于深圳—香港口岸通关的扫描式红外快速体温检测仪问世了!从此,中国人可以快速地从众多的人群中发现"发热"的个体,抗击"非典"有了第一道防线,中国人不再恐慌!与此同时,我们还推出了手温测量式、额头定位式、扫描式三种红外快速体温检测仪,以适应不同需求。

4月24日,新华社发布消息:4月23日这一天,从罗湖口岸过境近6万人次,红外测温仪报警150多次,查出有发烧症状者20多人,其中4人高烧。

4月25日,清华大学常务副校长何建坤、校办主任史宗恺和北京力合公司总经理赵亚青3人把5台仪器送进中南海,分别安装在怀仁堂和紫光阁。胡锦涛总书记在中南海看到了红外测温仪,就走上去把手搓热对准了仪器,红外测温仪立即亮起红灯,报警了!胡总书记欣慰地说:"还挺准的嘛!"

当时清华大学校本部、深圳研究生院也派人前来支援。截至2003年6月7日,研究院在力合传感公司的配合和支持下共生产和安装红外测温仪20812台,安装在全国24个省、市、自治区和香港、澳门地区,甚至马来西亚、菲律宾等国家的海关、机场、车站、学校、机关部队等处,共测出发烧病人近10万人,为战胜"非典"作出了贡献。深圳市市长当时骄傲地说:"红外测温仪是深圳市的一张名片。"

这项成果获得了深圳市科技进步一等奖、2004年广东省科学技术特等奖和国家科技进步二等奖。

二、走在烯旺(希望)的田野上

2008年,应江苏省主要领导的邀请,深圳清华大学研究院在江苏省成立江苏省数字信息产业园。当时主要考虑珠三角地区与长三角地区产业的互补性。2012年,

冯冠平（中）和深圳清华大学研究院的同事们

我跟同事们说："我现在已经65岁了，还是想实现两个梦想：一是为我国引进、孵化出两个能够在世界产业领域最领先的高科技项目，使它们的总产值超过1000亿元；另一个就是回馈社会，我想把我和一些学生的财富用到慈善事业上来，成立一个慈善基金，主要是帮助贫困学生，尽可能帮助国家多培养一些有潜力的下一代。"2012年2月27日《光明日报》第一版《"知本家"冯冠平》就此作过专门报道。

这两个项目就是在2008—2009年从国外引进的两种新材料及创业团队。这两种新材料，一种叫"超材料"，另一种就是石墨烯。我不是材料专家，但我对材料情有独钟，因为材料是现代制造业的基础。根据这两种材料的不同特点，一个在深圳，另一个在江苏。2010年8月，温家宝总理视察深圳清华大学研究院时，我专门把"超材料"及团队的奋斗故事向总理作了介绍。"超材料"及其团队的传奇故事，这里不详述了。两位总书记都专门关心和考察过这种材料的应用。

石墨烯从引进到批量生产大概花了4年时间，为此，2013年在江苏常州成立了世界上第一个江南石墨烯研究院。但是，材料生产出来了，应用是一个大问题。历史上有一些名声很大、出了不少院士，甚至得了诺贝尔奖的材料，但不知应用在哪儿，很快被人们遗忘了。

2014年12月14日，习近平总书记在南京考察江苏省产研院时，由我代表江南石墨烯研究院向习总书记汇报石墨烯项目。负责接待的领导给我们交代："汇报时间不能超过3分钟,至于领导要提问题,停留多长时间就看你们的本事了!"

一见面,习总书记就亲切地对我说:"冯院长,你跟我介绍一下什么叫石墨烯,是如何生产出来的?"我简单地回答完以后,接着说:"石墨烯是一种颠覆性的新材料,有极其优秀的性能,对我国产业的升级换代及创造出很多新兴产业有重要意义。"总书记高兴地说,石墨烯前景广阔,希望大家继续在石墨烯应用领域进行更广泛探索。

最后,习总书记专门交代给我一个任务,指着我给他演示的石墨烯样品说:"你能不能用它开发出军民两用的产品!"我回答说:"行!"整个接待时间超过10分钟!

总书记的嘱托、我的承诺,改变了我的生活。我本来打算,70岁以后退出"江湖",过好退休生活。我当时说"行",实际上心里没底,真正石墨烯(透明的)的应用是一个世界难题,但是清华的传统是"行胜于言",说了就不能不干!

考虑到近期石墨烯最大的应用市场就在深圳,2015年,我们在深圳创办了烯旺公司,我70岁开始了"第101次创业"。这次创业又一次领教了"远红外波"的巨大威力:研究发现,石墨烯发出的远红外波(生命之光)与人体发出的波产生同

2020年10月,校党委书记陈旭(左)与刚刚获得"深圳特区建立40周年创新创业人物和先进模范人物"的冯冠平(中)、李屹校友合影

频共振，这种共振会提高人的微细血管的血液循环，提高人的免疫功能，杀死癌细胞，也同时证明了我们的老祖宗两千多年前提出的"天人合一、神系共振"的理论确实存在。这些发现已经在逐步应用，目前全球已有超过50万人用上了各类相关产品，相信在医疗领域还会有更多奇迹出现。当然，石墨烯的应用目前只是冰山一角，"烯旺"刚刚迈出了一小步。

2021年11月13日，石墨烯人的盛典——2021第二届国际石墨烯颁奖典礼（IGA 2021）于上海隆重举行。烯旺科技凭借"实现了石墨烯在医疗领域的产业化应用突破，为中国石墨烯产业的发展作出了杰出贡献"获得该年度"石墨烯产业杰出贡献奖"，我本人荣获"终身荣誉奖"。

我们正走在希望（烯旺）的田野上，将为我国高科技产业的发展继续作出积极贡献！

2021年11月

陈田养，女，1944年生，广东湛江人。副教授。1970年清华大学精密仪器及机械制造系毕业，留系从事教学与行政管理工作。担任过班主任、年级辅导员、系学生工作组组长；曾任系副主任，主管全系的教学工作。1990年后，先后任继续教育学院办公室主任、教务处教务科科长、毕业生分配办公室副主任。

行政工作中的一颗螺丝钉

陈田养　机械系 1964 级 制 01

回顾大学毕业至退休这几十年的历程，有许多值得回味之处。人生的经历，除受时势环境条件影响，更主要的，还是个人的努力与坚持。与班上同学的成就相比，觉得自己做得还不够。

班上毕业留校的 6 人当中，最后只剩下了我和隋森芳、潘龙法 3 人，隋森芳院士是生物医学专家，潘龙法也是光盘领域的知名教授，而我只是个副教授，未能转正。但我觉得，不以职称论英雄，我在祝贺他们取得成绩的同时，也觉得自己是做了自己应做的事。毕业留校几十年，我努力了。

一、精仪系 20 年双肩挑

1970—1990 年，我在精仪系机制教研组任教，主讲"机床概论"课，参加"机床设计"课的课程设计辅导及实验，并下厂带学生"工艺"课实习等。后被提为系副主任，主管全系的教学工作。在精仪系机制教研组，我除担任教学任务外，还多年负责学生的行政管理和思想政治工作，担任班主任、年级辅导员、系学生工作组组长等；基本上是半时搞教学，半时搞行政，把自己的老班主任张昆、辅导员李中和当成了自己的楷模。全系有几百位学生，稍不留神，就会出差错；我必须尽自己的力量，白天在教研组忙教学，晚上到学生宿舍处理学生事务，在基层顶着，身体力行，所以也在不同程度上影响到自己的教学课时和职称聘定。在老教师中，大部分人都很体谅我。当时精仪系的学生工作在全校是受表彰的。

二、校教务处教务科科长

1990—1992 年，我调到继续教育学院任院办公室主任，负责对外办班培训的事务性工作。

1992—1993 年，我调教务处教务科任科长，正赶上清华学制从 5 年改为 4 年的调整工作。我配合余寿文、杨家庆两位副校长，到各系调研，汇总落实各系调整后的教学计划。因为当时我操作计算机的水平还比较好,所以工作顺利,领导与同事们对我的工作都比较满意。

有一天,时任校党委副书记陈希在工字厅教务处见到我,感到奇怪,问:"你怎么在这里工作?"在他当副书记、主管学生的思想政治工作时,曾听过我作精仪系基层工作的汇报。在了解过相关情况以后,他马上要求调我去校毕业生分配办公室。当时我谢过领导,表示暂留教务处。

三、毕业生分配办公室副主任

1993年,陈希副书记又让当时的党办主任白永毅动员我去毕业生分配办公室(下称"毕分办"),我只好答应。在毕分办先当副主任,主管研究生的就业工作。工作内容主要是:走访用人单位,了解清华毕业生的就业情况,以改善对毕业生就业流向的控制;积极参加国家教委组织的相关会议,及时了解教委有关毕业生就业的政策,并加强与各高校的联系和交流。刚去毕业分配办时我曾被告知:老主任一年多后退休,我接班。后老主任退休,新任主管毕分办的党委副书记很快从机械系调来一位年轻的博士生就任主任一职。对此事我想得很开,不当正职,责任也少,就努力地主动配合新主任的工作。实践证明,我这种想法和做法都是正确的。新主任

2000年10月,陈田养(前排右1)与同事们合影

既尊重我,又重用我,常让我出席教委的有关会议与活动,与用人单位沟通、走访参观等都是以我参加为主,直至退休。退休以后,还被返聘了几年。

事实也证明,我们当时执行的有关研究生的毕业分配政策比较恰当;毕业生的就业工作,在全国高校中是较好的。首先是我校毕业生的素质较高,上手快,受用人单位欢迎;其次是毕分办(后改名为"就业中心")最早就建立起就业信息网,加强了毕业生与用人单位的沟通了解。毕业生自主择业,相比之下,更受用人单位的欢迎,需求量大。根据当时国家教委的精神,加强对毕业生毕业流向的控制,重点要保证国有企业、研究院、政府机关及部队等重点单位。我们采用的办法是控制各单位签约人数,对这些单位给予关照,以达到控制流向的目的;既能使毕业生找到满意的用人单位,学校又能较好地执行国家的相关政策。

四、积极组织同学聚会

我们班毕业 20 年、30 年、40 年的聚会,当时我都是负责人和接待人之一。我愿把大量繁杂而费心的组织和接待工作都扛到自己的肩上,以减轻同班同学隋森芳和潘龙法的压力,让他们可腾出时间,更多地从事相关的课题研究。我不想要那么多的表扬,只想干一些具体的实事;筹款、住宿、接待、订餐,只要我能办到的,我就主动去张罗;只要同学们开心高兴,我心里就是乐意的!我甘为大家付出我的时间和精力。用过去自我勉励的话来说,我就想当一颗"小小的但能闪光的螺丝钉"。

毕业 35 年在武汉、37 年在广州、45 年在杭州、47 年在南京的聚会我都参加了,一次没有落下。我衷心地祝愿全班同学,老来身体健康,精神愉快;祝全班同学的友谊,万古长青!

2020 年 8 月

贾惠波，男，1945年生，河北辛集人。教授。1964年考入清华大学精密仪器及机械制造系，1970年毕业后留校。在精密仪器系9003工厂工作，任车间党支部书记、主任。1985年赴西德夫朗和费协会物理测量技术研究所学习进修一年。1986年始在微细工程研究所工作，任所长。先后任精仪系副系主任、党委书记。1999年成立仪器科学与技术研究所，兼任所长。同年调任机械工程学院副院长。

在 9003 工厂工作那些年

贾惠波　机械系 1964 级 精 0

在 9003 工厂工作 17 个年头，是我职业生涯的重要部分。1970 年 3 月，我们毕业了。我留校工作，被分配到精密仪器系工厂，到通常称作 9003 工厂的装配车间工作，拿到了人生第一本工作证，职务职称栏赫然注明：新工人。"新工人"成了清华大学历史上一届留校人数最多的群体被广泛认可的称谓。

在这 17 年中，我参与研制生产了劈锥数控铣床（小铣床）、三坐标中型数控铣床（中型铣）和自动分步重复照相机（分步相机），为国防工业建设和电子工业的发展贡献了清华大学的智慧、知识和力量。在工厂技术组的科研工作中，取得了 4 项科技成果：研制成功 KD*P 电光调制器、调制式激光偏振仪、研制并小批量生产了均匀场补偿器和激光多普勒风速仪。

9003 工厂对我并不陌生。1964 年春节期间，毛泽东主席召开了一次教育工作座谈会，发表了重要讲话，史称"春节座谈会"。提出学制要缩短、课程要少而精、要兼学多样等。身兼高教部部长的蒋南翔校长，参加了这次会议。为贯彻春节谈话精神，我们的学制由 6 年改为 5 年半，要学军，下连队当兵，并提出要开展半工半读试点。这样我们系 4 个班开始了一段半工半读——每周抽出一定时间去 9003 工厂劳动。当时，9003 大楼还没有竣工，我们参加了超净恒温室通风管道消音箱和静压箱的制作安装工作，箱体外表涂漆，内敷设消音吸尘材料。可以自豪地说，我们参加了系馆大楼的建造工作，同时也形成了与 9003 工厂联系的纽带。

回想当年在装配车间的工作，还真有点激情燃烧岁月的感觉。装配车间约 20 人，除了一批"新工人"外就是一批同龄的中专、中技校毕业的学生和一批在清华一辈子都被叫作小青工的中学毕业生，老工人可谓寥寥。清一色的年轻人，清一色的单身汉，记得一次联欢晚会我们车间全体唱了一段京剧《沙家浜》选段，自此自称"十八棵青松"。大家在一起劳作，真可谓是一种火热的生活。给我留下深刻印象的是刮研，那可是做装配工的基本功，也是最脏最累的活计。可浑身是劲的年轻人，在那提倡"一不怕苦，二不怕死"的年代，都全身心地投入。3 块平板加工任务一起上，那场面真是热火朝天，不仅毫不觉累，还互相比赛，看谁的刀花漂亮，大家撅着屁股，愣是一刀一刀地刮出了 3 块 0 级平板，为装配调试中的精密检测建立了基础条件。

一、小铣床：9003工厂的高光时刻

我参与的第一个研制生产项目是XPK-01劈锥数控铣床，通常称小铣床。

为了解决军事装备中关键部件劈锥的加工问题，1967年国防科工办把研制劈锥数控铣床的任务交给了清华大学。劈锥是地—地、空—地、海—地火炮瞄准仪的核心元件，由于形状复杂、制造精度要求高，是当时国防工业常规武器生产中排名第一的亟待解决的关键课题。据说某军工厂为生产一种劈锥，专门改造了一台精密坐标镗床，4个人一班，三班倒，3年才加工了7件，且只有一个合格品。在"文革"中长达百日的清华大武斗这种极其混乱的环境中，精仪系和自动化系的部分教师、工人仍坚持工作，终于在1969年完成了XPK-01数控劈锥铣床的研制工作。

小铣床是一台两轴半的开环数控铣床，传动系统采用精密的滚珠丝杠副，而分度头则采用蜗轮蜗杆副，驱动采用步进电机和液动机组合系统，为了实现高精度、高刚度要求，主轴采用了先进的静压轴承。在小铣床的装配调试中，我印象最深刻的一起工作的同事是后来因罹患老年痴呆症而走失不知所踪的徐丰仁老师。我和他在一起工作时间较多。徐老师是搞液压传动的，当然数控机床方面的知识也很专业。我向徐老师学习了不少真正有用的知识。而小铣床的数控系统，现在看来非常简单，但在当年却是相当先进的。数控系统是和自动化系合作，经常在一起工作的自动化系吴年宇老师也给我留下了很深的记忆，我从他那儿学习了数控系统和电子电路方面的许多知识。老教师不仅学识丰富，且具有诲人不倦的品格，更有高度负责的敬业精神。一次为了第二天接待贵宾参观，我和徐老师做准备工作，发现数控系统有些问题，几番折腾也无济于事。时间已经很晚，我们两个不得不跑去吴年宇老师家，把他从梦中叫醒。吴老师二话不说，穿好衣服随我们到车间，找问题，解决问题，一直工作到很晚，保障了贵宾接待工作顺利进行。

小铣床研制工作非常成功，为当时的国防工业建设作出了重大贡献。不仅精度高，而且稳定可靠。我作为参展解说人员，参加了各种展览的制作和解说工作。1987年，为了配合全国科技大会的召开，北京展览馆举办了一次盛大的科技成果展览，数控劈锥铣床是指定参展项目。由于学校已经没有现成的产品，得知北京某军工厂购置了2台，学校就与厂方沟通，借用它们的机器参展。当时它们的生产任务很忙，我和该厂宋师傅一起，一边展览、一边直接生产一种叫作函数骨架的产品，一边给广大参观者展示介绍，展览效果非常好。

小铣床产品一共生产了7台，我有幸参加了小铣床的装配、调试、试车、出厂

安装等客户服务工作。这是当时的清华"香肠",也代表了精仪系、9003工厂的一段辉煌。小铣床之所以如此引人注目,还有个原因,是它在改革开放时期在对外宣传和外宾接待方面发挥了重大作用。

党的十一届三中全会以后,改革开放,接待国际友人来访,广交朋友,改变闭关锁国状态,走上国际舞台,这是中央的重大决策。9003大楼1965年启用,很快就是"十年动乱",因此,进入70年代,去大楼还只有西主楼1区西侧的一条土路,路西侧是一条杂草丛生的土沟,路东则是由几排当年建楼的工房改作的职工宿舍。楼前广场自然也是泥土场地。为了接待罗马尼亚总统齐奥塞斯库来访,北京市调配建设力量,仅仅用了6天时间,整修了楼前广场,广场南侧栽种上一排白杨,去大楼的那条土路也修成了柏油路,路西侧还栽种了一排松树,以遮蔽那条臭水沟。师生们调侃称其为"齐奥塞斯库小道",从此我们也结束了走土路上下班的历史。

清华大学成了外宾接待的重点单位,而接待外宾参观小铣床成了我的一项重要工作。当时学校接待外宾参观主要有3个单位,校图书馆、200号和9003工厂,而小铣床更是来访者必看的项目。接待外宾带来了精密仪器系的高光时刻。为了增强参观效果,我编写了现场表演的切削程序,先在铜棒上,后来改在有机玻璃棒上现

叶剑英元帅陪同埃塞俄比亚皇帝海尔·塞拉西一世参观小铣床。
叶剑英元帅右后方戴帽者为徐丰仁、左后方戴眼镜者为贾惠波

场雕刻诸如"欢迎西哈努克亲王"等字样,参观过后,由车工车去一层,然后更换一段程序码带,即可准备下一场接待。我曾经接待了包括罗马尼亚齐奥塞斯库总统、柬埔寨西哈努克亲王和王后、埃塞俄比亚塞拉西皇帝等在内的贵宾,也是在接待中第一次得以认识了首次回国访问的杨振宁教授。

二、中型铣:对国防工业的又一项贡献

装配调试中型铣是我参与研制生产的另一项工作任务。

中型铣是我系教师在"文革"中设计完成的项目,是为西安飞机厂庆安分厂研制的一台三坐标联动的中型数控铣床。虽然叫作中型铣床,但在9003工厂里,特别是与小铣床相比,仍然算得上是个庞然大物。中型铣床是典型的三坐标数控铣床,可以加工任意形状的空间零件,也是像飞机制造业这种军工企业急需的关键设备。当时举世闻名的乒乓外交取得了奇效,我国政府凭借中国乒乓球队的国际大赛战绩开展了一系列的重大外交活动,其中一项是举办了亚非乒乓球友好邀请赛。时值我们的中型铣装调取得了成功,接待外宾参观中型铣床又成为我的政治任务,为此我

出差西安庆安公司安装调试中型铣时在华清宫留影。前站立者吴年宇,后排左起:邢仁爱(公司技术员)、贾惠波、黄靖远

编制了用有机玻璃刻制亚非乒乓球赛的徽标的程序。先进的技术加上漂亮的纪念品接待了一批又一批国内外客人，记得我曾编制过刻有熊猫和樱花图案的纪念品接待日本贵宾。中型铣床共生产了2台，第一台安装在飞机制造企业西安的庆安公司，我和黄靖远老师、自动化系吴年宇老师在公司安装调试和培训操作人员，去庆安公司出差相当长的一段时间。

和黄靖远老师一起工作是一段奇缘。"文革"中，黄靖远老师曾任9003工厂厂长，虽然我与黄老师很熟悉，但并未一起工作过。忽然来了一个所谓的"清查516运动"，也不知从何处空穴来风，说黄老师有"516"分子嫌疑，于是厂长就成了审查对象。师生们要去拉练，这样的活动"516"嫌疑分子是没有资格参加的，只能留在厂里干活，我作为黄老师的看护人员，获得了一段与黄老师一起专心装调中型铣的工作机会，受益良多。当然黄老师的所谓问题最后以事出有因，查无实据而不了了之。黄靖远老师在机械设计方面具有很深的造诣，在毕业前，我们班几位同学深感虚度年华而没有学到多少东西，对一些专业知识求知若渴，曾约黄老师给我们补课，热情的黄老师对我们的帮助很大。黄老师的另一个突出特点是创新精神，在这儿提一件有趣的小事：我们长时间出差西安庆安公司，上班之余真可谓百无聊赖，黄老师居然买了一把三色小钮扣，用铜丝绞上抓手，自制了一副跳棋，正好3个人打发无聊的时间，其创新意识、创新精神可见一斑。

我对数控机床和切削程序的编制兴趣始于1968年，当时我们班被安排下连队到了机床教研组，与机床教研组老师们一起学习，一起参加各种活动。为了迎接国庆20周年盛典，我们成功地用1958年全国首台研制成功的102数控铣床在铝板上刻制了一块匾额，就是毛主席手书的那首《七绝·为李进同志题所摄庐山仙人洞照》，并配有苍松背景。韩至骏老师是102数控铣床的主要研制者，他不仅向我们普及了数控的基础知识、程序编制技术，更是亲自参加研制工作。为了更好地体现毛主席手书的力度、笔锋和美感，韩老师和我们在工人师傅李祥临的配合下，经过反复试验，探索出利用球形铣刀吃刀深度实现笔画的宽窄和力度，一块白底红字，配有青松的艺术品完美地完成了。我是这项工作的主要程序设计人员，后来又经历了小铣床的调试，对数控技术的理解和掌握更深入了一步。首台数控机床的数控系统是用电子管制成的，而小铣床的数控系统是基于分立元件晶体管的，至中型铣则采用了集成电路块，虽然集成度还很低——一个触发器还需要两块集成电路，但显然技术在不停地进步。

和102数控铣床、小铣床一样，中型铣也还是采用穿孔纸带的光电输入机输入切削指令，但中型铣采用了指令系统，而不是以前编程只是按照运动矢量直接编程。通过参加中型铣的工作，我对数控技术有了更深刻的理解和掌握。我仔细分析了控制指令，研究了各指令间的内在联系。一般指令间的逻辑关系很容易理解，而一些指令理论上都是独立的，没有先后顺序关系。在试切削中我发现，个别指令必须注意先后顺序问题，为此在详细掌握系统的逻辑设计基础上，编写了实用的程序设计手册供用户使用，以避免一些错误发生，受到用户欢迎。

三、分步相机：成就了9003工厂的一段辉煌

根据学校的发展，学校组建了以生产汽车（卡车）为目标的机械厂，9003工厂的一些工人调整到机械厂，作为数控机床研制任务，第二台中型铣，以及随后设计的"721数控铣床"等的研制任务随之调整到机械厂。数控产品转产机械厂后，由"新工人"、小青工、复转军人为主重组了装配车间。我先后担任装配车间党支部书记、车间主任，参加并组织了自动分步重复照相机、简称分步照相机的生产。

自动分步重复照相机是我在车间参加生产和组织的第三个产品。它是集成电路生产过程中关键的制版设备。"文革"十年浪费了中国发展的大好时光。那些年，国外电子技术的发展真可谓突飞猛进。就是在这种形势下，我们的老师们意识到了在技术上与世界的差距，在"革命之余"成功地研发了分步重复照相机。以"文革"方式全民大搞微电子的疯狂也成就了9003工厂的一段辉煌。短短几年期间，分步相机共生产销售了160多台！成为校办工厂的创收大户。

分步相机是一种名副其实的知识密集型产品。它集中了精密机械、光学、激光干涉定位技术、光电子、控制等各个方面的知识。在装配调试阶段，几位老师包括徐端颐、殷纯永、李庆祥等亲自参加，手把手地指导"新工人"以及复转军人和小青工工作，大家很快掌握了基本的理论知识和操作技术。在批量生产过程中，根据车间有一批具有一定知识的"新工人"的实际情况，采用独特的分台包干办法，人人做台长，这也逼得大家不得不学习、掌握各方面的知识和技能。在那个几乎不存在功利主义的时代，大多数像"新工人"这样精力充沛、求知欲极盛的生产者们热情极高，常常是吃住都在车间，唯一的回报不过是一顿面条夜宵。实际骨干不过是10多个人的团队，不仅完成了160多台机器的生产，还分组配备工人、小青工一起奔赴全国各地，完成了分步相机的安装调试，直至试生产以及操作人员的培训工作。在9003工厂装配车间的经历，我个人不仅在知识的学习、技能的掌握、解决问题的能力方面有很大提升，也对生产管理有所了解。到各地出差并领略祖国大好河山更开阔了我的视野、增长了见识，这是一段激情燃烧的岁月。

四、工厂技术组工作：取得几项科技开发成果

"四人帮"倒台标志着"十年动乱"的结束，各行各业都逐步拨乱反正，步入正轨，学校也开始回归正常的教育秩序。拨乱反正最重要的一个方面是落实知识分子政策，知识是重要的，知识分子应该发挥知识分子的作用，做知识分子应该做的事。学校恢复招生，教学理所当然回到学校的中心位置，相应地，校办企业也发生了变化。我们虽然被称为"新工人"，但毕竟是大学毕业的所谓知识分子，装配车间的一些"新工人"被调入各个教研组，大部分人被调整进入了工厂技术组。

在技术组，我开始了一段学习深造、科学研究和技术开发工作。

广大教师对"十年动乱"进行反思，充分意识到，这 10 年世界科学技术和工业都有了巨大的进步，深切感到知识的欠缺和时间的紧迫。大家的学习积极性空前高涨，首先是英语学习热，然后是补课热，学校还组建了研究班，招收了回炉班。改革开放又带动了出国进修热。当时除了一些老先生外语比较过关外，许多中年教师都感觉到了外语水平的欠缺，更不用说"新工人"们大多只学过俄语，没有学过英语。学校开设了各种各样的英语班。这一阶段，通过自学和参加英语班，我比较好地掌握了英语阅读，但遗憾的是，由于一开始就没有重视听和说，又缺乏基础，以及当时环境的引导也不完善等原因，导致我仅仅是掌握了一门"哑巴"英语。

"新工人"是补课热、回炉热的主体，由于"文化大革命"，我们许多课程都没有学，大家都渴望利用有限的时间把损失补回来。学校开设了不少课程，大多是技术基础课，为满足社会需求，还为毕业离校的学生举办了进修班，俗称"回炉班"。我记忆深刻的是自动化系金国芬老师开设的工业电子学，老师讲解得法。我在工作中深深感到自己知识的不足，在机电结合是发展大势的情况下，尤其感到电子学的重要，因此努力学习，最终获得全班考试第一的好成绩。

在强烈的求知欲驱动下，我们这帮人什么样的学习机会都不愿放过，什么样的进修指标都想争取。走出国门，出国进修吸引着广大知识分子。在英语学习中，我的考试成绩是比较好的，首批出国进修选拔的机会幸运地落在了我的头上。当时的候选者有我和张昆老师，清楚地记得面试老师是我们的老系主任金希武先生，可惜我的听力和口语都太差了，不仅如此，在一些基本专业知识测试中，也暴露出基础知识缺口太大，落选实在是心服口服。这一时期学校举办了 4 个非常有名的研究班：激光、固体物理、物质结构、有机催化。研究班之所以出名，是因为它造就了一批院士，其中包括我们的校长顾秉林等。我很想进研究班学习，但终因名额有限等各种原因，未能如愿以偿。幸运的是后来系里给了我强化学习外语的机会，终于能在 1985 年得以赴西德学习进修。

在工厂技术组，我有幸和殷纯永老师在一个课题组工作。殷老师严肃的治学态度对我有很大影响，在他的指导下，结合英语学习，我翻译了《晶体光学》一书。这本书的翻译得到了殷老师和物理教研组李恭亮教授的重视与称赞。翻译的成功增强了我学习英语的热情，也把我带进了一个新的知识领域——晶体光学，它成了我取得几项技术成果的基础。

KD*P电光调制器是我的第一个研究成果。采用晶体光学原理，通过调整电压使激光光束的偏振面根据需要发生偏转，这是激光应用领域的重要技术。其主体是一块贵似黄金的人工晶体KD*P，两端各加一个由方解石构成的偏振棱镜。沿轴向施加0-3000V（晶体的半波电压）的调制电压，通过晶体的激光束偏振面即可发生偏转。该产品体积不大，制作相当困难。我凭借多年的实际经验和晶体光学理论知识，成功解决了加工中遇到的各种困难。

研制成功的KD*P电光调制器在武汉一家印刷厂得到成功应用。该厂进口的电子分色机因关键的电光调制器损坏无法进行生产，我研制的KD*P电光调制器成功地代替了原来部件，使停工的设备恢复了运转。当时邀请国外公司来维修过程复杂，无法很快解决，我的产品不仅帮助它们解决了问题，而且节省了宝贵的外汇，厂方非常满意。

第二项成果是利用我们自己的调制器，课题组研制了一台调制式激光偏振仪，它是对各向异性的晶体光学元件的制作、装调不可缺少的检测仪器，该仪器精度高，运行稳定可靠，在光学车间的晶体光学元件加工和检测，例如，在索列尔均匀场补偿器的石英元件加工和产品测试中发挥了关键作用。索列尔均匀场补偿器是用来测量双折射性能的仪器，在光学领域有着广泛的用途。它由两片楔形的双折射晶体石英按一定晶轴方向切割的石英晶片构成，我们可以简单地把它看成一个双折射延迟量可精密调节的波片。

课题组第三项成果是研制成功了两种型号的补偿器，一种是采用千分尺精密测量的，另一种是采用机械式数字转轮做测量读数输出的，直观，使用方便。索列尔均匀场补偿器获得了1982年度北京市科技成果三等奖。9003工厂曾经生产销售一批。值得一提的是殷纯永老师针对我没有经历过毕业设计等正规训练，提出并指导我严格按照毕业设计和产品研发的要求进行了一种型号补偿器的设计和装调。殷老师对我的热心帮助和严格要求，我永生难忘。

激光多普勒风速仪是课题组的第四项科研课题，是与力学系合作的项目。利用激光的多普勒效应测量分析管道内液态或者气态流速场特性，在许多研究和生产实际中有广泛的应用。我们是参考一台丹麦进口的仪器进行研制的，该仪器样机获得了国家教委科技进步二等奖。由于激光光束的偏振特性，进口仪器通常只能测量管道流速场的一个速度分量，要测量另一个分量，必须将仪器本身旋转90度。我根据晶体光学知识，提出并设计了一种新的技术方案，即利用电光调制元件将激光光束偏振面旋转90度，它可以不用转动仪器本身而实现"同时"测量两个速度分量。

1986年，微细工程研究所成立，我正式离开9003工厂，开始了作为教师的教学、科研和人才培养工作。在系工厂工作的10多个年头是结束学生生活步入职业生涯并逐步成长的10年，强烈的求知意愿和年轻人充沛的精力，使我能补修许多缺失的基础知识，在机械设计制造、数控技术、仪器以及光学工程和电子控制等方面，都学习、掌握了许多即使是通过现在的教学也不易学习掌握的知识，特别是解决实际应用中的技术问题的能力，取得了不少至今难忘的经验和成果，同时也从一个刚离校的学生逐步成为一名共产党员（1972年2月入党），成为一名骨干教师。在工厂工作期间，我曾经历任车间副主任、党支部书记、车间主任等，在管理工作方面也得到了初步的锻炼。源于工厂工作的经历，在博士、硕士研究生培养工作中，强调学生要注重工程实践，强调解决工程实际问题的能力，强调团结奋斗的团队精神。我们的研究生团队的突出特点，就是能紧密团结合作，完成较大的工程项目。研究生郭劲同几名同门师兄弟创建的被称为全清华团队的霍里思特科技有限公司，智能分选矿设备在国内占有一席之地；研究生赵瑞祥等3位同学初创的清研讯科，网络评价，其已经成为国际知名的位置物联网解决方案提供商。

2021年7月

隋森芳，男，1945年生，山东黄县人。生物物理学家，教授。中国科学院院士。1964年入学、1970年毕业于清华大学精密仪器及机械制造系并留校任教。1981年在清华大学工程物理系获理学硕士学位，1988年在德国慕尼黑工业大学获自然科学博士学位。1989年至今在清华大学生物科学与技术系（2009年更名为生命科学学院）工作。曾任清华大学生物系主任。

学术生涯的三次选择

隋森芳　机械系 1964 级 制 01

我 1970 年 3 月于清华大学精密仪器系毕业后被分配到清华大学机械厂，在机械厂发动机车间（当时机械厂生产汽车）当上了"新工人"。这期间我做的是最基本的工种，开过刨床、铣床和车床。干了两年工人之后被调到车间技术组，开始画图，后来我还设计了两台专机，用于发动机外壳加工。1973 年上半年，获悉清华大学要成立研究生班，在校内的"新工人"中招 40 人。我积极报名，并幸运地被固体物理班录取。后来我们才知道，1972 年杨振宁回国向周恩来总理呼吁加强基础理论研究，周总理很重视并指示国家有关部门把基础科学研究搞上去。按照这一指示，清华大学在 1973 年建立了固体物理、物质结构、激光和有机催化 4 个研究班。固体物理研究班当时挂靠在工程物理系，我被老师指定为固体物理班的班长。由于离开课堂很久了，大家学习很刻苦。我本科学的属宏观范畴的学科，主要用牛顿力学，而固体物理描述的是微观世界，主要用量子力学。开始我是有些不适应的，固体物理班的老师们给了我很大的影响，使我很快就爱上了这美妙的微观世界。从机械厂到固体物理研究班，思考问题从"宏观"到"微观"，这是我学术生涯的第一个转折。

研究生班可能办了不到两年，由于社会上"反击右倾翻案风"不得不停办。1975 年我被分配到学校半导体车间，在那里我做过光刻、外延和电测量等半导体工艺。1978 年，我国学位制度改革，我们当时已分散到各系的研究生班的同学们重新聚在一起，又经过两年多的学习，1981 年获得清华大学理学硕士。之后，我留在固体物理教研组任教。开始时，固体物理教研组属于工程物理系，1982 年清华大学物理系复系，我们就到了物理系。

在 20 世纪七八十年代，国际上生物物理学正在成为热门学科，它利用各种先进的物理技术研究生物学问题，结合分子生物学的发展，从一个全新的角度审视生物学。当时系里邀请多位美籍华人生物物理学家讲学，我在活动中参与了组织接待工作，同时结识了许多相同领域中的朋友，感受到生物物理学作为新兴学科未来的巨大发展空间。1984 年，清华大学生物系复系时我毅然从固体物理系调到生物系，成为生物系复系时的第一批教师之一。从物理系到生物系，从固体物理到生物物理，是我学术生涯的第二次转折。

生物系复系之后，派遣了一批中青年教师前往国外学习深造。我于 1985 年 3 月到德国慕尼黑工业大学（Technical University Munich）攻读博士学位，导师是时任欧洲生物物理协会主席的 Erich Sackmann 教授。后来从导师那里获悉，我是经清华大学张维副校长给慕尼黑工大的校长写信推荐的。我在清华大学的硕士学位被慕尼黑工大认可，并获准可以用英文答辩（据说在该大学我是第一位允许用英文答辩的）。我于 1988 年 8 月通过答辩，1988 年年底拿到自然科学博士学位证书。答辩之后的几个月，我主要为回国做准备。在导师的支持下，我搭建了一台计算机控制的 LB 膜仪，并将其带回清华，用于膜脂－蛋白相互作用研究。另外，导师还把曾用于全内反射荧光测量的一台荧光光谱仪也赠送我带回国。我于 1988 年年底回国。带回来的 LB 膜仪成为我在清华大学实验室的第一台设备。那台荧光光谱仪太大了，实验室没地方放置，在生物馆一层楼道放了很长时间，后来被物理系一位做光学的老师要去了。

隋森芳教授（前排中）与团队成员

1989 年，以"蛋白质在脂单层表面的二维结晶"为题的项目获得全国优秀青年教师基金 7 万元，这是我回国后的第一笔资助。早在德国攻读博士期间，读到了 1983 年 Nature 上发表的一篇关于抗原－抗体在脂膜上生长二维晶体的电镜研究论文，立刻被吸引住了，觉得用电镜能看到蛋白质的结构真是太重要了，非常适合我的固体物理背景，以及博士论文期间的脂单层膜研究，那时我就想好了，回国后要开展这方面的研究。回清华后，由于生物系没有电镜，只能安排少数几个学生利用学校分析中心和校外的设备收集数据。1989年，实验室启动蛋白二维晶体的电镜研究，我从欧洲分子生物学实验室（EMBL）的朋友那里得到了MRC图像处理软件包。1995年，实验室发表了第一篇用电镜研究蛋白质二维晶体的研究论文。1996年，我用研究经费从美国J. Frank实验室购买了当时国际上唯一的单颗粒电镜三维重构软件包Spider。我们实验室于1998年发表了第一篇电镜单颗粒数据处理方面的研究论文。2000年之后，随着电镜条件的改善，实验室做电镜三维重构的学生越来越多，并成为我清华实验室的主攻方向。现在回顾起来，回国时选择生物大分子三维电子显微学（后来的冷冻电子显微学）作为自己的研究方向，是我学术生涯的第三次选择，并逐渐成为自己学术生涯的主线。

目前，冷冻电镜技术已经成为结构生物学的主要技术，可以解析生物大分子和细胞的结构，正在把生命科学的研究推进到原子水平，成为生物学和医学研究及药物开发的基础。

2009年，由于在蛋白质电镜三维重构方面的工作成绩，我当选为中国科学院院士。2017年，由于在"中国冷冻电镜领域的先驱开拓性工作和人才培养"中所作贡献，获中国冷冻电镜杰出贡献奖之终身成就奖。

2020年7月

潘龙法，男，1946年生，上海浦东张江人。研究员。1964年考入清华大学精密仪器及机械制造系，1970年毕业后留校，从事教学与科研工作。曾任清华大学光盘国家工程研究中心常务副主任、主任，全国信息技术标准化技术委员会专家委员，国际光盘标准化委员会专家组成员等。

我的科研经历

潘龙法　机械系 1964 级 制 01

毕业工作 50 个春秋，人就到了"古来稀"的年龄，人生之旅已临末站，正所谓"悠悠岁月去，清华情依浓"。总结、感悟、回忆自己半个世纪的工作很有意义，也可算作人生中一份神圣的家庭作业。

我于 1970 年从清华大学精密仪器系毕业，留校工作。回顾半个世纪的工作经历，大致分为 3 个阶段：前一段 15 年以备课、讲课、写教案、编教材、带学生实验和实习的教学工作为主，从事科研的时间极少；中间的 20 多年，科研和教学并重，从时间比例上看，科研大大超过教学，同时也是我人生亮丽、辉煌与收获的年代；后面一段时间做了些自己喜欢做的事，同时，继续推进国家工程研究中心的各项社会职能的运作。要说有所收获的话，清华大学这个极其优质的平台是其关键。因篇幅有限，下面只写些我的科研工作。

记得 1984 年暑假（也是第 23 届奥运会期间），系科研组徐端颐老师约我到怀柔水库度假一周，该活动是由学校统一组织安排的。到怀柔水库第二天徐老师就向我宣布，系领导决定调我到系科研组参加光存储技术课题的预研，并向我介绍了光存储课题的先进性和紧迫性、目前发达国家研发与产业情况，以及学校和系里的部署，这次是学校向国家第三次申请该课题，还讲了预研的具体安排和设想，给我讲了 6 个多小时，其间我的插话很少，插话内容也是为了搞懂和理解徐老师的话。徐老师最后说，今天不忙作决定，两天后即周四傍晚回复他。这件事对我来说，正中下怀，是我的好机遇，显然有着比较好的发展前途。第二天一早我就回答了徐老师，明确表示要好好干，钻进去！后几天，玩得很痛快，游泳技能也大有长进，这是后话。

一、预研：突破光存储关键技术

在阅读国外相关文献（当时国外文献很少）的基础上，对日、欧、美公司进行了比较和分析，再结合我们原先已有的基础，课题组采用了我们原先研发的气浮轴承作为光盘盘片旋转工作台，用国外引进的氩离子激光器作为读出光源，利用国外已有的激光视盘作为实验盘片，课题组经过近 3 年的不懈努力，在实验室搭起了光

继往开来

盘读出的完整伺服实验装置系统，进行了光斑自动聚焦、信道自动跟踪（也称为循迹或循道）的多个方案的试验与比较。其间，国家相关主管部门专家来我们实验室巡察 30 余次。1986 年年初，清华大学精密仪器系光盘课题组在国内首先攻克了光盘试验装置系统自动聚焦和自动跟踪的关键技术。由此获得国家计委"七五"光存储领域攻关课题经费 500 万元人民币（全国光盘课题总经费计 3500 万元，由 4 家单位牵头攻关）。

二、攻关：完成产业原型样机（Prototype）

光存储领域国家"七五"攻关课题之一：由清华大学研制 8 英寸相变型原型样机课题组和北京另一所大学研发制备 8 英寸相变型盘片原型样品课题组组成。光盘课题组从预研到攻关，人员集光、机、电、算，即激光与光学、精密机械、电子学与自动控制、计算机与软件等人才。

国家"七五"攻关课题光存储技术团队部分人员合影，
右起：陆达、袁浩、徐端颐、裴京、潘龙法

在预研的实验装置系统基础上，要解决的问题有：使用半导体激光器和光盘转轴的无刷电机；精密伺服系统；高速寻址与寻迹，以及信道解码系统等。原先希望通过国内的外协研发半导体激光器和无刷电机，经若干次试验均未成功。在我设计 8 英寸光盘机总装图和拆装零件图后，课题组就派我到美国一家激光器制造公司培训，实际目的是为了采购急需的半导体激光器和无刷电机。后者很方便采购了，而半导体激光器是当时"巴统"（巴黎统筹委员会）管制的出口商品。我去培训的那家美国激光器制造公司不愿帮这个忙，我只能转到其用户公司培训，一边帮用户公司设计激光精密测量仪的机械系统，一边以用户公司的名义帮我采购半导体激光器，用户公司还与清华大学签订了用于科研的小型激光测量仪的合作协议。第一次采购到日本夏普公司制造的10支半导体激光器，到了公司库房却无法寄回国内。原因是"巴统"批文还没有下来，国内三天两头催我，光学头研发小组的工作已无法进展下去。我日思夜想，只能耐心等待，别无他法，足足等了4个星期，"巴统"批文才正式下来，10支激光器顺利寄回清华大学，由此开通了采购半导体激光器的正常通道，而后又采购了性能更好的专用于光盘的日立制作的半导体激光器。

当进入到读/写光斑功率控制、聚焦与光盘转轴伺服，以及寻址寻道的粗、精跟踪和信道解码等完整系统调试阶段时，课题组骨干人员几乎天天加班，我们每天从早晨一直工作到第二天凌晨，然后就在实验室睡上几小时，就是这样一环扣一环地调通了每一个节点。到1989年12月初，我们邀请了老校友王大珩院士到实验室观看8英寸相变型光盘机的全过程演示，他非常满意，并夸奖了我们几个年轻人。

王院士一直关心着我们这项攻关课题，为此他专程来清华达5次之多，他首先提出光盘课题是集"光、机、电、算"一体的项目，非常适合多学科的理工科大学研究开发。目前，精仪系的大学本科高年级实习课就是装调光盘的核心部件光学头，每位学生在两周内装配完成一个只读型光学头（包括光、机、电零件33件和4种胶水），并要求接入播放机能正常播放节目，能做到这个水平的才能定为实习优秀。

光存储"七五"攻关项目于1991年年初完成对4家牵头单位的课题验收，本人受部里委派撰写了光存储国家"七五"攻关项目所有的验收文件和课题总结报告。接着完成了"八五"期间的"1000型光盘库"研发和"九五"期间"电影数字制作及应用研究开发"多个国家攻关课题。

1996年2月，经国家计委批准成立了清华大学光盘国家工程研究中心（OMNERC）。清华光盘中心（简称）除完成国内社会职能外，在对外的国际活动中也作出了历史性的贡献，其中至少有两件事值得一提，简述如下：1989年，我国加入国际光盘标准化委员会（ISO/IEC JTC1/SC23），参加起草光盘的标准化工作。清华光盘中心是中国SC23的秘书处单位，也是中国代表团团长单位。其中，1994年7月与1999年10月两次在北京召开SC23/WG2即23分委会第2工作组会议与SC23第十届年会。另外，清华光盘中心从1998年起，开拓了"中国国际光存储设备展览会及国际技术交流会"项目，在国家新闻出版总署领导和中国国际贸易促进委员会的配合下，成功举办了10届展会，每次展会都有30场左右的技

清华光盘中心发起的中国国际光存储设备展览会及国际技术交流会，前排左 7 为清华大学副校长龚克

术报告交流会。上述工作有力促进了我国光盘标准化、光盘技术，特别是自主技术与产业的发展。

三、创新：多阶光盘存储技术

光盘技术领域的知识产权主要构成：由盘片的物理格式、驱动器的信道解码芯片（也称前端芯片）等构成。播放器还有信源解码芯片（也称后端芯片），其中物理格式最为核心，芯片最为关键。另外，核心部件光学头的知识产权另外计算。

在国家光存储 973 基础研究课题结束后，我们意识到依靠国内自己的力量有可能把多阶光盘技术转化成产品。实际上，我们过去研究的光盘技术还没有真正触及盘片物理格式等核心问题，所以上述讨论的"关键技术""原型样机"从本质上说，只是消化吸收和局部的创新，只有攻克了盘片物理格式、光学头和前端芯片才算真正解决了光盘驱动器的核心与关键问题。光盘中心经过多年研究，发明的多阶光盘技术简单说明如下：在光盘信息坑（pit）和信息岸（land）的"轨道"上，多阶光盘变成了信息坑中有子岸、信息岸上有子坑，这就形成了多阶效应。光盘的存储容量会大幅度提高，我们发明的能使之提高 30%。

2008 年 8 月 9 日，工信部、新闻出版总署的司局、处领导和 6 位国内光盘专家莅临清华调研多阶光盘开发情况，在清华开发的数模混合 FPGA（现场可编程门阵列）伺服系统平台上观看了高清电影演示，又通过原子力显微镜，清晰地观看到了多阶光盘与传统光盘表面形貌信息坑、信息岸的差别。经过与会专家、领导和代表的讨论评估，首先肯定了清华取得的自主核心技术的原创专利，同时由工信部的"电子发展基金"给予支持。

在 FPGA 伺服系统平台的基础上，又连续运行了一个月，整个系统可靠，运行稳定。接着开始 10 万片多阶光盘盘片的批量生产试验，经过抽检，误码率均优于光盘标准中规定的参数。国内一家著名的芯片公司在充分了解清华多阶光盘核心专利和多阶盘片生产试验等情况后，决定投入技术人员和资金用于开发前端与后端两款关键芯片。

该项目经历 3 次融资。清华光盘中心和北京一家光盘公司发起，共投入资金 500 万元（公司 200 万元和工信部电子发展基金 300 万元），清华大学以无形资产加入。等到多阶光盘在复制生产线上压出样盘并可靠地读出信号后，大家一片欢腾："我们成功了！"接着又从上海一家民企第二次融资 350 万元，进行误码率测试，写策略修正，一直做到实际测试的误码率和仿真误码率一致。并推出 1.0 版本多阶光盘技术标准，光盘单面双层有效数据容量达到 15GB。第三次融资 5000 万元，由芯片公司出资。

2012 年 10 月，前端芯片经历了 3 轮工程样片试验，证明多阶光盘系统可以正常工作运行，并制定了《高清光盘播放系统行业标准》，编号 SJ/T11649.1–2016。

从事科研工作 30 余年，获得国家发明二等奖 1 项，本人排名第二；国家科技进步二等奖两项，本人排名分别为第三和第五；培养硕士、博士研究生共 30 余人，其中一位硕士研究生获得清华大学硕士优秀论文奖，一位博士研究生获得清华大学博士优秀论文奖；在光存储信息技术领域发表学术论文 50 多篇；获得授权国内外的发明专利 30 多项，其中转让给企业的发明专利有 10 余项。于 2019 年获得中华人民共和国成立 70 周年纪念章。

四、感悟体会

即使 50 年的工作经历，所获得的感悟体会仍然是相当主观性的，仅与同学、校友们交流。

一是踏实工作。表面看起来，这没有什么难的，不过我的理解不尽然。小到备好一次课、回答好一个问题、带好一节实验课，大到国家攻关课题的预研、立项、实施等，都必须踏踏实实，一步一个脚印，我情愿考虑得多一点、细一点、透一点、深一点、远一点，苦思冥想，以便把每一件事和每一项工作完成好，不要留尾巴。

应该说，至少对我本人是这样理解的，这是人生对工作的基本态度和基本底线，如果对这件事没有考虑清楚，那其他任何事都不必谈了。

二是研究规律。在我的人生中，尤其是过了不惑之年以后，感悟和真正体会到万事万物都是有规律可循的，而且并不难，都能找出规律性的东西，并能挖掘出自己所希望得到的宝物，这种挖掘渐渐养成了自己的习惯和本能。例如，备课讲课有备课讲课的规律，科研有科研的规律，培养研究生有培养研究生的规律，等等。

说到备课讲课，比较才有真东西，仔细探究才有新内涵，反复找出差异才有新发现，找到好的参考书是其关键所在，单看国内教科书还是远远不够的。在此情况下，我通过德国在我国举办专业技术与设备展览会之机觅得一本技术参考资料，又通过学校订购到一本美国俄亥俄州立大学非常适合我专业的教科书，这些意外收获使我喜出望外，正如甘露浸润了我贫乏的大脑，从此我的大脑开始富有起来，那时是我最高兴的时刻。

随着国家的改革开放，我每年都要出国去"充电"，或开会，或访问，或看专业设备技术展，等等。如参加一次光盘国际标准化会，就可以向日本、美国和欧洲诸国的专家讨论非常深入的问题，在这方面，你只要提出问题，对方专家一般都会认真地回答你，还会经常告诉你难点在哪儿、怎么做实验以及怎么测试，等等。又如通过参加国际学术研讨会，更能深入了解和发现先进国家在此领域的研究状况和某些前沿的发展细节，这在文献中是难以获得的。这些经历不但使我在科研上取得长足进展，而且在教学上每年教案都有新的东西，实验的科目比原先更进了一步，课程内容更加充实、更加丰富多彩，上课变得生动，讨论的题材也会变得丰富、有趣、广泛和深入。

又如培养研究生问题，尤其是培养博士研究生，也有规律可循。本质上仍是为人和为学的问题，与其说是为学的培养，倒不如说是人格的真正磨炼和培养。每个博士生的课题一般都不可能按原先所谓的"循规蹈矩"方式就可以轻松完成的，一定要过好几个"坎"，也就是创新性、突破性的工作，这些"坎"只有知识而没有坚强的人格和毅力是跨不过去的。导师要给博士生创建一个好的研究平台，再有一个是工作、生活和锻炼的环境，尽量把博士生的后顾之忧解决好，要求每人每周有3次以上的体育锻炼，等等。

三是保持平常心。我为什么工作几十年后要提出这个问题？因为在自己的人生轨迹中有时会自觉不自觉地陷入一场平常心与功利心两个反向状态的旋涡中。有件事至今记忆深刻，1980年前后，系里希望我出任教学系副主任，我当时还年轻，听到后一时不知所措，冷静下来后，经过慎重考虑，我要求继续做我的业务，系副主任后来由别人做了，此事也就了结。在遇到这种改变生存环境的情况时，怎么正确客观地看待工作环境、领导、别人和本人，尤其是怎么看待自己？平心而论，要自己尽可能做到平常心和客观性实非容易之事，我看到不少同事、老师在这中间无缘无故地"摔了跤"，尤其是如提职提干和职位变动时，甚至由此改变了自己以后的人生。

应该说，平常心就是自己最自在、最放松、最愉悦的心态，如果在人生起伏过程中仍能保持一种平常心，理解人生，看透人生，困难总是暂时的，办法总比困难多，这才是人生的重要感悟，可是在你年轻时却往往太难做到，这才是所谓的人生。

漫漫人生路，工作50余春秋，看风起云卷，花开花落，一年又一年，蓦然回首，浅浅一笑，守住一颗淡泊之心，岁月悠悠远去，但我依然久久清华情。

2021年10月

吴庚生，男，1946年生，江苏溧阳人。教授。1965年考入清华大学精密仪器及机械制造系，1970年毕业留校，在清华大学四川绵阳分校、电子工程系、电化教育中心和继续教育学院工作。曾任电子工程系党委副书记、电化教育中心主任、教育技术研究所所长、继续教育学院副院长、中国教育技术协会副会长、中国教育技术协会标准委员会主任委员，北京高教学会教育技术研究会理事长等。

清华大学现代远程教育历程

吴庚生　机械系 1965 级 光 002

一、校长的设想

1996年2月春节刚过,杨家庆副校长通知我第二天上午9点到工字厅后厅王大中校长办公室参加一个会。第二天我准时到达,王校长和杨副校长已经先到了,杨副校长说,今天请你这位电教中心主任来,是要讨论王校长在清华大学开展远程教育的设想。

王校长说:改革开放以来,国家实施以经济建设为中心和科教兴国的伟大战略,清华大学积极开展继续教育工作,并把它作为培养各种类型人才的一项重要任务。到目前,我校已经为国家培养了数万名具有实践经验的管理和技术干部,他们经过培训在各自的领导和专业岗位上为国家经济建设和社会发展发挥了重要作用,社会效益十分明显,深受国有大中型企业和国家有关部门的肯定与欢迎。但是,目前我校的培训规模远远满足不了社会的需求,一方面,由于学校办学能力和住宿条件有限,学校很难接纳更多的在职人员来校学习,大量的教师长期外出授课也有困难;另一方面,在职干部,尤其是其中的骨干由于工作忙、责任在身,难以长期脱离岗位来校进修。面向21世纪随着科技的迅猛发展,在职人员知识更新的要求日益迫切,需要积极发展继续教育,采用现代化的教育技术手段开展远程教育将是一项十分必要的举措。发达国家中的一些著名大学从20世纪80年代起就开展了这项工作,采用微波中继、卫星通信和计算机网络等技术手段,大力发展远程教育,并取得了十分显著的社会效益。我们清华大学能不能马上搞现代远程教育?吴庚生你能不能具体负责筹建这项工作?

我说,王校长的设想高瞻远瞩,我校信息学科人才济济,只要校长支持,我完全有信心有能力尽快完成这项任务。

杨副校长提议学校领导由关志成副校长(兼继续教育学院院长)牵头,技术专家请电子工程系姚彦、曹志刚教授,网络中心李星教授,电教中心我和刘世偕副主任,尽快开展调研和方案制定等工作。

1996年3月5日在建筑馆王泽生报告厅召开的全校中层干部会上,王校长在当年工作报告中提出用现代远程教育技术直接面向企业，为企业培养高层次管理和技术人才。

二、技术方案的确定

3月份，在王大中校长作报告以后，杨家庆、关志成两位副校长组织了研究生院、教务处、继续教育学院、企业合作委员会、电教中心、计算中心、网络中心以及电子系的一些专家召开了多次讨论会，分别对课程设置、办学方式、技术方案等专题进行了深入研讨。当时可用的传输手段有微波通信、网络通信、卫星通信。微波通信，只适合点对点；网络通信，国内还正在建设中，不能满足容量大的音视频多媒体教学资源传输；只有数字卫星通信能满足组网容易、覆盖面广，满足音视频多媒体教学资源传输的教学需要。4月20日起，我们在新华社技术局孙宝传局长（电子系系友）的支持下，利用亚洲2号卫星Ku频段转发器做了几次多媒体教学资源传输试验，效果很好。后来关副校长带领曹志刚教授、刘世偕教授去美国考察了5所开展远程教育的大学和几家卫星传输设备公司，带回了国外高校开展远程教育的经验。我们根据清华远程教育的目标和要求，设计了一套以卫星数字加密网、计算机互联网、有线电视广播网"三网互补"、天地网结合并覆盖全国的远程教育传输系统。同时，拥有国内领先水平的"VSAT、ISDN、INTNET"三网合一混合多点实时交互答疑系统、网络教学和管理系统等技术支撑平台，能够实施远程培训和交互，提供音视频广播和数据传输服务等功能。我校远程教育所采取的技术模式，具有符合我国国情、覆盖面广、组网容易的优势，并可以随着远程教育的需求与IT技术的进步而不断升级优化。这套系统应用在清华大学远程教育和后来的教育扶贫工作中，取得了很好的教学效果，至今仍在发挥作用。

三、艰难的筹建路

远程教育技术方案确定后，首先要向国家无线电管理委员会（以下称"无委会"）申请获得卫星主站的建立资格，然后才能进行卫星资源租用、软硬件设备招标、卫星主站施工建设、系统安装调试、无委会测试通过、取得运行执照、办学点接收站建设等工作。这是一个系统工程，一环套着一环。很多设备都要从国外进口，但没有无委会批准的建站资格，后续的工作都不能实施。上面每一步都有很多校内外流程要走，好在校内各部门尤其校办、基建处、财务处、设备处都大力支持。校外的校友也很支持，当时我们要解决卫星资源的租用问题，中国上空只有亚洲卫星公司

（下称"亚卫"）的亚洲 2 号卫星可提供 Ku 频段转发器，我和曹志刚教授与亚卫北京办事处提出我们的需求，香港亚卫总部派来亚太地区市场部经理陈力群先生（自动化系校友）和技术人员一行到清华与我们洽谈。陈先生了解我们组建卫星网是要在全国开展远程教育，他非常乐意为母校帮忙，争取给我们最优惠的卫星信道租用价格，并安排技术人员免费为我们进行卫星链路和设备参数等计算设计工作。至今我们一直享受着较低的租金使用亚卫的卫星信道。

　　1996 年 7 月学校向有关部门递上了向无委会关于主站建设许可批文的申请报告，几个星期都没有回复。据说要在全国范围内组网搞卫星播出教育节目，必须多部委审批，因此我校的申请就被搁浅了。但时间不等人，校领导召集我们开会研究尽快解决主站建设许可批文的办法。我提出电教中心是负责校内无线电管理的部门，中心管理运行着无线调频外语广播台，我们严格管理，从来没出过问题，受到北京市无线电管理局的好评，建议把我校的建站申请报告直接送北京市无线电管理局谈谈。8 月中旬我和刘世偕去北京市无线电管理局，向局领导汇报了清华筹建远程教育系统目的是应用先进的信息技术向全国输送清华的优质教学课程，为企业和社会培养急需的管理和技术人才，并请他们审阅了我们的系统建设方案和申请报告。他们非常赞同，他们说无线电管理是属地管理，清华在北京市，北京市无线电管理局有权审批。这让我们非常高兴，我们邀请他们尽快来学校指导主站的选址和建设的注意事项等，过了两天他们就到学校来考察了。

　　1996 年 8 月 28 日，学校收到北京市无线电管理局发来的"京无管〔1996〕25 号"文《关于清华大学建立远程教育卫星站的批复》："经研究，同意你校在校内建筑馆北楼顶层建立 Ku 频段卫星站，使用亚洲 2 号卫星，天线口径 4.5 米。请按我局有关规定办理相应手续。"有了这个批文我们就可以进行后续的工作了。

　　经过几个月的努力工作，1997 年 6 月初，建筑馆五楼的主站建成。北京市无线电管理局来进行了信号传输和电磁辐射等参数的测试，当月 19 日给清华大学颁发了合法的运行执照。为此有人对我们的运行执照提出质疑，邀请了无委会的一位处长来清华检查。我向处长汇报了我们向北京市局申请的过程，展示了相关资料。处长审阅相关资料后表示北京市无线电管理局执行的是属地管理原则，符合国家无委会规定，运行执照是国家无委会颁发的统一执照，上有国家无委会和北京市局的两个印章，是合法的，而且凭此执照可在全国各地建立卫星接收站。

　　接下来，全国各地几十个卫星接收站也要电教中心尽快去安装调试。这对我们来说困难不小，因为我们这方面的专业人员太少，时间紧任务重。中心决定立即抽调 10 名员工，在建筑馆五楼楼顶开展接收系统安装调试的现场培训。10 名员工经过 5 天的紧张训练分组奔赴全国各地，半个月内就完成了几十个接收站的组网建设任务。

四、李岚清副总理来清华视察

我校筹备远程教育消息在校外传开后,一些大中型企业和地区表示十分赞成并给予积极支持,热切盼望我校远程教育早日开通。至主站建成的当年10月已有上海宝钢、长春一汽、云南玉溪卷烟厂、山东淄博齐鲁石化、中石化辽阳、南京市科技干部进修学院、广东省顺德市科技局、广东南海市科技委、江西省机械行业人才交流中心、广东科技干部学院、深圳大亚湾核电站等几十个企业和地区申请建立远程教学站。经过校企双方的共同努力,播出和接收设备都已调试完成,几次联网试播,效果都很好,大家都希望尽快开展教学活动,但有关部门仍然不同意。

1997年11月20日,李岚清副总理一行领导来清华视察筒子楼改造工程等工作。校领导决定由贺美英书记和杨家庆副校长陪同各位领导到建筑馆五楼视察我们的远程教育系统。我们正在试播,李岚清副总理视察得很仔细,问了很多问题,认为这是我们大国穷国办教育的好办法,把清华的优质教学资源送出校门,为企业和地方培养更多的管理人才和技术人才是科教兴国的新创举。李岚清副总理的一席话是对清华大学远程教育的最大肯定和褒奖,从此远程教育的大门打开了。

1997年11月,李岚清副总理(右1)视察清华远程教育系统,讲解者为吴庚生、右2为副校长杨家庆

五、曹光彪先生慷慨赞助

1996年，学校决定启动远程教育项目工程，工程筹建由电教中心负责，工程建设资金先由电教中心的"211项目"经费垫支，以后再设法返还。1997年7月远程教育系统建设成功，但大部分设备是从国外进口用美元支付的，总计146万多美元，折合人民币1280万元。经过清华大学教育基金会和杨家庆副校长的工作，香港曹光彪先生有捐款意向。同年12月6日由杨副校长、李衍达、冯冠平和我到香港，曹先生设晚宴接待我们。杨副校长分别介绍我们，说我是清华远程教育的负责人，我向曹先生介绍了清华远程教育的目标和建设的情况。曹先生对远程教育很感兴趣，问我这个项目建设投资大不大，我说我们用了不到一年的时间刚刚建成，投入了146万多美元。晚宴结束时曹先生表示他可以赞助75万美元。第二天听杨副校长说，早上曹先生打电话给他说，愿意赞助150万美元。一个星期后150万美元就打到了清华大学教育基金会的账户上。杨副校长问曹先生有什么要求，如命名，他说什么都不要，赞助清华的教育是他的心愿。

为了感谢香港永新集团曹光彪先生的慷慨捐赠，学校决定将电教中心的演播制作中心挂牌命名为"曹光彪演播制作中心"。1998年9月17日，学校召开"清华大学远程教育工作进展汇报会"，邀请曹先生及家人来清华参加会议，视察远程教育现场，在会上，王大中校长和曹先生共同为"曹光彪演播制作中心"揭牌。

1998年9月，王大中校长和香港永新集团董事长曹光彪（右）为"曹光彪演播制作中心"揭牌

六、引领全国高校远程教育蓬勃开展

1997年11月20日清华大学远程教育的大门打开后，在全国高校中起到了很好的引领作用。教育部和全国高校都认识到现代远程教育是教育信息化的重要方向，是教育发展的新模式，为我国高等教育大众化、终身化展现了广阔的前景，为教育资源共享、学分互认创造了条件。最先来清华学习取经的有浙江大学、北京邮电大学、湖南大学。

教育部1999年3月批准：清华、浙大、北邮、湖南大学为远程教育试点高校。2000年7月批准：北大、人大、北师大、北外、上交大、华中科大、华南理工、复旦、东南大学等26所大学开展远程教育。到2002年2月先后5批共批准了67所高校开展远程教育。清华开创的现代远程教育在祖国大地蓬勃开展。远程学历教育对于提升我国高等教育毛入学率发挥了难以替代的作用，在取得可观经济效益的同时更收获了很好的社会效益。

七、清华大学远程教育的成就

1997年，清华大学远程教育技术平台建成后，电教中心负责卫星平台的运行服务和远程教学站点的建设维护与教学资源的摄录编播。继续教育学院负责远程办学和教学管理。从此，清华开始了远程教育的尝试，相继与企业和地方签署协议，建立远程教学站点。清华方面提供与远程传输相关的技术设备和课程、师资、考核、发证等教学及管理，结合企业和地方的人才培养需求，开展远程培训。

1998年，推出主要面向中层以上管理者的"研究生课程进修"高端培训项目，为具有大学以上文化层次的在职人员提供进修的机会。清华远程教育逐步扩大合作伙伴与招生对象的范围，分别与一些地方高校或教育培训部门联合建立远程教学站点，并开始面向社会招收远程学员。在原有"企业管理""计算机"两专业的基础上，增设了"民商法学"专业，招生人数达到1671人。

2000年，清华大学开设了远程"专升本"经济学、法学、英语和艺术类专业，当年招生2482人。加上"研究生课程进修"项目，招生人数达到了3165人。

2004年，清华大学继续教育学院已在31个省、自治区、直辖市及香港特别行政区建立了120余个校外远程教学站，其中，有1/3以上分布在新疆、西藏、内蒙古、宁夏、甘肃、青海等中西部地区，开展了研究生课程进修与"专升本"学历教育两套培训体系。远程学历教育在册学员人数达1万多人，先后为社会输送"专升本"毕业生5000多人，作为非学历项目的"研究生课程进修"也通过远程教育培养出取得硕士学位的学员 70 名,得到了学员、社会和教育部领导的多方肯定。

2005 年,按照学校一流大学发展要求,停止了专升本学历教育招生,2008 年全部完成了剩余注册学生的教学工作,平稳结束了清华远程的学历教育。

清华大学远程教育在筹建和办学中,刘序明、严继昌常务副院长,远程部霍秀英、徐林旗主任,技术部杨小勤、唐玲、梁朝晖主任,电教中心的钟晓流、周玉明、李绯、朱宏等同志辛勤工作,为现代远程教育发展作出了贡献。

2003 年,继续教育学院开始利用远程教育系统面向全国贫困地区开展教育扶贫项目。在学校领导的关心支持下,得到了国内和港澳很多爱心人士的慷慨赞助,其中,李贤凯先生的香港伟新教育基金会就赞助了 1018 个贫困地区中小学的建站设备款,并在清华教育基金会设立了 3000 万元扶贫教育课程开发基金,大力支持清华大学教育扶贫工作的持续开展。18 年来在全国 1086 个县级教育机构和 2520 个乡镇中小学建立了 3600 多个远程教学站,免费开展远程培训。累计数百万人次受益,成功为贫困地区搭建了"知识扶贫的平台"和"多元化人才培养的平台",为我国脱贫攻坚,实现小康社会,做出了清华人的贡献,取得了辉煌的成就。2021 年 2 月 25 日,中共中央、国务院授予清华大学继续教育学院"全国脱贫攻坚先进集体奖"。

2021 年 10 月

余兴龙，男，1948年生，浙江开化人。研究员。1965年入清华大学精密仪器及机械制造系，1970年毕业留校从事科研和教学工作。负责完成国家自然科学基金面上项目9项、科学仪器专项1项，开创生命科学仪器研究方向，新开本硕选修课各1门；发表论文SCI收录26篇、中文核心期刊论文40余篇，获授权发明专利10余项、省部级科技进步一、三等奖各2项。首任机械学院办公室主任。

砥砺图精　追求完美

余兴龙　机械系 1965 级 制 001

我出生在浙西钱塘江源头群山中的一个山村，那里仅有我父辈一栋土墙屋，周围是小竹林和大竹林。竹子四季苍翠，刚毅挺拔，伴我长大；竹笋破土冒尖，给我营养，催我奋进。它那朴实无华、高风亮节的"竹子精神"，更是激励我的一生。我喜爱翠竹，更喜欢郑板桥的咏竹诗《竹石》：

咬定青山不放松，立根原在破岩中。
千磨万击还坚劲，任尔东西南北风。

1965 年秋，我带着"咬定青山不放松"的"竹子精神"，从偏僻山村来到首都，跨进清华大学校门。其后，尽管仅上了不到一年的课，但在"又红又专，全面发展"和"做三大革命运动的战士"的号召下，却是勤奋学习，刻苦钻研，同时，还经风雨、见世面、下农村、进工厂、肯吃苦、能奋斗，增强了一切服从祖国需要的理念。

改革开放的春风催发了我的学术萌芽。从此，我以坚忍不拔的毅力，抢时间，渴求理论技术；重实践，提升科学理念；出国门，开阔科学视野；追前沿，矢志奋力赶超；守专业，坚持精益求精；重教书，育人一丝不苟。我热爱清华，立志做一名尽责的教师，把一切献给教育事业，在自强中不懈追求完美。

一、认准方向　咬定不放　精心设计

1970 年 3 月，我留校在精仪系工作，先跟着徐端颐老师研制铬版精缩机，曾获得四机部和北京市科技进步一等奖各 1 项；后又跟着赵立人老师研制电子束曝光机精密工件台。进入 80 年代，国外电子元器件大量涌入，质高价廉，一下把国内半导体器件厂冲垮，我们的研究面临困境。怎么办？这时，生命科学技术正在兴起，其发展依赖科学仪器，使我清醒地认识到，应该转向生命科学仪器研究。

要转向生命科学仪器领域谈何容易，隔行如隔山，路在何方？幸运的是，1986 年暑期的一天，我到生物系主任赵南明教授家串门，他告诉我，协和医院著名血液病专家张之南教授希望清华能研制一种测量红细胞变形性的仪器。并说，你是搞精密仪器的，应该能行。同时还告知，今年 4 月刚成立了国家自然科学基金会，建议我申请明年的基金项目。我一听，喜出望外，当即答应。紧接着，立即到协和医院找张教授，认真听取他的要求和设想。回来后，我既抓紧时间学习有关红细胞的知识，又查阅文献掌握新动态，与他人合作撰写名为《红细胞变形性激光衍射测量方法的研究》的国家自然科学基金面上项目申请书。真幸运，项目被批准了，得到1.5万元资助。就这样，在赵老师的引导下，凭着国家基金项目的支持，和张教授合作，我走上了跨学科合作研制生命科学仪器之路。

红细胞形同双面中央内凹的圆饼，直径为 $8\mu m$ 左右，变形后才能通过最细内径为 $3\mu m$ 的毛细管，将氧气和营养送到各种组织。根据这个特性，确定设计方案：采用同轴且间隙为 $50\mu m$ 的内、外优质玻璃圆筒构成特制容器，类似毛细血管，红细胞悬浮液置于其中。一束激光从内筒射出，透过悬浮液时产生衍射，其图像与红细胞形状对应。内筒旋转，红细胞变形，衍射图像随之变化。用 CCD 摄入图像并输入计算机，处理后得到红细胞变形性的有关参数，用于疾病诊断。按该方案构建实验装置，经调试后就搬到协和医院进行实验。当时，我的主要任务是负责电子束曝光机精密工件台控制电路的设计，由于其任务重，只能白天下班后再到协和医院去调试。多少个夜晚，在医院不断重复实验，困了就趴在桌子上睡一会，天亮了又赶回学校。上天不负有心人，项目如期圆满完成，研究成果"HBY-1型红细胞变形性自动测量仪"通过技术鉴定，达到国际先进水平，改进后由一家光学仪器厂生产。

在研制过程中，我们到西苑医院调研，向翁维良教授了解红细胞变形性检测研究对中医药的影响。他对我们的研究表示赞赏，又特别介绍舌诊的重要性，建议研制中医舌像自动识别仪器。我对中医有着天然的感情，毫不犹豫地答应了。我紧张地查阅文献，了解有关研究动态，学习相关新知识，探讨研究方案，参与撰写了名为"中医舌诊自动识别方法的研究"的基金项目申请书。为了不延误上报，我当时发着烧还早早来到"院办"门口等着，院长一上班，就请她在"合作单位"上签字盖章。真是天助我矣，又获得了批准。

遇到的最大难题是现代科技如何为古老的舌诊服务。深入细致地分析"舌诊"过程和内容后，我们深刻地认识到：既要把现代科学技术为中医服务，获取逼真的舌像、提供合适的国际色度标准、符合中医笼统全面辨识舌像方法和提供相关工具，又要把中医向现代科学技术靠拢，从舌色识别入手结合其他特征综合辨舌以及把医生辨舌经验变成一个知识库，两者有机结合，才能实现舌像自动识别。据此，我们选择了 Munsell 颜色系统为色标，综合应用现代技术，构建舌像自动识别系统。

如何把医生辨舌经验变成一个知识库是又一棘手问题。经过反复实验和摸索，我们巧妙地将模糊聚类和样本训练结合成为一种工具，方便医生学习使用。

系统调试后，就搬到医院进一步实验。经过3年的不懈努力，终于研制成功"中医舌诊自动识别系统"，实现了自动识别舌像，该成果获得国家教委科技进步三等奖。美国《科学美国人》杂志社还拍摄了该系统的舌诊过程，作为介绍中医的故事，反映我国现代科技成果，编入《龙的科学》电视节目中，在1995年11月由美国PBS电视台对全国播出。

这两个项目的完成，不仅填补了我国生命科学仪器的空白，而且积累了科技研发的经验。这时，学校提出建成世界一流大学的奋斗目标，使我清楚地认识到，科研要"顶天立地"就应向前沿靠拢。很巧，中科院遗传所李向辉和植物所林忠平研究员都希望我校研制"基因枪"，这当属前沿技术。得知后，我主动去联系，并以名称为"基因导入细胞的新技术"共同申请生命学部的"高技术"项目，又得到了资助。

在项目执行期间，1990年12月，我受邀参加国家自然科学基金会生命学部组织的"科学考察组"，赴美考察。这是我第一次走出国门，访问了著名的冷泉港实验室、位于西雅图的美国癌症研究中心和耶鲁大学等，大开科学眼界，感受震撼。回国后，我一方面仔细消化国外的先进经验和新技术；另一方面，奋发追赶抓紧研制，并力求设计创新。研究成果"撞击发射式基因枪"获得北京市科技进步三等奖，改进后制造了10多台，满足了国内植物转基因研究的需要。同时，我还继续开展将外源基因导入动物组织细胞，以及多种基因导入体内肿瘤的研究。

二、源于积累 "专项"创新 精益求精

在研究"基因导入"技术时，我们坚持浏览每期 Nature 和 Science，从中注意到"人类基因组计划"完成后，基因表达产物即蛋白质的研究将会成为研究前沿之一；同时还了解到表面等离子（Surface Plasmon Resonance，简称 SPR）共振传感非常适合蛋白质之间相互作用的检测。于是，在面上项目"光纤傅立叶变换核酸荧光传感技术"进行的过程中，征得基金委同意后就及时转向 SPR 传感技术研究。

这是一种无须标记、灵敏的光学检测技术，正成为研究热点。纵观该技术的10余年研究，发现多数采用光强检测法，而相位检测应有更高的灵敏度，更能满足要求，可难度也大。从技术发明史可知，只有参与热点技术的角逐，才有可能成为领先者。但是，在他人已捷足先登并占有优势时，就很难再获得实质性发明；相反，涉足人还不多而又有前景，即使难度大，只要坚持不懈，就可能产生有意义的发明。

2007年，生命科学已进入蛋白质组学研究时代，其研究不仅能为生命活动规律提供物质基础，也能为众多种疾病机理的阐明及攻克提供理论根据和解决途

径。然而，研究基因组学的仪器不适用了，我国已成为"国际人类肝脏蛋白质组学"项目的领导者，更迫切需要拥有自主知识产权的新仪器问世。面对前沿研究和国家的需求，恰好我们已完成3项国家基金项目，以及教育部博士学科点研究基金和"973"预研项目小子课题各1项。有了"SPR传感相位检测"研究的较厚实积累，有备而上，于是信心十足地提出题为《高通量相位检测生物分子相互作用分析仪的研制》的《科学仪器基础研究》专项申请，力求为蛋白组学研究提供新仪器。

该项目通过书面评审后，还需相关学部一起答辩评审，经过27名专家投票，获得26张赞成票，得到100万元资助。

项目的批准给了我们很大鼓舞，立即全力以赴按照申请书中的研究方案利用电光晶体进行"五步"相移调制，将时域调制相位测量法应用于SPR传感技术。尽管我们精心设计、加工和装调，可是进行高精度实验时，一个始所未料的问题出现了：阵列少、误差小，达到精度要求；阵列多、误差变大，难以达到20×20阵列的高精度要求。为什么？经过半年多的实验对比分析，才有了透彻理解：是电光晶体的逆压电效应所造成的，这是固有的缺陷。

电光晶体不行，波片能精确移相，用2块，靠精密机械实现"3步"移相调制。然而，即使考虑并采取了有关措施，还是引起光斑微动，产生系统噪声，改进的装置仍满足不了高精度要求，路绝了？

科学最求是，容不得丁点虚假；科学仪器是保证，更应精确无误。天无绝人之路，创新是走出绝境的唯一途径。没有创新，就没有峰转路回；没有创新，更不可能起死回生。这两种方案不足，却表明：要实现光干涉成像检测，光路中既不能有电光调制器件，也不能有机械执行机构，只能靠纯光学的方法。

于是，我们振奋精神，再次分析文献中相关的方案，以求得到点启发。同时，重新学习光干涉成像理论，力求创造性运用。经过冥思苦索、集思广益，提出一种"SPR双分差动干涉成像"创新设计方案：从生物传感表面反射的光透过有关光学组件后，被分成传播方向正交的透射和反射两路，且同时干涉成像，相位差为180°。接着，两台CCD同时摄入图像并实时输入计算机，再依据我们推出的公式和定义的折射率相关因子，解算得到即时生物分子相互作用引起的折射率分布，从中可解析出所检测生物分子的特异性、亲和力以及动力学常数等。

为此，我们重新设计了"生物分子相互作用实时检测干涉成像系统"，获得了授权发明专利。测试和实验结果表明：高通量、灵敏度、检测一致性和重复性等都优于设计指标；系统既达到高精度，又实现了高通量，能满足蛋白质组学研究、疾病诊断以及药物发现的要求，我们出色地完成了项目。

三、锲而不舍　"亮点"显目　精细以恒

无论是基础研究，还是应用基础研究，发表论文都是十分必要的。这不仅可以展示研究成果，反映研究水平，甚至占领有关领域的一席之地，而且还有可能为相关学科或领域增添新知识。在完成了两项国家自然科学基金项目和 1 项教育部博士点基金项目后，我们对面向蛋白质阵列检测的基于空间相位调制 SPR 干涉法研究进行了系统总结，形成了题为 A surface plasmon resonance interferometer based on spatial phase modulation for protein array detection 的论文，2006 年 6 月 1 日满怀信心地投到著名的英国期刊 Measurement Science and Technology。

8 月 7 日，收到 Measurement Science and Technology 责任编辑的评审结果，头一眼看到："I am sorry to tell you that your paper is not suitable for publication in Measurement Science and Technology in its current form.（我遗憾地告诉你，以目前的情况，你的论文不适合在本刊发表）。"心一下就凉了。继续看，"However, the referee feel that if rewrite the article as recommended, it may then be suitable for reconsideration.（然而，评审人觉得如果按照建议重写，可以重新考虑。）"还有，"If you wish to rewrite your paper, please take the referees' comments into account, and provide a detailed reply and list of changes.（如果你希望重写你的论文，请把评审意见都考虑进去，且提供一份详细的答复和改动表。）"这意味着可再修改，我心里燃起了一点希望。于是，立即与博士生商量，一致认为，尽管重写很困难，但只要还有发表的可能，就必须尽最大努力，决不能半途而废。对于认准的事，我总有一股韧劲，即使只有百分之一的希望仍咬住不放，也要尽百分之百的努力，不达目的誓不罢休。

我们反复细致地分析两位评审专家和责任编辑的"评审报告"，很清楚：他们对该研究是感兴趣的，并认为是新颖的以及仪器设计在高通量上具有国际竞争性后，尖锐地提出了可重复性、可再现性、选择模式系统的解释等技术以及英语语法的问题。然而，尖锐的评审意见就像一块磨刀石，既考验意志，又检验能力。意见越尖锐，越需要加倍努力；意见越尖锐，修改好了越经得起验证。

针对所提出的修改意见，我们逐字逐句、逐项设计每张示图，逐次实验各个数据，一一进行修改。并且，还请在美国大学工作的好友帮助进行英文润色，2007 年 4 月 16 日重新提交了修改文本。

很快收到第二次"评审意见"，对我们的修改给予肯定，又提出 9 条实质性和 8 条次要修改意见。我们仍丝毫不敢懈怠，如同第一次，精心、细致地再修改，尤其是在可重复性和可再现性以及噪声和漂移源的分析上下功夫，重新反复实验。又经过近 4 个月的努力，才将第 2 次修改文本提交，10 月 3 日我们收到了责任编辑的

满意结果。

经过一年半的艰苦努力,论文终于发表在该期刊2008年19卷第1期上,共10页。很幸运,还被评为"Highlights of 2008"即"2008年亮点",它是根据"杰出的新研究""该领域的重要评论""已收到来自国际评审人的最高赞美"以及"从本刊网站下载的最高量"等指标选出的。全年共28篇,中国就这一篇,"Optical and laser based techniques"(光学与激光技术)领域也仅有这篇。或许,这就是"天道酬勤"吧!

实际上,我们并不是只对这篇论文才如此精细地修改,在中文核心刊物上发表的几十篇论文,以及我们自行书写文书的已授权10余项发明专利,也都是一直坚持认真严谨的态度。事实说明,做任何事只要精心细致、专注如一,就一定会有最好的结果。我是一直奉行"要么不干,要干就尽量干得最好",同时也是这样要求学生,务必尽力而为,精益求精。

四、诲人不倦 一丝不苟 精诚所至

我始终牢记,大学的根本任务是培养人,一流大学就要培养出高水平的创新人才;老师的天职是为人师表,忠诚党的教育事业就是为培养人服务。20世纪80年代初,徐端颐老师带领我们从系工厂技术组独立出来,成立"微细工程研究所",可以指导本科生毕业设计,开始直接为学生服务。1992年,我被聘为副研究员,可惜当时我的研究被认为"不入主流",因而到1998年才分到第一名硕士生。尽管人少,却从此能与学生朝夕相处。

跨入21世纪,系里鼓励教师多为学生开新课,我立即响应,结合自己的科研,在2002年秋季为研究生开了跨学科的"现代生物医学检测技术"选修课。其意是从生命科学与仪器科学的结合上,介绍生命科学与医学所提出的检测问题、仪器科学面临的挑战以及生物检测技术的最新进展,使学生开阔视野、拓宽知识面,了解跨学科研究方法。在授课中,我突出"发现问题—上升理论—形成技术—转化产品—应用提高"的思路,且力求多反映最新的检测技术和新仪器。同时,还组织学生参观有关研究单位,实地了解检测技术与仪器的作用。

积累了一定的教学经验,我又继续努力,2009年6月,带领4名年青年教师准备为本科生开"科学仪器概论"选修课。这是全新的,既无国内外教材可参考,更无其他院校的同类课可借鉴,需另辟蹊径。纵览科学发展史,注视繁多的科学仪器,我们清楚地看到,人类都是通过观察、测量和分析来认识世界的。因此提出:本课程围绕人类认识世界的3条主要途径——观察、测量和分析,突出"没有科学仪器发展就不可能有科学技术进步"的理念,以时间或认识能力为主线,以重要仪器的

余兴龙（前排左5）带选修"科学仪器概论"课的学生们参观中国计量科学研究院

2006年11月参观中科院基因组中心时与杨焕明院士（二排右5）合影

发明为要点，概述科学仪器的过去与现在，展望未来。并且，我将整个课程分为观察、测量、分析和技术联用4篇，贯穿科学理念、精神和方法，采用授课与参观结合方式，直到2012年秋季才开课，受到了学生欢迎。

2001年我被聘为研究员，隔了一年又被聘为博士生导师，可招博士生。从此，能够倾心于高素质人才培养，但我更清楚地认识到：

首先,高水平的课题是培养工学博士的重要基础。为此,我与北大化学系赵新生教授合作,由我执笔"重点项目建议书",立项后申请并竞争获得该项国家重点基金;其后,又陆续申请到"973"预研项目的小子课题、教育部博士学科点研究基金、国家基金"仪器专项"和面上项目,为培养博士生创造了良好条件。

其次,导师应该做学生为学、为事、为人的示范,身教重于言教。每逢实验装置的机械设计,我都要强调:"设计人员错画一条线,工人就要多流一身汗。"并且,带着他们从便于工人易懂、明白入手,一张一张图纸、一个一个视图、一条一条线、一个一个尺寸、一项一项标注,审查修改,反反复复,至少3遍。图纸下到车间后,工人们反映,这是他们看到的最好的图纸。

最后,博士学位论文既能集中体现所培养博士生的学术水平,更可清楚地反映出导师的学风。因此,我对每位博士的学位论文都格外重视,严格要求,至少指导修改4遍。第一遍,章节设计,要求全面概括、精练明确;第二遍,各章内容选择及导语与小结叙述,要求典型丰富、承接扼要;第三遍,修辞、逻辑、标点和文字及示意图表述,要求流畅生动、清晰明了;第四遍,全面检查,要求可读、易懂、准确、规范。我很认真,学生的论文经常被我改得"一片红"。因而,开门弟子就获得"清华大学优秀博士学位论文"的荣誉。或许有人会说,你这不是替代了吗?不是的,给予学生具体的指导,这是导师应尽的责任。不仅如此,系里每年组织的博士论坛,我都尽量参加,并力求和博士生交流科研心得或介绍当年诺贝尔奖获得者的贡献与科学精神。

2009年精仪系博士论坛上作学术报告

毕业已经 50 年了，我由一名学生成为一名教师，可是仍然觉得自己还是学生，有太多的知识和未知还需要去学习和探索。这 50 年，我努力继承清华优良传统，同时始终以"竹子精神"要求和鼓励自己，像竹子那样，无论在何时何处都能顽强生存，自强不息，不管酷暑寒冬都清峻不阿，青春永驻；像竹子那样，心存高远不求虚名，清雅脱俗毫不张扬，不图享受能吃苦，不求名利为奉献。我与共和国同行，伴随着国家发展而长大，对党的教育事业尽职尽责，无怨无悔。尽管已是古稀之年了，仍深知应继续发扬"竹子精神"，为培养人出力。

2021 年 8 月

徐友春，男，1948年生，浙江天台人。高级工程师。1965年考入清华大学精密仪器及机械制造系，1970年毕业留校，先后在机械系9003工厂、机械厂、设备仪器厂工作。1987年起任设备仪器厂副厂长。1992年起历任校人事处劳资科长、处党支部书记、校生产处党支部书记。1995年，任清华大学企业集团党委副书记、人事部部长，清华控股有限公司人力资源部部长、党办主任。

校办厂工作 22 年的情结

徐友春　机械系 1965 级　精 00

1970 年 3 月，历经了 4 年的"文化大革命"，我们终于迎来了毕业分配，我留校工作，分在精仪系 9003 工厂装配车间总装班。

当时，正值数控劈锥铣床 XPK–01 进入总装、调试阶段。早在 1965 年年初，数控劈锥铣床是应国防工业办公室的要求，协助解决常规武器制造中的劈锥加工问题而研制的。劈锥是空—空、地—地、地—海、地—空、火炮指挥仪的核心运算部件，外形复杂，精度要求高。例如，有一种型号的劈锥，外形 42mm×42mm，每个截面要控制 60 个点，全部 13200 个点，精度不得超差。某厂为此改装了一台坐标镗床，每班 4 人操作，3 班倒。3 年内只加工了 7 个工件，其中只有 1 个合格品和 1 个半合格品（有 10% 的点超差）。使用劈锥铣床后，只用了 2 个月时间就完成了全年加工任务。

劈锥铣床共做了 7 台，当时在国防工业部门使用，为我国数控机床用于工业生产开辟了道路。此后，在校办厂陆续设计、研制、生产了中型数控铣床 XK5115 和 721 立式数控铣床 XK5108 等 30 多台数控铣床，在我国国防工业生产中发挥了很好的作用。我赶上了第 7 台劈锥铣床的收尾工作，边干边学，为以后生产中型铣 XK5115 和 721 立铣 XK5108 积累了知识。

1971 年年初，由于要生产中型数控铣床 XK5115，与此相关的车间、班组调整到清华大学机械厂，装配班搬到土木系的土建基地，归属机床工模具车间。车间成立了技术组、总装班、电工班、液动机组、步进电机组等，精仪系机床教研组罗延秀老师任技术组组长。对于校办工厂来说，中型铣显得有点大。车间最大的刨床是 3 米龙门刨床，床身导轨的加工就在 3 米大刨床上进行。为了减小导轨的摩擦，导轨采用了静压导轨新技术。那时，为了保证导轨的配合精度，完全依靠人工进行刮研。用刮研平板涂色进行检测，要求导轨接触点分布均匀。对于精密的机床，都有刮研这道工序，是钳工最累、要求技术水平最高的工作。为了保证研具的精度，还要定期进行 3 块平板的互研互刮，以保证在任意 25 平方毫米内涂色接触点达到 25 个，达到超精密零级平板的要求。那时候，为了向"五一""七一""十一"献礼，一天干下来，回到宿舍就只想躺在床上。静压导轨的调试，是个细致而需要耐心的活。用百分表检测工作台 4 个角的浮起量，通过修正静压阀膜片的厚度，使浮起量保持一致。步进电机—液压扭矩放大器（即液动机）—滚珠丝杠，这是数控机床传动的特色，这些零部件都是由车间加工组装完成的。主轴箱部件由总装班组装完成，并完成装卸刀机构的调试。相对简单一点的装配工作是两个油箱：给静压导轨供压力油的油箱和给液压扭矩放大器供压力油的油箱。电器安装板和操作箱由电工班完成，与自动化系生产的电子计算机进行联调。

XK5115型数控铣床在调试中

校办工厂的发展为我们的成长创造了施展才干的舞台，一线的生产劳动使我们成为名副其实的"新工人"。这个雅号一直流传至今，成为0字班、00字班留校工作同学的骄傲。当时，我们的清华大学工作证上职务一栏，填写的就是"新工人"。1973年4月，内蒙古第一机械制造厂（即617厂）购买了一台XK5115中型数控铣床，用于二分厂（锻压分厂）坦克车辆曲轴的锻压模具制造。我一人出差前往包头指导机床的安装、调试、模具加工工作。接待我的是二分厂总工程师孙工，他领我到厂招待所办理入住手续。工作人员拿着我的介绍信和工作证，看了又看，把孙工拉到一边悄悄地问："新工人是不是小徒工？他到厂里干什么去？"孙工解释说："厂里进了一台数控铣床，这是厂方派来指导工作的技术员。"工作人员又看了我的介绍信，信上写得很明白。他连说了几个"不简单"，马上给我开了一个单间住房。我在二分厂干了两个月，圆满地完成了任务。

其间，清华机械厂试生产了2台XK5115中型数控铣床后，开始生产721数控铣床（XK5108）。

721数控铣床是工农兵学员毕业设计的产物。清华大学历来注重"真刀真枪"搞毕业设计。早在1958年,水利系水8班接受中共北京市委的委托,在教师的指导下,结合密云水库等水利工程进行真刀真枪的毕业设计。密云水库于1958年9月1日开工,1959年9月1日拦洪,1960年9月建成,库容量为40亿立方米,是华北最大的水库,至今仍是京津的重要水源。

工农兵学员来自劳动生产的第一线,具有一定的实践经验。在毕业设计中,创造性地将Y向设计成像牛头刨床的滑枕,加大了Y向的工作行程,降低了工作台面距离地面的高度,有利于待加工模具的安装等操作。

由于床身、工作台、滑枕、主轴箱等主要大件相对于中型铣要小,机械加工和装配调试要比中型铣容易一些,但只适合小型模具的数控加工。

1973年10月,清华大学机械厂生产的721数控铣床参加了第34届广交会的展览。我到现场担负演示、讲解工作,吸引了很多人前来参观、了解数控加工的一些具体问题。721数控铣床还于1974年到日本、1975年到联邦德国进行展览。

1973年2月,学校发出《关于校内新工人业务培训的试点意见》,对现有新工人(即新教师)850人进行培训。培训方案除试办研究班外,要求全校开设公共课程(高等数学、物理、工程力学、电工基础、电子学、机械设计),各系开专业基础课,在两三年内,1964年入学的1970届0字班毕业生每人安排1000小时左右,1965年入学的1970届00字班毕业生每人安排1600小时左右进行培训。

1973年4月,学校决定成立"固体物理""激光""物质结构""有机催化"4个专业的基础科学研究班,共招收42人,从留校"新工人"中遴选,每班10人左右。

听到这些消息我非常高兴,并积极地报名。但是,当时厂里一批教师回到了原教研组,一些"新工人"也充实到校内各院系从事教学和科研工作。机械厂进行了较大的压缩和调整,中型数控铣床XK5115和721立式数控铣床的生产开始萎缩,车间只留下了一两个"新工人"维持生产和出厂调试工作,我服从工作需要,继续留在车间,坚持数控铣床的生产、调试及售后服务。我先后赴哈尔滨飞机制造厂、福建顺昌光学仪器厂等指导机床的安装、调试和模具加工工作。

1973年,机械厂机工车间新厂房建成,我们从土木系土建基地搬进了新厂房,我也开始到机工车间技术组工作。

自1971年起,为了培养工农兵学员,坚持走"五七"道路,机械厂开始承担"学工劳动",其目的是让学生参加生产实践,进行劳动锻炼。时间2~4周不等,工种上是单一工种,一干到底。

自1975年5月起,机械厂和机械系及精密仪器系机械制造专业合并为一体改称机械系厂,全面承担教学、生产任务。1978年年底,学校决定恢复"金属工艺学"

机械厂机工车间（2018年已拆除）

课程，重建金属工艺学教研组，隶属于机械厂领导。这种厂（工厂）、组（教研组）合一的体制，在国内同类高校中尚属首创。机械厂配合教研组，调整和重建教学实习基地，组建和培训教学工人队伍。1980年年初，按教学计划要求恢复了"金工"课。这时，金工实习全为集中安排：机类、近机类为8周，每周4天；非机类为6周，每周4天。每年要接纳实习学生1800人左右。厂里的实习产品为XC624型万能铣头，是为北京第一机床厂和齐齐哈尔第二机床厂生产铣床配套的附件，学生能够完成40%的工作量，平均每年生产400台。

XC624型万能铣头

学生在机械厂机工车间进行车工实习

机工车间是提供车、铣、刨、磨、钳、装配等教学实习环节的基地。我先后在车间技术组从事工艺制订工作,担任车间的生产调度、机工车间党支部书记等职务。

理工科高校在成立时,都建有实习工厂,主要开展金属工艺学实习。

早在1922年,清华学校就建有手工教室,接待学生实习。1932年设立工学院之后,新建了金木工厂,以满足工学院在校学生400人的教学实习之需。在条件十分艰苦的西南联大时期,工厂南迁昆明,改名为西南联合大学机械实习厂。虽然规模缩小,但实习任务加重,满足了当时工学院在校学生800人左右教学实习的需要,还为当地生产了水泵、阀门等机械产品。

清华大学一直比较重视对学生实践动手能力的培养,把机械技艺课和金工课作为培养学生需要而设置的必修课。尤其是工学院的工程学科,更加重视对学生这方面的训练,从而培养了一支业务能力强的教师和技术水平高的工人队伍。

1952年,高等学校进行了院系调整,北京大学工学院机工厂、燕京大学机械系实习厂并入清华大学金工厂,改称实习工厂。清华大学也调整为工科大学。三校工厂的合并,聚集了一批技术水平高的工人师傅,工厂进入了发展的新阶段。

1985年,我调到机械厂技术组,主要从事产品的开发和研制工作。

精密仪器与机械学系孙道祥老师设计了一种小型的动平衡仪,可用于电机转子轴的动平衡。当时山东省大力发展电力工业,以满足全省的用电需求。山东省电力学校拟建一个动平衡实验室,急需几台小型的动平衡仪。我们在孙老师的指导下,把他研制的成果开发成产品MDP-I型动平衡仪。我两次出差到泰安,了解电校的使用情况,并使该产品得到推广应用。我和刘宣玮作为项目负责人,陈大年作为参加

2002年10月25日，清华、北大、燕大三校实习工厂合并50周年纪念合影，二排左2为徐友春

人员，荣获了1987年度生产处颁发的"优秀新产品奖"。

1987年，我调到设备仪器厂担任副厂长。这一年，我晋升为工程师。

1977年系厂分开，1979年设备制造厂再与机械厂分设，更名为清华大学设备仪器厂。1986年新厂房建成，厂房面积达5900平方米。

1986年后，李令全担任厂长。厂设单件车间、机修车间、电子车间、钣金车间、臭氧发生器技术室（1991年后扩为环保设备车间）、卫星天线开发部（1992年改组成电视发射机车间）。

当时，设备仪器厂对其性质、功能及作用等基本方面进行了较大的改革，主要有：

（1）增设了实践教育基地，开始接纳学生参加电子工艺学实习、"工程操作技术"选修课、勤工助学劳动和担任见习技术员，参加产品研制、开发等多种形式的实践教学活动。

从1987年至1992年，学生参加电子工艺实习的人数达1205人，人均天数达13071天；参加操作选修课的人数为350人，其中270人获得证书；担任产品研制技术员的人数37人，完成项目22项；学生参加勤工助学劳动3155人次，共获酬金16915元。

（2）增强开发、生产产品的能力，调整产品结构，从主要为校内科研和学生毕业设计提供加工服务（每年为科研及学生毕业设计提供10万个加工工时）转向机电产品、教学仪器的研制、开发和生产。其中，经济效益较好的产品有：谐波分析仪、汽车负荷计、臭氧发生器、数控随动系统学习机、卫星电视接收地面站、彩色电视发射机、电站自控系统插件板、语言教学设备等。

这两项改革，使设备仪器厂的生产经营和经济效益逐年提高：年产值从1987年的133万元，增加到1991年的600万元；每年实现利润从1987年的40万元，增加到1991年的173.4万元，人均实现年利润达到1.52万元。1987年到1991年，我们每年完成加工工时均在20万小时左右，迎来了设备仪器厂发展的兴旺时期。

1989年8月25日，中共中央总书记江泽民来校视察，看望正在机械厂进行金属工艺学实习的学生和工人，学校在主楼接待厅召开座谈会。江泽民在座谈时说："对青年学生要满腔热情，严格要求""要和工农兵相结合，同实践相结合，不断加强思想意识锻炼，保持正确的政治方向，才能更好地发挥自己的作用"。

1992年校办厂成立党总支部，我任总支部副书记。1992年6月，我调到学校人事处工作，任劳资科科长。至此，我离开了工作了22年的校办厂。

2020年12月

徐振明,男,1947年生,江苏泰兴人。研究员。1965年考入清华大学精密仪器及机械制造系,1970年毕业留校,从事教学科研工作。1992年调科学技术处工作,任科技处办公室主任;1996年调科技开发部工作,任科技开发部副主任及清华大学与企业合作委员会副总工程师等职,从事科研管理和科技开发工作。2000年调校史研究室工作,任该室主任,从事校史研究和教育研究工作。

90周年校庆建成校史展览馆始末

徐振明 机械系 1965 级 光 001

1992年,由精仪系主任周兆英老师推荐,我作为一名普通教师,愉快地从精仪系的教学科研第一线来到科技处从事科研管理和科技开发工作。8年后的 2000 年 9 月底,学校组织部找我谈话,提出调我到校史研究室工作。我当时还不知道学校有校史研究室这个单位,至于在什么地方、有哪些人、干什么工作,更是一无所知。我刚说要了解一下考虑考虑再说,组织部的负责同志对我说,别考虑了,组织上了解你们这批人的工作经历和特点,由清华培养成长,在清华学习工作几十年,了解清华、热爱清华、奉献清华,清华的校史正是需要你们这些人去体验书写,去归纳、总结,去挖掘、提升。现在校史研究室需要你,相信你也适合那里的工作,别犹豫考虑了,就这么定了。就这样,我来到了校史研究室这个陌生的单位,和陌生的同志在一起,开始了陌生的工作。工作性质也从校机关俗称的西半球(教务处、研究生院、科技处等)教学科研等业务性工作范畴转到东半球(校办、党办、宣传部、组织部等)党建宣传等政教性工作范畴。

一

我于 2000 年 10 月正式到校史研究室工作。当时校史研究室面临的主要任务是为学校 90 周年校庆作好准备。摆在我们面前的迫切工作是校史展览馆的土建改造与内部装修和校史展览的编写、设计、制作、布展、开幕,以及开放接待、宣传讲解等工作,此外,还要编写出版 3 本校史系列专著。

90 周年校庆时新校史展览的地点原计划在清华学堂一楼西侧,将数个小教室连通组成几个较大的展室,陈秉中老师已做出了教室改展室的平面图设计。后学校又决定将校史展室改搬到老铸工车间一层。一层原计划分配给校财务处,其水泥地面已被破坏,门窗墙壁也破破烂烂。拿到一层的平面图后,我和校纪委书记兼校史研究室主任叶宏开老师以及其他同志商量,决定把一层分割为展览区、办公区、学术交流区和资料书籍物品存放区 4 大块:校史展览区有 800 平方米的主展厅和两个 60 平方米的专题展室;办公区约 400 平方米,另设入口和走道,与展览区适当隔离,避免交叉影响；学术交流区约100平方米，其中多媒体交流室约60平方米，小会议室约40平方米；资料书籍、物品存放区约200平方米，其中，特别设计了约40平方米的密集架资料室。学校土建承包总公司，按我们提出的各区的功能和要求进行内部改造和装修。考虑到综合性的校史馆通常有参展部、馆藏部、征集部、研究部等部门，而清华90年校庆建造的第一个展馆主要供校内师生及社会相关人员参观校史展览，其他各部尚未建全，因此取名为"清华大学校史展览馆"。

校史展脚本是以1991年在同方部举办的清华大学校史展览初展为基础，由刘文渊等同志编写的初稿。后来，在叶宏开主任的主持下，差不多每周都要举行一两次全体校史研究室工作人员会议，讨论校史展脚本的修改、补充、完善。会上还特别邀请了原来主管校史研究工作的李传信、方惠坚、张思敬等老领导作重点指导。校史研究室的全体同志均积极参与讨论，徐心坦、贺崇龄、陈秉中、孙敦恒、刘文渊等老同志讨论时特别认真，各抒己见，出谋划策，努力使校史展脚本精益求精和尽善尽美。陈秉中、田彩凤等同志提前3年就开始收集、复制大量照片，为校史展打好了扎实的图片基础。校史展的设计、制作是在校史研究室、清华大学美术学院工业设计系和楚天展览装饰工程公司三方的共同努力下完成的。校史展的展览方案由美术学院的罗越、康金义等老师带领一个班的同学结合毕业设计完成。参加毕业设计的同学被分为若干组，各组按不同方案作展览设计，各组的方案特点鲜明，有简洁明快的、有深沉庄重的、有豪华气派的，也有精美绚丽的。我和叶宏开老师多次到美院去参加讨论并参加了该班毕业设计答辩会，通过对各种设计方案进行分析、讨论、比较，指出优缺点，提出修改意见，最后将之提交到由王大中校长、关肇业院士等参加的学校基建规划会上进行评比分析筛选，综合各方案的优点，最终确定了简朴、庄重，经济实用的设计方案。

二

前言及其基座和两幅巨型画组成的序厅是主展厅的亮点，但实现起来却费了不少心血。两幅巨型画分别为人物画和建筑画，原计划由计算机设计作图，但由于时间和人员方面的原因，直到3月底还没有设计图的影子。我们只好另辟途径，先用100多位清华著名校友半身像（均为去世的）排列组成人物画，但色调灰暗、气氛压抑，效果不甚理想。后来看中了活泼清新的穿着各式鲜艳学位服的研究生毕业集体彩色照片，但又觉得历史感不强。为此，我们设计增加了研究生毕业集体照为主画面，在两侧对称排列6张小幅的不同时期的学生毕业集体照，但又有主画面与6张小幅照片之间的空间尺寸所占比例相差太大、不太协调的感觉。我们还设计了用4张不同时期的学生毕业集体照为主体，背后衬托该时期的主要建筑为背景等几个方案，使得人物画面放大突出，背景建筑有历史的印痕。我们将设计好的上述几个方案的人物画小样打印出来后，叶宏开主任当即让我拿着上述方案请李传信、方惠坚、张思敬等老领导审定，并征求意见。这是我进清华几十年来第一次到校领导的家中去，而且一去就去了3家，整整一个下午。根据老领导们的意见，最后确定了以清华（学堂）学校、国立清华大学、多科性工业大学、改革开放后的清华大学主要历史阶段的学生毕业集体照为主画面，背景用清华学堂、大礼堂、中央主楼、新主校门等建筑为衬托，整体彩喷打印，形成了高2米、长10米的巨幅人物画，时间从远到近，色彩从黑白到彩色逐渐过渡，有较强的历史感和视觉效果。另一幅建筑画设计也经过类似的过程，由孤立排放到分片布局，由黑白到彩色，由纯建筑画面到衬托花草树木的背景，最终形成了一幅高2米、长10米的融中国皇家园林建筑景观、欧美古典建筑艺术、俄罗斯宏大的建筑形态和现代多元化建筑风格于一体的美丽的校园建筑画面。

用丝网印刷工艺制成的前言板镶嵌在以二校门为造型的座体上。座体为乳白色，洁白、清新、庄重、高雅，有很强的历史回味空间。红色字体的前言不足400字，句句斟酌、字字推敲，前前后后不知经过多少人多少次的修改讨论，仅经我一人之手的修改就超过5次。我对前言中"行胜于言"的提法印象特别深刻。最早的前言词中没有"行胜于言"4个字，但当时高校已经开始重视校训、校风、学风等精神文化传统，有人提出清华历史上就有校风"行胜于言"的说法，所以前言中准备加入此句。校史研究室素有研风严谨的传统，出于言之有据，校史研究室的同志们还专门去查学校的校务会议及其他工作会议记录，但均未查到有关校风的正式会议记录和公开决定。因此，在最终的前言词中，我们采用的是"行胜于言的作风"表述。

三

根据展线的长度，我们初步设计综合史展的展线长度约130米，三部分展板数分配比例为1∶1∶1.2，即第一、第二部分各约40块板，第三部分约为50块板。我们将校史展脚本的文字和图片资料交给展板制作公司，与公司人员一齐讨论并按上述展板数比例制作成综合史展的小样初稿，经初步修改后送校史编委会的主要负责同志阅示，得到了"史展框架基本可行"的批语。在此基础上，我们又进一步进行修改、调整、完善，送各位领导审阅。到小样的第五稿，又有领导提出校史展要与学生运动史展有区别，要突出教学科研等中心工作的意见。根据意见，叶宏开主任要求我们作相应修改。我们又立即组织力量到档案馆查阅、选用一批国立清华大学和西南联大时期学校加强实践教学、开展科学研究、培养优秀人才等方面的素材，编写成文字资料或拍摄成档案照片，充实到该部分的史展中去，并将清华英烈版面作适当压缩。就这样，小样稿从第一稿到第八稿，反复地送阅，反复地修改，直到展览开幕的前一个晚上才最终定稿。制作方说普通展览的小样一般3次定稿，而我们的展览小样达到8次之多，这充分说明了学校各位领导、学校的各个部门对校史展览的关心和重视。好在制作方是美术学院下面有合作关系的单位，对因小样的反复修改而增加的工作量表示谅解。

2001年4月21日晚上10点多，从流水线上喷印、压粘、烘烤制成的综合史展展板陆续运到校史展馆，并开始粘挂。与此同时，校史展览馆门厅外地面砖的铺设也在紧锣密鼓地进行。由于搬迁方案决定得较迟，门厅外的小广场和朝西正门主墙的设计施工工作量大，又是北京3月份供暖停止后才开始施工，所以直到校史馆开幕式当日（4月22日）上午8时，才铺好了小广场上的最后一块砖。其时，大门口的4扇玻璃门还未来得及安装固定，只能先浮立在门口作为装饰。

校史展览馆门厅外部景观是由建筑设计院的庄惟敏教授负责设计的。朝西正门主墙增加了西校门的造型，用银灰色的石材砌成，小广场的周边设计了多面红色砖

2001年4月22日，清华大学校史展览馆开馆仪式。剪彩领导左起：
原校党委副书记黄圣伦，原校党委书记李传信，校党委书记贺美英，
原校长张孝文，原校党委副书记、副校长张思敬

2001年4月22日，原校党委书记李传信（前排左3），原校党委副书记、副校长张思敬（前排左4）与校史研究室新老同志在新校史馆前合影

墙。广场向西扩展的10多平方米的面积是我拿着学校领导批示的展馆设计报告与汽车系汽车碰撞试验室主任（姓张的女同志）协商解决的。古铜色的门框（校史展览馆的大门原设计用铜门，和清华早期四大建筑大门的材质一样。后因铜门造价太高，改用玻璃大门，但四边保留了宽宽的古铜色门框）、古铜色的校史展览馆的匾牌、古铜色的校标图案、古铜色的"清华大学校史展览馆"字样、古铜色的展馆平面示意图、古铜色的校训校风字样，以及多面红色砖墙及其墙根处的花坛、绿地、长凳等，都是庄惟敏教授设计团队特意考虑的。校史展览馆外围环境设计尽可能隐现清华西区老建筑的元素，效果图得到了专家和校领导的认可。2001年4月22日上午9时，清华大学90年校史展览开幕仪式在新装修的校史展览馆前举行，校党委书记贺美英同志致贺词，校党委原书记李传信、方惠坚，原校长张孝文等出席开幕式并剪彩，校纪委书记兼校史研究室主任叶宏开主持开幕式，并带领来宾参观展览。

四

校史展览馆内还有两个专题展室和一个多媒体交流室。第一个专题展室，原计划作为校史文（实）物展室，我们曾为此制作了20多个方形小展桌和有机玻璃罩。后因校史研究室所拥有的校史文（实）物有限，且分量重的文物不多，加之时间紧张和合作展览文（实）物计划的变更，在90年校庆前未能如愿展示文（实）物。

该专题展厅成为90年校庆时各界赠送我校的部分礼品存放和展示地点，大概在校庆前后一周左右，为礼品安全起见，曾聘用保安进行看管，后出于对礼品的珍贵和安全方面考虑，决定将礼品撤出，将该专题展室布置成清华大学科技成就展室。科技成就展原布置在中央主楼二楼接待厅内，专门为江泽民等党和国家领导人参加清华大学90年校庆大会时汇报展出之用，由科技处制作，王大中校长亲自汇报讲解。校庆大会后，学校决定将该科技成就展转移到校史展览馆的第一专题展室，展览的主要内容为学校最新的科技成就，有实物、样机、模型和展板。国家计委、科委、自然科学基金委、国防科工委和教育部、机械部、电子部、经贸部等国家机关部委，以及一些省市领导和大中型工矿企业负责人来清华开展科技合作交流时，科技处均将参观科技成就展作为接待工作的重要场所。之后，科技处事情多人手紧张，他们就打电话给我，说我原是科技处的，对科技工作了解，让我直接来作科技展室的接待讲解。展览期间，科技成就展室内的展品、样机常被各单位课题组的同志拿回去继续改进或参加别处展览，展板也数次被科技开发部借去展览。一年多以后，展室内的东西所剩无几，第一专题展室的科技成就展就结束了。

五

我们把第二个专题展室布置成清华杰出校友事迹专题展室，在清华90周年校庆时，叶宏开主任负责在天安门广场东侧历史博物馆内举办"今日清华——清华大学建校90周年成就展览"。我们从其中的"桃李满天下"部分，挑选了30多块展板，经适当压缩和重新组合，增加了综合史展中清华英烈人物介绍部分，共约40块展板，形成了清华杰出校友事迹专题展，我还专门为该专题展制作了一块前言和目录板。提到该专题展室的制作，不由得使我想起城里"今日清华"撤展的情况。"今日清华"展和校内的校史展是同一个公司制作的，制作在校史展之前，开幕也比校史展提前一周左右。展览在5月上旬结束后撤回学校，展板、展架、展桌、模型等全部撤存到校史展览馆的库房内。在"今日清华"展的展板中，我已提前挑选了校友专题展室中所要用的部分展板，并做好记号。因装货的大卡车只有晚上12点以后才允许进城，撤回学校的展览物品大多在半夜2点左右才能运到清华。当时校史研究室在编的工作人员仅3人：一位50多岁的女同志；一位身体比较瘦弱的单职工女同志（爱人在国外），还带着一个四五岁的孩子。所以，只好由我来接车、装卸。半夜12点以后我骑车从校外赶回学校接车，指挥物件的装卸存放，卸空车后大多已是清晨4点多钟，我再骑车回家休息，上午补一觉，吃完午饭又赶回学校上班。记得那时清华西门至101中学的一段路程比较偏僻，马路的一边靠着河，岸边长着树木杂草，那一排排浓密的树冠投下了黑乎乎的阴影，在路旁的河边晃来晃去，让人有时隐时现、捉摸不透的感觉；马路的另一边靠着圆明园南墙外的荒山野林，又让人有草木似动非动，声响似有非有的感觉。马路上灯光昏暗，根本看不到车辆和行人，加之那时也有治安出事的传言，我一个人深夜骑车走在路上，心中多有孤独和畏寂之感，恨不得一步就骑到有灯亮或有人来往的地方。撤展大概用了几个晚上的时间。

多媒体学术交流室约60平方米，近50个座位，里面配置有计算机、投影仪、录像机、VCD机、功放、实物投影仪、多媒体展台等设备，既可作为学术交流的小型报告厅，又可作为参观者观看VCD录像的场所。主展厅内参观路上还铺上了地毯，既保证了参观者的安全（静音防滑），又提升了校史展服务档次。3块灰色长条形的地毯是由"今日清华"展撤下来的废料剪拼而成的，序厅内那块正方形的红色地毯是我请制作方免费赠送的。展厅内的空调由原设计的中央空调改为嵌入式分体空调，设备费从原来的80多万降低到18万。

##

2001年5月上旬，校史研究室工作场所逐渐从老图书馆的二楼搬到了新装修的校史展览馆。几万册校史出版物和研究用书、几千份资料、几十个书柜、几十个展桌、书桌等都搬到了新的校史展览馆内。搬家前，按我们提出的要求，清华土建承包总公司完成了对办公区和图书资料存放区的改造装修。特别是在新辟的36平方米的资料室内购置了长4.5米、高2.5米、宽0.5米的一组9排半的钢制密集架，改善了资料存放的条件，增加了资料存放的空间。搬家前，田彩凤同志对书籍、资料、物品等进行分类、捆绑、固定，并作了充分准备。搬家公司仅来了一辆车，我和田彩凤跟着车两头跑。我负责装车，为了多拉一点，省几趟车费和时间，都是下面装书、资料，上面装家具杂物，如只装书，搬运公司的人说书沉，车的载荷不够，装到小半车书他们就不愿再装了。我只好让他们在上面再装别的体积大、重量轻的东西。几乎每次我总是硬拖着不让它们走，再往车上多塞一些东西。卸车由田彩凤指挥，书籍放书库，分门别类堆放，家具送办公室，如何分配、如何摆设，她都交待得清清楚楚。从早晨7点多开始，到下午5点多结束，中午搬运工人吃午饭时，我们才跟着休息一会儿。大概一个多星期左右，我们把校史研究室的所有家当全部搬到了新的校史展览馆内。这次搬家，我才知道校史研究室还有另外两处存书的地方。我们原来在图书馆二楼的办公室既是办公的地方，又是存放书和杂物的仓库。由于

徐振明（右）为参观者作讲解

书多放不下，又在学校档案馆内和清华学堂一楼的一间房内存放了大量的书籍，这些书籍大多是校史研究室编印出版的。

2001年5月，校史研究室的全体同志搬至新校史展览馆工作。这座由老铸工车间改建成的校史展览馆虽不是新的建筑物，但却是清华历史上第一座独立的校史展览馆。它的建成，使校史研究室的史料征集、编研、校史展览、学术交流、接待服务等工作的环境有了很大改善，为校史研究室的"存史、资政、育人"工作提供了坚实的物质基础。

清华90周年校庆建成的校史展览馆是中国高校中屈指可数的几个较早的校史馆之一。当时，除了上海交大的校史博物馆和国防大学的校史馆外，我们还没有听说过别的学校有独立的校史馆。所以，在我们的校史展览馆建成后不久，国内很多高校都组织人员来我们校史展览馆参观，大家对展览的内容、风格和水平都给予了高度肯定。而清华大学校史展览馆的展览空间和校史研究室的研究力量也是为他们所公认和羡慕的。

七

为迎接百年校庆，学校决定将90周年校庆时建成的校史展览馆等建筑物拆除，并在原址区域分别建造新清华学堂及新的校史馆。实际上，当年学校建90周年校庆校史展览馆时为其设计的使用年限就是七八年。2008年4月底，新清华学堂建筑群举行奠基仪式。

2008年7月，学校房管处通知校史研究室准备搬家。10月底正式启动，11月初校史研究室暂时搬到了东区原学生宿舍9号楼一层办公。90周年校庆校史展览馆完成了它的历史使命，它在这七八年间所作出的贡献和发挥的作用将载入清华史册。

在清华大学建设世界一流大学的伟大征程中，校史研究室得到了同步发展，在清华大学建设世界一流大学的第一个9年（1994—2002）中，清华大学校史展览馆的建成为校史研究室从事的史志研究、服务育人工作"奠定了基础"。在清华大学建设世界一流大学的第二个9年（2003—2011）中，清华大学百年校庆新校史馆的建成，使清华大学校史研究室以提炼清华文化、继承清华传统、弘扬清华精神为目标的增强学校软实力建设工作"跨越发展"到一个新阶段。

为响应本书征稿，我把2008年记述的一篇90年校庆校史展览馆建造过程的文章修改后奉上，希望借助本书的出版，使更多的人能了解在校史研究工作中这一段承前启后的历史。清华校史展览从墙展、室展、厅展到馆展的发展变迁过程，从一个侧面反映了清华大学20年来蓬勃发展的历史进程。

2021年10月

霍玉晶，男，1946年生，河北滦县人。研究员。1965年考入清华大学精密仪器及机械制造系，1970年留校工作。现任中国兵工学会定向能技术委员会副主任等职。享受国务院政府特殊津贴。获国家教委科技进步一等奖、国防科学技术进步奖三等奖、中国兵器装备集团公司科学技术进步奖二等奖等。指导的博士生获"全国大学生跨世纪发展奖学金"特等奖（第一名）等多项奖励。

影响我半个多世纪的清华篮球队

霍玉晶　机械系 1965 级 光 001

我是清华大学精密仪器及机械制造系1965级的学生,是清华学生男子篮球队"文革"前最后一批队员,是至今仍在参加正式比赛的"文革"前清华学生男篮队员,是系际篮球联赛参赛队员中年龄最大的。清华大学篮球队是清华大学最好的体育运动代表队之一,它对我的教育、培养使我终身受益,奠定了我更好地为祖国工作、为人民服务的牢固基础。

我1965年毕业于河北秦皇岛市第一中学,入清华后,同系的师姐周翠珍是我高中同学,她是清华女子篮球队队长。在她的引导下,我加入了清华男子篮球队,从此与篮球结缘半个多世纪。

一、清华篮球队教育我成长

清华体育代表队要求我们必须做到德、智、体全面发展,保持运动成绩的同时兼顾学业,要学会如何做人,要有全心全意为国为民服务的远大理想。

清华篮球队又是校体育代表队的优秀代表,受到党委副书记艾知生等校领导的特别关心和支持,得到广大清华人的喜爱。在"文革"前,清华男篮达到很高的水平:在北京市甲级队比赛中居首位,可以和全国乙级专业队抗衡;1959年,队长王光纶作为主力队员,参加了作为政府代表团的北京大学生篮球队,随陈毅副总理出访阿富汗。

清华男篮有悠久的优良传统,为了学校的荣誉,为了提高球队的整体技术水平,为了丰富群众的业余生活,在曹宝源先生的指导下,每个队员都努力提高自己的技术水平和身体素质,提高整体配合水平。队员们都不怕吃苦受累,甚至受伤也要为学校争取一项又一项的荣誉。这个优良传统对我们这些新队员的成长起了很大的教育作用。

(一)清华篮球队教我做事要有努力拼搏的敬业精神

清华男篮的"小五"是学生队的核心、主力队员。有一次练球时,他的腿受了伤。

我有些担心,问他会不会影响今后的工作。他很乐观地说:"没关系,只要我能踩下汽车离合器,不影响将来的工作就行。"他继续坚持训练,为了打好球,不怕累、不怕伤、努力拼搏的精神让我很敬佩。后来"小五"和另外两位队友被分配到武汉,在那里打出了清华篮球队的威风,取得了很好的战果;随后他又到湖北省篮球队,还参加了对美国篮球代表队的比赛,为我国篮球运动发展作出了贡献。

受老队员的耳濡目染,我在学习、工作和训练中也努力严格要求自己,认为那是我应该的、必须做的。我时刻想着为了发展篮球运动、为了集体的荣誉和丰富群众业余生活而坚持长期刻苦锻炼,认真参加每一次比赛。我曾因比赛而昏死过两次,受伤更是家常便饭,但这些都没有影响我进行刻苦的训练和顽强的比赛。

工作后,为了完成科研项目,除了努力提高理论基础、技术水平和工作效率外,我做到了"全力以赴",常年兢兢业业地努力工作,节假日很少休息,甚至连春节期间都经常在实验室加班做实验。工作日,我经常是赶在门卫开门之前抵达办公楼,第一个进实验室做实验。北京冬天的早晨,室外很冷,我常被冻得发抖。我经常工作到半夜而被巡逻的门卫"轰出"实验室。记得有一次,为了配合国内多个单位进行"晶体光纤"的研究,我一个人4天3夜没有离开实验室,连续做实验。幸亏我们夫妻俩在同一个教研组工作,她很理解我,给我带来很大方便。虽然很辛苦,但我出色地完成了任务。

(二)清华篮球队教我,要勤于动脑、善于动脑

男篮队长王光纶不仅自己球技高超,而且为人处事非常好,是篮球队的主心骨、教练的好搭档。我们都很佩服他。

"文革"期间,我经常参加北京市篮球联赛。每次上场前曹先生(教练)总能用几句简短的话把队员的激情激发出来,他的鼓动力真强!队长王光纶总是画龙点睛地提醒大家要注意对方的某个队员、某个动作,提高防守质量。这些对我方取胜很有帮助。我纳闷,他怎么在赛前场上短短几分钟的热身活动时就能有所发现。原来他除了有长期积累的经验外,是他敏锐的观察力起了作用。我记得在"文革"前一次队内对抗训练时他曾提醒大家,要注意观察对方,并举例说:"哈哈(孔宪如),在零度线处的投篮很准,很难防守。但你如果注意到他的一个习惯动作——在投篮前持球的右手总要张一下,你就可以判断他要投篮了,就好防多了。"能有如此仔细的观察和深入的分析,事情能做不好吗!

回顾50多年的工作和生活经历,清华篮球队教会我要勤于动脑、善于动脑。仔细观察,深入分析,提高发现问题、解决问题的能力的经验实在是太重要、太有用了。这种发现、分析和解决问题的能力在我的科研中发挥了巨大的作用,使我如

鱼得水，频频取得丰硕的成果。

（三）清华篮球队教会我做事要用心，要持之以恒

当年，清华大学体育代表队的训练时间比专业队少很多，但清华队为什么能取得好成绩呢？王光纶认为，除了男篮打得比较巧之外，训练的效率高是重要的原因。在篮球场上不动脑筋地跑3个小时，不如真正集中精力用心训练1个小时。

在清华本部，队员们平时的训练都是在曹先生的指导下进行规范、有计划、有重点的训练，对体能、投篮、传球及队员间的配合都有科学的安排；而绵阳分校篮球队的训练则是"自由式"的，比较随意，一般是上场就开打。因此两者效果的差别是巨大的。

20世纪70年代，我被从绵阳分校召回学校本部参加北京篮球联赛，我看到队长王光纶在场上对整队的管控和指挥以及对球的完美掌控，看到左前锋"鸭蛋儿"（杨增家）稳定的高投篮命中率，明显地感觉到自己的差距，暗下决心努力赶上，尤其是我投篮的准确性和对球的手感需要大大地提高。因此，在北京参加集训和比赛期间，我全力以赴，争取把任务完成好。为了改善对篮球的手感，除了认真刻苦训练外，我还注意利用各种机会进行提高手感的训练，甚至经常在枕边放个干净的篮球，睡觉时把手按在球上，以提高对球的手感。持续的努力得到了回报，我的投篮命中率、对篮球的手感都得到显著提高。现在75岁的我，在篮球场上只要手指摸到球就基本可以把它"没收"了。

（四）清华篮球队教会我要虚心向别人学习

我是"文革"前清华男篮队员里最小的"一辈"，向其他队员学习是很自然、很必要的事。记得我刚入队时，队友张恒说起一场友谊比赛，"开始时，我连续在'弧顶'两次投篮，投不进也要投，那是为了拉开在3秒区内防守队员间的空档，以便我方在内线进攻"——说明他已经有了"打篮球要有整体观念"；还有一次，在球队训练前，我听到他向曹先生汇报："昨天我在家里上下跑楼梯，提高体力。"我这才知道，额外加练、提高体质对打好篮球是很重要的。他还向我传经，在防守对方进行"2打1"快攻时，你一方面要防守对方持球队员的进攻，同时还要做好"反向回跳、截断对方两人间横传球"的准备，这样往往能断到球。他也是个新队员，但他的优点值得我学习，我学着做，效果很好。

清华男篮老队员的优点就更多、更鲜明、更实用，更是我们"小队员"学习的榜样。传统的"欧洲步"式的三步上篮，动作很漂亮，效果很实用，是观众所喜闻乐见的。但是对于清华球迷来说，最好的"三步篮"动作应属清华篮球队的"小五"

专属。他的动作独具特色，防不胜防，效果极佳。起跳第一步往往是"小跳步"而不是"跨步"，时间短促、方向无常，让防守人来不及判断他的过人方向而失去防守的位置；第二步是向接近180°的反方向跳，其奥妙是步距时长时短，不好判断，不好防；第三步更是让人难以捉摸，根据防守人的情况，瞬间采取随机方向远跳，从而摆脱对方防守而得分。跳向篮筐方向（"欧洲步"大多是这样跳向篮筐去扣篮）、向前，或是出其不意地跳向远离篮筐的方向，再"回头望月"式地把球投入篮筐。突破对方高大队员的篮下防守，这第三步真是出奇制胜。这个动作真是太难、太聪明了！观赏性极高！

这体现了曹先生倡导的：清华篮球队是大学生篮球队，要发挥大学生的聪明智慧去打球，不能做"四肢发达、头脑简单"的篮球队。当年，北京体院篮球队著名队员张荣泰这样评价清华大学篮球队："我们队就是要学你们清华大学篮球队的作风，你们有一种学生气，同样是在打球，你们比较动脑子。"

（五）清华篮球队教会我要注重发挥集体的力量，克服个人主义

打篮球是集体运动，只有充分发挥教练和每位队员的作用，靠集体的力量团队协作才能赢得胜利。曹先生经常对我们说，打篮球，要顾全局，要靠集体的力量，不能"荷叶包钉子，个个想出头"。每个队员，不能仅仅考虑自己投篮得分，而要顾全大局，要把球传给处于最佳位置的队员；不仅要自己进攻得分，更重要的是要"解放"队友，通过"掩护"等战术为队友创造更好的进攻、得分机会；只有发挥每个队员的作用，才能得到胜利。

清华篮球队的每位队员都有自己的特色，能力都很强。但整个球队里很少看到相互间发生矛盾，真正做到了团结得像一个人一样，这样的球队不取得好的战绩是不可能的。清华篮球队的集体主义教育我，在工作与生活中，要注意处理好人与人之间的关系，要靠集体的力量把工作做好。

（六）男篮是一个温暖的大家庭

在清华男篮，任何人遇到困难，大家都会不分彼此，伸出援助之手。有一年，我从绵阳回北京参加篮球联赛。有一场球赛在中关村灯光球场进行。赛后才发现，在场外做赛前准备活动时，我顺手把自己的书包放在了陌生人的自行车车框内，其中有我的证件、粮票和钱等，那是我回京的所有必需品，我很着急。很快大家知道了，王光纶队长和曹教练给了我足够的粮票和钱，那是全队队友送给我的关怀，真是雪中送炭！我感激得难以言表。清华篮球队真是一个温暖的大家庭！自此，我又得了个绰号"迷糊"。这个绰号被一直叫到现在。

（七）清华教授篮球队

香港回归前，海峡两岸的民间交流频繁，两岸多所大学的篮球队也积极行动起来。台湾中部的几所著名大学想派联合篮球队访问北京，进行篮球友谊赛。为此，在1997年1月，由队长王光纶教授和老教练曹宝源先生召集，组成清华大学教授篮球队，每周训练两次。

2007年清华教授篮球队成立10周年合影。后排左6为王光纶、左7为曹宝源，前排右1为霍玉晶

教授篮球队成立后，除了日常训练，时有和其他单位篮球队的比赛。主要有在北京进行的与台湾大学联合队、人民大学、北京大学等举行的友谊赛，访问台湾时进行的与新竹交通大学、新竹清华大学两队间的比赛，在北京和上海两地与上海交大同学的比赛等。其中有两场比赛给我留下了深刻印象。

一场是清华大学综合体育馆建成后，国际大学生篮球赛（UBA）在我校进行比赛之前，教授篮球队为该馆的使用进行"开幕"，即在综合体育馆与中国原女篮队长宋晓波的篮球队进行一场友谊比赛。

另一场是2001年11月，我们应邀去台湾访问，并进行篮球友谊赛。我们住在新竹清华大学的宾馆，受到热情款待，深切感受到两岸一家亲的情谊。北京清华大学教授篮球队访问台湾进行比赛，北京清华大学小胜新竹交通大学；两岸清华大学共同交出满分100分的答卷。

二、科研成果无愧于篮球队的培育

幸亏进了清华，幸亏进了清华男篮，我在其中所受到的教育从根本上改变了我的人生轨迹。蒋南翔校长提出的"为祖国健康工作五十年"的口号已深入每一位清华学子的心。我尽自己所能努力践行！

清华篮球队刻苦的训练和较好的生活条件带给我一个健康的身体、顽强的意志；清华篮球队的团结一致、妥善处理个人与集体的关系的传统，指导我怎样为人做事、处理好和兄弟单位及课题组内成员的关系，同心协力地完成各项工作；清华篮球队的仔细观察、勤于动脑、善于分析的传统，使我曲径通幽攻克一个个科技难题。这些，为我取得研发成果提供了良好的基本素质，我的科研成果也可无愧于篮球队对我的培育。

我所承担、完成的科研工作有38项，其主要包括3个方面：功能纤维的研究、全固态激光器的研究与开发、高速物体速度的测量。

（一）功能纤维的研究

20世纪80年代初，电子系激光教研组主任周炳琨院士访问美国Stanford大学，带回了"晶体光纤"的研究方向，并让我进行该项研究。

通过我们的努力，以及和几十个校内外单位的合作，获得多项国际领先水平的研究成果，获得国家教委科技进步一等奖等多项奖励；我所指导的博士生也获得多项大奖，其中有"全国大学生跨世纪发展奖学金"特等奖第一名，受到李岚清副总理的亲切接见。

所获得的成果主要有：国际领先水平的基于激光加热小台基座法（LHPG）的HSH型晶体光纤生长设备；多种国际首创和领先水平的晶体光纤，其中，包括著名的LBO晶体光纤（LBO是"中国牌"的著名非线性光学晶体。国外率先用了两年都没有研制成功，我们只用了两个月就研制成功了）；多种国际首创的晶体光纤器件；生长出性能达到国际先进水平的Bi系超导纤维，并首次实现了用激光加热方法焊接超导纤维；国际首创有机晶体生长的研究等。

我们于1988年建成HSH型LHPG法（激光加热小台基座法）晶体纤维生长设备，成立了清华大学晶体光纤实验室，并于第二年起提前对全国开放，后来改名为"'863'高技术新材料领域功能纤维实验基地"；与国内20多个单位合作，进行新晶体材料、晶体纤维和超导纤维的研究，成果受到国内外同行的密切关注。记得在一次专题会议上，为了生长一种重要的晶体光纤，多个单位都抢先和我们合作，会议上还进行"排序"的讨论。我们课题组很好地处理了与这些单位的关系，研究取得了很好的结果。

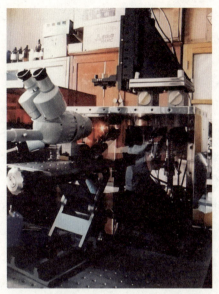

HSH 型功能纤维生长室内部结构

1989年，清华大学研究超导材料的条件并不是很好。现代应用物理系的顾秉林教授组织电子系霍玉晶课题组、现代应用物理系的毛思宁课题组和材料科学与工程系的周和平课题组进行合作研究，很快就研制出国际先进水平的超导纤维，并在国际上首次实现了用激光加热法对接超导纤维，同时，保持其超导性能不变。顾教授后来当选了院士，出任清华大学校长，他对研究方向的把握、组织协调能力和平易近人的作风也给我留下了深刻的印象，与他共事是很好的学习机会。我们在研究工作期间，党委书记方惠坚还亲自来实验室视察，他和蔼可亲，认真听我的汇报，仔细观察实验平台。方书记深入细致的工作作风也给我留下了深刻的印象。

我们在超导材料方面的研究成果发表在多种国内外刊物上，引起了广泛的关注。国内外许多著名学者、专家来我们实验室进行交流。激光加热小台基座法生长晶体光纤方法和全固态激光器的发明人、美国光学学会会长、斯坦福大学的教授 Roboter Byer 到我们实验室参观和讨论；我们的功能纤维研究推广到台湾中山大学、澳大利亚麦考瑞大学等单位，我们的全固态激光器技术也推广到美国和澳大利亚及国内多个单位。

1990年，为纪念激光器诞生30周年，国内召开第十届全国激光学术报告会。共选用253篇论文，其中以我为第一作者的有5篇。我们的研究在国内的影响可见一斑。为了参会，我把刚刚9岁的儿子独自留在家里，嘱咐他，每顿饭从电冰箱里取一点儿干粮吃，至少要坚持3天。这对于一个小孩子是够"残酷"的了。幸亏不久我们教研组的大姐许知止老师得知后把孩子领到她家住下。我不会忘记许知止大姐对我的相助。

90年代,我被破格提升为研究员。在十几年后,一位后来相识的同事——当年清华高级职称评审组成员——告诉我:那年提升高级职称的人中,我发表的学术论文数最多。

(二)全固态激光器的研究与开发

20世纪80年代后期,我们进行的"全固态激光器的研究项目",取得了多项国际首创和国际先进水平成果,包括填补国内空白的第一台全固态激光器(即用半导体激光器泵浦的固体激光器,它是最重要的一类激光器,没有"之一")和多种全固态激光器。其中,本项目组发明的微型全固态蓝绿光激光器技术被多次进行技术转让,取得了很好的社会效益和经济效益,是"863"计划高技术成果转化为生产力的典型。

课题组和受让公司签订技术转让合同,左4为霍玉晶

(三)高速物体速度的测量

退而不休,发挥余热。我于2011退休。2012年我被选为中国兵工学会定向能技术专业委员会副主任。退休后,我的研究主要涉及用于电子对抗的激光多普勒测速技术与产品。

我们课题组在2010年申请了国家专利"一种双频激光多普勒测速方法及装置",并获得专利权。利用这种方法,可以对世界上所有高速物体的速度不间断地进行高精度测量,其测速范围没有上限。但是,全世界还没有满足此测速方法的双频激光器。我退休后又完成了3项国家某部的重点基金项目和一项预研项目,主要是研制可以适合这种测速方法的双频激光器,初期应用目标是用于电子对抗。我们研制成功的双频激光器的性能远超过目前国内外已有产品,并已用于高速物体的测量,效果很好。该研究结果已经通过了×××集团的验收,评价特别高。

2020年，我首次提出关于全固态双频激光器的新理论"激光增益谱区截法"，并用以实现了一类国际首创的新型全固态双频激光器，其性能更是远超过国内外已有的其他双频激光器，并且因其独特的理论和专门的制作技术，预计可以继续保持国际领先10年。此类新激光器还可以用于环境恶劣、空间狭小的装置中，在电子对抗中有很大的优势。当然，该研究成果在国防建设和国民经济发展的许多领域同样有广泛的重要应用。

最近，应使用单位之邀，我又研制出大自由光谱区法布里-珀罗干涉仪，填补了国内空白。它在激光器制作与运行、光通信技术、教学与科研中有广泛的应用。直到现在，我还在自己的实验室进行研究与开发，继续为国家作贡献。

三、经验和教训——锻炼和健康

教研组的领导、课题组成员的努力是获得前述成果的基本保证。同时，我也明白，从1979年返回北京清华本部，到1996年底，这17年间，我的研究工作取得了许多成果，都是以此前因我打篮球而有个健康的身体为基础的，是在"吃老本"。其间，因为锻炼中断，我的身体素质大幅度降低。我曾完成38项"863"计划、国家攻关计划、自然科学基金和技术开发与转让等项目，获得过多项国家奖励，所培养的博士生获"全国大学生跨世纪发展奖学金"特等奖等多项奖励，所指导的2012届博士生朱飞虎因其所设计实现的光电导航传感器作为"天问一号"的眼睛，帮助"天问一号"安全着陆火星，获得了2021年达摩院"青橙奖"，是首位获此殊荣的航天科学家。我先后被破格提为副教授、研究员，并获政府特殊津贴。但是，身体却快垮掉了。

当时，我不仅身体健康状态的多项指标不合格，而且经常感到疲乏无力、时有心动过速、严重自汗、盗汗。清华教授篮球队第一次练球时，我上一右箭步去防守对方，立刻右膝不舒服；再上一左箭步去防守，又同样左膝难受。双膝受损水肿，都鼓出了"大包"，过了很久才慢慢消下去。

我得到的教训是：不锻炼，身体就要变坏；过度劳累，会加速体质下降。

锻炼，又重新恢复了我的健康。长期不间断地参加清华教授篮球队的锻炼，使我的身体又变好了，有了充沛的精力继续进行各项研究工作。

我会继续刻苦锻炼，继续努力为祖国工作。

清华大学篮球队育我成长，助我成功。

感谢清华大学体育！

2021年10月

邓海金，男，1946年生，江西南昌人。教授。1964年考入清华大学冶金系，1970年毕业留校任教。曾任材料科学与工程系副主任。从事摩擦学领域金属材料与复合材料研究工作，承担过多项国家攻关和自然科学基金项目，多次获省、部委科技进步奖。发表论文百余篇。两次赴德国波鸿鲁尔大学材料研究所进修。曾任中国摩擦与密封材料协会副理事长，中国机械工程学会失效分析分会理事等职。

材料科学与工程系的成立及教学改革

邓海金　冶金系 1964 级 金 0

33 年前，经 1988 年 6 月 16 日清华大学校长工作会议通过，并于 9 月 29 日在全系大会上由清华大学校长张孝文宣布，我校"材料科学与工程系"（以下简称"材料系"）正式成立。在材料系成立之初，其中最主要的就是需要制订材料系本科生教学培养计划，有幸的是，我作为材料系第一任教务科科长参与了该计划的制订和实施。尽管时过境迁，但当时材料系成立过程及教学计划制订工作的讨论等，依然历历在目。在纪念我们 1970 届毕业 50 周年之际，学校征集"清华园里'新工人'的回忆"，身为清华园里"新工人"的一员，确实应克服"偷懒"之心，很有必要重温一下当年参与有关材料系成立前后的教学改革过程，借此表达对清华大学材料学科老前辈们的崇敬之心，亦可供同辈茶余饭后时念叨念叨，如能对后辈有所启发和裨益就属"奢望"了。

一、材料系的成立是材料学科发展的必然

1957 年，苏联在人类历史上成功发射第一颗人造地球卫星，尤其是 1961 年 4 月苏联宇航员加加林完成世界上首次载人宇宙飞行之后，美国政府及科技界大为震惊，并认识到材料科学和技术方面研究的薄弱与人才的缺乏是美国在这方面落后于苏联的一个重要原因，这也凸显了先进材料对高科技发展的重要性。因此，自 20 世纪 60 年代中末期开始，美国各大学纷纷在原有的冶金系、化工系或机械系，甚至矿冶系的基础上成立材料系或冶金与材料、化工与材料、材料与矿冶等院系，并且在研究方向和人才培养方面转向先进材料。为此，美国在材料科学与工程学科领域的发展及应用取得了长足的进步，对美国 20 世纪 60 年代末、70 年代初在航空航天领域取得突破性发展起到了关键性作用。

而那时的中国正处于"十年动乱"时期。就高校而言，教师们不是去农场改造，就是去工厂、农村"开门办学"，根本不可能进行什么真正的教育改革，更谈不上教学体系和课程体系的变革。但幸运的是，在 20 世纪 70 年代末打倒"四人帮"后，中国很快就迎来了拨乱反正、改革开放的新时期。但囿于国家当年百废待兴，高校

虽已开始招收恢复高考后的第一批大学生，但高校的教学仍然是按"文革"前的专业模式进行，在人才培养模式上并没有根本性的改变。

这一时期，工程物理系的李恒德教授、机械工程系的陈南平教授和化工系的江作昭教授等老一辈材料科学家早就发现和关注到了发达国家在材料科学与工程学科和人才培养模式上的发展与进步，率先在1979年成立了清华大学"材料研究所"，李恒德教授任所长，陈南平教授和江作昭教授任副所长。材料研究所的成立实际上为9年后材料科学与工程系的成立奠定了基础。

1980年年底，教育部也曾派出材料科学访问团前往美国考察材料学领域教育。访问团有清华张孝文等3人（李恒德教授带队），考察团回国后，除向教育部递交考察报告和对国内材料学科建设及人才培养的建议外，1981年，在清华大学一次专门会议上也正式向学校领导提出在我校成立材料系的建议。

实际上，当时国内已有不少院校纷纷开始在机械系、冶金、矿冶等相关系的基础之上组建材料科学与工程系。而那时清华大学与材料学相关的专业分别分布在机械工程、化学工程、土木建筑和工程物理等系。例如，化学工程系专业设置就有高分子材料和无机非金属材料；机械工程系专业则有金属材料及铸、压、焊等材料工程专业。材料系的建立需要多个院系的相关专业达成共识，然而当时，学校有学校的重点要务，各系有各系的发展规划，进行整合的实际操作困难比较大。成立材料科学与工程系虽势在必行，但也只能蓄势待发。

二、材料系成立之初

材料系的成立也印证了中国一句老话：好事多磨。

从1979年材料研究所成立，特别是1981年向学校领导提出筹办材料系，直至1988年6月校长工作会议决定，按照张孝文校长的说法是"七年磨一剑"。实际上，除李恒德先生、陈南平先生和江作昭先生外，张孝文校长一直是创建清华大学材料系的发起和筹备人之一。

1988年成立的材料系是在原工程物理系材料物理专业（教研组）、机械工程系金属材料专业（教研组）和化学工程系无机非金属专业（教研组）的基础上组建的。遗憾的是，与材料学科相关的化学工程系的高分子专业（教研组）、与机械工程系材料工程相关的铸、压、焊专业（教研组）和金属学教研组等，由于种种原因，没有被囊括在内。值得一提的是，在2012年年底，机械工程系的铸、压、焊有关材料工程部分与材料系共同组成了"材料学院"。

"万事开头难"，其实一个新系的成立，并不是简简单单地把几个教研组组合在一起就可以，还需要搭建党政班子，需要成立一个能为全系教职工和学生服务的班子，即系机关。"麻雀虽小，五脏俱全"，系机关除包括系党委的办事机构外，还有行政方面的工作班子，诸如：本科生、研究生教学管理、人事、科研、财务及行政办公室，等等。首届系党委书记为顾守仁，副书记为马春来，首任系主任为吴建铣教授，本科教学副主任为白新桂，科研兼研究生教学副主任为柳百新，主管人事、财务及行政的副主任为王林。而教务、人事、财务及行政等机关人员则由其他各系"支援"调配而来，如教务科的周桂蟾老师、财务科的石达业和行政办公室的费润生分别由力学系、附小和后勤调入材料系。

另外，还有当时材料系的办公地点问题，即使是系机关人员配备整齐，还应该有个所谓的"系馆"吧。很遗憾，没有。当时组成材料系的3个教研组都在原来各系所在的地方原地不动。系机关的办公地点则是利用金属材料教研组一个生产实验基地——"东跨"的原材料库，通过改造重新建成一个仅有10来个房间的简易平房作为"系馆"，其中安排了教务科、研究生科、科研科、财务科、行政科与系办公室、党办与人事、会议室等，每个房间只有10平方米左右。"系馆"一直服务到材料系1999年搬入现在的逸夫技术科技楼，现在已完成使命的"系馆"所在地也早已成为六教A区东南角很小的一部分。

实际上，在材料系成立之初，"系馆"尚未改建之前，系机关的办事机构集中在工物馆西边二楼的一个大教室开展工作，直至新系馆建成。

李恒德（前排右1）、江作昭（前排左1）、张孝文（后排左2）、周其庠（后排左1）和柳百新（后排右3）及田民波（后排右1）等在材料系原系馆前合影（材料学院唐西南供图）

三、"新"系教学与课程体系改革是当务之急

前面已提及,虽然国内已有不少高等院校在20世纪80年代初早于清华大学开始设立材料科学与工程系,但其仍然是在保留原有的各专业(这可以从当时的招生目录证实)基础上实际运行的,教学与人才培养模式以及相应的课程教学计划并没有实质性改变。

相比而言,清华大学材料系的成立虽起步晚,但教学改革的步子较大。为了适应当时社会主义市场经济和科学技术发展对材料类人才的需求,老一辈材料科学家们在规划成立清华大学材料系时就提出,材料系成立后全系只设立一个专业,即"材料科学与工程专业",而这个按照一级学科培养人才的专业在我国是最早提出的。因此,我校材料系成立后如何建立材料科学与工程专业的教学与课程体系就成为当务之急。有幸,我参与了"新"的"材料科学与工程专业"教学与课程体系的改革。

但当主管教学的系副主任白新桂老师告诉我要我担任材料系教务科科长时,我还是很"意外"。这主要是因为,我自1970年毕业留校以来,先是在绵阳分校搞基建,后在1972年初回到本校机械系,开始是从事金属材料生产实验基地(东跨)建设,接着就是参与科研开发等工作,并在1985—1987年担任金属材料实验室主任,除带工农兵学员"开门办学"、讲课和指导毕业生论文外,我从来没有接触过教学管理工作,对教学模式和课程设置也不甚了解。我心里明白,如接受这项工作需要克服不少困难,但工作需要就是命令,临"急"受命,即使赶鸭子上架也得上,用现在的一句话就是"不忘初心,牢记使命"。

另外,当时我还有两个特殊情况。其一,在1988年8月初,我母亲因年事已高,加之当年高温天气,患老年性肺炎正在住院。其二,我在1987年通过了教育部访问学者外语考试,经报批,教育部同意在1988年内可以联系出国进修半年。

当时我赶回了家乡,在南昌江纺医院住院部老母亲的病榻旁,尽心尽力侍候了近20天,在新生报到前夕赶回了学校。最终,老母亲在8月底因病去世,此时正值材料系成立之时,我无法再返回南昌为她老人家办理丧事,至今为终身遗憾。而出国一事,当时正在联系接受我在"材料摩擦学"方向进修的西德高校,暂且可以缓一缓(最后在建系后的第二个学期前,1989年2月赴Institut für Werkstoff Ruhr-Universität Bochum即波鸿鲁尔大学材料研究所进修,继任我的是田民波老师,此为后话)。

前面提到,我如接受这项工作,困难不少:首先是要按一级学科"材料科学与工程"培养,就必须将过去各系教学计划整合和过渡到目前的全系统一课程体系中来,最重要的是需要解放思想、统一思路;其次是新建的材料系是由3个系的3个

专业教研组所组成，我对许多教师都不熟悉也不了解，更不清楚诸位老师对各门课程内容的熟悉程度；最后，对新的教学体系和课程设置（包括课程大纲）我同样不了解、不熟悉，但我又必须尽快去了解和熟悉，毕竟这是我需要马上上手的工作。

在了解和理解材料科学与工程专业培养计划以及落实的过程中，我得到了陈南平先生和白新桂副主任的鼓励与指导，特别值得一提的是陈南平先生。陈先生"文革"前是冶金系主管教学的系副主任，并且一直是金属材料教研组主任。我与陈先生结缘始于"文革"中工宣队时期"清理阶级队伍"和"斗私批修"运动，后来还与他一起带工农兵学员去北京特殊钢厂进行"开门办学"。特别是在"开门办学"过程中的"同吃、同住、同劳动"，既增进和加深了我对陈先生的了解，同时也让陈先生了解了我。我猜想，也许是这段简短的共事，材料系建系时可能是他推荐了我来任教务科科长。在我感到对材料科学与工程专业教学和课程不熟悉之时，专门请教于他，他鼓励我说："不用担心，在战斗里成长嘛！"同时给我详细介绍了为什么要设立材料科学与工程系，为什么"新"的材料系所设置的专业要以一级学科来设置，以及各门专业基础课程相互之间的关系，等等。这加深了我对材料科学与工程专业培养计划的初步认识、了解和理解，这对我后来能积极认真地参与材料系教学与课程改革工作具有明确而又具体的指导作用。

四、材料系的培养模式与课程体系改革

从上述陈先生对我的指导中可以看出，其实在建系之前，几位老前辈早就深入分析和讨论了当年国内外在材料学科人才培养模式方面的利弊得失。

过去，我国在材料领域人才培养的模式上，基本是"学苏"，即按照具体材料来设置专业，如金属材料、无机非金属材料、高分子材料等，甚至按制备或加工方式来设置专业，如电冶金、粉末冶金、铸压焊，等等。很明显，这样的人才培养模式容易局限于某一类材料或某一专业的学科方向，并且各材料之间或各学科方向相互之间联系也比较少。

要想在材料学科人才培养上适应当代科学技术的发展，就不能走老路，必须拓宽专业面，加强专业共性基础课程的建设，也就是说，需要进行人才培养模式和适应这一模式的课程体系改革。为此，我校材料系成立之初就确立了以"材料科学与工程"一级学科来设置专业的人才培养模式。当年建议设立材料系的几位老前辈实际上也是这一培养模式和课程改革的总设计师。

在材料科学与工程学科中，无论是哪一类材料学科方向，均包括材料的"结构""性能""加工"及"应用"这四方面（也称之为材料科学与工程"四要素"）。

材料科学与工程学科就是研究四要素之间关系的一门学科。同时，这四要素也是材料科学与工程专业基础课程改革的基础。只有抓住了四要素的共性理论、方法、性能表征等特点去设置课程，使学生掌握较宽厚的材料科学基础知识，才能培养出能面对不断加快的科学技术更新速度、学科方向不断交叉、新学科及新学科对新材料需求不断涌现的跨世纪新材料的创新人才。

但由于材料系成立时是由3个系3个专业（教研组）所组成，因此在统一为一级学科材料科学与工程专业培养模式和课程改革落实上，还是存在不少困难，如原有的各专业教学计划会不会被打乱、教师思想观念如何转变、新课程体系改革应设置哪些课程、其内容（课程大纲）应如何整合，以及由哪位教师来讲授，等等。

为此，首先由系主任吴建铣、系副主任白新桂以及陈南平先生在全系召开了各种类型的教学研讨会，在会上详细介绍了材料科学与工程专业培养模式和课程改革的必要性与可行性，这些研讨会对全系教师统一教学改革的思想认识起到了关键性作用。其次，为了不打乱原有各系、各专业的教学培养计划，改革分成两步走，原有各系的班级仍然按照原有的教学计划执行，只从1988级新生入学后开始执行体现新的培养模式和课程改革的新教学计划。除此之外，在新的教学计划中也设计安排了各个专业方向的限选课，作为过渡措施。再次，在统一教师思想认识后，多次召集相关课程的教师有针对性地讨论课程改革具体内容及拟定课程大纲。举例来说，经多次讨论和争论，统一将当年3个系3个专业方向的多门专业基础课，如"物理冶金""金属学（原理）""陶瓷物化""固体材料结构基础"以及"材料科学引论"等课程，合并、精简、优化为"材料科学基础"一门课，并作为材料系主干专业基础课，改革的力度还是相当之大的。最后，经过系教学指导委员会聘请具有丰富教学经验的潘金生老师担任课程负责人，负责该课程的教学和相应的教材编写。该课程最后确定由潘金生老师、仝健民老师和田民波老师担任主讲教师。

由于篇幅所限，所涉及的其他课程情况，在此就不多唠叨，如有兴趣可参看邓海金、潘伟的《材料科学与工程专业教学体系和课程体系的改革》（《建材高教理论与实践》，1997，No.1，pp.41–43）一文。

五、结语与感触

说了这么多，还没谈到我在培养模式和课程体系改革中所做的工作呢。其实，我当时参与改革的主要工作就是全程参与各种类型教学研讨会和具体课程设置讨论会等，以及制订和落实1988级新入学本科生的教学计划与教务科的日常工作。在与老师们（许多还是第一次认识和接触）一起探讨、落实和接触的过程中，以及在各门课程内容之间的相互关系的讨论中,受教于许多老教师,如潘金生老师、陶琨老师、李龙土老师、唐祥云老师等,他们在材料学科方面的渊博知识和对专业基础理论的深刻理解,使我受益匪浅。

2013 年 4 月 26 日,老校长张孝文(左 4)与陈吉宁(左 2)、胡和平(右 2)等校领导为材料学院揭牌。左 1 为首任院党委书记潘伟,右 1 为首任院长张政军

基层的教务管理工作是平凡的、具体的、烦琐的,但身体力行参与和见证了材料系成立后的培养模式与课程体系改革的初期过程,这为我后来担任金属材料教研组教学副主任和材料系主管教学副主任,为全系老师和学生服好务打下了坚实基础,回想起来,仍然感觉到很有"成就感"。

值得一提的是,1999 年材料系开始有了新的系馆,即逸夫技术科学楼。2012 年底材料学院正式组建,我校材料学科的发展已今非昔比。现在材料学院大楼也有了,材料研究的各种现代化分析与表征设备也基本一应齐全,清华园的材料学科更是得到了长足的进步,并在世界材料科学与工程领域占有一席之地。但与国际上顶级的一流大学相比较还存在不少差距,任重而道远。"革命尚未成功,同志仍须努力",相信不久的将来,清华大学材料学院(材料学科)必将会再创更大辉煌。

2021 年 8 月

严绍华，男，1946年生，浙江东阳人。教授。1964年入学清华大学冶金系，1970年毕业后留校，在校办实习工厂工作。1979年到基础工业训练中心金工教研室任教。1997—2012年兼任北京高校金工研究会理事长和华北地区金工研究会理事长，为推进工程实践教学改革、创新与发展作出了贡献。

王天曦，男，1944年生，甘肃酒泉人。研究员。1965年考入清华大学冶金系，1970年毕业留校，先后在校办实习工厂、基础工业训练中心工作。曾任SMT实验室主任、电子制造产业联盟名誉理事长。从事机电工程和电子实践教学，开发几十种教学装备仪器，创建电子工艺课程和先进电子制造实验室，获市级和国家级教学、教材及实验成果奖多项，编著电子工艺制造及控制技术教材多部。

马二恩，女，1947年生，河北任丘人。研究员。1965年考入清华大学冶金系，1970年毕业后留校，在校办实习工厂工作。1979年到金工教研室任教，1995年调清华大学企业集团（清华控股有限公司的前身）工作。曾任清华大学企业集团党委书记，清华控股有限公司党委书记兼任副董事长、副总裁及工联会主席等职，兼任同方股份有限公司党委书记及工会主席等职务。

在工程实践教育中拼搏与奉献

严绍华　冶金系 1964 级 焊 0　　**王天曦　马二恩**　冶金系 1965 级 焊 00

"自强成就卓越,创新塑造未来",正如邱勇校长在 1970 届毕业 50 周年座谈会上所言,自强是清华人的精神底色,创新是服务国家最重要的抓手。

50 年风风雨雨,作为 1970 届留校工作教师队伍中的一员,我见证了在中国共产党的领导下共和国的沧桑巨变,亲历了国家改革开放以来的日新月异,更参与了清华 50 年来的建设与发展,并投身了母校的变革与创新。能够成为这半个世纪的宏大历史画卷中的一名经历者、见证者、书写者以及奋斗者,我们倍感荣幸与自豪。

细思量,在 1970 年留校的 800 多"新工人"中,与这个称谓最名副其实的是我们这一批一开始就在校办工厂,而后继续在工程第一线从事实践教学的人。从汽车厂到机械厂、设备厂、仪器厂……在车、钳、刨、铣、磨、铸、锻、焊、电子研发等岗位上摸爬滚打了七八年;改革开放后陆续走上工程实践教学岗位。回望过往走过的峥嵘岁月,从"新工人"到新教师职业身份的转变;从年轻教师到骨干带头人;从电子工艺的创立到引领全国的开创性教学改革;从金工实习教学到课程建设的不断进取;从承上启下到继往开来;从探索开创到小有成绩……我们始终秉承了清华人自强奋斗的精神,坚定信念,脚踏实地,在实践育人的平凡岗位上没有平庸。

有些事总要有人去做,有些路总要有人去走,有些责任总要有人扛起,而清华人总是愿意去做这样的"有人"。我们这一代,从前辈的手中接过教书育人的使命,继续着工匠精神的传承、身体力行的奉献、孜孜不倦的开拓,甘愿做一块块铺路石而不敢有一丝一毫之懈怠。这,就是我们对自己的要求,更是对国家、对母校的一份责任。

时至今日,回顾曾经的岁月,回望那些忙碌着、奋斗着、青春激昂的日子,可以说,我们没有辜负韶华,亦无愧于时代。

一、转身:从"新工人"到年轻教师、骨干教师

1978 年,学校逐步恢复正常教学秩序,在全国率先恢复金属工艺学教研室(简称金工教研室,起始称金属工艺学教研组),虽然有"文革"前毕业从事在金工教

学岗位的十几个老师，但由于十几年"断代"，不仅人数短缺而且年龄偏大。于是我们7位尚在校办厂的"新工人"（傅水根、黄德胜、马二恩、严绍华、张学政、李维康、卢达溶）被调到金工教研室，已不年轻的我们被称为"年轻金工教师"。

虽有8年当工人的历练，但我们都知道，"新工人"到新教师不仅仅是称谓的改变，自己干和教学生会干也不是一回事。要完成这一职业生涯的重要转身，需要思维观念的更新、知识结构的重组和深化，以及教学方式方法的学习和体验。8年"新工人"的经历告诉我们，完成这一转身最有效、最重要的方法就是向老教师学习，在实践中提高。好在清华的金工教学已经有一支师德高尚、学识渊博、经验丰富的老教师队伍，张万昌、石伯平、金问楷、李家枢等"老金工"对年轻教师尽心尽力地传帮带：1979年，几位老教师为我们开设"金属工艺学"课程，我们作为学生重新学习；1981年，石伯平老师带领年轻教师到长春第一汽车制造厂参观学习，在工厂现场深入了解汽车各种典型零部件的生产工艺过程及各种加工设备；1982年，又组织我们到北京第一机床厂、北京金属结构厂、首钢、北京锅炉厂、北京内燃机总厂、北京钢厂等多家大型企业参观学习，为我们这些年轻教师快速成长奠定了坚实的基础。

金工教学分理论教学和实践教学两部分。理论教学课程为"金属工艺学（热加工）"和"金属工艺学（冷加工）"；实践教学课程为"金工实习（机类）"和"金工实习（非机类）"。年轻教师在承担一线教学任务以前，必须先取得理论教学和实践教学的上岗资格。金工教研室对培养年轻教师坚持严格教学规范，坚持以老带新。在理论教学方面，年轻教师在备课过程中，首先要听一轮老教师讲课，并协助老教师批改作业；然后，在认真准备好书面讲稿及教具等情况下进行试讲，试讲合格后，给学生讲授部分章节；老教师旁听全部授课过程，并对授课情况进行评议。评议通过，可以取得这门课程的授课资格。在实践教学方面，年轻教师要经过如下培训环节才能获取实习指导教师的资格：第一，在各个工种，以学生身份完整实习一轮；第二，安排具体指导实习的主要工种，跟随实习指导师傅学习一轮；第三，在师傅身边指导学生一轮；第四，独立指导学生一轮。经验收合格后，才能取得实习指导教师资格。

在金工教研室老教师的带领下，我们这些年轻教师积极参与筹建金工实习和实验基地建设、编写教材和教学文件、培训金工实习教学技工等；同时，依靠自身的勤奋学习和努力实践，1979年就开始承担一线指导金工实习任务；1981年开始，陆续走上金工理论教学的讲台，完成"金属工艺学（热加工）"或"金属工艺学（冷加工）"的讲课任务，很快成为教学骨干，并且逐步承担起组织领导工作。1984年起，严绍华、傅水根、张学政、黄德胜、马二恩、卢达溶先后担任金工教研室、机械厂、基础工业训练中心,以及印刷厂、通力公司、企业集团、清华控股公司等机构教学管理和党政领导职务,在不同岗位上继续推进和开拓工程实践教学。

二、开创:电子工艺实习创立与引领全国

20世纪80年代电子信息科技逐渐成为推动经济建设和社会发展的主流,反映到实践教育领域,以机械制造为主的金工实习已经不能满足时代发展的需求。1986年夏季学期,我校开始以电子产品制作为主要内容的教学试点,1987年夏季学期就把电子工艺学实习作为一门基础实践课程推向全校,继而辐射全国,实现了实践教学领域机械基础与电子信息两翼齐飞,迈出由工业化向信息化社会转型中工程实践教育发展的关键一步。实施和持续推进这一开创性教学改革的主要是我校两位在校办工厂从事机电产品研发多年的"新工人"李鸿儒和王天曦。1986年秋季学期,他们接受学校要在1987年夏季学期全校正式开设"电子工艺学实习"(当时的暂定名称)课程时,面临的最大难题就是作为一门正式课程没有相应教材。当时,国内外电子实践教学基本是空白,不要说教材,在图书馆连一本可以参考的相关内容书籍都找不到。"初生牛犊不怕虎",他们以王天曦之前编写过一部分电子装联培训讲义为基础,与教学组同事一起总结归纳多年电子产品研发实践经验,参考国内外数十种电子工业相关技术资料,在短短半年多时间编写出国内第一本电子实习教材《电子工艺学》,确定了课程讲授内容、实习产品、印制电路板设计图,编写了教学产品实习指导书和实习作业等教学必备文件,只用了半年多时间就为全校开课做好了准备。

1987年夏季学期,我校电子工艺实习在4个校办工厂如期开课,仅夏季学期就完成32个教学班的集中电子工艺实习,加上秋季和春季学期的分散实习,全教学年度总计40多个班,1300多名学生参加70学时的实习,成为继金工实习后影响大、学生受益面广的工程实践教学课程。

从1987年下半年开始,随着清华校领导在有关教学讨论会上发布开设电子工艺实习课的情况,全国高校到清华来学习、取经的络绎不绝,有时一天要接待好几拨来访者,几百本《电子工艺学》讲义和教学资料被索取一空,成为后来国内众多电子实践教材的蓝本。随之而来的是各高校纷纷跟进,电子工艺实习迅速走向全国,成为我国工程实践教育发展的一个重要节点。

1989年秋季,经过3年的发展和完善,电子工艺实习通过了学校教务处和实验室处组织、教务长参加的验收,课程正式纳入本科生培养计划,并成立电子工艺实习教研组。由李鸿儒、王天曦负责教学管理工作。

1996年,学校将金属工艺学教研室、电子工艺实习教研室,以及两个实习工厂(机

械厂、科教仪器厂）的实践教学部分整合在一起，成立基础工业训练中心，集机械制造和电子制造于一体，成为校内最大的工程实践教学基地。1997年至2006年，基础工业训练中心年均完成校内26个院系、48个专业的一线教学工作量约30万人时，承担校外实践教学工作量约6万人时。在建设世界一流研究型大学思想指导下，训练中心充分利用教学资源，在课程建设方面取得了突破性进展，共开发、开设了近30门必修、选修和培训课程。1997年，电子工艺实习基地被北京市教委授予"北京市高校定点实习基地"。

三、攻坚：一类课、核心课、精品课与实践教学基地的发展

20世纪80年代后，我们这些"新工人"成为金工实习课程教学骨干并逐步承担了教研室领导工作。这时，正赶上我国教育领域大变革、大发展，我们遵循"自强不息、厚德载物"的校训、"行胜于言"的校风，敬业奉献、勤奋实干，在课程建设方面不断取得进展。

"一类课程"是我校优秀课程的称号，也是所有课程建设的目标。1986年学校发布评选一类课通知后，金工教研组带领金工实习课程团队，按照一类课质量要求，在扩大学生受益面的同时，坚持抓教学质量的持续提升，1988年就通过了一类课评审，是学校较早获得"一类课程"称号的课程，并在1991年、1994年、1997年、2000年4次通过学校复审，保持了校级"一类课程"的光荣称号。

1997年，学校为课程改革与建设的可持续发展，发布设立核心课程举措，金工实习课程被学校认定为校级核心课程。

1999年，学校公布《清华大学"精品课程"评价方案（试行）》。2000年4月，在一类课程复审会上，学校明确提出将金工实习课程建设成一类精品课程的要求。2000年5月，金工教研室和机械厂将建设校级一类精品课程列为重点工作，提出3年内将金工实习课程建设成校级一类精品课程的奋斗目标。2001年，学校发布《清华大学关于设立并实施"百门精品课程建设工程"的工作意见》，同时列入"985工程"教学项目建设规划。机械制造实习（金工实习）课程被学校列入"百门精品课程建设工程"校级重点项目。2003年，机械制造实习（金工实习）校级精品课程建设项目通过学校验收，专家组评审结论为"优秀"。2004年，我校的机械制造实习（金工实习）课程先后获评"北京市精品课程"和"国家精品课程"，是全国工程训练领域首门国家精品课程。

在金工实习持续发展、获得一系列荣誉称号的同时，新开创的电子工艺实习也在巩固、完善的基础上努力开拓，推出多项改革举措。其主要有：

创建创新实验室（学生电子科技活动站）。1992年，电子工艺实习教研室在指导学生科技活动中，创建了学生电子科技活动站——后来改称创新实验室，教研室提供场所、咨询指导和工具仪器材料，学生自主实践。许多学生在这里完成了自己的科技制作和课程设计、毕业设计课题，包括创业办公司的处女作。最多时，每年的学生超过1000人次，成为后来开放实验室、创客中心的原型，为培养创新人才发挥了积极的作用。

将电子制造领域的先进技术引入实践教学。在全国，我们率先在电子实习中引入表面贴装技术（SMT），改变了电子实习就是电烙铁、螺丝刀加万用表的传统模式。这一改变适应21世纪电子信息发展的需要，达到了基础训练与先进技术相得益彰，受到学生普遍欢迎，取得了很好的教学效果。2003年，《中国教育报》文章《实践教学要适应现代高科技——看清华大学的电子工艺实习》对此给予了高度评价。工程实践教学与企业结合，2004年，和世界500强的伟创力公司达成合作，由伟创力公司捐赠全套SMT设备，建成清华-伟创力表面贴装技术（SMT）实验室，成为当年高校与企业合作的盛事，被2005年4月出版的国际数据集团（IDG）旗下的 *EM CHINA* 杂志评为"2004中国电子制造10件大事"之一。此后，陆续与美国的UIC（环球仪器）、KIC、Vitronics Soltec（维多利绍德），以及以色列的VALOR、英国的DEK、德国的LINDE等电子制造领域著名企业达成合作。这些企业不仅为我校电子实践基地提供了价值上千万的设备、软件和教学资源，而且还为我校学生提供到企业实习，以及设立工程实践奖学金等，为我校卓越工程人才的培养发挥了积极作用。

2004年4月，清华-伟创力表面贴膜技术（SMT）实验室成立举行签字仪式，后排左4为马二恩

电子实践基地为了充分利用实践基地条件，为我校学生提供更多的实践选择，创造更多的实践机会，发挥了更强的实践支撑。例如：

● 开设"表面贴装技术基础"选修课，为一部分对 SMT 有志趣的学生提供深入的专业课程，自 2003 年起，累计培养学生数百人；

● 为拔尖学生培养试验计划的钱学森力学班开设具有工程实践特色的"电子系统的物理实现过程与可靠性研究"课程，获得学生和钱班老师认同；

● 资源开放，承担从小学生到研究生、从科技夏令营到新生创新实践大赛等多种实践教学项目，受益学生达数百人；

● 为国家级精品课"实验室科研探究"开设"现代电子制造与可靠性"与"电子产品的可制造性设计"两个单元，每年参加学生超过百名。

我校的电子实践教学不仅在全国开设最早、规模最大，而且一直以先进的理念、高质量的教材、完备的教学文件、品种多样的实践产品以及实验教学设备等整套教学软硬件引领全国：

● 每年接待数十批兄弟院校来访，教学文件、教材、教案等被几百所院校引用和参考，推动了全国实践教学；

● 自主开发的用于电子实习教学的 SMT 教学实习系统、PCB 快速制作系统和相应的实习产品，不仅提升了我校电子实习教学质量和水平，而且作为电子实践基地经典配置被众多兄弟院校采用；

● 主持成立北京电子实习研究会，进行多次教学研讨和交流活动，天津、河北、广东、陕西、安徽等地多所高校参加；

● 通过举办电子实习教学培训班和应邀参加各地电子实践教学研讨会，把先进的实践教学理念和切实可行的举措传播出去，支持和推动全国高校的电子实践教学发展，据不完全统计，2004 年，清华与企业合作创建 SMT 实验室后三四年间，国内高校新建 SMT 实验室达 120 多个。

2020 年 11 月 24 日，全国劳动模范和先进工作者表彰大会在北京人民大会堂隆重举行。习近平总书记出席并发表重要讲话，在以往表彰大会上强调"要始终弘扬劳模精神、劳动精神"的基础上新增了"工匠精神"。"工匠精神"就是执着专注、精益求精、一丝不苟、追求卓越。今日之中国，尽管已经成为世界制造中心、制造大国，但还不是制造强国，产品质量整体不高，关键核心技术受制于人的局面尚未根本改变，背后的重要根源之一，就是缺乏具备"工匠精神"的高技能人才。

大学是教育的塔尖，是高精尖人才培养的摇篮，在理科和工科的教学活动中，必须坚持理论联系实际，培养学生的实际操作能力，只有这样，才能真正做到学以致用。我们这些在校办厂工作的"新工人"教师，不仅要把理论知识传授给学生，更要把在实践中历练出的宝贵的"工匠精神"传承下去。

四、成果和荣誉

2008年11月，清华大学校务委员会通过决议，调整基础工业训练中心的隶属关系，明确训练中心作为机械工程学院的组成单位，并纳入学校教学工作体系，统筹规划、具体实施全校工程实践教学和科研相关工作。2009年，训练中心领导班子换届，李双寿任主任，李生录、洪亮任副主任，训练中心实现了实体化转型。此后，训练中心围绕清华大学建设世界一流大学的整体目标，进一步转变教学理念，明确在学校人才培养中的地位和职责，重视教学人员全面素质的不断提升，重视实践教学基地条件的不断改善，确保工程实践教学在新的起点实现可持续发展。长江后浪推前浪，我校工程实践教学育人必将迎来更加璀璨的未来。

从1978年我们这一批"新工人"转为从事实践教学的年轻教师，到2011年清华100年校庆时陆续退出教学与管理第一线的30多年间，我校的工程实践教学一直处于国内领先位置，获得校级、北京市级和国家级奖项和荣誉称号几十项，主要奖项和荣誉称号有：

1. 教学成果奖
- "金工教学实习的发展与突破"项目获国家级教学成果优秀奖（1989年）；
- 1997年，北京市跨校合作研究项目"北京地区'金属工艺学'课程建设的研究与实践"获北京市级教学成果一等奖；
- "工程材料与机械制造基础"课程全面深化改革与建设项目获北京市级教学成果二等奖；
- 2001年，北京市跨校合作研究项目"工程实践及制造工艺系列课程的新突破"获北京市级教学成果二等奖；
- 2005年，"创建国内领先的工程训练教学示范中心"项目获国家级教学成果二等奖。

2. 先进集体
- 1989年，金工实习教学组获评北京市级先进集体；
- 1986—2000年，金工教研室获校级先进集体5次。

3. 优秀教材奖和国家级规划教材
- 《金属工艺学实习教材》第1版获评国家教委优秀教材二等奖；
- "《机械制造工艺基础》立体配套教材"项目获北京市级教学成果二等奖；

"十五""十一五"国家级规划教材

● "十五"国家级规划教材3部,"十一五"国家级规划教材7部,其中一部填补国内空白。

4. 实验技术成果奖

数控线切割二维创新与制作系统、表面贴装技术(SMT)实习系统和印刷线路板(PCB)快速制作系统,三项成果获清华大学实验技术成果一等奖。

5. 实验教学示范中心、优秀教学团队

● 2006年,基础工业训练中心先后获评"北京市级实验教学示范中心"和"国家级实验教学示范中心";

● 2009年,工程训练系列课程教学团队先后获评"北京市级优秀教学团队"和"国家级优秀教学团队"。

上述奖项主要完成人和教材主编基本都是我们这些"新工人"。

五、结束语

时光荏苒,星移斗转。在新冠肺炎疫情特殊时期以特殊方式纪念我们毕业50周年时,当年风华正茂的"新工人",都毫无悬念地成了"老人家"。回顾几十年在工程实践教育第一线为学校培养人才做打基础和铺路的工作,虽然在我们简历中没有耀眼的国外教育背景和一长串SCI、EI论文目录,也没有学生聚会时忘不了邀请的"班主任""导师"的待遇,但是我们知道"高楼万丈平地起"离不开地基,行万里登高峰少不了铺路石。我们没有辜负母校的培养,在共同实践清华人"自强不息、厚德载物""行胜于言"的拼搏中,贡献了我们的力量。

2021年,正值中国共产党成立百年之际,母校也迎来了建校110周年庆典,站在这样一个全新的历史坐标点上,回顾往昔的点滴,不禁感慨万千。伟大的时代赋予了我们这一代人机遇，同时也伴随着挑战与考验；国家的发展为我们提供了前进的保障，而清华给予了我们每一个人施展才华的平台。

2021年7月1日，习近平总书记在庆祝中国共产党成立100周年大会上发表重要讲话指出："初心易得，始终难守。以史为鉴，可以知兴替。我们要用历史映照现实、远观未来。"我们今日的回望，亦是为了未来更长远的发展：怀着对祖国与母校深厚的感情与无限的眷恋，在感悟峥嵘岁月的同时，从前人来时走过的路中汲取智慧与养分，重新唤起对新时代工匠精神的回归，以及无惧困境、勇于开拓的气概与昂扬斗志，这才是这份回望与记录的价值所在。

时至今日，传承与创新的旗帜、民族复兴之重任，交予了年轻一辈的手中，愿你们能够继承并发扬清华人执着专注、追求卓越的工匠精神，坚定理想，不负韶华，以青春的奋斗书写出更壮阔、更绚烂的篇章！

2021年7月

林亨，女，1946年生，福建莆田人。教授。1964年考入清华大学冶金系，1970年毕业分配到北京第一机床厂工作，1978年调回清华大学机械系任教。1992年到美国普渡大学工业工程系做访问学者一年。曾任机械系副主任一职。2001年调入工业工程系，历任系总支书记、党委书记。

和学术大师共事,创建世界一流学科

林 亨　冶金系 1964 级 压 0

一、访学普渡大学,初识学术大师萨文迪

我原是清华大学机械系的教师,1992 年 11 月由机械系俞新陆教授联系,派我赴美国普渡大学工业工程系做访问学者,从而结识了萨文迪教授。到了普渡大学才知道,萨文迪教授 1990 年入选美国工程院院士,是国际工业工程领域的著名学者,在国际上享有很高的声望。

萨文迪教授身材高大魁梧,学识渊博,待人热情、爽朗、风趣、幽默。和他一起工作、交流十分轻松愉快。原来,我对工业工程一无所知,在萨文迪教授的帮助下,我在普渡大学学习、工作 1 年,听了工业工程系开设的课程,参加它们的学术交流会,参观了学生实习的工厂,了解到工业工程学科在美国已有 100 多年历史,是美国七大传统工程学科之一,它融工程和管理于一体,在美国的工业和经济发展中起到了巨大的作用。工业工程是关于复杂系统有效运作的科学,它将工程技术与管理科学相结合,从系统的角度对各行业的企业或组织中的实际问题进行定量分析、优化和设计。它是一门以系统效益为目标的、独立的学科。这一年的访问学者经历,对我了解工业工程学科起到了启蒙的作用。

萨文迪教授对来自中国大陆的学生印象都非常好,他跟我说,他有几个来自清华大学的博士生,非常优秀,他们不但聪明,而且非常勤奋,节假日都不休息,都在作研究,这几个学生给他留下了非常好的印象。那一年,我们合作得十分愉快。他对清华大学也留下了深刻的印象。

我回国后,到了 1995 年夏天,当得知萨文迪教授被中国科学院软件所授予荣誉博士学位时,我专程到现场参加他的授予仪式,向他表示祝贺。同时,我也进一步了解到,他是一个热爱中国,愿意促进中美两国之间科技、文化交流的国际友人和友好使者。

二、高起点创建工业工程系,聘请萨文迪任首任系主任

我国自改革开放以来,随着国内经济的快速发展,由于认识到工业工程学科在发达国家的经济和社会发展过程中起到的巨大作用,国内不少高校都建立了工业工程系或工业工程专业。清华大学1993年在精仪系设立工业工程专业和研究生学位授予点,1994年开始招收硕士和博士研究生,1997年开始招收本科生。当时,主管教学的精仪系副系主任姚健教授是我校工业工程专业的召集人和负责人。

我记得是2001年2月15日晚上,杨家庆副校长召集我们机械系和精仪系的几个与工业工程相关的教师开会,参加的人有精仪系的姚健、郑力、于明,机械系的我和吴甦。杨副校长向我们介绍了学校筹建工业工程系的决定,要求高起点、高水平,创建世界一流的工业工程系。为此要求我们组团到美国最好的工业工程系和德国亚琛工业大学(当时我校与亚琛工业大学已有联合培养硕士项目)考察访问。当时确定的美国普渡大学工业工程系是我们访问的学校之一。因此,我给萨文迪教授发了个邮件,说明我们学校要筹建工业工程系,准备去他们学校访问,他回信表示非常欢迎。当年5月,我们组团出国考察访问。团长是郑力,成员有研究生院的赵伟,精仪系的姚健、于明,机械系的吴甦、张伟和我共7人。在普渡大学,萨文迪教授十分热情地接待了我们,并安排工业工程系主管教学的教授介绍情况,还参观了他们的实验室。当时他就表示非常愿意帮助我们建立工业工程系,愿意提供一切帮助,给我们留下了深刻的印象。

出国考察访问回来后,我们向杨家庆副校长汇报了情况,并介绍了萨文迪教授表示十分愿意帮助我们建系,杨副校长十分高兴。过后不久,杨副校长告诉我们,学校领导经研究准备聘请萨文迪教授出任我校工业工程系首任系主任,问萨文迪教授是否愿意。当我把这个信息传递给他以后,很快就收到了他的回复,他表示非常愿意。萨文迪教授如此痛快地欣然接受清华大学的邀请,是基于对清华大学有非常好的印象。他后来对采访的记者说:"一方面,我曾经在美国教过从清华毕业的博士生,他们都非常优秀,让我印象深刻;另一方面,清华大学是中国久负盛名的大学,尤其在理工科领域。我非常希望成为它的一员,并帮助它实现成为世界一流的目标。"当时,学校决定聘请萨文迪教授来担任首任系主任,是非常有远见、有战略意义的。我们清华大学要做事,就要做最好的。当时,国内已有不少高校有了工业工程系或专业,而我校的工业工程学科的基础力量是在机械学院中的精仪系有一个工业工程教研组,有5位教师;机械系的我曾经去美国普渡大学的工业工程系做过访问学者1年;还有当时由杨家庆副校长推动的清华大学和德国亚琛工业大学联合培养硕士的几位相关教师。因此,当时学校决定成立工业工程系,聘请国际上工业工程领域

的著名学者萨文迪教授为首任系主任,同时,选派精仪系制造所所长、年轻、学术造诣高又有领导能力的郑力教授担任执行主任,并担任萨文迪的助手;选派我担任系党总支书记,姚健教授为系顾问,抽调机械学院、经管学院十几名骨干教师组建工业工程系,这是一个十分英明的决策。

三、创新教育模式,追求学术卓越

经过紧张有序的筹备工作,2001年10月11日,清华大学工业工程系正式成立。在成立大会上,王大中校长向萨文迪教授颁发聘书,同时聘请萨文迪教授为清华大学讲席教授。这是新中国成立以来高校首位外籍系主任,当时在社会上引起很大轰动,新闻媒体进行了大量的追踪报道,认为清华大学在国际化、开放式办学方面开创了一个先例。

萨文迪教授(左)从王大中校长手中接过聘书

萨文迪就任时就承诺,要将清华大学工业工程系建成世界一流的工业工程系,他为我们工业工程系题写的立系宗旨是:"在教育和研究方面建成世界一流的工业工程系,致力于提高中国和世界的生产力,提高人民的生活质量和生活水平。"他就任后,认真地、忠实地履行自己的系主任职责,为我们系尽快达到世界一流水平投入了大量时间和精力。萨文迪教授每年来清华两次,每次1个月,安排在5月和10月。他十分珍惜在清华工作的这段时间,他每天的日程都安排得满满的,从早上8点到晚上八九点,中午只有短暂的休息。我的办公室就在他的办公室旁边,每天我上班时,都能看到他已经在办公室和郑力谈工作,或是和系教师或他的博士生谈研究,或是接待来访。

我们系在萨文迪教授的指导下,参照国外发达国家工业工程系的教学计划和课程设置,选择英文教材,专业课采用全英文授课,建立了全新的教学体系。由于我们系教师都不是工业工程专业出身,为了尽快提升我们系教师的教学水平,在建系初期的两年里,萨文迪以他的学术地位和影响力为我们系聘请了6位美国普渡大学和学界的优秀教师来系为学生授课,同时安排系里对应课程的教师作为助教。萨文迪十分关注对学生的创造力培养,他在系教师会上一直强调和要求,教师不仅要向学生传授知识,还要特别注意启发和培养学生的创造力。他本人还亲自为新生授课。他幽默风趣的授课风格和启发式的讲课方式深受同学们欢迎。

高质量、高水平的师资队伍是建设世界一流工业工程系的关键要素。萨文迪十分注重师资队伍建设,他要求对系里各类教师在教学、研究、服务三方面提出具体的高要求指标,并在聘期内进行严格考核。这项措施的实施,对我系师资力量的提升起到了重要的作用,保证了我系师资队伍的高水平。我系也是后来全校第一批进行人事制度改革的系。对于新引进的青年教师,他都要求经过国际同行进行评审,严格把关。他要求我系教师作学术研究要选择当前世界上工业工程领域的研究热点去做,在有影响力的学术刊物上发表文章;并积极帮助我系教师走上国际舞台,推荐在学术期刊上担任编委,参加国际学术机构。另外,他说工业工程系的教师做项目、作研究要为社会发展服务,并身体力行。2009年,在我系和东莞华坚鞋业集团的合作项目中,萨文迪亲自和我们一同到华坚鞋业集团去考察,并提出如何提高生产率的解决方案。2010年11月,美国《华尔街日报》发表了关于清华大学工业工程系系主任萨文迪去华坚集团考察的报道,对萨文迪在中国的作为十分赞赏,并给予了很高的评价。萨文迪不仅花大力气帮助我系教师尽快提高教学水平和研究能力,还积极为我系引进优秀师资。2002年,萨文迪推荐优秀的我国台湾籍学生饶培伦来我系任教。饶培伦不负众望,工作努力出色,2011年获国家科学自然基金杰出青年称号,现在已经成为工业工程学科人因工程领域的专家和学术带头人。

四、洋系主任与系党政领导班子密切配合,共担当,堪称典范

萨文迪担任首任系主任期间,由郑力担任常务副系主任,主管教学、科研、外事方面的工作;我担任党委书记,同时兼管人事、行政、财务、实验室工作。萨文迪一直和我们密切配合,他提出的要求和措施,都会和我们反复讨论,并取得我们的一致意见。尤其是在教育理念、学生培养、人才引进、师资队伍考核、学术研究

领域这些方面，都是按照世界一流大学要求，尽量取得我们的共识，直至实施。

萨文迪很会做人的工作，他十分注意了解我们系的每一个教师。在他担任系主任的10年里，他每次来清华工作，都让我们安排他和一个教师及其家人吃一次晚餐，在轻松愉快的环境里，来了解这个教师的各方面情况，以做到知人善任。

萨文迪来清华工作期间，真正把自己当成是清华大学的一员，积极参加我们学校和系里组织的活动。2005年5月，正好赶上学校举行全校教职工运动会，当我们问他是否参加时，他非常爽快地说："当然啰！"于是，当身材魁梧的洋系主任萨文迪作为系领队雄赳赳气昂昂地带领我们走过主席台时，全场轰动，掌声热烈。

2005年10月，学校开展党员先进性教育，我们系组织去西柏坡、白洋淀参观学习，征求他意见是否参加，他也十分高兴地表示："好啊！"那次行程非常辛苦，参观学习主要靠步行。他虽然年事已高，体形又胖，长途跋涉走得浑身是汗，但他仍然认认真真兴致勃勃地和我们一起参观学习，我们全体教师都被他的精神所感动。

萨文迪和我们系党政领导班子保持紧密、良好的配合，他尤其对他的搭档年轻的常务副系主任郑力的评价十分肯定和满意。他对来采访的记者说，郑力不仅是一个出色的科学家，而且是一个很好的教育家。在萨文迪不在清华工作的日子里，他和郑力随时保持着电子邮件联系，通过邮件进行工作交流和沟通。萨文迪对系里每位教师和工作人员都十分友善，平易近人，和他在一起会感到十分轻松愉快。他对他的秘书南婕的工作也十分赞赏和满意。

萨文迪认真履行自己的系主任职责，他每年来清华工作都会主动提出见校长或书记，向学校领导汇报他一年来的工作和未来的计划。他和我们学校几任校长、书记都保持着良好的关系。2010年，陈希调任辽宁省委副书记后，我们还陪同萨文迪专程赴沈阳拜见了陈希书记。

五、十年耕耘奋斗，创造世界一流

就任工业工程系首任系主任以来，萨文迪倾心投入，真是把担任清华大学工业工程系系主任作为他的事业来做。他虽然工作繁重，年事已高，但总是那么精力充沛，不知疲倦，充满活力。在他的影响和领导下，我们全体教职员工朝着世界一流大学的目标团结一致，努力拼搏，几年里工业工程系取得了跨越式发展。2006年工业工程系建5周年时，由6名国际工业工程领域的权威学者组成的评估专家组对工业工程系进行国际评估，他们认为，以美国近150所高校工业工程领域的教学研究水平作参照，我校工业工程系的本科教育达到了全美前20名的水平，研究生教育达到了全美前25名的水平。这一年，萨文迪荣获中国政府颁发的"国家友谊奖"，受到了温家宝总理的亲切接见。这个"国家友谊奖"是中国政府授予来华外国专家的最高荣誉奖项,用以感谢和表彰外国专家在我国社会发展和经济、技术、教育、文化等建设事业以及人才培养中所作出的突出贡献。

2011年4月,工业工程系进行第二次国际评估,评估专家认为,清华大学工业工程系的本科生教育达到了全美前10名的水平,部分研究领域已有世界一流的表现。

全系教师与国际评估专家合影

2011年10月,工业工程系建系10周年,也就是萨文迪教授在清华工作10周年,工业工程系举行10周年庆典大会。当时的清华新闻稿是这样描述的:10月15日下午,工业工程系在主楼举行10周年庆典大会。美国工程院院士、工业工程系系主任加弗尔·萨文迪(Gavriel Salvendy)将工业工程系的"金钥匙"交给执行系主任郑力——萨文迪的系主任10年聘期即将到期,他将担任工业工程系顾问委员会主席一职。校长顾秉林出席了庆典大会,对10年来工业工程系取得的发展给予充分肯定,对萨文迪10年来杰出的领导给予高度评价。顾秉林说:"2001年,当萨文迪教授接受清华聘书时,不仅意味着清华拥有了新中国成立以来的第一位外籍系主任,也标志着清华在追求一流、在开放式办学上迈出了重要一步。而今,10年过去,工业工程系很好地实践了10年前确定的高起点、高水平、开放式的建系方针，发展可谓卓有成效。"萨文迪在会上说："我非常高兴 10 年前开始这一场奇妙的旅程，跟老师们、同学们一起在教育改革上，在产学研合作的道路上共同奋斗。"他还提到，在过去的 10 年间，工业工程系取得了很好的成绩，不管是在本科教育还是在博士生教育、科学研究方面都取得了丰硕的成果，这一切都要归功于郑力老师和整个团队的不懈努力。"

六、友谊长存，致敬与感谢我们的洋系主任萨文迪教授

萨文迪卸任后，担任系国际顾问委员会主席，但仍然关注工业工程系的发展，与工业工程系保持密切联系。2013 年 12 月，萨文迪来清华参加我校第 24 次教育工作讨论会系列活动，并应邀作了创新教育模式特邀系列报告《增强学生创造力》。几年来，萨文迪多次邀请顾问委员会成员来清华，听取我们系工作汇报和考察实际情况，通过顾问委员们的集思广益，帮助清华工业工程系的各项工作提高到一个新的水平。工业工程系也在新任系主任郑力和继任系主任申作军、赵晓波的领导下，全体教师团结一致，朝着世界一流大学的目标努力工作。

2019 年 5 月，由 6 位美国工程院院士组成的国际顾问委员会对工业工程系进行了第三次国际评估，就 2011 年以来的各方面工作进展进行了综合评估。国际顾问委员会认为：与美国高校工业工程教育相比，清华工业工程系的本科生教育可排前 5 名，研究生（博士生）教育可排前 20 名。国际顾问委员会指出，工业工程系学生素质非常优秀，师生交流密切，整体氛围融洽；师资队伍很好，开展了具有重要影响力的研究工作；工业工程系教师在国际学术领域的参与度，为工业工程系赢得了良好的国际声誉。萨文迪担任此次顾问委员会主席。

如今，工业工程系自 2001 年建系已经 20 年，我系本着高起点、高水平、开放式的办学方针，创新教育模式，追求学术卓越，在人才培养、学术研究和社会服务等方面都取得了丰硕的成果，在国内外享有盛誉。这一切，除了工业工程系全体教师的拼搏努力，还要特别感谢我们的首任系主任、为中国教育事业作出突出贡献的学术大师、国际友人萨文迪教授。

2021 年 5 月

郑燕康,男,1944年生,福建福州人。教授。1964—1970年在清华大学冶金系学习,毕业后留校任教。1983年获工学硕士学位。历任研究生处副处长、研究生院副院长,清华大学总务长、副校长、校务委员会副主任、河北清华发展研究院院长及"863"新材料领域专家委员会副主任、全国高等学校设置评议专家委员会副主任等职。获国家级教学成果一等奖3项,国家科技发明二等奖10余项。

努力做好组织交给的每一份工作

郑燕康　冶金系 1964 级 金 0

我于 1964 年入学清华大学冶金系，1970 年毕业留校，1978 年攻读金属材料专业硕士学位，同时担任机械系学生组组长。1983 年 3 月 31 日完成硕士论文答辩，获工学硕士，继续留校任教，在机械系金属材料教研组从事科研教学工作。

1984 年 9 月的一天晚上，学校研究生院副院长方惠坚老师突然来我家，向我介绍研究生工作，动员我到研究生院工作。我很意外，经过再三考虑，我同意到学校工作。第二天，我就将此情况向我的导师方鸿生教授作了汇报，他很不赞成我到学校工作。几天后方鸿生老师告诉我，他去找了校党委书记李传信老师，希望不要调我到学校工作。而李书记却劝他说："他到学校工作，可以双肩挑，还可以干你的贝氏体钢的研究工作嘛。"方老师只好作罢。

1984 年 11 月，我到学校研究生处工作，在随后的 13 年间，任研究生处副处长兼校学生部副部长，主管研究生思想工作。1988 年 3 月，改任研究生处副处长，负责研究生招生、财务管理、学科建设等。1994 年 10 月至 1997 年 12 月，任研究生院副院长，兼任校"211 工程"建设办公室主任等。

1997 年 12 月，我调任清华大学总务长，1999 年 3 月任学校副校长兼总务长、绿色大学建设办公室主任等职。在学校机关工作二十几年，我牢记校训"自强不息，厚德载物"，努力做好每项工作。

一、探索研究生政治思想工作新模式——研究生社会实践

1985 年暑假前，力学系几名博士生找我，介绍他们在暑假拟组织一场校外活动，即前往山东滨州市开展科技服务，并进行社会调查活动。他们说滨州市委市政府非常支持，也希望学校支持。我第一个反应是：博士生主动到社会去，了解社会，为社会作贡献，这是一场别开生面的博士生社会实践活动，非常好。把研究生政治思想教育搬到社会去，应予以大力支持。于是，我决定和他们一起前往，参加他们的社会实践活动，帮助他们解决一些问题。

博士生联系了四五个企业，开展调研和选题工作，他们调研企业生产中的技术

问题，选择攻关项目，提出科研工作方案。有的博士生常驻在企业攻关，有的项目需要回校做实验。我帮助他们在校内创造条件，协助落实实验，还请相关导师予以指导与帮助；同时，地方政府提供了交通、食宿和工作等条件。

经一个多月的紧张工作，这几个博士研究生解决了企业生产中的问题，受到企业的肯定，圆满完成了科技活动和社会实践，取得了很好的成效。回到学校后，我们进行了认真的总结，博士生都觉得收获很大。

通过这次活动，学校与地方政府建立了密切关系，地方政府和企业都希望1986年继续扩大博士生社会实践规模。同时，学校与地方政府共同商定在当地建立清华大学研究生社会实践基地。

回到学校后，我们总结出博士生社会实践模式：博士生结合自身专业，选择实践单位，开展项目科技攻关，编写完成项目的技术报告和思想收获总结，并通过实践单位和学校审查后，可给予相应学分。1986年在校内组织新一轮较大规模的博士生社会实践研讨，经进一步总结规范，提出《清华大学研究生社会实践管理规定》（下称《规定》）。《规定》规范研究生社会实践流程、总结、交流活动，并将其纳入研究生教育培养的一个必修环节，记学分"1分"，此规定获得研究生院院务会通过。

1987年研究生社会实践活动全面铺开。到1990年已在全国近20个省市设立了60余处研究生社会实践基地，清华大学每年有1000名博士生和部分硕士研究生参加社会实践必修环节。

在研究生社会实践会上发言

随着社会实践的不断深入,我们不断探索适合研究生特点的德育工作,提倡"参与式""自主式"管理教育方法;采取校内教育与校外社会教育相结合模式,在社会实践中育人;开展学校组织教育与研究生自我教育相结合,使研究生在自我教育、自我服务、自我管理中不断提高。

研究生德育教育与培养管理和科学实践全过程结合,形成了新时期研究生德育工作的新特点,促进了研究生思想教育工作健康发展。1993年,清华大学研究生院申报的"研究生社会实践制度的试验与改革"项目获得高等教育国家级优秀教学成果二等奖。

二、探索新型的研究生教育体系和制度

"文革"后,国家实施改革开放,教育和各条战线一样,迎来迅速发展的新局面。清华研究生院于1984年6月成立,是全国高校中首个研究生院。当时,研究生院是虚体,仅设院长和副院长。研究生教育的日常工作由研究生处运行、内设:研究生招生办、管理科、培养科、思想教育科和研究生处办公室。随着研究生规模的不断发展,研究生培养、管理不断成熟,研究生院于1996年3月改为实体,撤销研究生处。研究生院下设研究生培养处、研究生管理处和研究生院办公室;原研究生思想教育办公室更名为研究生思想教育处。我认为,从1978年到90年代末,我校研究生教育发展有两个重要阶段:1988年,高景德校长提出,清华大学研究生教育应以培养博士生为主,这是全国研究生教育界最早提出重点发展研究生教育的新阶段。研究生教育往高层次发展,将促进学校科学研究进入新的发展阶段。1994年,我校研究生教育迎来大发展。当时,经多方努力,我校从国家教委研究生司招生处争取到一个特殊政策,即可根据学校办学条件,自行确定年招收研究生数量,随后到国家教委研究生招生处备案,这突破了研究生教育发展的瓶颈。我校硕士生、博士生招生规模得到大发展。如1995年,经济管理学院首次年招生计划达500人(以往该院年招生计划仅100人)。3年后,经管学院在校硕士生数量实现了"211工程"规划的1500人规模。同时,理科、文科等学科也迅速得到发展。全校的博士生年招生超过500人,在校博士生人数迅速达3000人。

随着国家改革开放的不断深入,各条战线飞速发展,出现严重缺乏高层次人才的现象,迫切要求高校多渠道地为企事业单位培养、输送高层次人才。

在这个大背景下,我校研究生院探索新型研究生教育体系和制度,提出:(1)要为在实践岗位上取得业绩、并有丰富生产经验的工程技术人员和管理人

员，经考核后提供多渠道、多模式的高层次培养；（2）创造条件，促进应届本科生先工作在实践中锻炼成长，带着问题回学校学习，从而提高研究生的培养质量；（3）要大力加强导师队伍的建设，尤其博士生导师队伍的建设，加强研究生培养条件的建设等。

为创建适合我国科研和经济发展需求的新型研究生教育制度，我校研究生院开展了一系列研究生教育的改革和实践。

（1）1985年，开始实行"保留研究生入学资格"制度。鼓励获得研究生入学资格的应届本科毕业生到基层企事业单位工作2~5年，再回校攻读硕士学业。这一改革提高了研究生生源的综合能力和素质，扩大了学校与社会的联系。

（2）1986年，实行"论文博士生"制度。这是面向企事业单位的优秀业务骨干开展的特殊招生与培养方式，为社会培养高级技术和管理人才的一项改革措施，被企事业单位称赞为是一项具有战略意义的改革工作，犹如雪中送炭，得到时任国务院总理李鹏同志的高度肯定。

（3）1988年，我校率先实行将博士生、硕士生社会实践列入培养计划制度，加强研究生对国情和实践的教育，拓宽研究生教育为社会服务的道路。

（4）1988年，我校与国内兄弟院校一起提出并开始实施"进校不离岗"方式，培养工程类型研究生的试点，随后由国家教委向全国推广。1995年又面向国家十几个大中型企业举办研究生课程进修班，受到企业的欢迎。

（5）1989年，开始实行"助教博士生"制度。让博士生参与教学、科研和管理工作锻炼，提高博士生全面素质，促进学校人事制度改革，改善博士生待遇。

（6）1989年，我校提出"先上岗、后戴帽"的办法，让有能力的教授在未获得国务院学科评议组批准为博士生导师的情况下，及早上岗培养博士生，充实了我校博士生导师队伍，促进了博士生导师队伍的年轻化。

（7）1991年，实行"优秀本科毕业生直接攻读博士学位"的试点。这一改革，提高了博士生生源质量，优化了研究生的培养过程，提高了办学效益。直博生的学位论文优秀率比其他生源要高出23%。

（8）为促进研究生创新素质培养，瞄准世界科技前沿，不断加强学科、课程和教学实验室建设。组建7个学科群并加强建设，开设38门学科前沿课程，建立多媒体阅览室，以及计算机接口技术、现代测试技术和现代制造物联网技术等12个先进技术实验室。每年可吸纳研究生2000多人次。

经过近10年的实践，研究生院和各院系师生共同努力并推进各项改革，使研究生教育取得了很大的发展，培养了一大批新型高水平、高层次人才。1997年，以梁尤能、林功实、郑燕康、徐远超、沈培华署名的"研究生教育管理制度的改革与

梁尤能副校长（前排左3）与研究生院部分工作人员合影，二排左3为郑燕康

建立——清华大学研究生教育改革与实践"获全国普通高校国家级优秀教学成果一等奖。

三、探索工程硕士研究生培养试点

1988年实行的工程类型研究生培养制度，仍属于工科研究生学术型培养范畴内进行的改革探索。我们在与工矿企业和工程建设部门接触中发现，特别是国有大型企业，迫切希望高等学校能为它们培养具有产业与技术最新知识和能力的、应用型、复合型的高层次工程技术和工程管理人才，这就需要设计一种不同于工科学术型培养模式的新的研究生专业学位。在国家教委学位办谢桂华副主任和工科处梁国雄处长的领导和支持下，我们开展探索工程硕士专业学位的研究，为工程及应用研究领域培养高层次硕士人才。

1992年，国务院学位办批准由清华大学牵头，组织上海交通大学、西安交通大学、北京科技大学、华南理工大学等研究生院组成工程硕士专业学位设计研究小组，由我任组长，吴振一同志任秘书长。经过两年调研，查阅大量国外高等教育发展文献，对工程硕士专业及培养模式等进行详细的研究，于1994年元月在广东肇庆召开结题验收会。完成国务院学位办委托的《设立工程硕士专业学位的可行性报告》和制定《工程硕士研究生培养方案的指导建议书》。随后，国务院学位办上报国务院学位委员会。1997年，国务院学位委员会批准设置工程硕士专业学位并开始招生。国务院学位办批准设立工程硕士专业学位研究会，秘书处设在清华大学研究生院，我兼任秘书长。

经过5年的实践，2001年，郑燕康、陈皓明、康飞宇、吴振一、刘惠琴署名的"复合型高层次工程技术人才——工程硕士培养模式的研究与实践"获得全国普通高校国家级优秀教学成果二等奖。继而，2005年，由王大中校长牵头，西安交通大学、上海交通大学参与的"工程硕士专业学位教育机制的创新与实践"获全国普通高校国家级优秀教学成果特等奖。

四、努力推进并完善"211工程"建设

1993年2月国家教委决定实施"211工程"，并成立由教委主任李铁映同志担任组长的"211工程"办公室，设在国家教委发展规划司。7月，颁发《关于重点建设一批高等学校和重点学科点的若干意见》。

我校接到通知后，迅速成立以王大中校长为组长、常务副校长梁尤能为副组长的"清华大学'211工程'建设领导工作小组"。办公室设在研究生院，我任办公室主任。在全校调研基础上，初步形成我校"211工程"建设的思路——以学科建设和学校教学科研的公共平台建设为重点的建设方案。

在学科建设中，根据国家战略发展需求，为促进学科间交叉，发展科技前沿新学科，我校创造性提出建设一批高水平学科群建设项目。在学校整体条件的建设中，除校图书馆、分析中心、计算中心和大型科研服务平台等重点建设项目之外，首次提出重点发展建设校园网络研究中心（即CERNET）初步建设方案。在与教委规划司韩进司长多次沟通后，得到了高度肯定。对于我校提出有创新性的建设方案，如学科群建设、校网络研究中心的建设项目，韩进司长建议我校多与财政部和国家计委社会发展司（下称"国家计委社发司"）领导进行沟通，争取这些部门领导的支持。经过充分准备后，梁尤能副校长亲自出马，带我前往财政部、国家计委，经多次沟通与努力，最终取得它们的理解和支持。

但校网络研究中心建设项目在一段时间内征得国家计委社发司的支持仍然十分困难，经我与李守信司长多次接触、沟通、交流，我们终于邀请到了国家计委社发司李守信司长一行来校视察清华校园网的初步建设项目。

1994年1月，李司长来校，梁副校长亲自接待，由计算机系吴建平教授和

电子系李星教授具体操作演示。李守信司长有在美国一年访问学者的经历，刚回国不久，他十分了解美国最先进的网络技术，但不了解国内已有此网络技术。他听了梁副校长介绍后，就要求自己亲自操作，很快他上网访问了美国教育部，查看到美国每年教育经费等信息，他对清华信息网有如此先进的网络技术感到十分震惊。经过深入交流和探讨，李司长终于表示，应该大力支持，加快建设。在李司长的全力支持下，我校信息网的建设列入"211工程"重点工程项目。随后，国家计委社发司推动信息网的升级工程，经国内专家认证，1997年，国家启动了CERNET主干网升级工程建设，我校是这个项目的主持单位。1999年，在我校的建议下，国家又进一步决定启动中国教育和科技计算机网、CERNET高速主干网的建设工程，我校仍是这些项目的主持单位。

经过认真的研究和编写，我校《"211工程"建设的可行性研究报告》提出：到2011年，清华大学建校100周年，争取把清华大学建成世界一流的、具有中国特色的社会主义大学。

作为"211工程"建设的总目标，主要建设项目有：

● 规划人才培养，以发展博士生教育为主；

● 加强工科的优势，发展经管、理科、人文社会学科；

● 策划重点建设5个学科群：信息科学与技术、核能与核技术、能源工程、先进制造、材料科学与工程等；

● 6个重点建设学科：人居环境学、结构工程学科、环境工程学科、固体力学学科、经济管理学学科、生物物理学。

届时，我校将有20个左右学科达到国内领先水平，10个左右学科达到和接近国际先进水平。

在"211工程"建设中，为提升学校整体办学实力，重点向全校性教学、科研公共平台项目倾斜，如校图书馆（图书、声像阅读室，多媒体光盘阅览室等建设）、校分析中心、校园信息网、计算中心和10兆瓦高温气冷实验室、200兆瓦核供热堆示范工程、亚微米大规模基层电路制造工艺、高校低污染燃烧技术、电动汽车关键技术、中国教育与科研计算机网示范工程、CIMS计算机集成制造系统、大型集装箱检测技术12个高水平的先进平台。

1995年12月，清华大学"211工程"可行性论证会在国内最早获得专家肯定，并建议尽快启动建设。经过两年零3个月的规划认证，于1996年获得国家计委、国家教委和财政部的批准，正式启动，总经费4.6亿元。

五、创建"绿色大学"项目建设

1997年3月,王大中校长将环境系钱易院士给王校长的信转给我。钱院士在信中提出,应将环境保护和可持续发展的理念、思想贯穿到学校人才培养、科学研究和校园建设的全过程,为国家经济、社会发展作出新贡献。王校长肯定了钱院士提出的课题十分重要,并指出要实施"绿色大学"建设项目。

王校长建议设立清华大学绿色大学建设办公室,由我任办公室主任,教务长兼教务处处长吴敏生、科研处处长冯冠平任办公室副主任,希望我们抓紧开展工作。在工作方案形成后,将"绿色大学"建设工作计划报学校批准。在筹备期间,吴敏生提出"绿色大学"建设项目中的绿色教育工作计划;冯冠平提出绿色科研项目20项;我准备了绿色校园建设计划。

与此同时,我多次到国家环保总局汇报工作,争取总局领导的支持和帮助,最终得到时任总局局长解振华同志的大力支持,并将清华大学绿色大学示范工程列为国家环保总局(1998年至2001年)重点攻关项目。

1998年6月23日,在清华大学召开的建设"绿色大学"国际研讨会上,校长王大中宣布"清华大学创建绿色大学示范工程正式启动"。

"绿色""清华""可持续发展"成为学校工作关键词,融入大学教育、科研和校园建设的全过程。用"绿色教育"思想育人;用"绿色科技"意识开展科学研究和推动环保产业发展;用"绿色校园"示范工程熏陶人。

通过绿色大学建设,大力加强学校校园景观建设。在1998年时,我校种植的草坪均采用质量比较差的草种,每年9月底就变黄了,到第二年的5月份才开始转绿。改造后的草坪是高质量的四季青草坪。种植四季青草坪两个最大的问题是:在茂密树林里能否种植?成本能否下降?当时种四季青草坪的成本高达 $18\sim21$ 元 $/m^2/$月。

为此,我带领修缮中心和园林科的同志到钓鱼台和颐和园参观、学习、座谈,最终我们总结出一套树木剪枝办法,让阳光能照透绿地,同时,提出草坪养护的新制度,并在工字厅南区小山坡上进行了成功的示范。

经实践,我校在高校中第一个大面积种植高质量四季青草坪,而且把运营成本降低到12元$/m^2/$月。之后,学校引进社会专业草坪公司,要求草坪公司替学校种植维护一年,不仅要种好,而且要保活。在学校90年校庆前,加班加点推进工字厅前园林改造、大礼堂区草坪及景观改造、观畴园(万人食堂)与理学院区景观改造、被学生称为"清华情人坡"的景观建设、东西干道两侧绿地设计改造和主楼前区景观建设、主校门区景观建设、主楼中轴线的绿轴改造。根据美国著名后现代主义建筑大师文丘里对清华校园的规划建议，把西区的景观延伸到校园东区，形成一体。那时，可以说校园景观一天一大变，可谓日新月异。

功夫不负有心人，2010年《福布斯》杂志评审全球最美丽的大学校园，清华大学校园被评为全球十大最美校园之一，也是亚洲唯一入选的大学。

总之，在绿色大学建设中，我校做了以下4个方面的工作。

（1）大力推进煤改气的供暖模式，推进主楼集中制暖的供气模式试点，力争开展校园降碳、低碳的运行示范；

（2）大力推进校园绿化与美化，改变过去清华脏乱差的现象；

（3）推进社会上专业的绿化队伍参与绿色校园的建设；

（4）大力提高后勤干部管理水平，有计划地安排各中心主要干部到国外大学参观、考察校园规划和管理运行工作，返校后编写出本部门的绿色校园建设建议书。后勤干部心中有目标，改革有动力，力争为建设世界一流大学作贡献。

六、探索清华特色的后勤社会化改革

1997年年底，我主管学校后勤工作，面临极大挑战。当时我对后勤工作不熟悉，而且后勤业务面很广，涉及基建、保卫、修缮、房管、学生区管理、校园服务与管理、餐饮、绿色大学办公室、校医院、街道10个部门。刚熟悉了工作，又迎来后勤社会化改革的巨大压力。1999年，全国教育工作会议提出"要把后勤从学校剥离出来，实行后勤服务社会化，鼓励社会力量为学校提供后勤服务"。

后勤社会化成为高校后勤改革的方向和目标。我开始到后勤各部门深入调查，了解工作情况和问题。同时，根据王大中校长建议，到国外一流著名大学考察后勤服务工作，也去了香港地区各大学考察，加快了对高校后勤管理的了解。我认为，大学需要后勤，一流大学更需要有一流的后勤。

在出国考察期间，我与哈佛大学主管后勤的副校长座谈，他说大学的氛围是大学生成长的重要环节。在考察香港各大学社会化后勤时，我深深感到大学文化与社会企业经营文化是有很大不同的。经过多方面调研，我认为后勤不能独立于学校之外，更不能成为独立法人的企业。后勤应听学校指挥，应始终为学校中心工作服务。

所以我们制定的后勤改革目标有三：（1）后勤应成为学校教学、科研服务的坚强保障；（2）调动后勤干部职工提高服务质量的积极性；（3）减轻学校负担。

总之，后勤应为学校建设一流大学排忧解难，成为一流大学坚强的、高水平的保障。同时，也认识到提高后勤干部职工高水平服务的积极性是十分重要的。

我安排后勤科级以上干部轮流到国外考察，开阔眼界，使干部有目标、有动力，做到高水平地进行后勤工作。经过深入思考后，我写了一篇《一流大学要有高水平后勤，应加强大学后勤高水平建设》的文章，投到《全国高校后勤管理与改革》刊物编辑部。

教育部张宝庆副部长看到这篇文章（我在研究生院，因学科建设与张宝庆副部长有过多次接触）后约我到他办公室，了解情况。我很认真地汇报了我的想法，并提出一些问题和建议。经过我们深入探讨，他首先给予充分肯定，并提了很多很好的建议，还鼓励我做好学校的后勤工作。我受益匪浅，更加坚定了做好后勤社会化改革，建设有清华特色的新后勤的决心。我们推进一些后勤行政部门取消"处"，改为"中心"，即取消行政处、膳食处、修缮处，成立学生区服务中心、校园接待中心、饮食中心和修缮中心，推进各中心的运行机制改革。这一系列后勤社会化改革的思路与设想，向校核心组汇报后，获得校领导的肯定和支持。

在学校主导下，实行事业单位企业化管理，自主经营，确保高水平运营，提供高质量服务，减轻学校负担，确保学校资产保值增值，经与各中心充分交流和认证后，重点实行了以下4个方面的改革：

（1）取消学校对饮食中心每年170多万元的补贴。鼓励各食堂保证大锅菜质量，适当地予以补贴；在优质服务中增收；允许食堂在小炒中可提取4%管理费；取消学生固定食堂就餐制度，允许学生根据自己的喜欢自由选择食堂就餐，调动各食堂高水平服务的积极性；引进计算机对各食堂进行财务成本核算及决策；对经营好、服务好、收入高的食堂给予经济奖励。中心一盘棋，加强统一采购，尽可能降低运营成本。同时要求中心对固定资产负有保值增值责任，在解决工资等分配外，要求每5年进行修缮及改造，提高就餐环境。

由于这一系列的改革措施，充分调动了饮食中心干部职工的积极性，培养了一批高级厨师。饮食中心各餐厅环境得到显著的改善，菜的品种与质量均有大幅度提高。在90年校庆时，饮食中心还承办了100桌的校庆宴会，达到上等专业水平，得到师生极大赞誉。教育部、北京市教委也给予了高度肯定，清华大学饮食中心被评为全国高校餐饮的先进单位。

（2）校园接待中心负责甲所、丙所、近春园招待所、大礼堂和主楼接待运营，并将学校车队和甲所餐厅、近春园餐厅划归中心运营。中心要确保学校重大活动、会议的高质量接待与服务，中心每年要上交学校一定数额的资金。自我解决工资奖金，保证学校资产保值增值，每5年修缮、改善服务设施。

（3）修缮中心分两块业务，其一，学校教学科研和教职工生活的电、水、暖的保障运营与管理。经核算，在人力资金给予保障的基础上，鼓励中心加强管理，降低运营成本。创收的资金可作为中心的发展改造基金,提升中心为学校服务的保障能力和服务水平。其二,基础设施修缮和改造,校园绿化建设和日常运行均采用社会化模式管理。精兵简政后的中心机构,如园林科仅做业主工作,做好规划、招标和资金管理工作,招聘专业水平高、服务好的社会专业队伍来完成建设运营项目。通过一系列改革,中心人员更加精干,对学校的运行和保障做得更好,效益更高!

(4)校内基建项目也采用新的管理模式。

(1)对新的重大项目设计,采用社会邀标、专家评标的新制度进行。改变过去校内工程由校内设计、领导拍板的评标方式。比如美术学院大楼,建筑面积近7万平方米,占地约1.5公顷,规划设计采用国内外5个设计院邀标设计,随后,邀请国内外13名专家集中评标,我校吴良镛院士任组长,尹稚教授任秘书长,其评标结果出来后,报学校领导班子一致确认,确定美国帕金斯威尔设计公司为中标单位。紫荆学生公寓建筑为35万平方米,占地28.4公顷,采用国内邀标,清华建筑设计院、清华建筑学院、北京建筑设计院、中国建筑设计院、同济设计院参加设计竞标,邀请国内专家13人,其中校内3人,校外10人(均为我校建筑学院校友)评审,我校吴良镛院士任组长,尹稚教授任秘书长。评审结果报领导班子确认,最终由同济大学设计院中标。

1998年作者在修缮中心总结表彰会上发言

（2）施工单位招标采用两套评标班子评审、无记名投票决策的新办法。一套为评标专家与管理班子，评出序列结果后，报给决策班子给予最终确定。评标专家班子不参与决策，决策班子不参与专家评标。

每套评标班子都有学校纪委、校工会等派人参加，这种评标方式避免了在基建工程中走后门、贪污腐败的现象，也得到了教育部基建规划司的肯定，并在全国高校基建工作会议上作了介绍和推广。

（3）探索基建管理新的模式。即"业主专做业主事"，业主负责组织、设计、报批、资金筹措与管理及招募工程管理公司，业主不参加施工招标和施工管理的新模式，并进行大胆尝试。紫荆学生公寓工程项目专设北区校园建设办公室（编制4个人），代表学校行使业主职责，并与工程项目管理公司以合同约定方式共同组成甲方，负责整个工程建设工作，包括工程质量和成本的合理管控及工程项目中各种专业技术管理工作等。由于引入社会化管理模式和专业管理队伍，确保了紫荆学生公寓大工程高质量和降低工程人力物力的管理成本的建设任务，为今后学校基本建设工作开辟了一条高效率的新途径。

七、关于紫荆学生公寓基建工作

清华紫荆学生公寓区，原名为清华大石桥学生公寓区，是北京市积极推进的学生公寓区之一。90年校庆前后，学校基建任务十分繁重，校基建处任务繁多，经学校核心组同意，专门设立了大石桥学生公寓项目建设办公室（简称北区办）。北区办编制共4人，吉俊民同志兼任北区办主任，季如静同志任副主任，主持日常事务。北区办执行学校业主工作，主要负责项目规划设计、报批、项目管理公司招标、项目验收、资金管理工作。首次引入社会化管理模式和专业管理队伍，主持大石桥学生公寓建设。

紫荆学生公寓是当时国内规模最大，也是住宿标准最高、设施最完善、最现代的学生公寓，建成后共26个楼，将容纳本科生1.4万人（4人/间，两间有一个公共间）、硕士3000人（2人/间，两个房间也有一个公共间）、博士生1240人（1人/间）、继续教育学生和留学生各2000人，房间备有空调，高层备有电梯，拥有现代化网络接口，公寓设施先进，总建筑面积37万平方米，可容纳各类学生2.24万名，并建有3个学生食堂、学生活动中心、学生服务中心、5块体育运动场地和大面积休闲绿地，建成后，学生的学习生活环境有了极大改善。

总之，在我任职主管后勤副校长期间，适逢"211工程"和"985工程"的实施，在学校党委和行政部门的坚强领导下，在广大后勤职工奋发努力下，后勤的基建工作进行了多模式社会化改革,极大地推进了学校的基础建设。4年间,学校基建总量达97万平方米,相当于从1949年到1966年"文革"前期的学校各类楼宇面积总和。

我留校工作已50年,尤其在学校机关工作的二十几年,从李传信书记、方惠坚书记、王大中校长、贺美英书记等领导那里学习了很多高水平的领导艺术和工作技巧,他们的远见卓识、博大胸怀和宽容精神使我深刻地体会到清华校训"自强不息,厚德载物"的博大精深,受益匪浅!还有学校各分管领导紧密配合与支持,以及研究生院同志们、后勤各单位干部和员工那种对工作兢兢业业、精益求精、追求卓越的作风,相关的部处和各院系同志们的真诚合作,这些都深深地激励着我。在这样和谐的氛围里,和充满激情的同志们一起工作是一种享受!至今回顾,仍然记忆犹新,清华校训始终激励着我做好每一件事!

2021年8月

关志成，男，1944年生，吉林图们人。教授。1970年在清华大学电机工程系毕业后留校工作，为我国第一位高电压技术方向博士，曾任高电压教研室主任，电机系党委副书记、书记，校长助理兼人事处处长，副校长，校务委员会副主任，清华深圳研究生院院长，并任中国电机工程学会副理事长等职。获"国家有突出贡献中青年专家"等多项荣誉称号，获国家科技奖两项、省部级科技奖20项。

南国紫荆亦芬芳
——到深圳异地办学

关志成　电机系 1964 级 高 0

2001 年 6 月 8 日，清华大学深圳研究生院（下称"深研院"）挂牌成立，由清华原教务长吴敏生教授任首任院长。2002 年 11 月，学校派我接任吴敏生为深研院第二任院长，我任院长 8 年，接着又做了两年院学术委员会主任，2012 年退休后又在深研院实验室返聘 4 年，继续从事科研工作和指导研究生。我在深研院工作了 14 年，这是我在清华大学工作的最后一个单位，也是我工作时间最长的单位。在这个单位里和同志们一道体验创业的艰辛，共享收获的喜悦，有很多难忘的回忆。

一、师资队伍建设

2002 年 11 月我到深圳走马上任，发现创业初期的深研院困难重重。吴敏生等 18 位最早期的创业者，号称 18 颗新星，从零起步，艰苦奋斗，从选取校址、校园规划、破土动工到挂牌仅用了 1 年多时间，取得很多突破。林功实、梁永明、杨瑞东、李晓燕、杨君游、王晓芝等早期创业者也有突出贡献。我到任时，清华大学深圳研究生院租用深圳清华大学研究院的房间办公，新校园投入使用还需一年时间，在深研院研究生人数很少，还没有专职教师，只有几位双基地教师初建了几个实验室，特别是对市校双方很多关系还没有理顺，工作千头万绪，备感压力。

"大学者，非谓有大楼之谓也，有大师之谓也。"办好深圳研究生院，首要任务是高水平师资队伍的建设。异地办学，必须有一支能全时在深圳工作的专职师资队伍。

专职师资队伍由两部分组成：一部分是清华本部选派。我回校动员了刘文煌、马辉、蔡国平等人来深研院工作，动员双基地教师缪立新、张锡辉成为专职教师。深研院的专职师资队伍建设得到清华相关院系的大力支持，许多院系纷纷选派精兵强将到深研院发展，甚至有些院系领导亲自送爱将来深圳，例如，时任化学系主任的邱勇，亲自送蒋宇扬来深圳，黄维也是美术学院的领导亲自送来的。我还动员了课题组的青年教师王黎明和贾志东来深研院工作。前后由清华选派来的专职教师有 40 多位，他们大部分作为院级和部处主要部门领导，以及学部和实验室的学术带头人。由清华过来的专职教师起到和本部保持密切联系、继承和发扬清华优良传统的纽带作用。另一部分是深研院招聘的深圳户口、深圳编制的专职教师，人数远超清华编制的教师，是深研院教师队伍的主力。这部分教师由深研院招聘，校本部把关。在师资队伍建设上，由于有清华大学的品牌和深圳的区位优势，我们具备了引进高素质人才的有利条件。例如，深圳第一个在 NATURE 上发表论文的黄来强教授，从美国回来想在家乡广东发展，很自然首选来清华大学深圳研究生院求职。适当扩大博士后的数量，从博士后中选拔教师是引进师资的重要渠道。管理队伍也是按岗位需求公开招聘，保证了管理队伍的精干、高效。入住新校区时，全时在深圳工作的专职教师已有 60 余位，其中约一半来自校本部，一半来自海内外招聘，约 2/3 有高级职称，在站博士后 30 余位。

为引进人才，经常听到"筑巢引凤"的说法，意为要先有良好的科研条件，以吸引高水平人才。处于建院初期的我们，吸引人才，靠的不是已有的科研条件，而是将来的发展空间。人才引进来之后，首先要做的是实验室和研究平台建设，需要引来的凤凰来筑巢，所以我们是"引凤筑巢"。早期来深研院的同志们，大家一起创业，通过我们的双手，白手起家，甘做铺路石子，在拼搏奉献的同时也享受到创业的幸福和欢乐。

2005 年 3 月，国务院前副总理李岚清访问深研院，
院长关志成（左）陪同参观

除了专职教师外，深研院的教师队伍还有一大批双基地教师，这部分教师虽然主要在校本部工作，但能抽出相当多的时间来深圳授课、培养研究生，有人在深研院有实验室、有团队，承担了广东省及深圳市的科研课题，并取得了很好的科研成果，甚至获得国家级奖励。例如，我的继任院长康飞宇教授，以及近年晋升为工程院院士的戴琼海教授就是较突出的代表。还有卢强、钱易、朱静、陈肇元、陈立泉、李龙土等一批老院士作为双基地教师，为深研院的基地建设、人才引进和学科发展作出了突出贡献。双基地教师是异地办学不可或缺的力量，特别是在建院初期发挥了重要作用。

二、基地和学科建设

新校区建成后，教室的设备都已配齐，具备开课条件。但科研实验室只有房间，房间内空空如也。实验室如何建，我发动大家讨论，并提出实现3个效应：高原效应、尖峰效应、拳头效应。深圳研究生院依托清华大学的学科优势和科研实力，从高点起步，形成"高原效应"；发挥区域优势以及异地办学的灵活机制，突出重点，办好几个特色学科，在若干研究方向上形成"尖峰效应"；开展科研体制创新，推动学科交叉，发挥整体优势，形成"拳头效应"。院里为每个实验室支持50~100万元的建设经费，很快各个实验室陆续投入使用，具有了科研和研究生培养条件。

2004年深研院聘请袁隆平院士为双聘教授，关志成院长（右）为袁隆平颁发聘书

在学科布局上为体现大联合、大交叉的理念，成立了工程学部、信息学部、生命学部、管理学部和文理学部5个实体，组建大的教学科研团队，整合力量、突出重点。逐步建成28个实验室、研究所或研究中心，包括1个国家重点实验室深圳研究室、两个国家工程中心分中心、1个国家发展规划研究中心分部、1个教育部工程中心分中心、1个广东省重点实验室、6个深圳市重点实验室，并和袁隆平院士合作，成立国家杂交水稻技术研究中心清华深圳龙岗研究所。此外，还有6个与国外、境外高校建立的联合实验室和一些校企合作科研基地。

深圳市没有大院大所，我们有条件也有责任成为深圳市企业可依靠的技术后盾。例如，环境学科在深圳市贸工局的支持下，对5个行业15个企业推行清洁生产理念；半导体照明通过举办国际会议推动成立行业协会；光盘中心分中心在企业的支持下共建研究平台；材料学科成立先进电池与材料省部产学研创新联盟。深研院建院以来积极探索和企业合作的新模式，积极推动和企业成立联合实验室，共同申请国家攻关项目，努力探索如何在推动行业科技进步中发挥积极作用。

清华早有发展海洋学科的意愿，深圳毗邻南海，具有发展海洋学科的有利条件。根据国家海洋发展的战略需求和深圳市的发展规划，根据我院的学科特点，我们有必要、也有条件创建海洋学科。在经过充分讨论并达成共识的基础上，我亲自带队走访国内主要涉海科研院所以及大专院校，还考察了美国、英国有海洋学科的主要高校，在此基础上制定了我院海洋学科的发展规划，并作为我院的特色学科给予重点支持。同时，积极和深圳市有关部门联系，获得了有力支持。积极引进海洋方向人才，邀请国内海洋领域著名专家为我院的海洋学科发展献计献策，并整合我院不同学科的涉海力量，积极争取国家研究课题，为海洋学科的发展打下良好基础。今天我高兴地看到，深研院的海洋大楼已投入使用，而且有了自己的海洋科考船，我所在的能源电工实验室也成为海洋大学科的一个组成部分，对此我深感欣慰。

三、练好内功

深圳研究生院的领导集体是一个党政团结和谐、积极进取的班子，刘文煌任党委书记兼副院长，分管人事、财务和行政，林孝康和马辉两位副院长分工主管教学、科研以及外事工作，副书记杨瑞东负责学生工作。大家以事业为重，分工协作，拼搏奉献。异地办学，要面临很多复杂棘手的问题，领导班子的团结和谐、勇于担当极为重要。

为使深研院的发展决策和管理运行做到民主高效，形成每周定期开院务扩大会议的运行机制，除了院级党政班子成员外，还吸收深研院部处主要领导和学部领导参加院务会议。这样做的好处是，院里的决策可以更加透明和民主，上下信息通畅，部处和学部中层干部可以更清楚地了解院里的全面情况，院里的决定可以快速贯彻执行，也避免了部门之间的扯皮。

如何发动群众、集中大家的智慧，明确近期和远期发展目标，统一思想、形成合力，也是练好内功的关键问题。我们的具体做法有：经常举办教师学术沙龙，大家在沙龙活动中畅所欲言，共同为研究生院的发展献计献策。此外，还经常召开青年教师和管理骨干座谈会，征求大家的意见，调动大家的积极性，使得教职员工对深研院的发展充满信心。无论是教学科研一线的教师还是管理队伍都在积极主动工作，展现出良好的精神风貌和拼搏奉献精神；无论工作日还是节假日，实验室里都是繁忙的景象，到深夜，实验室里也是灯火通明，展现出一派生气勃勃、奋发向上的气势。

在大家的共同努力下，深研院各项科研指标持续快速增长，2003 年到账的科研经费达到 700 多万元，2004 年达到 1500 多万元，2005 年达到 3600 多万元，以翻番速度增长，后来达到亿元规模。教学质量评估，深研院也达到本部中等以上的成绩，也有几位教师教学评估成绩列入学校前 5%。研究生的培养质量也得到本部的高度认可，例如，我所在的能源电工实验室，有一年毕业 6 名硕士，其中两名获评优秀硕士论文；另一年毕业 10 名硕士，其中 3 名获评优秀论文，优秀论文的比例达到 30%。全校优秀论文的比例是 5%~10%，深研院的优秀论文是回校本部在同一平台上评选的，这说明，本部教师充分认可了深研院研究生的培养质量。深研院用实实在在的办学成绩，获得学校本部和深圳市的肯定与信任，我们确实做到了"一个学校，一个品牌"。

四、育人特色

办学的首要任务是育人，到深圳异地办学，必须发挥清华传统和深圳精神相融合的优势，办出特色。经过讨论，我提出深研院对研究生的培养要具有"国际性、创新型、复合式"的特色。"国际性"是指具有国际视野和国际交往能力；"创新型"是指具有创新精神和创业能力；"复合式"是指通过学科交叉和跨学科发展，培养复合式人才。要实现这个目标，光有口号是不够的，必须有具体措施。

在国际性目标的倡导下，国际交流合作发展迅速，2004 年，我院主办了 3 个国际会议，"*Nature* 中国之声论坛""半导体照明国际论坛""亚洲放电会议"等都取得了很好的效果。召开国际会议的数量和档次逐年提升。和京都大学建立了清华—京大环境技术联合研究中心，对方派 3 位日本教师常驻深圳；美国最大的交通物流公司出资为我院学生提供去美国实习的机会；与英国南安普敦大学联合建立"清华—南安普敦网络科学深圳实验室"；与意法半导体公司签订 ASIC 联合研究中心协议；与日本京都大学、法国 ENSICAEN 和普瓦捷大学、英国南安普敦大学等高校开展定期学生互访；与三菱、东芝、GE-Toshiba 公司、西门子、意法半导体等国际知名企业，在新材料、能源、环保、信息技术等领域开展科研与产业化合作。此外，积极倡导双语教学，推出英文版的深研院新闻网，这些举措逐步营造出国际性的培养氛围。

在国际交流合作方面，我以身作则，在深研院工作期间主办了 4 个高电压专业的国际会议，使在学研究生都有国际交流的机会。特别是争取到此前一直在北美举办的国际会议 CEIDP 的举办权，并获得极大成功，扩大了深研院、深圳市，乃至中国在国际高电压界的影响力。我的实验室邀请到几位国外教授来深圳讲学，还接受德国慕尼黑工业大学的博士来我实验室做博士后。深研院能源、环境、材料、生命、信息、物流等学科的国际交流合作都搞得有声有色。现在深研院更名为"清华大学深圳国际研究生院"，国际化的特色更加鲜明。

深圳是创新创业的沃土，很多清华校友在这里成功创业，走访创业校友或请校友来院里作报告是经常组织的活动。由深研院主持，每年都举办深、港、澳研究生"深研博学"创新论坛，为全院研究生开设创新创业课程，由林功实老师和首批来深圳创业的清华校友顾立基主讲，深受大家欢迎。深研院不少毕业生都走上了创新创业的道路，在深圳这片敢为天下先的沃土上茁壮成长。

培养跨学科的复合式人才，在深研院更有条件，因为不同学科的实验室距离更近，不同专业的老师联系更紧密，培养复合式人才的条件更好，通过学科交叉培养的研究生，更容易出创新性成果。我招收了 3 个环境系毕业的直博生，开展用高电压技术处理汽车尾气和难降解污水的研究，3 个人都取得了很好的成绩。还有不少研究生的题目都和材料相关，材料上的突破推动了高电压绝缘技术的进步。还有的学生研究电磁场对骨折恢复及骨质疏松的影响，作生物学实验就在本楼内的生物学实验室，由生命科学的老师指导实验。这种培养模式促进了学科之间的融合，更重要的是培养了复合式的人才。

在深圳办学，离企业更近，很多研究生的论文题目直接来源于企业，我所在的能源电工实验室，不少研究生的论文工作都是利用企业的试验条件完成的。有些学生毕业后，就被分配到论文工作的企业，他们工作后上手很快，不久就能取得突出成绩，深受用人单位的欢迎。我在深圳的实验室已培养出 200 多毕业生在我国的电力部门工作，经常能听到他们建功立业的好消息，作为教师深感自豪和幸福。

五、大学精神与校园文化

搞好异地办学，大学精神的发扬和校园文化的建设尤为重要。在办学过程中，我们努力秉承"自强不息，厚德载物"的校训，"行胜于言"的校风、"严谨、勤奋、求实、创新"的学风和"爱国奉献，追求卓越"的清华精神，发扬"开拓创新、诚信守法、务实高效、团结奉献"的深圳精神。

异地办研究生教育是新生事物，尚无成功经验可遵循，明确办学的指导思想为第一要务。经过多年来的思索、研讨和实践，我集中大家的智慧，提出以下办学指导思想，并在实践中努力贯彻，逐渐成为深圳研究生院师生的共识。

● "根系清华，立足深圳，胸怀祖国，放眼世界"，清华的精神和传统要在这里发扬光大。在深圳办学就要为特区的建设和发展贡献力量。要立大志，上大舞台，胸怀祖国，放眼世界。

● 坚持和校本部是同一学校、同一品牌的原则，在人才培养上形成"国际性、创新型、复合式"的育人特色。

● 在学科和基地建设上按大联合、大交叉的思路建设大的研究平台，形成依托校本部学科位势的高原效应，体现前沿特色研究的尖峰效应和大联合、大交叉的拳头效应。

● 在深圳研究生院的建设和发展中积极倡导艰苦奋斗的创业精神、勇于探索的创新精神、追求卓越的敬业精神、奉献诚信的团队精神、行胜于言的务实精神。

要积极为深圳及周边地区的经济和社会发展服务，使深圳研究生院成为高素质人才的培养基地、前沿科学技术的研究基地、科技成果的转化基地、先进文化的孕育和传播基地。

我们入住新校区时，大学城管理委员会用英文字母为楼编号，我觉得应该取个中文名字，这些名字既能反映每个楼的用途及学科特点，也能反映清华的校园文化，于是我为清华大学深圳研究生院的每栋楼取了如下名字：

清芬（行政楼）华芳（文科楼）大同（管理楼）学思（教学楼）深远（信息楼）圳兴（信息楼）研新（材料楼）究源（生命楼）生茂（培训学院）院菁（临时体育馆）

继往开来

楼名的第一个字,依次组成"清华大学深圳研究生院";楼名的第二个字,依次组成"芬芳同思远,兴新源茂菁"。此外,3个宿舍楼取名为:静斋、平斋、宁斋。继承了清华老学生宿舍以斋字命名的传统。

14年来,我们和深研院风雨同舟,在前进的道路上挥洒汗水,奉献热血和才智,深研院所取得的每项成绩,都让我们内心充满成就感和幸福感,我经常在院刊《清芬报》上赋诗,抒发自己的所思所感,《南国紫荆亦芬芳》就是其中之一。

　　根系清华,雨露阳光,立足深圳,谱写华章。
　　莘莘学子,来自八方,深研博学,为国争光。
　　清华精神,光大发扬,为学为人,厚德自强。
　　创业创新,奋发向上,紫荆盛开,南国飘香。

这首小诗被深圳大学的音乐老师谱曲,作为院歌被深研院师生传唱。

最后,我要感谢清华大学领导对我的信任,感谢清华相关院系对深研院的大力支持,感谢深研院这个团结奉献的领导集体,感谢在创建深研院过程中共同奋斗的

广东省长黄华华(左4)和深圳市委书记王荣(左5)来访

全体教师和工作人员。感谢深圳市的大力支持，在院长卸任前我根据深研院科研用房严重不足的现状，向深圳市提出再建设 10 万平方米科研用房，需 5 亿建设经费的申请，此报告获得深圳市全额批准，现在能源环境、海洋科学、信息技术 3 座大楼拔地而起并投入使用。

长江后浪推前浪，清华大学深圳研究生院发展越来越好，现在已更名为清华大学深圳国际研究生院。新起点、新机遇，我为仍在深研院继续拼搏的同志们送上最美好的祝福！

2021 年 7 月

刘廷文，女，1946年生，辽宁本溪市人。教授。1965年入读清华大学电机工程系，1970年毕业，先后在自动化系、电机系任教；讲授"电工技术与模拟""数字电子技术"课；参加超声经颅多普勒血流分析仪、颅内血流测量及脑血管成像方法等项目；指导课程设计；参与出版电子教案系列光盘、编写4种教材；编写电路仿真等实验指导。5次获校教学工作优秀成果二等奖。集体获发明专利1项。

四十春秋多离别的一家子

刘廷文　电机系 1965 级 发 001

有一首歌唱得特好，"军功章里有你的一半，也有我的一半"。一谈起清华"新工人"，人们的目光往往聚焦在那些成绩显著或比较活跃的佼佼者，却忽视在他们背后默默付出、不起眼的妻子。其实，就像要成为一名武警、军人合格的妻子不是件容易的事情一样，要做一名贤惠称职的清华"新工人"的妻子，也不是一件容易的事情。

董名垂、刘廷文夫妇重访清华园内零零阁带有各自班号的石栏

我和老公都是清华电机系 00 字班的学生，我在发 001 班，北方人、群众，比较内向；老公董名垂在电 002 班，南方人、党员，非常活跃；学生期间我们几乎没有说过一句话。1970 年 3 月，我们毕业留校都被分在了自动化系，留校后的第三年因工作关系增多了了解，开始恋爱，并于 1974 年 8 月到南方江浙一带旅行结婚。度完蜜月后回到北京，系里安排我和清华大学工程物理系 200 号的王锡清、陈丙珍（中国工程院院士）、校医院吴浴沂大夫、校机关宋士钊、李德来

等10多名教职工一起去北京郊区北安河农村插队劳动一年。其间，每隔一个月左右时间可回家休息一天，于是我们就有了婚后的第一次离别。那时年轻力壮，几个月劳动下来，身心都得到了很大的锻炼和提高。不料冬季某一天晚上，因炕沿前取暖煤炉的煤气泄漏，同睡一张炕的3位女教师均煤气中毒。中毒最深的我半夜起床开门到户外上厕所，晕厥摔倒在门边，被门槛硌伤腰部并碰倒了门边洗脸盆架。在冰凉的泥土地上躺了不知多久，自己慢慢苏醒，这才惊动其他人把我救起。因这次事故，在家休整了3天，老公心疼得什么似的，每日照顾有加，让我充分体会到了情同手足的关爱和体贴。休整3天后，尽管腰部还没痊愈，我毅然决然返回北安河农村。

1976年1月，我们的爱情结晶——独生女儿呱呱落地，高兴的是，我们做了父母；不幸的是，6个月后，到1976年7月唐山发生了大地震，因我老公是自动化系元四班班主任兼党支书，他要对全班38名学生的生命安危负责，所以他只能顾及"大家"而无法照顾"小家"。我心疼他没完没了地上课、开会、围着学生转，每日工作到深夜，经常因误过清华西北校门每晚10点半锁门的时间，而不得不连人带自行车都要翻墙而过，直至深夜才能抵达清华附中家属楼的家；我理解他陪同工农兵学员在东大操场搭建临时抗震棚，跟同学们同甘共苦吃住在一起；我体谅他护送有病学生返回贵州家乡，一路吃尽苦头……在风雨中、在室外简易抗震棚里我尽微薄之力照顾出生刚半年的女儿。突然有一天，老公回家告诉我，他报名支援唐山抗震救灾，已被任命为自动化系赴唐山抗震救灾队队长，将带领16人队伍即刻出发奔赴唐山。觉得很无助的我立刻哭了，这一次，我很不理解！他在我这么艰难的时刻还要离开我们母女、冒险到地震中心抗震救灾，为什么就不能考虑一下我们家的实际困难？他从"是党员就得在国家最需要的时刻挺身而出"来跟我耐心解释，为了不拖他后腿，最终我也只能勉强同意他去。但接下来的决策却令我伤心欲绝，说啥也难以同意：给女儿断奶并由我一人送到南方他父母家，交由他父母找保姆在南方看护。跟他僵了3日，最后考虑到：在老公去唐山之后，我一个人既要上班又要照顾嗷嗷待哺的幼小女儿，在北京找奶妈既不现实也不放心，无奈之下，我们就有了婚后的第二次离别。既离别上唐山重灾区抗震救灾的老公，又离别7个月大还在襁褓中吃奶的女儿。那一刻的痛是我这一辈子经历过的最大的痛！至今想起，仍然刻骨铭心、痛彻心扉。等我独自一人抱着吃奶换尿布的婴儿，历尽千辛万苦坐火车到达南京，再风尘仆仆转乘省内汽车，长途跋涉抵达下放到江苏溧阳的老公父母家时，身上、挎包带上全都挂满了女儿尿湿后换下的尿布片，蓬头垢面已然成了叫花子一般，女儿因天热加干渴都已经哭不出声了……女儿在江苏常州保姆家，长到2岁多才被接回北京，回到我们身边，隐约间已经感到女儿同我们的感情似乎有了隔阂。但没过多久,我老公成了"文革"后首批选送出国的科技进修生,学俄文出身的他玩命似的恶补英文,还是在重弹那句老调"忙得顾不了家"。1979年3月,老公出国到意大利进修两年零3个月,于是我们就有了婚后的第三次离别,但这次怀揣的不是离别的难受与悲伤,而是自豪与对美好未来的期待。那时候,各方面条件有限,与在国外的老公的联系只能通过将信寄到中国外交部外事司,由中国信使将留学生家属的信件与国家重要邮件一起贴身护送到驻外使馆。我老公按照规定的取信日期到使馆取信,同时也将他新写好的信件投放到使馆的信筒,再由信使带回国。两三个月也难得见到一封日思夜想的亲人手书,那份盼望、期待和渴望都是如今使用互联网微信的年轻人所难以体会的!

全家福

1981年6月,老公学成按期回国,这时的女儿已经5岁,我与自动化系派出的两位同事到北京站接他。火车缓缓进站,见到他从车窗探出脑袋的刹那间,我如释重负,觉得这下我们总可以长相厮守、安稳度日、再不长期离别了吧?!

回国后,老公搞教学、科研、工会工作,直至参加国家863-CIMS重点科研攻关工程,一直很忙。但出差去外地的时间,包括搞郑州商品交易所交易系统的设计与开发、带人去新加坡参加工作站计算机技术培训、搞昆明船舶集团公司CIMS系统总体设计、去马来西亚振华有限公司商谈合作项目等,每次外出也就是几周到1个月,时间都比较短,这个家的确安稳了一段时间。但等到清华CIMS工程技术研究中心按照国家要求,需要积极向国家重点企业推广应用CIMS技术的时候,作为中心副总师的他便又被长期派往外地,一去又是离别3个月甚至半年不回家了。

1996年3月初至1996年5月底,我们经历了婚后的第四次离别。我老公受命担任上海飞机制造厂(下称"上飞厂")CIMS总体设计专家组组长,统一指挥清华自动化系/精仪系、机械系的7名教师及研究生、南京航空航天大学3人、上海交大3人这3支队伍在上飞厂蹲点,加班加点完成"上飞厂SAMF-CIMS工程可行性论证"。1996年9月至1997年1月,在上述可行性论证获得国家863/CIMS专家组批准后,我老公继续履行专家组组长职责,统一指挥上述3支队伍在上飞厂完成工程投资额高达4000多万元的"上飞厂SAMF-CIMS工程初步设计"。该设计最终获得国家863/CIMS专家组评审通过。这次离别,我老公因工作量过于繁重、精神压力过大,半年期间曾两度发高烧病倒在厂里,但仍继续坚持工作,事后闻听他助手说起,我心疼不已!

1997年8月至1998年2月,我们又经历了婚后的第五次离别。我老公再次受命,担任青岛海尔电冰箱厂CIMS总体设计专家组组长,统一指挥清华自动化系、精仪系、机械系的教师及研究生在青岛海尔电冰箱厂蹲点,全力奋战完成"青岛Haier-CIMS工程可行性论证",以及工程投资额高达3000多万元的"青岛Haier-CIMS工程初步设计"。该论证及设计先后获得国家863/CIMS专家组评审通过。这次离别,我老公再次因工作量过于繁重、精神压力过大,半年期间他又发高烧病倒在厂里,但还是继续坚持工作。事后我了解到这一情况,除了心疼不已,随即开始劝说他必须注意工作强度,千万不能将自己的老本都耗没了!

其实,在我本人担当繁重的专业基础课教学工作、深夜挑灯批改学生作业、独自一人照顾女儿生活和学习等事务的时候,也够艰难的。曾因工作压力过大而罹患甲亢多年;曾因给学生答疑、监考被传染流感之后转为急性肺炎,冬天高烧42℃还得支撑着一早独自到医院门口排队挂号、打点滴一周……好在这一切,也都在咬牙中挺过来了。再说了,其他的"新工人"家庭有几家不是这样的呢?

1998年3月至2015年3月退休,我们又经历了婚后的第六次长达17年、也是最后一次大的离别。在澳门回归祖国之前,我老公被公派赴澳门大学任教,辅助清华大学派驻澳门大学的韩英铎院士领导、管理澳门电脑与系统工程研究所,之后担任该研究所所长。在韩英铎院士的高超指挥领导下,我老公在澳门大学干得很出色,完成几十个工程项目,并最终荣获澳门政府颁发的4项省部级科技奖。

如今,这一切都已经成为过去,自2015年3月我老公从澳门大学正式全面退休开始,老两口子——我们这对清华"新工人"夫妻终于可以整日相聚在一起,联

时任澳门大学校长周礼杲（右2）、范鸣玉（右3）夫妇与董名垂（左1）、刘廷文夫妇合影

手料理日常柴米油盐酱醋茶，其乐融融。当然，但凡有机会，仍不忘将我们这些平凡的过去翻腾出来回忆一下，感叹一番，希望对后来者能有所启迪和教益。文中的全家福是老公从意大利留学归来后，我们一家3口难得的一次外出，坐在王府井百货大楼斜对面东西方向小巷的路边用餐时的留念。类似像这样团聚的老照片还真的找不出几张！

2021 年 9 月

陈刚，男，1947年生，江苏吴江人。研究员。1965年考入清华大学电机工程系工业企业电气化及自动化专业，1970年毕业后留校任教。1990年起调任教务处副处长，1996—1999年兼任外语系常务副系主任、常务副书记；1999年起任副教务长。长期从事教学、科研、管理工作及指导研究生。2011年退休后应聘参与学校教学督导组（组长）、关工委及校史编委会工作。

"新工人"的教师生涯

陈　刚　电机系 1965 级 企 001

1965 年蒋南翔校长在大礼堂新生开学典礼上那略带江南口音的"为祖国健康工作五十年"号召言犹在耳，我们已毕业 50 年有余，实现了蒋校长的期望。回忆半个多世纪的经历，难忘的是在清华不平凡的求学和教师生涯。

一、难忘的求学

我入学电机工程系工业企业电气化及自动化专业企 001 班。"文革"动乱打破了正常的教学秩序，当我们厌烦动乱思念课堂时，盼来了周恩来总理"复课闹革命"的号召。我们班虽有两派但齐心复课，老师倾力支持，很快进入课堂，开课"电工原理""电力拖动与控制"等，工企教研组还让我们到实验室学习调试晶体管稳压电源。当时没有教材，大家课上认真记笔记，又施展"文革"中练就的印发传单本领，按老师的讲稿和整理的笔记刻蜡版印讲义。我还找出学长毕业时送的俄文原版《电工原理》和跑西单旧书店搜到的浙大编写的电工基础教材、图书馆借的英语自学书，去教室学习。有一天听说二院有处理教材，我和同学赶去，把自认为有用的都挑上，每人抱有一两尺高的书。可惜好景不长，几个月后武斗爆发，只能逃难离校。工宣队进校制止武斗后我们返回校园，后又让我班到电子学教研组与老师一起学习、参加运动，结识了很多老师，关系亲密。遵循毛主席"7·21"指示，1969 年 5 月工宣队师傅带领王世缨等 5 位资深教师和我们班作为教改小分队去北京热电厂。老师们办起了"7·21"大学，招了 20 多位工人和技术员。我们一边劳动一边学习，还参加技术改造，有去输煤自动化、继电保护、配电等班组，还有见习刚从瑞典进口的新型燃气轮发电机组调试。系里再派童诗白老师来讲晶体管电路，我们帮他刻印讲义。配电班技术员研制地下电缆故障无线探测仪，我和余武同学加入，童老师指导，经几个月努力仪器试验成功。

1970 年 3 月，我班回校毕业分配，我在留校之列，和发 0 班陈书君直接分到发电教研组，学校给我们冠以"新工人"之名。王世缨老师再带我去热电厂继续晶体管继电保护技改工作，我原没参与过，老师就在工棚里给我讲原理、提要求，带我去北京电力实验所作实验。我在热电厂近一年时间，与工厂师傅都搞熟了，也为我以后带学生去实习打下了良好基础。

二、"新工人"的教师生涯

当年，老师们多在江西鲤鱼洲农场，在留下的少数老师中还有几位年长教授，我们两个"新工人"最年轻，一些体力活及学校派的公差就义不容辞了。除了清扫恢复实验室、整理资料等外，我还曾去校卫队参加校园夜巡，为修防空洞随卡车去永定河道挖运河沙等；同伴曾去校园科清理污水井。初到教研组印象最深的有两件事：一是讨论专业，根据新技术发展和电力行业需求，确定将原学苏的"发电厂电力网及电力系统"专业调整为"电力系统及其自动化"，引领了全国同类专业的改造；二是教研组承接电力部门一项工作，研究如何提高现有机组发电能力以应对电能供不应求，几位老师带上我去唐山发电厂，还指导我考察现场并参与设计。

工农兵学员入学，当时基础课教师下系没有助教，我们作为辅导老师参与教学，"新工人"也就成了"新教师"。从发0班开始我先后参加过数学、物理、电工基础、电子学、电机学及专业课的辅导。系负责人杨秉寿先生曾对我讲体会：课程学会是一回事，真正搞清是在教课中深入，教学相长。学生们年龄和文化程度都相差较大，好几位年龄比我大，但关系很融洽。为"备战备荒"，军宣队组织学生越野徒步拉练，每人背行李挎粮袋还轮流扛枪，从清华经东坝出京穿过大厂、三河、平谷、密云、怀柔、延庆、昌平等地，爬山越岭还穿插夜行军、长途行军等，我们几位全程参与。我是通讯员，亲历几次因赶路休息不好，走路打瞌睡、脑袋碰触前行者而惊醒；有"新教师"任司务长，全程携带行军灶等每天早出晚歇、打前站做饭。印象最深的是最后一段路，天不亮从永宁出发穿越十三陵等野地，行百里路深夜赶回清华园。

当时要求开门办学，强调实践动手，结合典型产品组织教学，但经费不足。为了教学生装收音机，我和一新教师就去酒仙桥的电子厂找淘汰的元器件，回校测出尚能利用的给学生安装。教研组把水电部某厂在研的晶体管功率变换器作教学用典型产品，我和陈书君去工厂学习，回校组织学生制造，再将成品拿去工厂检验。学生升入高年级，高景德先生指导系统动态模拟实验让我参与，后又参与由郭永基先生带领的毕业设计大作业指导，计算实际电力系统。在多届学生的教学实习中，开始由老教师带队，后来让我们承担，我曾负责联系并带队去北京热电厂、新安江水电厂等实习。老先生们的言传身教使我们不断提升信心。毕业后收入不多，积攒多年还要凭券才能买自行车或手表，犹豫间就有先生讲："要争取时间就买车，要遵守时间就买表。"还有先生现身说法，意思是他们那时也经历多次运动，时势造人，现在都是骨干，让我们向他们学习；更有先生说的话永志难忘，你们要"在战斗中成长！""在实践中锻炼，在战斗中成长"成为我们的努力方向。

教研组搞系统自动化，我参加有关活动，并找来南京大学编的计算机教材自学，摘出有关基础知识刻印成小册子给学生。难忘的是发2班开门办学，电子学课程负责人杨素行先生和我带学生去北京供电局实习电网调度，我安排学生住在附近中学教室就近上班，我俩每天公交通勤。一天清早在前门西大街过马路时遭遇车祸，我醒来时已躺在宣武医院急诊室，杨老师脚腕儿受伤。我后被送校医院住院观察，无碍出院后不久，教研组安排我去学校大兴农场"参加劳动、休养大脑"，但想不到仍与教学结缘。清华在那开始办农村分校，有农电、农机、农水等专业，招收郊区农民学习。吴澄先生带领自动化、电机、计算机系办农电专业，按县区组班，我随朱东起先生在怀柔班，曾多次带学生下乡下厂，帮老乡检修收音机、检查供电等。一次去怀柔安排实践，长途车在高山上遭遇大雪堵路。在农场干了近两年，唐山大地震后返回学校并担任发6班主任。

"文革"动乱结束，清华迎来新春，向新时代过渡，工作进入正轨。学校为进一步提高新教师水平，校系加强基础理论课程和能力培训，并进行考核，后还举办各类新知识讲座。钱伟长先生在二教讲变分法系列课，大家十分踊跃，每次都要提前等开门抢座，仿佛又回到了学生时代。随着计算机开始引入，学校办130计算机培训，学习编码、读校穿孔纸带卡片，学习算法语言，后来还举办二外日语等教师班，这些，我们都努力参加。

国家拨乱反正恢复高考，电机系除电工师资班外，各专业从1978级开始招生，而清华黄化门分校也有同类专业，系里派我参与分校专业教学和毕业设计，当校内发8班大五时，教研组让我突击开"FORTRAN语言"讲座以备毕业设计之需。1982年，专业课"电力系统稳态分析"主讲教授调去上海，周荣光教授带我接棒。周荣光、张宝霖、陈寿孙等老先生多次听我试讲，组织讨论，指导我参阅国内外教材自编讲义，并编写国内较早的配套习题集、编排供教学用的计算机分析电力系统实验，还参与全国交流；当时校系没有教学机房，我就找外系安排。周荣光先生悉心指导，经常审阅讲稿和考题，强调要突出基本物理概念，考题不能重复，等等；陈寿孙先生教导"站上讲台就要进入角色、全身心投入"。后来当几种教材先后获奖想与先生分享时，他们都推辞并鼓励我继续努力，还多次派我参加专业课程的全国教学会议，老先生们的热心扶助和教诲始终激励着我。各科研组主动吸收我们，引导我们走教学科研全面发展之路。在参与华东电网经济运行项目时还没有台式计算机，大量数值分析都要到计算中心去递交委托作业，进行校核编码等，因而我成了常客；后来石油科学研究院有新进口的高性能计算机，我又天天去那里提交；项目成功后获能源部科技进步奖。本专业研究生起初很多由校外考来，我也产生了考研想法，于是向科研组负责人提出。先生表示异议，并说你已承担不少事了，不要影响工作。后还让我承接与校外科研院合作的国家"七五"科技重点攻关项目。我听从了建议，也再次明确了"在战斗中成长"，要做到"言必有信、言而有行、工作求实"。后来多次在系先进工作者基础上获评校先进工作者。20 世纪 80 年代末，我又先后获"一二·九青年教师奖""北京市优秀教师"等荣誉。这都给我肯定了努力的方向。

多位博士生先后担任课程助教，2000 年后由助教孙宏斌老师接棒，他突破课程界限，引入全教研组科研成果持续深化改革成功，先后获评国家级教学成果奖、国家级精品课、国家级教学名师奖，老先生们看到后生成长很高兴。

三、亲历学校教育教学改革

1985 年让我做系教务科长，遵循双肩挑传统，从事教学、科研和管理，并延续做 81 级级主任、班主任。学校进行一系列教学改革，实行有计划学分制、增设夏季学期、拓宽专业、因材施教、免试推研、建设优良学风班等。夏季学期全系挖掘实验室潜力组织电子综合实践，取得成功并在全校交流。专业建设印象最深，吴维韩先生等领导深入调研，听取资深教授和老师们的意见，将学苏设置、国内领先的重点二级学科的发、高、电本科专业拓宽融合，组成"电气工程及其自动化专业"，开创了专业建设新局面，引领全国，多年持续改革后，获国家级教学成果奖。

1990 年，几位领导找我谈话并家访后调我去教务处，据领导讲是教务处民意调查后推荐的。在电机系工作了 20 多年确有不舍，教研组也希望我不脱离一线教学，继续承担课程主讲及部分科研，我也感到这样的"双肩挑"有利于工作。

在八九十年代，清华以高质量育人为中心，围绕"专业、课程、基地、学风等 4 项基本建设"深化教育教学改革。在教务处头几年的一些工作挺难忘。那时学校经费紧张，常有系来要求支持，我记着张孝文校长的话，我们现在经费紧张，但要了解情况，一旦有钱时就可以实施相关的目标。因此抱着"要钱没有，态度要好"的想法，有求必应去了解，利用机会去各教学实验室，包括部分科研实验室，一些基础课实验室、训练基地也是常去，这为后续的世行贷款、"211"及"985"教学项目的规划打下了基础。为适应新技术发展，很多系开设计算机课，但师资和实验跟不上，课程满意率低，教务处调研此课为全校最差课程之一。周远清副校长主持由计算中心、电机系组织专业队伍，建设新的校级技术基础课——计算机基础教学系列课，其包含软件、微机、应用的多层次课程，并建设相应的实验基地，有效地提升了教学质量，成长了一批名师，在全国产生了重大影响；教育部让清华牵头成立计算机基础教学教指委、全国工科计算机基础教学协作组，并开展国内外交流。清华是国内最早实行计算机辅助教学（CAI）并开设面向全校的 CAI 实验室，1993 年牵头组建首个高校 CAI 协作组，推动教育技术应用和发展；有一批教师积极投入，其中"新工人"是主力，学校努力筹措经费给予支持，促进一类课、精品课建设和教学名师的成长；还与企业集团合作组织计算机系列网络课程开发，在顾秉林校长支持下，取得了爱国华人的基金支持，组织教师翻译 MIT 网络课程。第 19 次教学讨论会提出要"大面积、多规格、多层次因材施教"，学校从 1993 年开始举办"电类基础实验班"，教务处直接管理，配备优秀师资，实行大类培养，两年后回系，允许重选专业。这些举措是"文革"后首次施行，是"基础科学班""中外文化综合班"的前奏。1994 年，在王大中校长倡导下，学校全面推行学分制，学生培养、学习管理实施改革，组建选课中心，并开发网络环境下的管理系统和学习平台；在余寿文副校长、吴敏生教务长分别带队考察美、欧一流大学后，深化改革，在国内率先建立教学研究与培训中心、注册中心。国家发展高等教育，实行收费制度，我在分管的招生工作中了解到一些情况，在一次学生工作会议上提议为经济困难新生开辟"绿色通道"，被学校采纳且不断改进；还曾对社会上有关保送、北京生源的某些舆论，通过调研分析提出报告和建议，得到方惠坚书记的肯定。

1993 年，全国高校工科 CAI 协作组成立。中间右为高教司司长周远清，中间左为副校长贺美英，左 3 为陈刚

1996—1999年，我服从安排到外语系兼职，教务处、电机系教学及教研所研究生指导等工作继续承担。时任校党委副书记的陈希等校领导找我谈话，要求以落实全校教学讨论会提出的外语教学改革目标为核心，研制清华大学学生英语水平测试标准、促进师资队伍建设、落实"211"教学项目，等等。外语系全体努力，特别是中青年教师的骨干作用、改革目标逐项落实，得到学校肯定，教育部还发文支持清华英语水平考试改革；同时，根据学校发展文理学科的精神，日语实现本科招生培养。某寒假，北京市教委领导亲自上门约谈，希望我去市高教处工作，我感到自己不适于在政府部门而婉推，学校领导支持了我的想法。

1999年起，学校让我担任副教务长，协助吴敏生教务长工作。在联系附校工作方面有几件事印象较深：一是改善办学条件，清华大学第二附属中学新校舍落成后，初高中合并办学，提升教学水平，同时促进了附小校舍改造。当时有外地小学慕名来参观后留言，你们附小校舍连希望小学都不如，为此我多次向大学领导反映，王大中校长亲自考察，决定筹措经费彻底改造。建筑学院王丽方教授结合实践教学组织学生参与，并带研究生接力，深入研究国内外校舍和学生心理特点，精心设计建设。学校又筹资并获社会资助改造操场，高标准的新附小出现在21世纪。附小新校舍先后获全国优秀工程设计金奖、建国60周年优秀建筑设计大奖等奖项。二是由时任校党委副书记的陈希指导，在附中马约翰班培养体育特长生的基础上，深化大、中、小学一条龙培养改革，重点在英语、计算机、体育等方面，大学派高水平教师领衔。

20世纪90年代，陈刚与教务处处长吴敏生（左）、历史系主任朱育和（中）在工字厅合影

其中"大、中、小学一条龙英语教学管理模式研究"列入教育部"新世纪高等教育教学改革工程"项目。外语系范文芳教授全面组织并亲自带课，附中附小老师积极努力，使教学水平有效提升，在项目交流验收时获得英语教育界的高度评价，后获清华大学教学成果奖。三是遵循大学指示，促进附校引进优秀师资。当时，附校没有在岗特级教师，在每年一次由大学各部门领导参与的附校工作协调会上，何建坤常务副校长多次强调要努力引进。附中引进第一位特级教师时，我和附中校长等一起前往其原学校访问沟通，促进引入。附中、附小后来陆续引进了相当数量以特级教师为骨干的优秀教师，大学给予相应的政策支持。在任副教务长时，领导向我明确，与以往不同，除联系附校工作外，仍要承担世行及国家重点投资（"211""985"）教学项目、教育技术、实验教学等方面的工作。那几年，这些重大教学项目先后启动，规划方案、运行检查、验收总结等络绎不绝，还参与建设教育技术学科点、全国高校教育技术协作委员会等；我在担任教育部首届实验教学指导委员会副主任委员后，克服家庭困难，不断参与校内外的国家级和市级实验教学示范中心评审检查与现场考察等工作。

在教务处一干就是 20 多年，其间还受学校委派，先后承担清华与汕头大学、昆明理工大学、香港大学等的交流合作工作。在 20 世纪 80 年代和 90 年代初，曾参加全国性的专业教学会议和教育部的有关会议，有几次我都是与会者中最年轻的。这表明，因"文革"，高校教师队伍曾有短期断层现象，而清华特有的"新工人"避免了这种情况，起到承前启后、传承清华精神的有益作用。

回顾在岗工作 40 多年，在系、校恰好各有一半时间，对蒋南翔校长倡导的"双肩挑"深有体会。我们亲历了学校的持续深化改革、建设世界一流大学的发展变化，也都尽了一份个人的努力。育人是崇高的事业，我们在工作中学习、锻炼和成长，不空谈，干实事，清华的教师生涯终生难忘。感谢各位先生、曾经的同事和战友们的支持与帮助，也感谢家庭的支持。现在已退休多年，但感恩母校，热爱育人的初心不变，应学校之邀，在教学调研、关心后生、校史校志等方面做些力所能及的工作，行胜于言、业精于勤、从我做起，是件快乐的事。

2021 年 6 月

胡东成，男，1946年生，江苏常州人。教授。1965年考入清华大学电机工程系，后于自动化系任教。长期从事电子技术教学科研工作。曾任自动化系教研组副主任、主任，系副主任、主任，校研究生院副院长，继续教育学院院长，副校长等职。作为主要成员，获国家级优秀教学成果特等奖、全国教育系统劳动模范称号及人民教师奖章，并被评为国家有突出贡献留学回国人员，为北京市优秀教师。

"你将成为人类的一个思想"
——难忘恩师童诗白先生

胡东成　电机系 1965 级 高 00

  1965 年,我考入清华大学电机系,毕业后留校在新成立的自动化系任教。因为"文化大革命"的劫难,我们一代人痛失了最好的学习时光。胸无点墨的苍白和清华教师桂冠的光鲜形成强烈反差,使我们深感窘迫。好在我们是一批有志气、有抱负的青年,为了挑起重担,不惜夜以继日,废寝忘食,拼命追赶,补救业务。幸运的是,这里大师云集,"知识分子成堆",良好的学术氛围和文化传统给了我们得天独厚的学习条件。许许多多的老师,不遗余力地向我们伸出援手,满腔热情地传帮带。可以说,"新工人"在业务上的迅速成长以及后来纷纷成为重要骨干,都离不开当初老教师们的指点和帮助。现在,每当我们回忆起那段往事,心中总会升腾起对老师们的无限温情与敬意。

  我尤为幸运,分配到电子学教研组,在德高望重的童诗白先生身边学习、工作长达 20 多年。童先生是我国电子技术学科的奠基人,是著名的电子学科学家和教育家,是我一生中在业务上受教最多、受惠最大的无法忘怀的恩师和引路人。

  2020 年,适逢童先生诞辰 100 周年,也是我们毕业 50 周年。作为跟随先生多年的学生,我感到有一种义不容辞的责任,应该借此机会回顾先生的生平志业,以表深深的纪念。

1996 年,童诗白教授从教 50 周年

童先生的一生都和书有关：读书、写书、教书。童先生本人就是一本厚厚的书，一本充满学问和正气的书，值得我们反复阅读，从中源源不断地汲取智慧、灵感和力量。

一、读书求报国

1946年，童先生结束了西南联大的读书生涯，开始在清华大学电机系教书。两年后又远涉重洋进入美国伊利诺伊州立大学再次读书，1951年获得博士学位。那时，因朝鲜战争爆发，美国当局严格限制旅美中国科技人员回国。童先生的博士论文涉及军工机密，而且他了解贝尔实验室相关研究的最新成果，因此他的回返更是遭到百般阻挠。但是先生满腔家国情怀，放弃了种种优厚待遇，拒绝加入美国国籍，拒绝美国空军基地有关导弹研究的聘请。他不理睬校方的训斥，不顾忌移民局的威胁，不在乎联邦调查局不止一次的谈话和要求定期到有关部门报告行踪的监管措施。先生的浩然之气、铮铮铁骨、日月可鉴。所幸，1954年周恩来总理为以钱学森为代表的一批留美中国科学家返回祖国开展了大量外交工作，先生终于获得机会，于1955年6月踏上了日夜思念的故土，重返清华教书。

中国不是现代科学技术的发祥地，亟待打开通向先进科技的大门。童先生深感科教兴国的紧迫和自己责任的重大，他一回来，便在清华—中科院联合举办的我国最早的自动控制讲学班大显身手，同时，立即着手创建清华大学电子学教研组。此后整整50年，先生心无旁骛地在电子信息与自动化领域辛勤耕耘，担负起了无可替代的领军之责。

二、写书引航程

童先生对全国电子技术课程的引领作用首先是通过写书实现的。先生认为，教材是课程内容的载体，课程内容体系的确立和改革最终都要由教材来体现，因此教材是课程之本，一定要把教材建设作为课程建设的重要任务，作为课程体系改革的抓手、动力和标志。

先生写的书有个鲜明的特点，就是紧跟科技发展步伐，掌控教学改革节奏。每当电子技术发展到一个新阶段，先生总是以他敏锐的学术眼光和求新的进取精神，迅速写出新教材，反映前沿知识，构建更加科学、合理的教学体系。20世纪60年代初，他主编了我国最早的4种配套的《电子技术基础》教材，结束了当时只有苏联教材的历史，并且建立了整流—放大—振荡—脉冲的新课程体系。70年代初，面对晶体管取代电子管的重大变化，他和几位老师一起编著了《晶体管电路》及《晶体管脉冲数字电路》，解决了我国电子工业起步时面临的燃眉之急。当集成电路兴起，分立的晶体管器件被淘汰，他又于70年代末至80年代初及时主编了《模拟电子技术基础》，组织编写了《数字电子技术基础》，形成全新的课程体系，与国际接轨，为国内高校领路。当集成电路从小规模上升到大规模/超大规模的新台阶时，他又于1987年和2000年两次对教材内容进行更新，对课程体系进行优化，进一步提高了教材的科学性、先进性和启发性。童先生这些不断问世的新书，携带了电子科技发展的印记，留下了先生学术创新的足迹，也记录了我国电子技术课程建设与改革的历史。

记得童先生说："'文革'结束了，我们不能把书架上的书拿下来掸掸土接着用，要赶紧跟上世界科技的发展，给学生最新的教材、最好的课程。"先生"掸掸土"的形象说法，让我们理解了他的思想，也感受到了他行胜于言、勤勉敬业的作风。那些年，我们常常在学校图书馆四楼阅览室看到先生的身影，他广泛阅读国外最新期刊，孜孜不倦地研究技术发展动向，以"博观而约取，厚积而薄发"的治学之道，潜心推进课程改革与教材建设。即使在年过八旬且视力衰退之时，他仍凭借娴熟自如的英语，高度关注着发达国家的最新资讯。更难能可贵的是，他还系统研究一个世纪以来的电子技术发展史，高屋建瓴地思考和总结其内在规律。和童先生相比，我们这些从事电子技术研究和教学的后人，无论是学术高度还是科学精神都难以望其项背。童先生是一座至今还没有被同领域后来者逾越的高峰。

先生写的书还有一个显著特点，就是种类多、数量大。先生亲自主编的教材达12套、19本，800余万字。先生还组织指导其他教师编写教材、专著和翻译国外教材10余套，编写校内讲义10余种。由于这些教材都是国内最高水平，而且每每填补空白，满足急需，故犹如雪中之炭、久旱之雨，深受各高校和广大读者欢迎，因此，其发行量之大也是惊人的。先生有多本教材的发行量在百万册以上，其中《模拟电子技术基础》一书还创下了国内同类教材发行量的最高纪录。特别值得一提的是，这么多种教材不是互相孤立的，而是在先生统一的顶层设计之下互相配套，构成了一个完整的教材体系。它们中既有关于基础理论的，也有关于实验技术的，还有关于课程设计的；既有基本的教科书，也有对应的习题解答，还有全国试题汇编；既有本科层次的各类教材，也有适用于研究生的《现代电子学及应用》和《电子电路故障诊断理论基础》等。如果没有对教育规律的深刻理解，如果没有忠诚于教育事业的敬业精神，构建这样的一个教材体系是不可想象的。

许多人都夸赞先生是高产作家，其实我更愿意称颂先生是一位精雕细琢、追求完美的艺术大师。他写书从不粗制滥造，而是精益求精，极为严谨。每个章节、每个段落、每句话语、每个用词，他都反复推敲，力求准确，一丝不苟。就像在不断

"迭代",直到满足条件、逼近理想目标为止。先生常说:"写书写文章难免有错漏,检查改错就像'捉虱子'。查改了一次两次以为不会有错了,可是实际上还会发现有问题,所以要不厌其烦,严谨仔细。"我想,这不就是唐代诗圣杜甫在其传世名句"新诗改罢自长吟""语不惊人死不休"中道出的认真、严谨的写作态度和刻苦用心的经验之谈吗?先生的精心,造就了著作的精致,也就使之成为经得起时间考验的经典。

童诗白(前排左3)、阎石(前排左2)、胡东成(前排左1)等完成的"电子学课程的建设与改革"获1989年国家优秀教学成果特等奖

先生令人佩服之处还在于他工作效率极高,查文献一目数行,想问题从容不迫,进退自如。我觉得,古训"致广大而尽精微,极高明而道中庸"似乎就是先生写书过程和境界的最好写照。所以我们不难理解,先生的教材屡获大奖,先生主持的"电子学课程的建设与改革"荣获首届国家级优秀教学成果奖唯一的本科特等奖,都是水到渠成、实至名归、当之无愧的。

三、教书育英才

再说童先生的教书,也是绝顶的高超。

先生讲课思路清楚,深入浅出、循循善诱、步步深入,不仅有纵向分析,还常有横向拓展,以便学生举一反三,融会贯通。先生教态端庄,举止洒脱,气质高雅,风度翩翩。而且难得的是先生天赋异禀，有一副浑厚圆润而富有磁性的好嗓音，使他讲课变得更有魅力。学生反映，听先生讲课像是在海上冲浪，与其说是紧张，不如说是享受。"文革"中后期"复课闹革命"，校内传出童先生要讲电子学的消息，各系学生争相前往，结果教室爆满，不得不几易课堂。即使如此，最后大教室的墙根下仍然站满了学生。

先生的启发式教书，除在讲课中体现，在指导研究生或青年教师时同样十分明显。先生提出问题，也鼓励学生提出问题；先生引出思路，也让学生通过交流讨论明确"主导思想"。师生之间，不是"奏技者与看客之关系"，而是像梅贻琦老校长在《大学一解》中所描绘的"学校犹水也，师生犹鱼也"那样，童先生是前导的大鱼，学生们是尾随从游的小鱼，一起在知识海洋中遨游探索。小鱼"从游既久，其濡染观摩之效，自不求而至，不为而成"。这种从孔孟开始古已有之的教育理念与方法，梅校长作了解读和倡导，到童先生这里则发挥到了极致。

先生教书，从不忘育人。出于对学生的关心爱护，先生在传授知识的同时，常常在很自然的语境中引导学生寻找人生的意义，实现应有的价值追求。有一事让我印象深刻。20世纪90年代初，每次博士生招生面试先生总要问考生："你为什么要读博？"然后又总会善意地提醒："如果想当万元户，就不要来我这里了！"万元户是那个年代大款富豪的代名词。先生的意思，不是说年轻人不应该追求富裕的物质生活，而是说读博士可能挣不了大钱，做学问难免会清贫寂寞，对此要有思想准备。先生告诫学生说，在学术的殿堂里，要静得下心，沉得住气，经得起诱惑，坚持守好内心的一片净土。一旦选择了走科学的道路，确立了为我国科技现代化而奋斗的志向，就不要被荣华富贵或贫困卑微所扰乱和改变，也就是"富贵不能淫，贫贱不能移"。

童先生本人就是一个淡泊名利、不计较得失的高尚贤达之人，他潜心于学问，醉心于科学，将自己的一生无怨无悔地献给了电子技术教学事业。他在默默的工作中展示自身的价值，在艰苦的努力中享受成功的喜悦。他做了学生的表率，成了学生的良师益友。榜样的力量润物无声，强过说教千百倍；学生的品格潜移默化，在从师学习过程中逐步得到升华。正是因为身教重于言教，先生赢得了广大师生的尊敬和爱戴。

先生教书，还特别强调教学和科研的融合。童先生认为，不搞科研，教学就不会有深度，就上不了水平，或者会缺乏解决实际问题的能力；而不搞教学，且不说丢了人才培养的根本任务，科研工作也往往会缺少知识的广度，或者缺乏系统、扎实的理论功底。所以在电子学教研组成立不久，童先生就带领大家在承担教学任务的同时，开展数控机床、工业自控等研究，后来又创建了我国第一个自动化仪表与装置博士点，深入开展电子电路故障诊断和可靠性理论、电子电路的计算机辅助设计、微机应用、电力电子等研究工作，承担了大量重大科研项目。童先生的远见卓识和不懈努力，使这里出现了教学科研相辅相成、相得益彰的可喜局面。

科学是严肃的，科学家却可以是活泼开朗、很文艺、很浪漫的，尤其是当科学和艺术结合的时候。童先生喜爱音乐，精神生活十分富有。他小提琴拉得极好，弹钢琴是他的最爱，兴之所至，还会亮出其美妙的歌喉。他早在赴美留学之前就已是清华音乐室的常客，是学校管弦乐队的主力。先生不仅精于文艺，而且能打一手好网球；虽过古稀之年，仍有很长一段时间每天出现在网球场上。先生多才多艺的形象与品位也成了学生全面发展所效仿的内容。

四、师恩深如海

童先生之于我个人，真是师恩如山，师恩似海。我从 1973 年起，在近 30 年的时间里，一直得到先生细致耐心的指导和教诲。从参加晶体管电路习题解答部分编写工作，到参加中央电大教学辅导、编写辅导材料和播讲辅导课程；从参与教材编写的外围工作，到翻译出版美国著名教授 Millman 的微电子学教科书（另一位译者

胡东成给学生讲课

是孙昌龄老师）；从为工农兵学员讲课，到为恢复高考后第一届6个班主讲电子技术基础大课；从申请电子电路 CAD 和电子系统可靠性课题，到赴西德学习之前反复选择学校、导师及研究方向；从作为副导师协助先生指导博士生，到自己成为博士生导师，我的业务一步一步向前走，都归功于先生的悉心栽培，都浸透着先生的心血和汗水。

  粉碎"四人帮"之后，学校对大课教师的要求很严。对我们这批在"文革"中毕业、尚未赶上中高级职称评定的青年教师，教务处不同意担任重要基础课程的主讲教师。为此，童先生亲自到学校去介绍我的情况，为我作担保，同时又在我备课时给予许多具体指导。我给自动化系 77 级和电机系师资班合班上的那次大课，教务处长从头至尾听了一个学期，作了深入的调研和质量监控。最后课程圆满结束，在学生评价打分时获得全校各基础课/技术基础课的最高分，处长终于松了口气。老先生对青年教师的信任提携，教务管理部门对工作的认真负责，至今仍然值得我们学习、传承。

  童先生担任全国电子技术课程指导小组组长多年，常安排我跟随参加一些会议或活动，给我创造机会开阔视野。20 世纪 80 年代末到 90 年代初，课程指导小组决定编撰《电子技术基础试题汇编（模拟部分）》和《电子技术基础试题汇编（数字部分）》两本书，我任副主编，负责模拟电路部分的筛选、分类和统稿。这部书不是简单汇集来自全国各地的数千道试题，也不仅仅是给出标准答案，而是要根据国家教委颁布的教学基本要求，分析题目的特征，如试题分值、限定时间、难易程度、题目类型、答题方式、章节内容等，建立评价体系，给师生以指导。为便于计算机检索，还要编出试题特征码。这是课程建设中一次新的尝试。我所涉及的部分有 154 万字，约 2000 道题，工作量巨大。而且由于评价体系复杂，又要求准确性和权威性，所以困难重重，有几次我都觉得自己快坚持不下去了。每到这种时候，童先生就给予我极大的鼓励，还亲自复审稿件，为我指点迷津，解决疑难问题。是童先生替我撑起了一片天。此后，我回想自己的业务成长道路，我得到过很多老师和同事的帮助、指导，但是对我帮助最大、指导最多、时间最久的，唯童先生一人。常有人说，人生相逢是缘分，而我想说，与童先生相遇是我的幸运。

  童先生不仅对我如此，对教研组其他中青年老师也都是尽力扶持，帮助他们多出成果，快出成果。先生指导别人写了论文或完成了科研课题，常把自己的名字排在后面甚至干脆不署名；先生写书时会拆分章节让年轻人上阵，让大家都得到锻炼，大家都有功劳。但为确保书稿质量和文风统一，他最后要一遍又一遍地修改全部稿件，甚至几乎重写。他就是这样甘为人梯，甘做铺路石子，甘当小字辈的坚强后盾，让初出茅庐的年轻人能够奇峰突起。

五、思想永流芳

童先生的为人、为学有太多太多的东西值得我们学习,他自身真的就是一本博大精深的教科书。这次纪念先生百年诞辰,我们重读先生这本书,有了许多新的感受和认识:

我们读懂了,"童诗白"不只是一个人的名字,他代表着一代爱国知识分子的形象,代表着一种高尚的精神情操和道德风范;我们读到先生的言行举止,看到的是恢宏的清华精神和中华文化的根脉;我们读到先生的教育理念和做法,看到的是教育的根本和未来的方向。先生是大师、是脊梁、是表率,先生的著述与思想都将作为宝贵财富而载入史册。

我们读懂了,人是要有点精神的。要想做成一件事、做好一件事,就要像童先生那样自强不息。先生做事,目标明确,锲而不舍,追求卓越,精益求精,淡泊名利,克己奉公。先生的精神还表现在有强烈的民族自尊心,却又"无问西东",虚心学习别国长处。

我们读懂了,在团队中要学会与人相处,做人要像童先生那样厚德载物。先生谦逊良善,虚怀若谷,平等待人,助人为乐,处处以身作则。在先生的团队里,长者提携后辈,青年尊敬前辈。事实告诉我们,教学科研工作要想健康发展,一靠领军人物,二靠和谐团队。

我们读懂了,一个教育工作者最宝贵的品质是对教育教学的热爱、忠诚与坚守,是对教书育人的强烈责任感和使命感,学而不厌、诲人不倦、脚踏实地、无怨无悔,用内心宁静抵御外界喧嚣,用聪明才智把握教育规律,用辛勤汗水收获桃李满园。

我们读懂了,从事基础课程教学的教师,要做好读书、教书、写书3件大事。读书是终身的,停止了阅读就停止了进步。教书是一门艺术,在讲台上达到条理清楚、重点突出、引人入胜的3个境界需要台下的扎实功夫。教书有一件要务,即必须和科研融合,这是"核心价值",需要加倍努力和付出。写书是理论和实践成果的总结与提炼,它基于历史的积淀,反映当今的水平,培养未来的栋梁。写书就要学习童先生,尊重科学,坚持思考,博观约取,厚积薄发,及时跟进新科技,永不止步求完美。

在纪念童先生百年诞辰之际,我还想借此机会感谢健在的童师母——郑敏老师,今年7月18日她也过了100周岁生日。郑老师集诗人、哲学家、教授、歌唱家于一身,在20世纪三四十年代就闻名于诗坛,是"九叶派"诗人中如今唯一在世的一叶,被誉为"中国当代诗坛的常青树"。郑老师的成就斐然可观,同时,她扶助了童先生一生。正如一首歌中所唱的,童先生的"军功章里有她的一半"。多年来,郑老师对我们这些童先生身边的学生和教师一直十分关爱。每次和郑老师聊天,我们总能增长知识。有一次她聊起结构和解构的关系时,既有诗人的激情和独特视角,又有哲学家的深邃和逻辑思辨,令我这个理工学子茅塞顿开。郑老师现在身体很好,头脑清晰,她的女儿童蔚告诉我,她如今完全活在诗意的境界里。她时常会大声呼唤"诗白",问"诗白哪儿去了",并不显得烦躁,而是流露出一种对最亲近、最理解的人的惦念。日前,北大中国诗歌研究院高秀芹副院长发文说,"郑敏先生百岁,声音还那么好听""诗人生命之树长青"!我不由得想起郑老师那首广为流传的诗作——《金黄的稻束》,耳边似乎传来了她仍然年轻却发人深思的声音:"历史也不过是/脚下一条流去的小河,/而你们,/站在那儿,/将成为人类的一个思想。"愿童先生和郑老师坚实厚重的金色稻穗也成为人类的一个思想,延续在和他们有过接触以及无数没有接触过的人中间而得以永恒。

最后,我谨用宋代范仲淹《严先生祠堂记》中的词句敬献给童先生以作纪念:"云山苍苍,江水泱泱。先生之风,山高水长。"

我想说,童先生的品格和修养像云山一样高耸,令人景仰;童先生的学问和智慧如江水一般涌流,恩泽久长。童先生的英名将永远铭刻于我们的心房!

(本文为《童诗白百年诞辰纪念文选》序言,高等教育出版社,2020年8月。此次发表略有增删)

2021 年 9 月

董名垂，男，1947年生，上海人。教授。1965年入读清华大学电机工程系，1970年毕业留校任教。1975年清华自动化系首届研究生班毕业。1979年赴意大利罗马大学做访问学者两年。1998年到澳门大学任教。曾任昆船集团公司、上海飞机制造厂、青岛海尔电冰箱厂CIMS总体设计专家组组长。完成57项科研项目，培养博士和硕士48人，发表论文208篇，共获奖23项、专利6项。

站上美国大学领先奖答辩台的清华人

董名垂　电机系 1965 级 电 002

1986 年 3 月启动的"863"计划，是 20 世纪 80 年代初党中央和国务院决策，由国务委员宋健、科委主任朱丽兰亲自制定和主抓的中国高技术研究发展计划，内含 7 个领域 15 个主题。其中自动化领域包含机器人和 CIMS 两大主题。前者由沈阳自动化研究所牵头，自动化领域首席专家蒋新松院士为负责人；后者依托清华大学国家计算机集成制造系统（CIMS）工程技术研究中心，即 The State Computer Integrated Manufacturing Systems Engineering Research Center（英文简称 CIMS-ERC）。该中心是一个跨系的由多学科科技人员组成的联合体，由清华大学自动化系牵头，吴澄院士（主任）、熊光楞（总师）、任守榘（"863"/CIMS 主题专家组长）、马力忠（副主任）、蔡复之（副总师）、董名垂（副总师）等为负责人，总投资 2700 多万元人民币，内含 438 万美元外汇额度，调集校内自动化系、精密仪器系、机械系、网络中心 4 个单位，外加航天部、机械工业部、兵器工业部的众多研究院所以及北京航空航天大学等 10 多家单位的精兵强将，在开始阶段有 200 多人，以研发"两弹一星"的战斗精神作激励，废寝忘食、奋发拼搏，开始了这项与核能技术研究所、微电子学研究所并称"清华三大实验研究基地"的国家级重大攻关项目。为准备得更加充分，CIMS-ERC 比"863"计划的启动时间晚了两年，于 1988 年 3 月正式启动。项目团队快马加鞭、加班加点、苦干实干，次年即大致建成规模。将设在清华中央主楼六楼的 ERP/MIS、Scheduling & Planning、CAD/CAPP/CAM、CAA、QC、DB/NET 等功能模块，通过光纤通信，远程连通了设在清华 9003 大楼机械制造大厅的卧式加工中心、立式加工中心、五轴联动智能机器人、立体仓库、自动导引小车等 1：1 的大型机械制造设备，实现了远程实时下达设计加工指令、实时在线反馈加工进度和加工用料等生产 / 监测信息，为大大提高机械加工质量和精度、大大节约原材料和时间、大大提升管理和资金运作效率，朝着实现 Agile-CIMS 先进、柔性、自动化、高效生产迈出了坚实的步伐。

经历长达 10 年艰苦卓绝的砥砺前行、协同作战、共同奋斗，到 1998 年 3 月取得重大技术突破，达到预期目标，并在研发过程中逐年将成果推广应用到全国很多国家级大型企业，并取得明显的生产效益。清华 4 个单位、合作的各研究院所及高校，紧密结合该重点攻关项目培养出一大批博士后、研究生及本科生人才。此外，清华大学国家"863"/CIMS技术培训中心为全国工矿企业培养了400多名持证上岗、可合格设计实施CIMS工程的总工程师。接待了来自国内外几十万参观访问者，其中有英国首相撒切尔夫人和中国宋健、乔石、邹家华等国家领导人，朱丽兰、韦钰、邓楠等部级领导，王大珩、林家翘等科学家，以及全国各地来京参观的政府机构官员、工厂骨干、企业家、商人、大中小学生、研究人员、港澳台同胞、国外代表团等，大长了国人志气和威风，真可谓成果显著、硕果累累。

当CIMS工程顺利进展到第6个年头，在科委授意下，"863"/CIMS-ERC申报美国SME/CASA University LEAD Award，即大学领先奖，并于1994年11月以优异成绩获得该奖项的冠军奖。该奖具有世界影响力，由美国制造工程师社团的计算机与自动化系统协会每两年在全世界范围内评选一次，在国际上号称是制造工程领域里的诺贝尔奖，自1974年设立以来的10名冠军奖获得者中，只有两所非美国的大学曾获此殊荣：英国伯明翰大学和新加坡国立大学。要真正捧回这一奖项，必须按流程走完规定的最后三部曲：（1）赴美向SME/CASA专业委员会面试并合格地通过答辩；（2）登台领奖；（3）登台向参加"底特律94'AUTOFACT会议及展览"的来自世界各地的该领域专家及工程技术人员致辞。

作为一名"新工人"，作为一名能有幸亲身跟随吴澄院士、蔡复之教授、科委及"863"/CIMS领导赴美答辩并捧回大学领先冠军奖的参与者，现仅根据记忆，在2020年庆祝清华大学自动化系成立50周年、在2021年庆祝清华大学建校110周年的时机，将尘封了二十六七年的史实，其中很多鲜为人知的情节呈现给大家，以资纪念、告慰那些为了振兴中华科技、实现科技强国梦奉献过人生年华、洒过汗水泪水、作出艰苦卓绝努力的战友们、同事们、朋友们，也给年轻的后来者们留下点有价值的奋斗学习案例。若有疏漏，敬请批评指正，多加原谅。

改革开放这么多年，如今出个国已经算是普通平常的事情了，可回到20世纪90年代，出国那可是非同小可的大事情，要经过层层政治审核、严格把关，先经部门、学校选拔推荐，再报教委、科委审核批准。最终，组织上决定由清华大学派出吴澄教授、蔡复之教授和我3人，另加"863"/CIMS主题专家组成员兵器工业部的田连会、机械工业部的薛劲松、"863"/CIMS主题办刘京梅女士、科委高技术司夏波女士，一行7人肩负重任，前往美国完成该项答辩和拿奖任务。

抵达底特律，由我负责同SME/CASA联系。它们一再强调：答辩限定1小时，开场首先是播放我们递交的、介绍清华大学"863"/CIMS-ERC长达5分钟的英文录像，接着是吴澄主任的15分钟演讲，演讲结束之后进入现场问答环节。它们再三强调，演讲要按事先书面通知的要求执行，绝对不容许超时！

时差还未来得及调整，但并不影响我们昂扬亢奋的战斗激情。1994年11月14日上午，我们7人整装提前进入答辩现场。会场是间可容近百人的大屋，半间屋摆放了整齐划一的连排桌椅，那是观众席；另半间屋在前方主席台位置的右侧，是一张单人小讲台，小讲台正对的马蹄形桌是SME/CASA专家评委席，两者之间近10米远。没想到的是，SME/CASA专家评委们早我们一步几乎全部就位，观众席上也几乎坐满了人。9点答辩会准时开始。

首先登场答辩的，是与我们并列大学领先冠军奖的美国新泽西理工学院。3名看上去很像印度裔的、皮肤黝黑的美国教授走上主席台。放录像，演讲，问答。尽管人家的印度音英语发音在我们听起来特别别扭，可人家一问一答却极为顺畅，首场答辩顺利通过。

轮到我们3人上阵了！要说心中不慌，那是骗人的假话，但这是国家"863"/CIMS-ERC的重托，事关中国的荣誉，此刻哪能胆怯！更何况看到尊敬的吴澄、蔡复之教授始终面带微笑、信心百倍，观众席上的其他4人也全都坦然淡定，我干吗要心慌呀！有了前面美国新泽西理工学院的样板，我们照葫芦画瓢就是了。吴澄稳步走到带话筒的小讲台后，蔡复之和我互相隔开约1米距离，面对马蹄形桌后的专家评委站在小讲台另一侧。大屏幕上开始播放由清华大学国家"863"/CIMS-ERC孙星老师和清华电教中心花足功夫、精心拍摄的5分钟录像，集中展现了清华大学国家"863"/CIMS-ERC真刀真枪远程操控大企业真实生产设备的雄伟、壮观，以及实时在线进行各种复杂生产调度的先进、高效。5分钟的场景体现出了中国迎来的现代化先进柔性生产、人—机结合、机电一体化的和谐与完美！录像演播结束，吴澄教授用一口标准、纯正、流利的英语，如滔滔流水般发表演讲。15分钟一分不差、一秒不多，精彩绝伦、堪称完美，顿时获得满堂掌声！其实，吴教授早就把这段演讲词演绎得倒背如流、滚瓜烂熟、分秒不差了。

吴澄教授演讲结束后，离开小讲台，走到我和蔡复之教授中间，3人一起应对评委的提问。无疑，这一微妙的小举动，在关键时刻，对稳定军心和夯实大局起到了至关重要的作用。事先的约定是："机"方面的问题归蔡复之教授回答、"电"方面的问题归我回答、"全局"方面的问题归吴澄教授回答。结果，第一棒就砸向了我。首先发问的是一位身材魁梧的男性教授，他先作了自我介绍。说实话，我压根就没听清他说什么。直到今天，我还经常对人们说："不怕听美国女士说话，就怕听美国胖男人，尤其是中老年胖男人说话，因为他们是在喉咙里打嘟噜的浓重男低音，没有十二万分的英文功底，隔开10来米远的距离，真的是很难听清楚他们说的究竟是啥！"幸运的是，现场的我们是在谈论双方都熟悉的一个主题CIMS，更幸运的是我早就练就出"连蒙带猜"的不一般能力，这会儿派上了用场。他话音一落，我就猜出个八九不离十——他是在挑战我们的研究水准，想听我们的解释：如何证明我们 CIMS-ERC 的研究已经达到了世界领先和优秀？这难不倒我，一切都是我们历尽数年艰苦奋斗、一步一个脚印艰难走过来的。于是，我用我略带意大利味儿（本人在意大利罗马大学当访问学者两年零 3 个月）的流利英语、娓娓动听地开始讲述清华大学研究 CIMS 技术和应用的独到之绝：CIMS 的关键技术是集成，而中国制造领域的现状是"杂牌军林立"，企业界既有日本 FANUC 的机床，也有德国 Siemens 的机器人，还有美国 Cincinnati 的立体仓库，更多的还是国产数控加工中心、数控测量机床、数控机械手臂等设备。如何统帅这样的"杂牌军"部队、生产出高精度、高质量产品，首先要解决的问题就是"异构系统的集成难题，尤其是工厂底层不同通信协议之间的互联互通问题"。而这一点我们做到了，并且解决得很出色！我两眼盯住对方，看到他赞许的目光，再加上看到马蹄形桌后其他专家评委们满意地微笑点头，我立刻情绪高涨。正想乘胜扩大战果，进一步显摆一下清华大学 CIMS 研究的重大突破，突然，专家评委席中一位美丽温柔的中年女士礼貌地说她想插一句话。她首先介绍她叫 Marry，是一所大学研究院的院长。然后，用十分动听清晰的标准英语慢条斯理地提醒我，刚才那位先生的前半个问题我已经回答得非常精彩，但他后半个问题"如此的高新科技如何能被技术水平并不高的中国企业所推广实施呢？"她希望我也能回答一下。刹那间，我就被 Marry 的真诚与善良感动了。她看出我没完全听懂前面提问者的所有问题，因此婉转地帮我理解并提醒我回答后面的要害问题。真的是太感谢她了！我赶紧列举出在中国实际推广应用 CIMS 的一系列成功做法，包括先培训总师持证上岗、厂校合作完成可行性论证与初步设计报告、派出专家队伍赴现场指导之后的详细设计和实施、每年向 CIMS 主题专家组总结汇报实施进展和遇到的问题等，还附加了许多实际案例，从而补充回答了那位先生的后半个问题，圆满地获得了问答环节的开局胜利。

第一炮打响、打好了，团队的心就稳定了。接下来我们 3 人越战越勇、越讲越精彩。原定 1 个小时的答辩时间，到清华这里就被加长到了 1 个半小时。最终，令所有 SME/CASA 专家评委和在场听众全都心服口服地坚信：清华大学国家"863"/CIMS-ERC 实至名归地、名副其实地有资格获得 SME/CASA 大学领先冠军奖这一殊荣！

走下答辩台，我忍不住跑到专家评委席，使劲握住 SME/CASA 核心组 4 名核心成员之一的 Marry 院长的手，连声对她说谢谢。我征得吴澄教授的同意，诚挚邀请她在方便的时候访问清华大学国家"863"/CIMS-ERC，她欣然答应了邀请。当然，我们也热情感谢和邀请了每一位出场的 SME/CASA 专家评委。

匆匆吃罢简单的中午便餐，回到所住的酒店休息，因为当天傍晚还有颁奖和获奖致辞这两项重大活动要完成。完成之后，便是出席庆祝颁奖典礼成功暨庆祝"底特律94'AUTOFACT会议及展览"（从世界各地赶来参会的代表有2万多人）召开的丰盛晚宴。

答辩当天下午3点到4点，所有参加领奖的单位及登台领奖人到领奖会议大厅作了预演，听取了晚上正式领奖的程序及要求。下午4点到5点，各领奖单位成员回住所更换正式服装，晚6点颁奖开始。按照要求，晚上参会的每一位男士应着燕尾服、带蝴蝶结型领结，女士更是得着豪华盛装出席隆重的会议及晚宴。可我们一行7人，上哪去搞这种行头呀？

晚上，我们提前半个小时赶到大型豪华的会议地点。刚上二楼，清华的3人就被美国华文报纸的记者和摄影师们给拦住了，要采访我们。好事啊！于是就在二楼扶梯旁，开始了新闻采访。当然，吴澄是被采访的重点对象，我和蔡复之作陪衬，有问有答，气氛热烈而和谐。事后才知，这一扶梯旁的新闻采访在国内外被报导出来之后，在国内掀起了一轮CIMS热，给一向在社会上默默无闻的国家"863"/CIMS-ERC带来了更大的社会影响和社会效应。刚回国就听不少人说起，在中国的央视新闻里见到吴澄教授高水平应答记者的提问，也提到说，一闪而过"似乎"看到了我的侧影。反正我没亲眼见到和听到这次采访的录像和录音。

采访一结束，我们簇拥着春风得意的吴澄教授进入了灯火通明豪华的颁奖大礼堂，眼前一亮，所见男女嘉宾格外绅士、优雅，男士身着燕尾服、系蝴蝶结型黑色或暗红色领结，刹那间我们就有了参加英国皇家御前高级会议的新奇和拘谨感。作为冠军奖得主的我们，坐在主席台正中位置。第一排是政府机构各大要员就座的位置，从第二排到第四排是我们就座的位置。因为我们代表人少，所以留下不少空位。

登台领奖的答辩团队每人获得一块 University LEAD Award 奖牌

在大学领先奖颁奖庆祝获奖晚宴上。左起：董名垂、下一届SME/CASA主席夫妇、吴澄

终于，颁奖仪式开始了。晚会主席热情洋溢地致辞后，首先邀请美国新泽西理工学院全体代表登台领奖。接着邀请吴澄教授携我们全体成员7人登上主席台，由SME/CASA主席向吴澄颁发了一块无色透明水晶玻璃质地的大学领先冠军奖奖座。同时，向站在主席台上的我们每一个人，都颁发了深咖色硬木制作质地、黑地黄字的大学领先奖冠军奖奖牌。颁奖后同SME/CASA主席合照留念。

从主席台下来坐定之后，SME/CASA主席邀请来自遥远中国的吴澄教授再次登台致辞。意气风发的吴澄教授再次用他那一口标准、纯正、流利的英语不急不缓地发表了无比精彩动人的演讲。演讲结束时，全场爆发出长时间雷鸣般的掌声，那位难得露出微笑的SME/CASA主席，在台上笑容满面地热烈拥抱了吴教授，并专门向坐在前排的我们微笑挥手致意、致敬！

颁奖典礼和致辞仪式圆满结束。出乎所有人的意料，主席台的幕布缓缓升起，背板向两边徐徐打开，在人们的惊讶声中，会议厅内代表看到的是，在主席台背板后面出现了盛大的晚宴大厅。更神奇的是，400多位特邀的盛装宾客早就坐在一张张餐桌旁，在幕后静听会议大厅的颁奖典礼和吴澄教授的精彩致辞。此刻，宴会厅内外，热烈的掌声和欢呼声、祝贺声骤然响起。工作人员引导获奖人员由主席台步

答辩领奖团队捧奖凯旋，在北京机场贵宾厅合影留念。左起：
田连会、夏波、董名垂、吴澄、蔡复之、薛劲松、刘京梅

入宴会厅前排预留的专座区。接下来，伴随着美妙的西洋轻音乐，在柔和的灯光下我们尽情享受美味佳肴。美国《制造工程师》杂志1994年11月重头报导："从清华大学的CIMS中心可以看到，中国作为新的工业强国将会出现在世界舞台。"如今，这一预判早已成为不争的事实！

这里作为插曲附带提两句：

因清华大学"863"/CIMS-ERC获得全胜、捧得如此殊荣凯旋，那是全体参与者共同努力、团结奋斗的结果，为了表彰本次获得世界水平的重大奖项，科委朱丽兰主任决定亲自到北京机场迎接我们载誉归来。听到如此振奋人心的消息，大家兴奋、激动得夜不能寐。遗憾的是回程飞机严重晚点，到北京机场迎接我们并给我们献花的是朱丽兰主任委托的全权代表——科委的官员。知足了！

补记：

1993年12月，"863"/CIMS-ERC荣获中国国家教委科技进步一等奖；

1995年3月，"863"/CIMS-ERC荣获中国国家科技进步二等奖；

1998年10月，当"863"计划跨过了第12个年头，作为奖励、鼓励和激励，中央在雄伟的北京人民大会堂最大的会议大厅内举办庆祝胜利音乐会，所有参与国家863研究攻关的在京人员，人人有份前往观看。这让每个"863"人，在自己的平凡人生中着实骄傲自豪了一次，在各自不起眼的经历中留下了浓墨重彩的一笔。当然，那都是本文之外的精彩话题，敬请其他亲历者们书写提供。

2021年4月

冯正和，男，1945年生于上海，浙江绍兴人。教授。1970年无线电电子学系毕业留校。曾赴日本早稻田大学留学两年，美国纽约州立大学高级访问学者。曾任电子工程系主任，微波与数字通信国家重点实验室副主任，中国电子学会常务理事，微波学会主任委员等职。IEEE Fellow和中国电子学会会士。从事电磁场理论、天线与微波技术和无线通信等的教学和科研工作。

龙山涪水　峥嵘岁月
——献给绵阳分校的"新工人"

冯正和　无线电系 1964 级 无 02 班

　　1969 年 10 月，在党中央关于加强战备和《关于高等学校下放通知》的紧急指示下，载有清华大学无线电电子学系、精密仪器与机械制造系、工程力学数学系、冶金系和自动控制系的 1970 届学生与教职工，以及基础课部分教职工 700 余人的专列从北京出发，两天后到达四川绵阳，启动了"651 工程"的复工准备工作。4 个月后，其中的 148 位学生毕业分配留在绵阳，开始了热火朝天的"分校建设"。

　　"651 工程"是 1965 年高教部按照党中央、毛主席关于"三线建设"的部署，在战略后方建设的 4 个大学分校中的一个。毛主席非常重视清华、北大在三线办分校的事，曾指示"不要等打起仗来再去办西南联大"。清华大学迅速行动、积极落实，党委副书记胡健带队多处考察，选择离绵阳 10 公里处的青义镇作为校址，其间，蒋南翔校长亲自作了实地考察，确定选址。与同时开始建设的其他 3 个分校不同，清华分校建设从一开始就强调自力更生。当年成立"651 工程办事处"，总校派了几十名有经验的师傅，招了 400 名青工开始准备工作，我校建筑系师生完成了勘探规划设计，邀请西南建筑工程局施工。1966 年 5 月，高教部《关于确定清华大学等四校在三线新建分校的校名的通知》将它定名为"清华大学西南分校"。到 1966 年夏，分校完成了 3 栋学生宿舍楼的结构工程和 3 栋教学楼的少量结构工程。之后，"文革"开始，建设被迫中断，由各系 1965 年分配到绵阳的几位教师和几十位老青工留下看守工地，直到 1969 年又重新准备复工。

　　1970 年元旦，周恩来总理在清华大学关于"651 工程"复工的报告上批示同意，并更名为清华大学绵阳分校。由此，清华大学三线分校掀起了第二次建设高潮。我们不等不靠，自力更生，在艰苦的环境下，分校从无到有，在一片荒山斜坡上盖起一座座新楼。并在这里开始教学科研，最终把绵阳分校办成一个高水平的大学。

　　开始复工后，分校的一切工作以施工为中心，全体人员被编成施工、运输、机电、后勤 4 个连。半年前由北京来的教职工约 250 人，新留校年轻教师即"新工人"148 人，还有几十个老青工，加上清华派来的几十位经验丰富的各工种师傅和土建系教师，一共 450 多人投入基建。其中，施工连和运输连主要由"新工人"组成。

　　施工连包括泥瓦工、木工、架子工及水电工，有 100 多人，郝中军任连长。对建筑和施工，我们都是毫无概念的新手。大家按照分配的工种，换上工作服，领取所需工具，熟悉相应的图纸和设备，由北京来的各个工种的老师傅，在没有完工的103楼进行培训。大家努力学习，刻苦练习，迅速入了门。

首先施工的是305/306楼，两栋三层的学生宿舍楼，从整场地挖地基开始。这是以"新工人"为主体的、还没有队龄的"建筑队"完成的第一个作品。当时的流行语不是"战役"就是"大会战"。施工指挥部精确计划、及时调度、强化质量管理，全体施工人员努力拼搏，各工种紧密配合，保证施工紧张有序地进行。我当时任架子工，负责搭脚手架。当一层楼的砖砌完后，木工做圈梁的浇铸木模，然后捆钢筋，用混凝土浇筑楼板。为了加快速度，不等圈梁和楼板混凝土完全固化，在不拆木模的情况下接着砌下一楼层的砖。这样多个工种循环，好比工兵、步兵和空军的联合作战或称"大会战"。民工负责供料，他们推着独轮车运送砂浆和砖，好比民兵支前。最后半天，有几百人参加屋顶铺瓦，当然并不是所有人都上屋顶，绝大多数做了搬运工，所有的瓦片都是由人在多个方向从地面传到屋顶的。这样，我们用了18天完成了这两栋楼的主体工程，大大缩短了工期。我们盖的楼后来经受过多次地震的考验，现在还在使用。

除此之外，还必须保证美观，楼中所有边缘和砖缝的横平竖直是一个基本要求，这就考验每个施工者特别是砌砖瓦工的技能和责任心。"新工人"在实战中成为了各个工种的高手，锻炼出了一支掌握各个工种和操作相应设备的施工队伍。

初战告捷，大家一鼓作气，接着完成了304楼的主体工程。然后完成了304—306、307—309，6栋宿舍楼内装修、门窗、水电等的全部施工。由此大大改善了大家的居住条件。

1970年，中建103指挥部进驻分校工地，承担了教学科研区、办公楼及生产厂房等需要大型设备的大楼施工。由于施工队实际投入的力量不是很足，因此分校仍然承担施工任务，这样就形成了两支队伍一起施工、但不同工号的场景。分校施工队伍也利用这个机会向专业队伍学习，相互切磋。在相互的学习和比试中，肖高嘉、王秀坛、汪蕙等砌墙高手得到建筑公司老师傅的高度评价：你们可以达到四级工的水平。

在快速完成施工任务的同时，分校建设者们牢记"百年大计，质量第一"的原则。有个新手开始砌墙时，被发现隔断和外墙没有"咬缝"，立即召开"现场会"，让大家吸取教训。有一天很晚了，连长郝中军和王承绪师傅、王海生、黄云森等在收工路上，回头张望刚才施工的地方，发现一个窗垛似乎有些歪了，于是几个人立即快步回去，用"吊锤"一量，果然不到两米高却偏离了17毫米，大家二话没说，就动手把刚刚砌好的墙垛拆掉。等排除了隐患，大家才拖着疲惫的步子离开。

在整个施工过程中，需要大量民工参加。高峰时每天达到近2000人，每个施工人员都需要民工协助。另外，在附近山上打条石（1米多长的矩形石料，作为各个大楼的基础）并把条石安全运回，也由民工参加。为此成立"新一连"，下设17个排，全部都由"新工人"管理或带队工作，由霍玉晶任连长，我担任过指导员。

在近两年的施工中，建筑材料、生活资料的运输始终是一个关键问题，以"新工人"为主体的运输连承担了这个艰巨任务。

施工连在102楼大会战中砌墙

运输连负责砖、砂石、水泥、钢材、木材等建材及生活资料的运输。由车站到分校的运输由分校车队负责，但把物资从汽车上卸到仓库中完全靠人力，由运输连完成。卸车通常是突击性的，不分昼夜、挑灯夜战扛水泥是常有的事。大包水泥100斤一袋，要求以最快的速度卸车，因此，有些男同学如严樟根、王菊庭、李德坚、沈明其等一次扛两袋。卸水泥还是一个脏活，完成一次40~50吨的水泥装卸，浑身上下都是灰，汗水和粉尘混在一起粘在脸上，只露两个眼睛、一张嘴。这样的活，男同学还勉强干一干，像王仁康、汪健如、汪晓光等瘦小女生，体重都不及一袋水泥重，要背起100斤的水泥，就有点超能力了。建筑用的沙石是收购涪江边老乡筛选的，由运输连及时运回。收购地点在分校附近青莲镇河滩，也是诗仙李白的衣冠冢所在地。当时的河滩，现在成了著名景点"太白故居"及"太白碑林"。

装卸一次水泥，平均每人要背4~5吨、80~100袋，在那每人每月只有1斤肉、半斤油的年代，肚里没油水，又饿又累，没有钢铁般的意志，是难以坚持的。但大家从没有叫苦，也没有向困难低头，真可谓是一支压不垮、拖不烂的钢铁运输连。

1970年12月，分校在绵阳地区招收100名知青，组成新青工连，由张书练、宋耀祖、李凤亭和周和平分别担任正副连长与正副指导员，集训3个月。后来，这批新青工分到机加工车间、半导体车间及其他专业，成为了各个方面的能手。

经过近两年的艰苦奋斗，到1971年年底，绵阳分校主体建筑工作基本结束。完成了3栋教学科研楼、6栋学生和集体教职工宿舍楼的建设，保证了教学和科研工作的正常开展。到1973年年底完成了10栋家属楼、大饭厅、办公楼、医院、中小学及其他建筑，分校的生活逐渐安定正常。分校占地1600亩，教学楼、宿舍楼建筑面积8.2万平方米。

一个设施虽然简陋但完备的、有相当规模、崭新的大学出现在绵阳市北、涪江和宝成铁路西边的山沟里。人们通常把绵阳分校简称为201信箱，或仍沿用工地名称"651工程"。

与此同时，无线电系主体从北京到绵阳的搬迁工作也已陆续完成，分校逐步转向以教学科研为主的新阶段。"新工人"的主体也从盖楼转向教学科研。此时，毕业时留在总校电子厂的近30名以无线电系为主的"新工人"也随之搬迁到了绵阳，而少量专业不对口在分校的其他系的"新工人"回到北京。

绵阳分校设置的专业以无线电系为主，包括雷达、通信、电真空、半导体、激光等，后又增加了计算机和无线电机械结构两个专业。为了配合教学、科研和生产的开展还建立了总装配车间、机加工车间、图书馆和资料室等单位。

绵阳分校在信息闭塞、物资匮乏、政治运动频繁、生活艰苦的情况下，广大教职工仍努力教书育人，积极开展科学研究。

分校离绵阳市区有10多公里，为了进城或去火车站，分校车队的10多辆解放牌大卡车是主要交通工具。分校建立一个人工交换电话室，负责校内和校外的通信联系，但收发电报则要去市里邮电局。

当时绵阳地区的供应很差，基本生活品和肉油供应不足，加上师生不适应绵阳地区的环境，每年都会发生肝功能指标不正常和腹泻等疾病的流行。为了贴补生活，总校给了一些粮票，分校专门组织了农副排负责养猪种菜，由教职工轮流参加，由于农副排需要有经验积累，谢星明在那里一直到1975年才回到专业。

"新工人"基本按原来学习的专业分到各个专业连队。为了提高他们的业务水平，尽快适应科研教学工作的需要。分校组织了业务培训，由有经验的教师为他们补基础和专业基础课。如常迵、吴佑寿、陆大䋮、杨弃疾、张克潜、孙伯尧等老师都上过课，课程包括通信原理、信号理论、线性代数、电磁场与微波、计算机语言等。这为提高"新工人"的基础理论知识和专业水平起了重要作用。同时，"新工人"积极参与各项教学、生产与科研工作，在老教师的带领下，不断提高理论水平和实际工作能力。

无线电系的人有勤奋、刻苦的传统，"文革"前他们住的五公寓集体宿舍里的灯光总是亮到很晚。到了绵阳，集体教工宿舍309楼晚上的灯光依然辉煌。当时"新工人"基本上都未成家，即使成家也是分居两地。大家都住集体宿舍，抓紧时间提高业务是共同的目标。我当时分到雷达专业的收发组，在老教师指导下研究雷达接收机，学到了很多知识。

1971年，分校的第一批学生即"文革"中的0字班（1970年在北京入学）学生，由北京搬迁到绵阳分校。分校对学生的培养非常重视，派出了一批很有经验的教师担任班主任及任课教师。当时的教学强调"开门办学"，由于绵阳和成都地区是国防企业的重要基地，加上有很多三线企业，这给分校的开门办学和厂校结合提供了一个很好的条件。绵阳、重庆、成都、青川、仁寿、都匀、凯里、广元等地都是分校师生常去的地方。在老教师的带领下，很多"新工人"都参加了这些教学工作。在工厂结合产品给学生讲课，同时给学生补必须的基础知识。1973年上半年，我参加了雷0班在南京的一个雷达厂的生产实习，由老教师带队，实习了1个月。我们是第一次接触大型雷达。我和沈石楠两个"新工人"边学边教，获益很多。实习完成后，我们两人加上山秀明又被安排在南京一个雷达研究所与老教师一起带同一个班的部分学生作毕业设计。

分校从1972年起直接招生。从这个年级起"新工人"就逐渐开始担任班主任，负责学生培养的全面工作。当年担任各专业学生班主任的，"新工人"占了一半。1974年笔者和吕洪国担任了当年进校的雷4班的班主任，一直到1978年这个班的学生毕业。雷4班有84名学生。部队学员约占1/5，他们的学习能力强些。地方学生来自全国各地，云、贵、川的偏多一些，其中北京、天津等大城市的多半来自工厂，有一定的实际经验。而来自农村的，特别是偏远地区的学生则基础较差。整个班的学生水平差别很大。总体来说，学生们很珍惜在绵阳分校学习的机会。我们的教学组里有数学、物理和外语教师，还有专业派的老师。大家长期和学生在一起，学生和老师无话不谈。3年半里，师生们每年有3个月的时间下厂下乡和学军。先后在成都、广元和太原的雷达整机厂"开门办学"。其中，广元的雷达基地是个新建的三线单位，当时生活条件很差，又逢热天，师生很是艰苦，但大家还是很好地完成了任务。为了解决广元师生的生活条件，分校专门派车运送床板、桌椅等。在下厂结束时，我曾坐运床板的车押车回来，卡车走的是剑阁、梓潼一线，司机告诉我沿线的古迹，除了有三国时代的剑门关和蜀道外，还有1000多年前的晋庙和参天古柏树林，但很可惜，都没能下车去看一下。

在学生的整个培养过程中，分校各级领导和教师下了很大功夫，拿雷4班来说，不算临时编的资料，有教材的课程共28门。我们也在老教师的指导下开始承担教学任务，约占1/4的课程由"新工人"完成。最后半年，雷4学生分别在绵阳305厂新建的电视车间（后来的长虹）、太原的雷达厂等地完成毕业设计。

在3年半的教学中，师生建立了很深的感情，至今都令他们难以忘怀。师生们怀念绵阳分校，怀念这一段激情燃烧的岁月。我在这里说的雷4班过程，在其他专业和年级中都有相似的情况。10年里，绵阳分校共培养了6届1429名学生，在这个过程中，"新工人"起了很重要的作用。

绵阳分校的科研和生产也取得了很大进展，承担并完成了国家和地方的许多科研项目，实现了"既要顶天又要立地"的目标。

从我系的发展历史看，分校这个阶段拓展了数字技术（数字微波通信、雷达数字技术）、集成电路（半导体集成电路、微波集成电路）和激光技术三大新的学科方向，为回京后的更大发展打下了基础。

激光是无线电系"文革"前就在孕育发展的新学科方向。1970年在周炳琨、高以智等老师组建的教改小分队基础上，来自无线电、精仪系、自控系的16位"新工人"，加上5名青工，成立了激光教研组，周炳琨老师任主任。在绵阳的激光炮兵测距仪研制过程中，老教师言传身教使"新工人"得到迅速成长。教研组分为测距仪、固体激光器、气体激光器和陀螺组，周老师大胆启用和培养"新工人"担任课题组负责人。测距仪组由潘安培负责，多次完成了炮兵测距仪的部队现场测试，完成产品定型和向北光厂的转产，并进一步研制了精度更高的测距仪。固体激光器组是娄采云为组长，成功研制了单模红宝石激光器并把它用到九院五所，它们首次采用单模

激光教研组研制氦氖气体激光器

激光器做干涉仪光源，进行了激波风洞相关的实验。仪器完全满足对方使用要求，为我国激波风洞建设作出了贡献。吴瑞麟任气体激光组组长，研制出长寿命氦氖激光器并转产工厂。廖元秋等负责筹建光学加工车间，解决了气体激光器特殊透镜等的加工问题，制作了满足各组需要的光学镜片。

数字微波通信是一个崭新的通信领域，分校承担并完成了"川沪输气工程"中的 PCM-120 路数字微波通信系统，这是我国数字微波的第一套，它也为我系在回京后建立"微波与数字通信国家实验室"及无线移动通信的大发展打下了基础。整个课题组约一半为"新工人"，在吴佑寿、冯重熙、姚彦等老师的带领和指导下，很快地成长起来。唐昆、杨知行、梅顺良、林孝康、曾烈光等分别在编码、高频、数传等方面做了大量工作，完成的多个项目在第一次全国科技大会上获奖，自己也在这个过程中得到提高，在后来的工作中得到了更大的发展。

微波集成电路也是在绵阳发展起来的一个学科方向，分校建立了一条微波集成电路工艺线，研制和生产多个频段的参量放大器。用于沈阳、兰州军区的地面雷达、空军的机载雷达、气象雷达、黑龙江跟踪雷达等多种场合，使雷达的探测距离和战技性能有了明显提高，为我国国防建设作出了重要贡献，得到相关部门和学校的表扬。在以高葆新老师为课题组长的 20 人中，有一半为"新工人"，如张兴华、方莉莎、武秀玲、徐根耀、陈开元等，他们在各种微波电路、集成电路的设计与整个工艺流程的探索和掌握，以及整条流水线的建立方面作出了贡献。

在半导体器件和集成电路方面，分校一共建有 3 条生产试验线，一条 TTL 和集成注入逻辑双极电路教学试验线；一条微波管科研试验线；一条高反压管、结型场效应管生产线。最后这条线比较完整，包括了半导体器件从芯片制造到封装的全部近 20 道工艺，规模大、人数多，以青工为主。他们承担生产任务和为学生提供实习环境，称为半导体实验车间。1976 年后由束明定任组长，负责整条生产线的运行。微波管科研试验线，采用砷化镓材料设计制作微波器件，完成了 10GHz 输出 1 瓦的大功率耿氏管振荡器；在 26GHz 输出 0.2 瓦的大功率雪崩管；用于雷达通信的 20 瓦 400MHz 高频大功率管；这些都达到国内领先水平，解决了国防急需，1975 年后该组由谢世钟任组长、瞿振元任支部书记。

电真空教研组 1972 年承担了十四院和四机部下达的任务：连续波雷达的末级功率放大管。这个项目涉及面宽，技术难度高。由张克潜老师任课题组长。在此期间，王健华、严樟根、王菊庭、李德杰、罗淑云、孙平等参加了这个项目。他们分布在冷测总体、零部件加工、工艺制管、热测实体测试、真空技术等研究组。先后参与整管计算设计、正交场电子枪、曲折波导慢波系统、冷热测装备调试、工艺、真空等研究课题。经过约 5 年多的艰苦努力，于 1977 年终于研制成功，样管在 1038 研究所通过满功率测试。

以上是分校"新工人"在科研生产中的一些例子,主要是"新工人"相对集中的单位。"新工人"在各个专业及机加工、总装车间、机关、后勤等也都发挥了重要作用。在分校的领导和机关中,郝中军任党委副书记,陈德才任团委书记,教改组副组长有薛保兴,他们在各个岗位上为分校建设作出了贡献。由于篇幅限制,不一一在此列举。在这里要提一下201车间。

201车间是分校科研和教学的机加工基地,具有车、铣刨磨、钳、电、钣金喷漆、焊、铸、锻、电镀和印刷电路10个班组,有近百号人,以刚招的青工为主。郭存厚师傅任主任,吴庚生和另外两位师傅任副主任,顾爱民任调度。201车间从建厂房、购置设备到青工培训,从无到有,自力更生建设起来。铸工车间的建设最为困难,主要设备天车、冲天炉、砸铁机只能根据车间的空间尺寸设计和加工制作,其中天车的难度最大,它的主工字梁长达12.5米。最终大家克服困难,解决了一系列难题,完成了车间的建设。

车间转入正常运行后,吴庚生和顾爱民两位"新工人"留在车间继续工作,为分校的教学和科研服务。为了车间有稳定的生产项目,他们承担了当时社会急需的0.6立方米空气压缩机项目,从图纸开始,解决工艺加工的各种问题,最后实现批量生产,也给学生的金工生产实习创造了条件。他们也参与了各个专业的很多科研项目。例如,吴庚生解决了激光器的红宝石异形腔体的加工,满足了激光测距仪的研制要求。他还参与了解决K31行波管复杂的无氧铜慢波结构的加工难题,达到了使用精度要求。

2019年在西南科技大学新校区留影的"新工人",左5为冯正和

我们常说，电子系是一个大家庭。在绵阳的这段时光，这点尤为明显，教职工上班在校区北部的 3 栋教学科研楼，下班住在校区南部的 11 栋显得拥挤的家属楼，周日在附近农村的集市赶集，学生和单身教职工住在学校中部的 6 栋宿舍楼。新老教师、师生间都非常熟悉。大家相互关心，共同拼搏。在这样的环境下，"新工人"继承着无线电系前辈的拼搏和奉献精神，继承着"勤奋、严谨、求实、创新"的系风，努力为教学科研拼搏着。

分校的体育在绵阳地区是很有名的。其中"新工人"起了重要作用，霍玉晶的篮球，王健华、张林娜的排球，王嵩梅的乒乓球，管祚尧的短跑，李德坚的游泳，都有很高水平。在地区的各种比赛中为分校争取了很多荣誉，也推动了绵阳群众体育运动的发展。

1978 年夏天，解放军为建立电子工程学院来分校招人，有近 20 位年富力强的"新工人"被批准参军调入总参。这批教师在解放军电子工程学院的建设中发挥了重要作用。

1978 年秋，仍然是在中央领导的直接关心下，按照邓小平副主席的批示，分校撤销，全体教职工回到北京，恢复无线电电子学系。从此电子系在改革开放中进入了一个新的发展阶段，再一次开始了新的创业。

当年的绵阳分校现在发展成为"西南科技大学"，建筑面积和规模大大扩大。清华和西科大有着密切的关系，我们系在回京 20 周年、30 周年、40 周年时都举办过纪念活动，在原分校行政楼附近建有纪念石碑，在楼内设有绵阳分校展览。最近为纪念和传承三线建设精神，西科大受绵阳市的委托，正在总结和挖掘三线建设历史，其中清华绵阳分校是一个重要课题。

"新工人"这个称号在我们回京后改为"新教师"。清华"新工人"这个群体有它的特殊性，由于"文革"影响，清华在前后长达 17 年中除了这批人外很少有人留校。我们尊敬的老系主任李传信老师曾对我说过，你们这个群体是承上启下的一代。无论是在绵阳分校，还是在回京后，我们很好地继承和实践着清华大学和电子系的传统，在清华大学这片热土上留下了我们的汗水和成果。

最后，我要用在绵阳分校纪念碑上的题词作为对那段峥嵘岁月的回顾并结束本文：

涪水激 自强不息，
蜀地坤 厚德载物。

2021 年 2 月

乐正友，男，1947年生，湖北黄陂人。教授。1965年考入清华大学无线电电子学系。1970年毕业留校，在绵阳分校工作。1979年起，先后在电子工程系通信教研组、电话科、紫光总公司通信部等单位工作。1997年回电子工程系通信教研组，主要从事信号与系统的教学和程控数字交换机的研发。以第一作者署名出版《信号与系统》《程控数字交换机硬件软件及应用》等7本书。

绵阳分校纪行

乐正友　无线电系 1965 级 无 005

1999 年是电子工程系（原无线电电子学系）从绵阳迁回北京 20 周年。从 1969 年 10 月迁往四川绵阳分校到 1979 年 5 月回京，我们在绵阳生活了近 10 年。

遥想当年，感慨万千，聊写小诗几首，以记心路历程。

南迁

（1969 年 10 月 29 日）

十月寒秋军令急，

三日整装离京畿。

二十出头正年少，

不愁前路无知己。

六五一[1]，景不同，

满目玉竹伴清风。

日出江花红似火，

月环山影卧如龙。

1969 年 10 月底，北京已进入深秋，天气非常寒冷。

10 月 26 日，系里通知，根据"一号命令"的指示，我们系将搬迁至四川绵阳。

听到这个消息时，我们并没有什么感觉。南迁绵阳，对即将毕业的学生，特别是对我们这些非京籍的外地学生来说，确实是无所谓。当年我们也就二十三四岁，个个都很自信，相信自己毕业离开学校后，能凭借自己的努力，取得应有的成绩，为国家作出贡献。至于无线电系在北京还是在绵阳，对我们的未来影响不大。

3 天以后，10 月 29 日，无线电系 1964 级、1965 级两届学生和部分教职工，再加上精仪系、数力系、自控系、冶金系的部分学生和教职员工 700 余人，一起在永定门火车站乘坐专列开赴绵阳。

1　六五一是绵阳分校的对外名称。

我们这个"专列"有两个特点：一是沿途不再上任何其他乘客；二是列车何时开车，何时停驶，均无明确时间。于是，在车停郑州时，有几个同学就落在了郑州。

我们坐的是硬座车厢，一路上欢声笑语，电真空的薛祖庆老师还在车厢里拉起了二胡。薛老师是清华民乐队的高手，二胡、唢呐、月琴，样样都精通。

车过秦岭后进入四川，车外的景致和北京大不相同。农舍周围都是青葱翠绿的毛竹；大大小小的水塘里，尽是农民放养的鸭子和鹅。

31号中午，列车到达绵阳火车站，651的司机师傅开着几辆解放牌卡车来接我们。车少人多，每辆车上都装得满满的。

一上汽车，我们就领教了四川师傅们开车的威风了。从绵阳火车站到651是一条砂石路，约20里，路很窄，错车时都要小心一点，但四川师傅们开车非常快，路边的树枝不时从我们头顶上划过。我们到651后，听说后面车上有个同学被树枝划伤了。

四川绵阳，是我国三线建设的电子工业基地。1965年，根据中央三线建设要抓紧的指示，清华大学在四川筹办分校，代号"651工程"。当年，蒋南翔校长曾亲赴绵阳选址。

"651"建在一个山窝里，东临涪江，四面环山，位置隐蔽，从公路上一点也看不到山窝里的建筑。站在651东面的山坡上，可以看到涪江大拐弯后向东流去，还可以看到远处的涪江铁桥和近处山顶上的宝川塔。

651原计划于1966年底初步建成，后因"文革"开始而使建设中断，留下一些未完成的建筑。我们刚到绵阳时，住在3栋门窗不全的毛坯房里，而3栋教学楼盖了一半都不到。

分配留校

（1970年3月）

离京不知愁何物，

留校却添三分虑。

1970年3月乐正友以3栋住宅楼为背景留念

> 不畏浮云遮望眼，
>
> 只忧身在漩涡中。

去绵阳前，我们无005班在学校八饭厅帮厨，到绵阳后，我和我们班其他几个同学被安排在651的食堂劳动。

1970年2月初，我请假回武汉探望父母获准。假期完后回绵阳时，途中在西安下车，去西安交通大学看望我高中的同班同学。见面后，这位同学告诉我，清华、北大马上就要分配了。听到这个消息我非常高兴，立即离开西安，回到绵阳。回到651，果然，同学们都在议论毕业分配的事情。

3月初，分配去向的消息也慢慢开始在同学之间流传开了。最初，有人悄悄告诉我，我和女友分到沈阳和铁岭，听到这个消息，我高兴极了。然而，没过两天，我又得到消息，说我们两个留校了。听到这个消息，我极度烦恼，心情像坐过山车一样，瞬间跌落到谷底。我不愿意留在清华，不愿意留在这个当时红遍全国、意识形态"极左"的单位里。我认为，像我这样只知道埋头干活的老实人，是不宜留在政治漩涡中心的。

一天晚上，我们一起去工宣队办公室找领导，对领导说，我们不想留在学校，想到社会上去接受更多的锻炼。工宣队的师傅也是快人快语，没有和我们多说什么，只是明确地告诉我们：你们再好好考虑考虑吧，给你们一个小时时间，你们再商量商量，留还是不留，不留就把你们分配到新疆去。

随后，我们离开办公室，走到食堂旁边的山坡上，商量了一会，心烦意乱，拿不定主意。于是，我跑到小卖部买了一包春城的香烟，回到山坡后点燃一根，刚抽了一口，就呛得泪流满面，赶紧把香烟掐灭扔掉了。我是个从不抽烟的人，这次想借烟消愁，没想到，借烟消愁愁更愁，愁得眼泪满面流。

我们商量来商量去，最后觉得绵阳总比新疆要好一点，无奈之下，同意留校了。同意留校后，心情不好，和我在食堂一起干活的舒美泰同学当时说了句名言"老乐不乐了"。

由于闷闷不乐，其后就慢慢地抽起烟来。后来有不少人很奇怪我会抽烟，我就告诉他们，我抽烟是毕业"逼"出来的。

建校劳动

（1970年3月—1972年2月）

飞锹流沙涪江东，[1]

泥人穿梭笛声隆。[2]

---

[1] 当年在运输连劳动，常到涪江河滩上运沙子，几分钟就要装一辆卡车，故有飞锹流沙之说。
[2] 当年火车站背运水泥，满脸汗水泥尘，故以泥人戏称。

西山运石夕照晚，
南站卸车月朦朦。
面色暗，头挥汗，
衣沾尘土一色蓝。
路人相见不相识，
惊疑客从沧州还。

1970年3月，毕业分配结束后，无线电系留在绵阳分校的有120余人。从此，我们就开始享受"老九"的待遇了。不过，由于我们是刚毕业的学生，为了和过去的"老九"有所区别，我们被冠名为"新工人"。

当时绵阳分校按部队建制，实行半军事化管理。全分校人员按原来的专业分别组建成一连、二连、三连等，我们电真空专业编为三连，也称为运输连。

作息制度也是和部队类同，早上6点，大喇叭广播响起军号，起床、出操、早饭。上午8点出工，11点半收工，午饭。下午2点出工，6点半收工，晚饭。晚上7点半按班、组集中学习两个小时，9点半学习结束后回宿舍休息。一周难得有一天休息，常常是两周才休息一天。

留校后，我就离开了食堂，回到我原来的电真空专业，也就是运输连参加建校劳动。运输连的主要任务是为分校教学楼、宿舍楼的建设运送砂石、水泥、砖等建筑材料。

乐正友（后排左2）与同事在未完成的教学楼前留影

砂石材料包括泥沙和鹅卵石，来自涪江边的河滩上，一辆解放牌的5吨卡车，一般由三四个人全程运送。我们站在车上，从"651"来到涪江边的砂石堆旁，然后飞快地将砂石一锹一锹地铲送到卡车上。几分钟后，卡车装满，我们又爬上车，站在车上，返回"651"卸车。卸完车后又来到涪江边再装砂石，如此往返，半天往返就要来回好几趟。

相对而言，运送砂石还是比较轻松的，运送水泥，那可是又脏又累的重活了。水泥从外地运来，通常在火车站卸车。只要火车站来了水泥，无论什么时候，我们都要立即前往抢运，不分早晚，不分昼夜。因此，半夜三更挑灯夜战，月夜朦朦，睡眼惺忪，都是常有的事。

一袋水泥100斤，我们不分男女，不分强弱，一人背一袋，一路小跑，把车皮里的水泥运到卡车上去。一个车皮四五十吨，每次卸车都要好几个小时，每人都要背运几十袋左右。卸完后，我们浑身上下都是水泥灰，汗水和粉尘混在一起粘在脸上，只露出两只眼睛一张嘴，猛一看，个个都像"泥人"一样。对身体弱小的女同学，运水泥更是活受罪了，连工宣队师傅都受到了感动，破天荒地在老食堂门口用小黑板表扬了几个女同学。有段时间，工地石料缺乏，要求我们每个人晚饭后到西山去抱一块石头回来。这个活没有时间限制，晚饭后，大家就三五成群，边走边聊，去西山把石头抱回来。

当时的生活是非常艰苦的，吃的都是大食堂，每人每月1斤肉、半斤油。没有肉吃，菜里也没有油水，菜的花样也较少，经常吃的是牛皮菜。当时，正是我们还在长身体的时候，由于营养不够、休息不够、活又重，个个脸色发暗。每天干活，天天都穿着一身蓝粗布的工作服，没有时间洗，也没有工作服换，脏、味齐全。和当地老乡熟悉了以后，老乡们说，当年真以为你们是来这里劳动改造的。

近两年的建校劳动，"新工人"是主力军。尽管生活十分艰苦，工作万分劳累，但我们还是按计划完成了分校的基本建设任务，盖起了3座教学楼、10栋干打垒的家属宿舍楼，还有几栋学生宿舍楼等基础设施，为后续大批教职工的到来，为教学、科研的正常运行提供了必要的保障。这些成果，也是我们留在绵阳的纪念碑。

进教研组工作

（1972.2）

一篇文章上京门，

两颗螺钉下蓉城。

位置颠倒书难教，

无可奈何井中人。

> 时光流，怨声浮，
> 几多风雨几多愁。
> 洛阳亲友如相问，
> 一片冰心在玉壶。

从1971年开始，无线电系各教研组（电视教研组除外）的主体人员陆续从北京向绵阳搬迁。到1972年2月，主体搬迁基本完成，绵阳的"新工人"也开始进入各教研组，转向教学和科研工作。此时，0字班的工农兵学员也带着"上大学，管大学，用毛泽东思想改造大学"的使命来到了绵阳分校。

进入电真空教研组后，我和宁安荣被安排到电子光学组，跟随应根裕和杜秉初老师从事电子光学的教学和实验工作。1972年9月，应老师开始给管0的工农兵学员讲授电子光学，我和宁安荣随堂听课，并进行一些辅导工作。

10月下旬的某一天，我走进教室，感觉情况有点异常，只见学员们三五成群，站的站，坐的坐，黑板上赫然写着几个大字"教育要革命"。

过了一会，应老师和分校教改组副组长钱佩信老师一起来到了教室。随后，有个学员走上讲台发言，主要内容是说应老师讲的课听不懂，另外还说应老师有两句话讲得不妥。一句是"如果左手定则和右手定则都不知道，那电子光学这门课就不用上了"；另一句是"我们不要吃别人嚼过的馍"。这位学员情绪激昂地说，"我的口牙就这样，只能吃别人嚼过的馍"，"两个定则我都不知道，这门课我也不用上了"……

当年，师生位置颠倒，学员是来"上、管、改"的，"老九"属于被改造的对象。于是，管0的电子光学就不再上大课，改为4个小组上小课，每组八九个人，每个小组1位老师，一起学习，随时讨论。到了期末，课程学完，没有测验，没有考试，学习效果如何，只有天晓得。其实，应老师是一个非常认真负责的老师，为了让我讲好一堂实验课，他和杜老师两次听我试讲，作了不少具体指导。

教研组的科研也是相当艰难。

绵阳地处三线，信息闭塞，物资匮乏。分校科研、教学、生产所用的器材物资，大部分都得从北京运去，连讲课用的粉笔，也要从北京购买。如果科研、生产中缺少几个电阻电容、螺钉螺帽，那就得到成都或广元等地去购买或求援。

对做科研的老师来说，最大的困难莫过于科技信息不灵，找不到新的文献资料，看不到新发表的文章成果。为保证科研任务的进行，不得不三番五次地前往北京查找资料。虽然困难重重，但这些物质上的困难还可以想办法一点点地克服，而连续不断的政治运动对科研教学的严重干扰，就毫无办法，束手无策了。

1973年10月至1974年1月"反右倾回潮",电真空教研组成了重灾区。电真空教研组是一个特色鲜明的教研组,教研组的老师思想活跃,视野开阔,性格开朗,谈吐幽默,业务精湛,富有才华。或许就是因为这些特色,在这场"三个月运动"中,电真空教研组被说成是"裴多菲俱乐部",是资本主义复辟的"自由市场",不少老师被指名道姓地批判。本来十分活跃、充满生气的教研组顿时变得阴云密布、死气沉沉。

在这场运动中,原系主任李传信刚解放不到半年就又被关进了"牛棚",其处境更加困难,身体状况更加不好,好心的"牛倌"和一些好心的老师明里暗里给了他不少帮助和关照。

1975年底,又开始了"反击右倾翻案风"和"批邓"运动。邓小平复出以后的工作大家都看在眼里,十分赞赏,对"批邓"毫无兴趣,但也无可奈何。

我们担忧国家的前途,我们担忧学校的发展,对这些连续不断的政治运动,我们虽然有牢骚、有情绪、有怨言,但对自己的工作,仍然是尽心尽力、勤勤恳恳,怀着强烈的责任感,克服重重困难,努力完成自己的任务。

打倒"四人帮"

(1976年10月)

山外忽闻惊雷响,

漫卷诗书喜若狂。

羌笛不再怨杨柳,

春风已度剑门关。

1976年10月,打倒"四人帮"的消息传到绵阳,我们欣喜若狂,奔走相告,连子弟小学的学生们都高兴地在分校里游行起来。那天,一个女孩站在一辆三轮车上,挥舞着双手,情绪高昂,擂着大鼓,车前车后还跟着一群学生打着腰鼓,敲着锣镲,高高兴兴、热热闹闹地在分校里游了一圈。

"四人帮"的倒台,改变了中国的命运,同样,我们也预感到,"四人帮"的倒台,将改变"651"的未来。

回京

(1979年5月)

十年一觉绵州梦,

酸甜苦辣在其中。

继往开来

> 巴山蜀水送我行,
> 人面桃花笑春风。

自"四人帮"倒台以后,"651"何去何从一直是大家关心且不断议论的话题。无论是分校领导,还是普通教职工,都在围着这个话题打转。上上下下,进进出出,部队想要,地方想留,等等,不知花费了多少人的心血,不知消耗了多少人的精力。

终于,1978年9月1日,教育部下发了根据邓小平批示,同意绵阳分校迁回北京的通知。其后,分校教职员工就开始陆续离开绵阳,回迁北京。

1979年5月9日,我随同最后一批回校人员离开了绵阳,离开了"651"。

别了,"651",我们10年的青春留在了这里!别了,"651",我们10年的拼搏无愧于这块大地!我们在这里建起了一个规模不小、水平先进的科研、教学、生产基地;我们的1400余名工农兵学员从这里走向了全国各地;我们在这里的7项科研成果还在全国第一次科技大会上获得了嘉奖。

别了,"651",10年前,我们笑着从北京来到这里;10年后,我们依然笑着离开了你。

再创业
(1979年5月至今)

> 弹指一挥二十年,
> 谋事在人成在天。
> 鬓发渐衰终不悔,
> 各领风骚泪欲飞。
>
> 人为本,史为鉴,
> 三破樊笼惊世变。
> 愿君更上一层楼,
> 再借好风庆百年。

1979年我们回到北京,正值国家进入"改革开放的新时代",全系教职员工精神振奋,活力焕发,"抢回失去的时间,重振往日雄风,再创新的辉煌"成了全系教职员工的统一意志。

和全系教职员工一样,我也积极投入了"再创业"。回京后,我从仪器室调到通信教研组从事教学、科研工作,对我而言,一切都要从头开始,学习新的知识,熟悉新的环境。我不甘落后，自我奋发：12平方米的公寓住了12年；一天3个单位的工作和学习持续了12年；"早上一碗粥，中午一碗面"的生活也习以为常……

  1999年，我们从绵阳回京整整20年。这20年来，我们"新工人"秉承无线电系"要出活，出好活"的传统，在各自的岗位上取得了不凡的成绩，为无线电系的巨大变化，为无线电系的独占鳌头发挥了重要作用，也为清华大学的建设和发展贡献了自己的力量。

  回顾这20年，可以说是"各领风骚泪欲飞"！付出的代价，经受的波折，遭遇的歧视、偏见，等等，只有我们自己知道，也只有我们自己能体会。

    往事一越二十年！
    我的魂，还是清华魂："独立之精神，自由之思想"！
    我的人，还是清华人："自强不息，行胜于言"！
    我期望，清华越办越好，越办越强。
    我期望，清华的天是世界的天！清华的地是世界的地！

1999年2月创作诗词
2021年10月补充背景文字说明

汪蕙，女，1947年生，重庆人。教授。1965年考入清华大学无线电电子学系，1970年毕业留校在清华四川绵阳分校工作，后在电子工程系任教。1991—1992年在美国斯坦福大学做访问学者，1996年任电子工程系副系主任，1999年任教务处副处长，2005年任信息学院副院长。

从教学一线到教学管理岗位

汪 蕙　无线电系 1965 级 无 003

1965 年我考入清华大学无线电系，是"文革"前最后一届大学生。1970 年毕业后留校，被称为"新工人"。我曾在清华绵阳分校工作 8 年，后又在清华无线电电子学系（1989 年改称电子工程系）、教务处和信息学院供职，于 2012 年退休。算上儿时在清华附小就读，至今我在清华园已经 64 年了。

一、第一次上课

1983 年，系里决定在科研工作的基础上，给本科学生开设"电子电路的计算机辅助分析与设计"课程，是专业选修课，由我主讲一部分。过去我一直是给老教师做授课辅导（辅导员），没有正式讲过课，这是我第一次上讲台，所以心里很惶恐，不知能否有能力挑起这个担子。为了讲好，我做了尽可能充足的准备，大纲、内容不断地修改、完善。我把住在三公寓的门板当黑板，一遍遍地试讲，女儿笑话我：妈，咱家门上的漆都让你擦掉了！上课的教室是在新水利馆三楼，开课的那天我早早就出发了。说出来可笑，我当时紧张得两腿发软，竟有些迈不动步上楼，心想：完了，完了，这课上不了了。三层楼好不容易爬上去了。也真是奇了：走进教室，面对一个个年轻的学生，看着他们明亮的眼睛，我竟然一点都不紧张了。我就是老师，我能上好这堂课！一下子就淡定了。站在讲台上，准备好的内容清晰、流畅地流淌出来，甚至还能插上几句平时科研中的感受体会，自然而又添彩。首次上课的"坎"就这么迈过去了，从此上课就没再紧张了。

我们在生活中会遇到很多的"第一次"，只要有准备，认真、自信，就一定能够做好。

这门课的教材《电子电路的计算机辅助分析与设计方法》1996 年由清华出版社出版，并于 1999 年获得了教育部颁发的科技进步三等级，这是对我和课程的肯定。

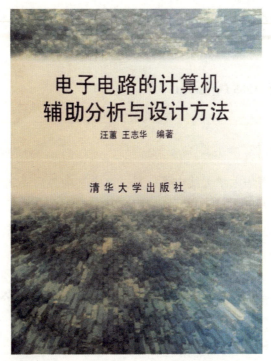

汪蕙为本科生课程"电子电路的计算机辅助分析与设计"
编写的相关教材，由清华大学出版社出版

二、在校机关成长

在1998年的一次学校教学研讨会上，我作为电子系主管教学的系副主任发言，对比了我们系与美国著名大学电子工程系在课程设置等方面的差别与思考，可能引起了当时教务长吴敏生的注意，过后他找我谈话，说想调我去学校教务处工作。我从没有想过离开电子系，系里的同事和家人都一致反对我去，在他们看来，在系里做教学、科研工作是大学教师的本分，而机关工作好像有点"不务正业"。我也有所犹豫，但后来还是去了，主要原因是"服从组织安排"。

1999年2月，我调入学校教务处任副处长。机关的管理工作对于我而言很陌生，要从头学起。逐步熟悉了工作之后，我觉得这份工作很具挑战性，也长见识、见世面，能学到挺多东西。校机关里能人如云，与我们教务处的日常工作有较多交集的研究生院、人事处、学生处、实验室设备处等更是人才济济，有的思路清晰善于表达，有的笔下生花善于总结，有的干事麻利效率特高，有的组织、沟通、协调样样精通，让我佩服之至，心悦诚服地向他们好好学习。

在教务处要管理全校工科、理科、文科、经管、美术等各学科的课程建设和教学工作，能接触到各院系的领导、教务人员与老师们，以及不同的专业特点、不同的课程需求，不一样的思维模式，不一样的看问题视角。与他们在一起，让我能站在全校的高度看事情，学习各家所长，发现存在的各类问题，解决各方面的矛盾和需求。

在教务处有机会参加教育部组织的各种工作会议、交流会、评审会、教学研讨会，清楚国家层面的教育方针政策。有机会参与全国各个高校之间的交流、国内各个专业学科之间的教学研讨交流等，了解不同院校的办学理念、教学规划，以及它们的新思路、新举措，真是大开眼界。让我能够站在全国本科教育的高度看问题、思考问题，视野和境界又上了一个台阶。

我还曾经随顾秉林校长率团去美国东部考察国际一流大学的教育，随陈希书记去东南亚访问，了解国际著名大学的教育现状，对清华本科教育赶上世界一流有了更清醒的认识。

从1999年到2005年，我在教务处工作了6年，教务处的几任领导：吴敏生、汪劲松、胡和平、陈永灿，后来都当上了清华或其他高校的校长、书记，我在这些高人手下工作，看到、学到的东西是常人常规下难以达到的，让我受益终身。有我这样机遇的人不多吧！

2004年教务处同仁在大礼堂前合影

三、20世纪的本科培养方案

1999年我调入教务处，正赶上清华本科教育的大变革。展望21世纪，清华确立以研究型大学人才培养体系为今后教育改革与发展的主要目标，因此要制订与之相应的新型本科人才培养规划。

在传统的本科培养规划中，存在着总学分过高、总课程门数过多；必修课程环节占了95%以上，学生几乎没有选择的空间；政治课和外语课以外的人文社科类课程学分少，课程种类单调；课程划分过细，课程内容过繁，深度有余，广度不够，以及专业面偏窄等问题，不利于学生的个性发展和全面素质的培养，不利于创造能力的提高。所以制订新的规划要打破传统的教学计划和教学安排，建立一套全新的人才培养管理制度，提供一个可供选择的培养方案和教学环境。

记得有一次清华教务处与北大教务处的老师座谈，季羡林老先生在场，他说，他在北大干过几年教务，教改是年年搞，没停过。还特别提到制定教学计划的原则是：给人才定规则，给天才留空间。真是太精辟了，不愧是大师！考入清华大学的学生都是人才，要给他们提供科学、合理、完备的知识体系，课程结构和丰富的课程资源，这就是制定培养方案、教学计划，就是定规则。至于天才，可能不是在本科阶段就能够培养出来的，需要我们提供肥沃的土壤、宽广的空间、充足的选择机会，让学生自由探索、自然发展而最终形成。我们时刻牢记季老的教诲：定规则，留空间。

我在教务处参加制订新的本科培养规划时，当时校长是王大中，主管教学的副校长是顾秉林，教务长是吴敏生，教务处长先后是黄贺生、汪劲松。在这些领导的率领下，我们教务处和院系老师一起，以一个工科系和一个理科系为模板，在保证我们基础知识雄厚优势的基础上，借鉴国外一流大学的经验，经过反复地研讨、推敲、修改、完善，完成了一个全新的本科培养方案，其基本特点是：

（一）实施宽松、简洁的培养方案，提供学生选择的自由与空间

我们制定了培养方案和指导性教学计划两个文件。培养方案按专业制定，规定该学科或专业对学生修读总学分及各类课程学分等业务学习的要求，是学生毕业资格、学位资格认定的主要依据。指导性教学计划是各专业根据培养方案的基本要求按学期建议的课程学习计划，是培养方案下一个最佳组合的课程学习安排，用于指导学生安排学习进度。宽松灵活的培养方案提供给学生更大的选择空间和自由度，指导性教学计划为学生提供了基本的选课参考与指导，学生可以在指导性教学计划之外、培养方案框架之内选课，为自己设计"个人学习计划"。

（二）实行弹性修业年限，提高办学效益

清华大学本科学制为4年，修满所在专业培养方案规定的学分者可以提前毕业，获得批准延长学习年限者一般最多延长2年。

（三）适度放开对学科和专业的选择，提供多种培养模式

采取积极的措施，以多种形式，扩大学生专业选择的空间，新制定的办法是：（1）部分院系按专业大类招生。设置专业大类平台课，原则上在专业大类放开专业方向的选择；（2）学校在每年3月份公布全校各专业接收转专业名额，一、二年级的学生自愿报名，按择优录取的原则，可批准转入新的专业。总的转专业名额控制在学生人数的10%以内；（3）设置辅修专业，供学生选修。

（四）打破传统必修概念，提倡必修学分而不是必修课程，扩充选课资源

各专业在人文素质课、自然科学基础课、技术基础课、专业基础课和专业课中都设置"必修课组"，提供不同档次、不同类型、不同风格的课程，让学生在满足必修学分要求的情况下，根据自己的专业、特长和兴趣选课，努力体现学生个性与共性要求的协调发展。比如，有的学生有数学专长和兴趣，就可以选学分多的公共基础课，甚至选数学系给本系学生开设的专业基础课，这就是一种形式的"给天才留空间"了。

（五）强调宽口径通识教育，鼓励学科交叉

强调宽口径通识教育，淡化专业，鼓励学科交叉。有学院一级建制的单位，尤其是院为实体的单位（如经管学院、土水学院等）采用统一的培养方案，公共基础课一致，专业基础课基本一致，专业课设专业方向课组，专业方向课组按研究生一级（或二级）学科整合，实现本科—硕士纵向统筹。真正实现了院一级的公共基础平台、通识的基础教育，使本科教育从比较狭窄的专业对口教育逐渐转变为具有通识、综合化广博基础的宽口径专业教育。

新培养方案的总体框架：

总学分按学生4年内可完成的课程总量为基准设定。总学分170（16学时/学分）左右，其中课程学分140左右，夏季学期及综合论文训练学分30，修满总学分准予毕业。

140课程学分的分布（以工科为例）：自然科学基础占总学分的1/4，人文社会科学基础占1/4，专业相关课程占1/2。自然科学基础包括数学类、物理类、化

2005年,"创建研究型本科教学体系 提升教学质量"项目获全国普通高校国家级教学成果一等奖,图为获奖证书

学生物类;人文社科基础包括体育、英语、政治理论课、人文素质教育课程;专业相关课程包括技术基础课和专业基础课。

这个培养方案课程结构和学分总量与国际一流大学的相关专业设置基本一致。在清华本科培养中实现了通识教育基础上的宽口径专业教育,使本科毕业生成为厚基础、宽口径的高素质、高质量人才,具有健全的人格、创新的思维、宽厚的基础、适应的能力、领导的潜质,为高层次的后续学习和终身学习奠定了基础。

清华这个本科教学体系的革新,得到了全国高等院校和教育部的认可,于2005年由汪劲松领头获全国普通高校国家级教学成果一等奖。

在学校机关工作这几年,我感到思想和精神上有了一个飞跃。清华就像一个大熔炉,无论是老师还是学生,不论是老还是少,大家都在茁壮地成长。我体会,在机关工作绝对不是什么"当官",你的职责就是"管理"与"服务",不要以为自己比院系的教授、领导更高明;真正懂得教育,明白如何教书、授课的是这些各专业的老师们,教务处充其量就是起组织、沟通、协调、分配、汇总等的辅助作用。

做得好，是人家院系专家教授老师的功劳。顶到天了，教务处能是个"指导""代表"的角色。在教务处这几年，我与院系的许多老师交了朋友，我敬重他们，为他们的成绩而骄傲。

2021 年 8 月

罗建北，女，1945年生，福建长汀人。研究员。1964年考入清华大学自动控制系，1970年毕业。留校后从事教学与科研工作，曾任计算机系党委书记，清华大学软件技术中心主任（技术服务公司总经理），清华同方股份有限公司董事、常务副总裁，清华科技园发展中心副主任、清华创业园主任等职。

我与清华的一生缘

罗建北　自控系 1964 级 自 03

　　1964 年，我从北京女一中高中毕业，填报高考志愿时，提前录取的志愿报的是"哈尔滨军事工程学院"。我是在军队大院长大的，当一名军人一直是心中的梦想。上哈军工既能当军人，又能学习尖端技术报效祖国，因而成了我向往的大学。高考时我物理没考好，当天回家就大哭一场，心想这回完了，考不上哈军工了！发榜时，我拿到了第一志愿清华大学的录取通知书，成了家里的第一名大学生，全家人皆大欢喜！ 2008 年才知道我差点儿与清华擦肩而过。小学同学尹业民告诉我，当年她的母亲打听到哈军工在北京只招 10 名女生，尹业民和我在 10 名之外，招生人员打算从外地调两个名额给我们俩，又没有十分的把握。尹业民母亲就跟他们说，既然这样，请把这两个孩子的档案放出来，以免耽误了其他学校录取。这才有了后面尹业民被北京航空学院（时称）录取，我被清华大学录取的结果。正是当年业民妈妈的"英明决策"，才使我有机会成为一名清华大学的学子！

　　1970 年毕业分配时，父母都在"五七干校"，父亲还在接受审查，我属于"可教育好子女"。一个周六，系里老师找我谈话。她说，你从小在大城市长大，没吃过什么苦，这次分配的地方是东北的一个偏僻小镇，没有火车，要坐爬犁才能到。我觉得应该到艰苦的地方去锻炼，表示坚决服从分配！到了周一来了个大反转，老师又跟我谈话说，学校领导认为学校也可适当留一些"可教育好子女"，所以你的分配方案改为留校。就这样我和 800 多名 64 级、65 级同学一起成了清华大学里的"新工人"。

　　1988 年开始，中关村出现民营企业，系里的一位校友是某公司的创始人，几次邀请我下海到他的公司里去。当时感到体制内有很多问题，大家经常聊到这个话题，但体制外的那些问题更复杂，如他说的，钱能搞定一切，那些干部几乎都是"站着进来，躺着出去"的话，我真接受不了，因此"谢绝"了他的邀请。

　　我在计算机系任党委书记期间，一次校党委负责组织工作的副书记黄圣伦老师找我谈话。他说，市侨办需要一名副主任，希望清华选派一名干部，学校领导推荐了你，你现在是处级，出去可以提一级。我认为自己的性格不适合在政府部门工作，又不想一口回绝，就提了诸如上下班需乘班车之类的一些条件，后因条件得不到满足，我就没去。

这一进、三没走，注定了我与清华的一生缘。

一

1970 年留校后，我们被统称为"新工人"，意思是给学校里的老知识分子"掺沙子"。我被分配到系车间，成了真正的工人。当时，戴福根、王光海和我参与了新华印刷厂"重复分布照相机"项目的样机生产（与北大王选老师采用的技术路线不同，他研发的是激光照排机，该成果的转化带来了印刷行业的革命，也是北大方正的主营产品，这是后话）。我们的任务是按照布线图画出印刷电路板，3 个人一人一块板。我们用上了工程画课学的本事，圆满地完成了任务。

调试重复分布照相机

当时工宣队、军宣队在学校承担管理工作，军代表总让我带头讲如何在实践中应用毛泽东思想。讲了几次后，我就跟军代表表示，不想总这样"讲用"，军代表听了脸色很不好看，没过几天就宣布我去江西鲤鱼洲农场劳动锻炼。

"四人帮"垮台后，1977 年清华招收了"文革"后的第一届大学生，我在计算机系软件教研组，开始是做林行良老师助教，辅导 77 级的"汇编语言"。80 级同学入学后，系里决定，要加强程序专业同学的数学基础，程 0 班同学与数 0 班一起上"数学分析"，讲大课的是从北大调来的孙念增先生，教研组安排我给程 0 同学上习题课。这下可把我难住了，我们上学时学的"高等数学"是以计算为主，少量证明题；这"数学分析"几乎都是证明题，即使预习、听了大课，仍然不会解题。自己又不想打退堂鼓，只能迎难而上了。为此我到中关村新华书店买了《吉米多维奇习题集》7 大本，一道题一道题地演算，经常熬到夜里一两点。即使这样还是有一大堆解决不了的难题，于是就去找当年的数学老师王载舆先生答疑。王载舆先生操着浓重的江苏口音，反复耐心地给我讲解，经常一讲就是一下午！习题课备课我傍上了数0的辅导老师郝凤岐。郝凤岐和她先生袁传宽都是北大数学系的高才生，是华罗庚先生推荐给张维副校长后调入清华的。郝凤岐多才多艺，不仅数学棒，还会做饭、剪裁缝制衣服等，让我佩服得五体投地！郝凤岐的一句话特刺激人，她说，清华工科的数学就是算来算去的，一点抽象思维的能力也没训练出来！当年我们经常在她照澜院的家里备课，备课时，她女儿袁珊和我儿子在一边玩。有一次备课持续到傍晚，一个小偷进了她的家，把卧室里翻了个底朝天，我们竟然都没觉察，可见我们备课有多专心了！还好那时也没什么值钱的东西，没造成大损失。通过不懈努力，我比较顺利地完成了教学任务，和同学们一起培养起了抽象思维的能力！

清华科技园10周年庆典上，罗建北和她的数学老师胡露犀（中）、学生宫力（右，时任SUN中国工程研究院院长）

二

1983年，组织部张荣老师找我谈话，说学校决定调我去党委办公室工作。1983—1986年我在党委办公室工作了3年，在孙殷望老师领导的理论组编写《动态》，孙老师是个大才子，他写起文章来是笔下生花，说话还特别幽默，在他的指导下，我的写作能力和分析问题的能力都有所提高。另外，我还担任过校党委会和常委会的记录员。在党办工作期间获得了唯一的一次校级先进工作者的光荣称号。让我难忘的是，在夏天的常委会上，李传信老师穿个大背心（那时没空调），讲话一激动就站起来在会议室里踱来踱去的，尤其是遇到棘手的问题，他就一边走一边用右手抓搓心脏部位，久而久之背心的胸口处磨出了个洞。跟李老师说话不用拐弯抹角，提尖锐的意见他也不生气。在党办时，我联系的是无线电系，经常去参加系务会议。了解到一些老师认为李传信老师比较严肃，我就跟李老师说，您那么"严肃"，老师们在路上遇见您都不敢打招呼，只能对您敬而远之！听了这话，他笑着说，小罗，接受你的意见！李老师从书记位置上退下来以后，还没办退休手续时，有些不愿意办退休手续的老师就拿李老师说事儿，我了解到这种情况后就跟李老师说，您是领导可得起带头作用啊！李老师说，小罗，你说得对！李传信老师为人正直、心胸豁达、高尚品德、一心为公，他是我心中的楷模！

1983—1987年，我回到系里担任主管学生工作的副书记。1987年暑假带领1986级同学去65军军训一个月，我任军训团副团长，计算机系和化学系是一个团。当时邱勇同志是化学系新生辅导员、化学系军训连指导员。一个月野战部队的艰苦生活，我们和学生一起摸爬滚打，建立了战斗友谊。我那年42岁，穿着军装坚持每天和同学们一起出早操，一起练射击和拉练，也算圆了我的当兵梦！

1988—1995年，我担任计算机系的党委书记。1991年，计算机系摊上了大事儿！一个自称是台湾王永庆私生女的人，承诺可以帮助从日本进口OKI打印机（当时是中关村的热门货，经常断货），骗了计算机工厂200万元人民币。20世纪80年代末90年代初，200万元是个什么概念啊？简直就是天文数字！更可怕的是这200万元都是银行贷款，那时的校办厂不是独立法人，如果还不上银行贷款，银行封的账号可是清华大学的！学校主管财务的陶森老师在工字厅找我谈话，她严肃地说，鉴于目前的情况，为了防止银行封账号，影响整个清华的运行，学校决定计算机工厂破产、关闭。我一听这话脑袋都大了，服从学校大局这是毋庸置疑的，可这工厂的几十号人（有老师、有技术人员和工人师傅）怎么办啊？我定了定神跟陶老师说，能容我3天时间吗？我再想想办法！回到系里我就跟厂里的同志一起查家底，通过查账发现工厂账上有1000多万元的库存，可再一看都是些好多年前的电子元器件、线路板什么的，根本不值钱了！但这账面资产成了我们的"救命稻草"。我跟陶老师说工厂不是资（账面）不抵债，我们可以跟银行签一个还款协议，保证3年还清200万元！没想到陶老师竟然同意了我们的解决方案，并据此取得银行的认可。为了完成许下的"军令状"，我硬着头皮兼任了计算机工厂的厂长，和同事们一起开启了3年的"还贷之旅"。

工厂领导班子给全体员工讲明了严峻的形势：面对困难没有外援，只有团结一致、群策群力自救！我们制订了3年还款计划，核心就是"开源节流"4个字！"开源"就是拉长产品线，促销售、增收入。20世纪90年代初，国外计算机大量涌入，计算机工厂已不生产自行设计的小型计算机了。因为有生产许可证，我们就决定加大台式机组装的数量，目标客户是学校计算机实验室，并确立了邵戌贤老师等人开发的数字电路实验用的逻辑分析仪、王诚老师等人开发的计算机原理学习机为工厂的拳头产品，加强销售力量。我们还曾试图将更多清华老师自创的教学实验装置开发成产品，我曾经因此拜访过工物系的程建平老师、自动化系的张莹老师等。没有钱打广告，我们就在教育行业相关报纸、杂志上发软文介绍产品，通过参加教学仪器展销会等提高产品知名度。"节流"就是对内，全体员工3年不发加班费和奖金，发扬"一分钱掰成两半花"勤俭节约的精神！工厂党支部在书记冯一兵的带领下发挥了骨干带头作用。就这样苦干了3年，我们硬是实现了3年前的承诺，把银行的贷款还上了！

李传信老师给计算机工厂的题词

三

1995年5月，学校领导调我去清华软件技术开发中心（清华技术服务公司）接替凌瑞骥老师的工作，担任主任（总经理）。技术服务公司是1983年由时任副总理的邓小平亲自批准的第一个校办公司，大集体性质、独立法人企业；主营业务是国外数据录入和软件外包。20世纪80年代初，国家刚刚经历了"文革"的10年浩劫，百废待兴。其中子女就业难是个大问题，国家鼓励有条件的单位搞三产，这样既可吸纳子女就业，又可以增加计划外收入。清华技术服务公司就是在这种情况下应运而生的。在凌老师的带领下，公司逐年发展，数据录入主要是美国的业务，软件外包是美国和日本的业务，"既无内债、又无外债"，收入全是外汇，是个殷实的小公司。

我接手这个运营了十几年的公司没有"近忧"，却有"远虑"，这个外向型公司面临的问题是，缺乏广泛的国外资源；国内人工费上升，国外给的价格在下降，尤其是数据录入；软件外包是订单式的服务，没有自主产品，收入具有极大的不确定性，等等。

我的英语听、说都不行，就邀请戴福根同学加入我们的团队，他中学就学英语，还做过爱丁堡大学的访问学者。虽然他发音不准，经常被同事们取笑，可他的长处就是敢说，关键是老外能听懂！他在公司负责数据录入这块业务，很快就进入了角色。

针对数据录入业务收入下降和支出增加的矛盾，我们制定了一套改革方案。数据部的员工入职时只有十七八岁，眼力、脑力和体力都是最旺盛的时期，一天击键20万次是"小菜一碟"，经过十几年工作，每天坐在电脑前，颈椎、腰椎都有毛病了，有的员工甚至说，一进机房就想吐。三十几岁的年龄真的不适合数据录入的工作了。所以，一方面，我们鼓励不适合数据录入工作的员工买断工龄，转岗或创业，另一方面，将"工资+奖金"的薪酬模式改为"基薪+计件"，鼓励多干多得。方案一公布，数据部就炸了锅，什么难听的话都出来了，有的说公司是"卸磨杀驴了"，有的说"像资本家一样，榨干了工人的血，就一脚踢出去了"，等等，还有人扬言要去工字厅静坐。数据部大部分员工是清华子弟或教工的亲戚，都有能量在清华园掀起点"风浪"。戴福根同学抓业务是把好手，可是性子急，嘴皮子不太行，面对一大群女同胞叽叽喳喳的质问，一着急就"说错话"。我说他，你就像新疆姑娘一样，满头小辫子，一抓一把！改革要进行，公司业务也不能停，戴福根就负责抓业务，我负责落实改革措施。我有信心实现改革的目标，因为这绝对是一个双赢的方案。有方案、有疑问的员工我一个一个地谈话，结果未发生任何影响学校秩序的群体事件，70多人的数据部有50多位员工买断工龄，每人拿到1万元到3万元不等的工龄补贴。至此，数据部开始面向农村大批招工，实行合同制、计件制，最多时员工达500多人。数据部的效率和效益都得到了提高！为了有稳定的订单，我们在美国建立了子公司，还聘任了美籍员工和顾问。

在软件部寻找软件产品的过程中，我们意识到软件、专利等无形资产的价值评估是我国市场经济中的新问题。经管学院陈小悦老师是个愿意探索新事物、思想特别解放、没有条条框框约束的人。他向我提议成立一个无形资产评估公司，又找到土木系的刘洪玉老师,我们一拍即合,3个单位各出资7万元,成立了一个无形资产评估公司。公司做的第一单生意就是评估计算机系84级李竹等4位同学创办的"新未来电子科技公司"的价值,由陈小悦老师指导他的硕士生孙岷同学做该项目。正是因为有了这次评估,收购新未来公司的提案得到了清华同方股份公司董事们的同意。清华同方股份有限公司上市前根据该评估值,支付了一半现金、一半股票给李竹团队,新未来公司并入清华同方股份有限公司。

清华大学从教育部获得一个上市指标,原本是安排紫光集团上市,后因种种原因改为清华同方股份有限公司上市。清华同方股份于1997年6月21日由清华人工环境公司、清华技术服务公司等5个公司合并设立,于同年6月27日在上海证券交易所上市,股票代码600100。我参与了公司上市前辅导、股票发行筹备、股份公司成立,直至上市的全过程。经历清华同方股份有限公司上市,使我对资本市场如何助力公司发展有了切身体会。

四

1999年初,学校调我到清华科技园发展中心,任中心副主任。我在技术服务公司时就与科技园发展中心打过交道,当时中心主任梅萌找到我说,中心办公室从胜因院搬到紫光大厦,装修急需一笔资金。基于科技园是学校的事儿,以及对梅萌主任的信任,我们出借了30万元,以解决科技园的燃眉之急。这也许就是我和科技园的缘分吧!但是对科技园是干什么的,我一点也不知道。置身科技园后,我逐渐开始了解科技园。此时,清华科技园的功能定位已经从最初的推动学校科技成果转化、实现学校功能分区(1993年的《参考消息》曾登载一篇文章说,推开清华大学一个教研室的门,就是一家公司)、整顿学校周边环境等,逐步明确了三大功能:推动大学科技成果转化、孵化高科技企业、培育企业家人才。

关于科技成果转化,冀复生学长讲过一句极具讽刺意味的话:大学里的科研成果鉴定会就是"追悼会",可见推动大学科技成果转化(这里主要指的是纵向科研项目成果)的形势何等严峻!如何不让国家投入大量资金、老师付出大量心血研发的成果束之高阁,是我们要解决的问题。邓小平说,科技是第一生产力!可是不能转化成产品的应用技术就成不了第一生产力!清华科技园团队参与了中关村赵慕兰主任主持的关于科技成果转化的课题研究,当我们深入进去以后,发现科技成果转化是个世界难题!从研发到做出原型机,从原型机到产品,再从产品到商品的3个阶段的资金投入是1:10:100,而从原型到产品阶段是科技成果转化的"死亡谷"。跨越"死亡谷"的要素是大资金投入,需要熟悉产品化的各类人员加入，解决产品的生产工艺、实用性、耐用性、可维护性等一系列实际问题。第一阶段的投入，往往是政府相关部门的项目经费，到了第三阶段，产品风险基本释放，会有更大资金感兴趣将其量产。第二阶段风险最大，首当其冲就是得不到资金投入，所以被称为"死亡谷"。联系工物系集装箱检测系统的成功案例，更清楚地看到，如果没有同方上市募集的资金解决天津口岸示范工程的需求，就不可能完成从实验室原型到产品的转化。那个时期，我国科技成果转化率不到5%，美国大学的科技成果转化率达到50%以上。我们对欧美大学科技成果转化机制进行了考察、学习和研究，给主管副校长龚克和科技开发部写了《推动科技成果转化的意见和建议》。

为了孵化高科技企业和培育企业家人才，在极度缺乏资金的情况下，1999年8月20日在学研大厦A座10层设立了清华创业园。我主动向梅萌主任请缨，担任清华创业园的主任。

清华创业园从一出生面临的就是生存问题。清华创业园与政府的创业中心不一样，政府的创业中心有财政拨款来维持日常运营，而清华创业园没有。我们设计的清华创业园是创业者能够拎包入驻的办公场所，当时清华科技园没有办法拿出装修和购置办公设备的资金。我们首先找到了时任中关村科技园海淀园主任的马林校友汇报了我们的建园计划和困难，海淀园决定资助我们75万元。我们又找到对科技园建设一直给予大力支持的建设银行，给它们讲了硅谷银行的故事，硅谷银行每年都会赞助硅谷地区的创业活动，希望建行与清华创业园建立合作关系并赞助初创的园区50万元，开展服务企业活动。将来清华创业园会有许多入园企业，我们会建议企业在建行开户，而这些高科技企业还会一轮一轮地融资，甚至于上市，将给建行带来大量资金（当时银行揽储还是大事儿）。我们的描述打动了它们，但是银行从来没做过这种事。支行领导向上级汇报后，最终得到了批准，我们获得了建行50万元的资助。

这些资金只能解决一时的资金需求，清华创业园如何实现可持续发展（形成正向现金流甚至盈利）仍然是需要解决的问题。我们尝试过各种挣钱模式，如代办、咨询等服务收费、减免房租折成股份入股等，结果都很难实现。在服务的过程中，我们发现初创企业，尤其是高科技企业，都经历一个将成熟技术转换成产品的过程，即科技成果转化。在这个阶段，企业没有收入，当初始资金耗尽就面临倒闭，即遭遇"死亡谷"；又因小企业没有抵押物、没有订单、没有资信……不可能得到债务融资。所以，天使投资、种子期的股权投资对它们就显得十分必要。在清华科技园梅萌主任的带领下，清华创业园开启了"孵化＋种子期投资"的发展模式。种子期投资资金量不大，我形容是"一碗水"，浇到初创企业的一株"小苗"上，这就是生命之水。早期投资投的是人（创业者），孵化器通过密切接触，对他们的人品、团队等情况最了解，因而降低了投资风险。

2000年年初，自动化系84级郑海涛等3位同学创办了数码视讯公司，入驻清华创业园。公司注册资金100万元，开发的产品是数字电视的前端设备。2001年年初，公司的初始资金花完了，正值网络泡沫的破灭，资本市场骤冷。基于对郑海涛及团队的了解，我们迅速决策，在数码视讯最困难的时候投资了50万元，并带动了一位天使投资人的投资。用这些资金公司使产品获得了入网证，并开始小批量生产。10月份，资金又没了，公司进行了第二次融资，清华创业园又跟进一笔投资。至此，数码视讯的发展进入了快车道，2002年就实现利润700多万元。2003年至2004年，公司先是遇到了SARS对销售的影响，后又遇到两名创始人离开公司的动荡；加上公司规模的扩张，顿时发生了现金流极度紧张的局面，一个月公司的支出是150万元，可账上只有14万元了；雪上加霜的是旧的贷款到期，新的贷款还没到位。在数码视讯生死攸关的时刻，清华创业园又加持了第三笔投资款。"十年磨一剑"，2010年数码视讯在创业板上市，郑海涛实现了把公司做强做大的梦想，清华创业园的投资也得到了丰厚的回报，这可能就是投资的复利吧！

2015年1月21日，受昆仑万维公司CEO周亚辉的邀请，我在深交所出席了昆仑万维上市的敲钟仪式。2001年，精仪系陈常江和周亚辉两位同学创办了"燧人氏信息技术公司"，听这公司名字就中国味儿十足！当时网易决定收购他们公司。他们担心被收购后发展受到制约，没有同意。这哥俩创办的公司是做动漫网站，他们的梦想是创作中国传统文化的动漫，打破美日动画片一统天下的局面，这也太打动人心了！清华创业园参考网易的报价，给燧人氏公司投资了50万元。周亚辉后来离开了这家公司，辗转数年，直至2012年又创办了昆仑万维公司。我跟周亚辉说，清华科技园投资燧人氏，虽然没在当期得到回报，但是由于我们的投资培育出了一位企业家，这就是对国家作出了贡献，很值得。在敲钟仪式上，周亚辉有个两分钟的致辞。在致辞中，他突然脱稿说，感谢母校清华大学，以及在现场的罗老师，15年前给了我第一笔风险投资。当初罗老师代表清华科技园投给我的50万元，由于各种原因一直没有回报母校，今天我在这里承诺，将在未来的三五年内向清华大学捐赠1亿元。我顿时泪目！知恩图报！这是多好的孩子啊！

兆易创新是一家在清华科技园起家的海归公司，专注于存储器芯片的技术和产品开发。2004年朱一明和舒清明在美国开发出一款新型存储芯片时，感到中国也应该有自己的存储芯片。他们怀揣这样的梦想，于2005年回国创业。入驻清华科技园留学人员创业园时，公司叫芯技佳易，对标的企业是韩国的三星电子。朱一明一直把他们的存储器产品形容成是计算机里的"大米"，以此强调其重要性。他们面临的竞争对手是国外大公司，2007年三星大规模降价，搞"反周期定律"，2008年又遇金融危机，芯技佳易举步维艰。芯技佳易从入园起，就受到我们的重点关注。为降低设计成本，我们与中关村微电子园建立合作关系，芯技佳易可租用它们的芯片自动设计工具；科技园参与芯技佳易两轮融资，助力其发展。美国ISSI公司曾欲出资1000万美元收购该公司，朱一明他们明确地拒绝了。芯技佳易更名为兆易创新，于2016年在主板上市，半年内股价一路走高。2018年兆易创新的NOR Flash已占据全球8%的市场，做到世界第三名！在朱一明他们成功的同时，清华科技园也赚得盆满钵满！

2021年4月13日，在母校迎来110周年华诞前夕，兆易创新公司朱一明、舒清明等6位清华校友为清华大学捐赠，成立兆易创新基础学科建设基金。在捐赠仪式上，朱一明在发言中提到：当初我和舒清明穿着西服，毕恭毕敬地去见罗老师，罗老师说，"进入清华创业园不能做温室里的花骨朵儿"，我一直都记得。我想说，他们真的不是温室里的花骨朵，而是在市场经济暴风雨中绽放的艳丽花朵！

清华创业园成立后，获得无数奖项和荣誉，在中关村、高校、全国的业界都有一定的知名度。之所以能取得这样的成绩，一是有清华大学的背书，二是我们赶上了改革开放的好时代，三是我们干的确实比较努力。最应该感谢的就是这些创业者，没有它们，我们将一事无成。下海创办公司的创业者真的不容易！郑海涛在经管学院给同学们讲创业心得时说，创业前一定要有三方面的心理准备：一是可能一贫如洗；二是可能妻离子散；三是可能精神分裂！他说的绝不是耸人听闻，我们在创业园里确实目睹了创业者的困境。如果就是为了赚钱，清华的学生大可不必创业，风险太大了！应该说，大多数决心创业的人都有一颗不安分的心，是想干一番事业的人。如果追求财务自由，朱一明现在拥有的财富足矣。可是2018年朱一明辞去了在兆易创新CEO的职务（保留董事长），又开始第二次创业，担任了合肥长鑫存储的CEO，做更难的NAND Flash存储芯片，他想的是要推动中国存储芯片的加速发展。2021年，他在GSA全球存储峰会发言的题目是《智能基础设施实现人类美好生活愿景》，他是个想改变世界的人！当年清华创业园网站的首页上写着："世上有这样一群人，对于他们而言，创业是一种'情结'，创业是一种'使命'。所以无论何等艰辛，他们都能欣然面对。因为只有如此，方感不枉此生。"这也就是我们对创业者的诠释吧！

1999年年底，《北京晚报》的一则报道把清华创业园喻为培养企业家的"黄埔军校"。对于刚刚创建的清华创业园来说，这评价真的过高了！但是这评价激励了我们，让我们以此为目标更加努力工作，决心要培育出国家需要的、真正的企业家。在过去的20年间，清华创业园获得过很多荣誉，创业园里的孩子们亲切地叫我"罗妈妈",是对我最高的褒奖!我清醒地知道,是他们的勇于创业,才成就了我们的孵化投资事业!跟这些创业者在一起,你能时时地被他们的激情所感染、所感动!从这些创业者身上,我们能看到祖国的未来!因此,我坚定地看好中国!我坚信长江后浪推前浪,一代更比一代强!

  回顾在清华工作的 39 年,我们这些"新工人"真的很幸运!虽然"文革"耽误了我们 10 年的青春,但是学校培养了我们学习的能力,认识问题、解决问题的能力,我们义无反顾地投身到改革开放的大潮中去拼搏,同时还享受了改革开放的红利!由于母校的培养、信任和任用,我当过老师,做过管理工作和业务工作,运营过企业,从事过企业孵化和风险投资等,在母校提供的平台上,努力工作,为母校争光。我们这些"新工人"已经到了"奔八"的年龄,但是仍然有提升的空间。我们还要不断学习新事物、新知识,跟上时代的步伐,力所能及地继续为社会作贡献!

  我从清华毕业 51 周年之际,恰逢清华大学建校 110 周年,以此文作为向母校的汇报。

  感恩母校!

2021 年 8 月

王水弟，男，1946年生，上海南汇人。教授。1965年考入清华大学自动控制系，1970年毕业后留校，在清华大学微电子学研究所工作。曾任微电子所副所长、工会主席等职。从事集成电路方面的教学和研究，参与多项洁净厂房的建设。获电子工业部科技进步一等奖和国家科委科技进步二等奖各一项。作为第一发明人和共同发明人，共有发明专利14项。

三十年河东 三十年河西

王水弟　自控系 1965 级 自 003

有一首《人这一辈子》的歌曲，有这样几句歌词：人这一辈子，太多不容易，千回百转难掌握命运的轨迹；人这一辈子，有多少悲喜，酸甜苦辣的滋味一口口吮吸；人这一辈子，岁月如歌，唱一首生命的传奇，三十年河东，三十年河西……

这几句歌词基本上反映了我的人生轨迹。1970 年毕业到 2000 年正好是 30 年，而 2000 年确实是我人生的分水岭。

一、前 30 年，我就是一个"新工人"

1970 年毕业留校后的我们被称作"新工人"。

我是自动控制系（以下简称"自控系"）毕业的，1970 年毕业分配时，被分配在"电子厂四连"。所谓"电子厂"，就是自控系和无线电电子学系部分下属单位（以下简称"无线电系"）合并而成的，当时学校里取消了系和教研组编制，用部队的连队编制代替。这个"电子厂四连"在电子厂里比较特殊，绝大多数人员是原来无线电系半导体教研组的教职工，极少数是原自控系的教职工，我就是其中之一。造成混编的原因是自控系原来就想涉足器件研究，以满足计算机技术发展的需要，利用两系合并的机会，派了几个教职工到原无线电系半导体教研组去从事器件研究。

没想到不久两个系就分家了，1970 年，无线电系要搬迁至四川绵阳，于是电子厂四连的教职工中原来是无线电系的全部去了四川绵阳。原来自控系的，可以自愿去也可以不去四川绵阳，我自然就留了下来。不久，电子厂改成了"电子工程系"（以下简称"电子系"。这个"电子系"同现在的"电子系"同名。实质上，它的前身是"自控系"，而现在的电子系的前身是"无线电系"），我们"电子厂四连"改称"电子系半导体车间"，我也就同半导体结下了一辈子的缘。

半路出家的"电子系半导体车间"，科研方向就是当时国际上流行的 MOS 集成电路。我们可谓白手起家，艰苦奋斗，短短七八年时间，就从国内半导体行业里的默默无闻走到了 1978 年全国科学大会的领奖台，成为国内 MOS 大规模集成电路技

1978年全国科学大会获奖成果奖状

术方面的领头羊。在学校档案馆里有1978年3月"全国科学大会受奖单位及受奖成果目录（教育）"。受奖成果的第1项是我们"电子系半导体车间"的"MOS大规模集成电路"，第3项是我们的"微处理机集成电路"。

每当看到这些奖项我就感到很自豪。我是1965年9月份入学的，到1966年6月1日就停止了正规的大学学习。我是从一个对MOS大规模集成电路一无所知成为全国科学大会获奖集体中作出贡献的一员，我付出了血汗，贡献了青春。

毕业留校后，为了适应工作，我同其他一起留校的同学一样，首先要恶补知识。当时虽然"文革"还没有彻底结束，但是以何东昌为代表的清华大学的领导和老师们，早就意识到了恢复学习科学知识的重要性，学校里办了研究班、回炉班，像我们既没有参加研究班和回炉班的留校的"新工人"，各个系自己开设各种专业补习课。原无线电系的高联佩教授，"文革"中被打成特务，被关了几年，无罪释放后没有去四川绵阳，而是留在我们半导体车间工作，就给我们讲授固体物理。我们是一边工作，一边参加工宣队、军宣队组织的各种政治学习，还要挤时间学习专业知识。

1972年年底，我们半导体车间的徐葭生主任敏锐地意识到，要从事MOS大规模集成电路研究，必须要有一个洁净的实验室环境，于是决定把东主楼九区一层南半部改建成为一个净化车间。当时车间里抽调了比我年长的庄同曾老师和我负责基建工作。对于半导体专业我还刚刚有点入门，还需要补充更多的专业知识，却让我参加一项我也是一无所知的基建工作，于是我又要开始恶补同基建有关的知识。我是工艺代表，我要同建筑设计院所有专业的设计人员打交道，要同他们有共同语言，我要看懂所有的设计图纸。因此，我从图书馆里借了各种专业的书籍，建筑、结构、空调、洁净、给排水、电气……我必须如饥如渴地学习。这就是我们"新工人""新"的一面，我们可以通过自学，很快掌握新的专业知识。由于跟我一起负责基建的庄同曾老师身患血吸虫病，家庭负担重，所以，他主要待在办公室里负责技术问题。于是，我承担了外出调研、采购器材等，还要联系校内的基建处、建筑设计院和关照施工现场。我做的很多工作就是普通工人可以做的事情，比如，去火车站取货、骑三轮车去加工厂送材料、去机加工车间加工一些简单的零件等，但负责基建工作的只有我们两个人，这些活自然由我去做。那时的我真正体现了我们"新工人""工人"的一面。记得我们有近300平方米的塑料复合钢板吊顶材料，数量很多，吊顶尺寸繁多，精度很高，在加工过程中一定要保护好表面的塑料薄膜。塑料复合钢板1米宽2米长，我一个人干不了。庄同曾老师就和我一起在机加工车间里连续工作了很长时间，我们一块板一块板仔细加工，编上号码，保证了洁净车间吊顶的安装。

经过3年的调研、设计和施工，我们在国内率先通过对老建筑改建，建成了第一个用于研制大规模集成电路的洁净车间，这为我们在国内大规模集成电路研制方面领先国内其他的大学、研究所和工厂，在1978年全国科学大会上获大奖奠定了坚实的物质基础。

1978年，四川绵阳分校撤销，无线电系半导体教研组也回到了校本部，两个都从事半导体器件研究的单位合并也是历史的必然，因此，1980年，在学校的统一组织下，成立了"微电子学研究所"（以下简称"微电子所"）。微电子所要大发展，肯定要建造一个新的洁净厂房，这是研究大规模集成电路最基本的物质条件。1983年，微电子所领导在没有一个老师愿意承担基建任务的情况下，最后只能请我出山。开始没有找我的原因是1981年我同另一个老师去荷兰培训了6个星期，引进一台荷兰生产的全所最昂贵的工艺设备——离子注入机，1982年刚安装调试好，所里和室里当然不能随便让我离开该设备。但是基建施工又是影响全所未来的大事，所领导再三权衡之下，让有过基建经历又熟悉集成电路制造工艺的我出来负责，于是，我又脱下白大褂，离开离子注入组，穿上普通工人的工作服，投身到基建工作中去。经过两年多的基建，一幢洁净面积更大、洁净级别更高的微电子所实验楼建成了。基建结束后，我就参加国内第一条1微米水平工艺线的筹建工作，我具体负责从美国引进另一台离子注入机，然后就是安装、调试、日常运行和维护。这条工艺线的主要工艺设备都是从国外引进的，条件很好，所以我们很快圆满地完成了所承担的国家"七五"科研任务，并使我国在集成电路技术上登上当时国内最先进的1微米台阶。我们的事迹后来在《人民日报》1991年9月30日的第一版上作了报道。该项目还获得了国家科委的科技进步二等奖和电子部的科技进步一等奖。客观地说，又是我两年多的基建工作为清华大学微电子所"在集成电路技术上登上当时国内最先进的1微米台阶"做了奠基石。

1992年起，我被微电子所任命为所长助理和实验室主任，1993年至2000年，任微电子所行政副所长，主要负责财务、行政、实验室管理和设备引进。20世纪90年代中期，我又用了几年的时间参加了筹建满足21世纪科研新大楼的调研和设计工作。设计图纸出来了，开工执照也拿到了，但是所里决定停建，我所做的一切也就付之东流。

1999年10月，所里安排我去香港科技大学做了一年的访问学者，2000年10月回来后赶上当年开始提职称工作。当时我发现，跟我一起留校的十几个"新工人"，一半以上都已经是教授职称，于是我也向所人事部门提交了提正高职称的申请书，这是我第一次正式申请，谁知接收我申请书的人看了一眼就把申请书退了回来，并告诉我"你没有资格申请正高职称"！

我自以为留校工作30年，"听话、出活"，干一行，爱一行，钻一行，为我国集成电路的起步、登峰作出了我的贡献。我还当过两届微电子所副所长，在微电子所内留校的"新工人"中，没有一个行政级别高过我的，可是我连申请正高职称的资格都没有。这时我才去查阅清华大学人事处关于申请正高职称的文件，我终于知道我确实没有资格。

根据20世纪90年代清华大学人事处提正高职称的有关规定，申请人必须满足3个必要条件中的两个，而我只满足其中的一个条件，这就是我曾经任过两届副处级干部，其他条件我都不符合。的确，我没有上过一堂课、没有带过一个研究生、没有写过一本教材、没有出版过一本书、没有负责过一项重大科研任务、没有一项发明专利、没有发表过一篇第一作者是我本人的学术文章，就算我们微电子所承担的"1~1.5微米成套工艺开发及1兆位汉字库只读存储器"的"七五"任务曾获"电子工业部"科技进步一等奖和"国家科委"科技进步二等奖，两个奖项上我都是榜上有名，但是这种重大科研项目，获奖的人数很多，在获奖名单中，所长、主管科研副所长、项目主要电路设计人、工艺主要负责人就占去4个名额，年长的教师排名靠前一点，我是年轻的"新工人"，排名靠后一点也很正常。可是学校规定，奖项再高，只有排名进入前1/3，才对申请正高职称有用。所以，这两个奖项对于我申请正高职称毫无用处。

这就是我参加工作后前30年的结果：不是水平够不够的问题，而是申请教授的资格都没有，我就是一个"新工人"。

二、后30年，我成了真正的教授

从1970年至2000年的30年中，我除了做行政管理工作和参加基建工作外，其余时间是在从事集成电路的前工序——工艺制造的研究工作。从香港科大回来后，我决定跟随贾松良教授，去从事集成电路后工序——封装技术的研究工作。这时我已经55岁，距离退休只剩下5年时间，对于我来说，还是一个很大的挑战。改行的动力是我不甘心以"新工人"的身份退休，我相信我有能力，只要给我一个合适的舞台，我一定能演出一出有声有色的戏！

从2001年起，所里安排给我每年一个硕士研究生，直到2007年退休，我一共培养了6个研究生，个个都很优秀。

2001年至2007年退休，共发表40篇文章，其中第一作者是我本人的有10篇；第一作者是我的研究生、第二作者是我的有7篇；2005年，我同课题组的其他老师一起，在国际顶级的封装技术会议ECTC上发表了一篇学术论文，是我本人去美国参会，并在国际会议上宣读。应该说这是国内封装界第一篇被ECTC接收并在大会上宣读的论文，之前，国内基本上不派人参加这个国际会议，所以我是国内第一个在封装界国际顶级学术会议上用英语宣读论文的人。

2003年，我们课题组获得了第一个专利，我是第一发明人。从2003年到2020年，我作为第一发明人和共同发明人，共有14个发明专利。

2004年起，我开始讲授"集成电路制造工艺与设备"研究生课程，32个学时，已经连续讲了18年，现在还在授课。每年秋季学期，分别在校本部和深研院各讲授一次。

按理，我曾经在行政管理方面花去了很多时间，应该利用退休前不多的时间，在科研和教学上做出点成绩来。但是我拗不过当时的所长陈弘毅，也不想辜负全所教职工的信任，2001年至2006年，两次几乎以全票通过的结果，被推选为微电子所工会主席和教代会组长。在大家的共同努力下，我们微电子所工会连续多年被评为学校的先进部门。其中在2006年年底全校的文艺汇演中，我们微电子所工会史无前例地荣获了一等奖（全校第一名），这也是我任工会主席的最好的谢幕。

经过3年的努力，我终于有了申请正高职称的资格，并于2003年年底获得了正高职称。

2007年，我以"即退教授"的身份退休后，课题组希望我继续留在课题组工作，至今还没有离开。

退休前后，我又以"工艺负责人"的身份参加了两个与集成电路有关的基建项目，一个是国家保密项目，一个是上海张江项目。由于我们清华大学负责这个项目的老师中只有我既精通集成电路制造工艺技术，又精通基建工作，所以，实际上这两个项目的工艺设计都是我负责的。

退休后，我还负责过多项科研项目。如：从2009年开始的国家科技重大专项"极大规模集成电路制造装备及成套工艺"项目"高容量闪存集成封装技术的研究及产业化"，我作为清华大学任务的项目负责人，直接指导研究生参与研究，并协调校内其他参研单位的进度。该课题于2012年12月14日在江苏江阴长电正式通过验收，得到了验收专家和02专项有关领导的一致好评,其中,技术评分优秀(91分)。我还参加了所在研究组的另外两个国家科技重大专项项目课题的研究工作和其他多项研究课题(如863课题、横向课题等)。

多年来,我一直被学校教务处受聘为教学顾问,现任顾问组组长,评价年轻教师的讲课质量;被中国科学院大学聘为教学督导,多年来参加它们微电子学院的教师讲课质量评审;2018年起,微电子所聘我任教学督导组组长,评价微电子所教师的讲课质量。在3个单位的听课,平均每年要听100节课,其中2018年全年听了142节课。

在完成上述工作的同时,从2013年起,我挤时间参加科普演讲工作,主要赴全国各地给中小学生作科普演讲。其中,2018年和2019年,各作了50场科普演讲。2019年11月19日,在北京人民大会堂(小礼堂)举办的孙春兰副总理作了重要讲话的中国老科协成立30周年座谈会上,我应邀在主席台上就座,会前受到了陈至立会长的接见。会上被中国老科协聘为"老科学家报告团成员"。鉴于多年来作出的成绩,我获得了"2019年中国老科学技术工作者协会奖"的奖状和奖章。

8年来,从东海之滨的浙江温州、宁波到新疆的伊宁,从海南的三亚到黑龙江的黑河,到处留下了我的足迹。

给中小学生作科普演讲

2019 年，我被评为清华大学"老有所为"先进个人。

2019 年 10 月起，我被河北科技学院聘为"名誉校长"。

2020 年，我在不知不觉中，做到了"为祖国健康工作五十年"。

2021 年 4 月 19 日，在清华大学 110 周年校庆前，习近平总书记来清华大学考察，我应邀参加西体育馆座谈会，现场聆听习近平总书记的讲话。应该说这是对我的最高奖励。

三、结束语

我们是熟读《钢铁是怎样炼成的》一书长大的一代。该书留给我们最难忘的就是"人最宝贵的东西是生命，生命属于人，只有一次。人的一生应当这样度过：当他回首往事的时候，他不会因为虚度年华而悔恨，也不会因为碌碌无为而羞愧；临终之际，他能够说：'我的整个生命和全部精力，都献给了世界上最壮丽的事业——为解放全人类而斗争。'"当我工作 30 年后，被人事部门告知我没有资格申请正高职称时，我很冷静，也很坦然，我没有悔恨，也没有感到羞愧，因为我心里清楚，在这 30 年中，我没有虚度年华，也没有碌碌无为，我为清华大学在 1978 年全国科学大会上获奖和清华大学被 1991 年《人民日报》登上头版消息奠定了物质基础，我负责和参与建造的两个洁净车间，为我们在 MOS 集成电路研究领域走在全国前列创造了物质基础。我服从组织分配，圆满完成了领导交给我的所有任务。

是金子，总是会发光的！

30 年河西的路我刚走了 21 年。能否顺利走完最后的 9 年？我没有把握，但是我会努力的，我要把生命的歌继续唱下去，生命不息，奋斗不止！

2021 年 6 月

孙家广,男,1946年生,江苏镇江人。软件工程领域专家、教授,中国工程院院士。1965年考入清华大学自动控制系,1970年毕业留校。研制的具有我国知识产权的二维CAD系统、三维CAD核心平台、产品数据管理系统及企业信息化集成系统等大型软件得到成功应用,为提升工业软件产业化能力作出了贡献。创建清华大学软件学院,在教育教学中提出"学中做、做中学、做中闯、做中创"的理念。

创办软件学院的岁月

孙家广　自控系 1965 级 自 004

　　清华 1970 届毕业生的成长经历，是从"新工人"这个特殊称谓开始的。时光荏苒，岁月蹉跎，当年的"新工人"已成为清华园里的"老教师"。在我们纪念毕业 50 周年的日子里，又恰逢软件学院成立 20 周年，回首往事，几多感慨，几多欣慰。现将我在软件学院的那段历史记录下来，与大家共享共勉。

　　1997 年，我第 5 次到印度考察，看到印度通过软件发展了经济，并解决了很多人的就业问题后，深有感触。回国后，当年 10 月，通过党办主任、校党委常委白永毅，我向学校党委书记贺美英和校长王大中提交了一份 500 字的报告，建议成立清华大学软件学院，因为各学科的发展需要软件，软件可支持各行各业高质量发展，建议得到了他们的认可。但是，要在学校成立一个新的院系是相当困难的，因为有各种资源的限制，包括教师、学生、空间、房子等需要解决。为解决这些困难，我又多次向当时的常务副校长梁尤能、何建坤，副校长顾秉林、郑燕康，以及教务长吴敏生等汇报，在他们的支持、帮助下，1999 年，学校同意成立应用技术学院，先行试点开展软件工程专业的双学位学历教育。王大中校长还说，不光软件要培养工程类的学生，电子工程和核工程都需要培养。至 2000 年 4 月 22 日，应用技术学院正式挂牌成立，我们利用清华 200 号的教室、宿舍、食堂和实验环境，先后在 1999 年春季和秋季向社会招收近 300 名软件工程专业双学位的学生。在成立仪式暨开学典礼上，我向师生作动员，强调我们培养的软件工程双学位学生要学会开发软件，要在毕业的时候每人至少编写出 5000 行有效的代码，在实际中得到应用。当时的校领导和教育部周远清副部长都参加了成立仪式和开学典礼。

　　在昌平 200 号办学，条件比较艰苦，但教师的工作热情和学生的学习激情却十分高涨。学院买了车，每天接送住在校本部的教师去昌平 200 号上课，学生住在 200 号，实验室机房几乎是通宵开放。我当时要求同学们要立大志、争口气，通过自己的不懈奋斗改变自己的命运，为国家作出实实在在的贡献。2001 年第一届双学位学生毕业，就业之受欢迎，轰动一时。北大有个学生物的学生，本科毕业后在珠海找了一个月薪 2000 元工资的工作，来清华经过两年双学位的学习后，再就业月薪就涨到了 1 万元以上；还有几名学生本科是学英语专业的，通过两年的学习，他们

2000年4月,清华大学应用技术学院成立揭牌

2000年4月,清华大学应用技术学院成立

申请并被录取进入了美国名牌大学攻读博士。所有这些,让我欣慰,更坚定了我们的办学方向。

双学位教育不是学校的主流,办学不能仅停留在双学位上。我继续坚持创办软件学院,向当时教育部党组副书记、副部长吕福源汇报了成立软件学院的建议,他很重视;他请示了李岚清副总理、陈至立部长,得到了领导的肯定。几经努力,2001年,国家教育部和计委联合发文正式批准成立37所示范性软件学院,清华大学在应用技术学院基础上成立的软件学院是其中一所。这样，软件学院就在全国生根发芽，开花结果。因为软件专业毕业生好就业、就好业、就专业，社会需要，企事业单位欢迎，随后许多大学，甚至高职高专院校都积极兴办软件学院，为国家培养各层次软件人才。

清华大学软件学院成立之初，我们确立了精品教育和高素质教育的办学定位，提出了"教学立院、管理建院、学科兴院、科技强院"的办院方针，以及"学中练、练中学、练中闯、练中创"的实践教学理念；要求学院教师坚持教书育人、又红又专、真刀真枪地培养学生。

因为清华大学软件学院的目标是培养高层次的软件人才，教学重点放在培养学生的编程能力上，并在提高学习力、执行力、诚信力、创新力、亲和力方面进行全方位的训练。在教学计划中，每门课程都有大作业，大作业基本上都是从科研实践中提炼出来的题目，让学生真正学到解决问题的思路和方法。

作为工科院系，要想完成科研攻坚任务，研究团队的建设非常重要。为此要求团队制订可操作、可检查、可报告、可公示、可问责的规划，要求团队成果能落地。经过10年左右的发展，软件学院的团队建设结合主要研究方向不断推进，除了传统的CAD图形学研究方向外，又增加了软件系统与可信软件方向、信息系统及非结构化数据管理方向、物联网方向。我们明确要求，各团队要在相应的方向上结合国际学科前沿、国家重大战略需求、国民经济重大现实问题以及人民健康生活的需求去作研发；要求师生作科研要有不同的境界，既要结合学术前沿作研究，又要做有实际问题导向、有明确目标导向和有最终效益导向的科研，而不能只是纸上谈兵。

在教学科研培养人的过程中，我曾提倡"五千万精神"，即教学科研要"千方百计"地想办法，通过"千言万语"组织宣传，要"千辛万苦"去奋斗，要"千山万水"去坚持，最后才能实现"千家万户"用起来，真正做出社会需要的"能用、管用、好用"的高效可信软件。

软件学院在教学、科研、管理各个岗位上，始终坚持质量第一、争创一流。2012年，教育部组织的一级学科评估，清华大学软件工程一级学科排名高校第一名。

从1999年创办到2010年申报软件工程一级学科，经过学院师生员工10多年的共同努力，我们拥有了软件工程一级学科，有了博士点和博士后流动站。如今，软件真正成为了各行各业重要的驱动力和抓手，软件在国民经济中的责任重大，清华大学软件学院的责任就更重大。在当前卡脖子的问题上，软件首当其冲。为此，我们就更需要立足国家战略需求，解决卡脖子难题，特别是国民经济急需的工业软件。为此，软件学院把工业软件的研究与开发作为清华大学软件学院当前的科研重

应用技术学院首届毕业生和老师及校领导合影

点。我们从二维 CAD 到三维 CAD，到产品数据管理系统 PDM，到产品全生命周期管理系统 PLM 和 MRO 维修服务系统，再到大数据系统软件，以及可信软件也就是工业软件的安全可信，清华大学软件学院都是有比较好的基础的。我们一定不辜负过去的努力，抓住现在发展的有利时机，乘势而上、迎难而上。我们要在十九届五中全会、"十四五"规划和 2035 年宏伟目标的指引下，在习近平新时代中国特色社会主义思想的指引下，不负韶华，不忘使命，发扬光大清华大学软件学院的优良传统，站在世界的大舞台上，研究、开发国家急需的大项目，解决卡脖子难题，为我们国家的富强，为两个一百年中华民族伟大复兴的历史使命作出更大的贡献。

当前，新技术层出不穷。我认为不论是人工智能、大数据、云计算、区块链，还是集成电路设计等，它们共同的基础都是软件。所以，在新技术的推广应用过程中，还是要切切实实做出"能用、管用、好用"的软件，让人民生活的幸福感、获得感和安全感有保障，让我们的社会进步有更坚实牢靠的基础，使我们培养的人在社会上得到认可，使他们真正成为社会的栋梁及社会主义事业的建设者和接班人。

软件学院走过了 20 年的历程，如果把应用技术学院算在一起就是 22 年。22 年的风风雨雨，22 年的艰苦历程，有值得庆幸的成绩，也有艰苦奋斗的回味。不管是顺境还是逆境，是喜悦还是痛苦，都是历史。历史翻过了一页就迎来了新的篇章，需要我们现在的人充分总结经验，认真吸取教训，发扬光大优良传统，培养更多更优秀的软件人才，力争在祖国的大地上，在全球激烈的竞争中，作出无愧于党和人民、无愧于历史和现实的贡献！

谨以此感谢软件学院创办以来曾帮助过、指导过、支持过、奋斗过的各位领导、朋友、同事、同志们！

2020 年 12 月

陈群秀，女，1947年生，江西南昌人。教授。1965年入学清华大学自动控制系，1970年毕业留在计算机系工作。从事人工智能自然语言理解、机器翻译、智能信息检索、中文搜索引擎等计算语言学中文信息处理的研究工作。被评为国家"七五"攻关有成绩科研人员，获国家教委科技进步二等奖、北京市科技进步三等奖，有6项有自主知识产权的软件著作权成果及100多篇论文，7本译著。

我与中文信息处理的不解之缘

陈群秀　自控系 1965 级 自 001

我 1965 年考入清华大学自动控制系，1970 年毕业留校，在计算机系从事人工智能自然语言理解和机器翻译的科研与教学工作。汉语的自然语言理解和机器翻译是属于中文信息处理（即计算语言学）的研究领域，这篇文章要讲述的是我如何从打杂的"新工人"成长为人工智能、中文信息处理领域"干将"的经历。人工智能汉语自然语言理解和机器翻译是大多数人都不熟悉但又非常有用、非常有趣的研究领域。

一、刚毕业时的打杂生涯

刚毕业时，我曾经担任过"控制大教研组"（由原来 3 个教研组合并而成）的核心小组成员，也曾参加过揣着两个冷窝窝头、喝山沟冰碴儿水、一夜急行军百里的"千里"拉练。回想刚毕业第一阶段 12 年的打杂生涯，罗列一下竟有十几项之多。如到食堂帮厨、千里拉练、农场锻炼等，后来学校安排我们"新工人"业务进修"线性代数""英语"和"自动控制理论"等课程。其间，我当过班主任，制作过教学装置，带过毕业设计，还曾借调到数学教研组辅导学生多门课程，参与为计算机系本科生开设新课"数理逻辑"及其教材的编写工作。

幸运的是，我跟着好几位老师参与了一些科研工作，如跟着吴麒教授、高黛陵老师调试"飞行模拟控制线路"；跟着刘植桢老师研制"装甲车火炮自动控制系统"；与另一个"新工人"曹谷芽跟着钟玉琢老师参加青云仪器厂"飞行自动驾驶仪"的改型工作，把原来大个头的"继电器控制"改为组件电子线路控制，其中，我设计制作的积分器电路的"电位计测试仪"在 1974 年三机部技术产品交流会上被列为全国推广产品并获奖；跟着黄汉文老师参与设计我国第一台"XY 自动绘图仪"（CTS-2 自动绘图仪）的逻辑控制部件的设计和试制工作，该绘图仪后获得 1981 年北京市科技二等奖以及四机部奖励。

二、选定研究方向，与中文信息处理结缘

为了摆脱毕业后前 12 年那样的"东一榔头，西一棒子"的打杂生涯，自 1982 年开始，我认真考虑今后的人生事业及研究方向。我所在的控制教研组有人工智能与自动控制两个主要研究方向。当时研制"第五代机"计划风行世界，美、英、欧共体及日本等计划投入巨资希望在 10 年（1982—1991）内研制出能看、能听、能说和能思考的新一代"电子计算机"，而这一切都离不开"人工智能"。当年我阅读了有关"人工智能""第五代智能计算机设想""专家系统"以及"自然语言理解"等书籍和杂志报纸，了解到"人工智能"这门涉及计算机科学、语言学、神经生理学、心理学、数学、哲学多种学科相互渗透而发展起来的综合性交叉新学科，觉得既有前途又有实用。而自然语言理解和机器翻译是人工智能中重要的核心课题之一，具体到中国，则是汉语的自然语言理解和机器翻译，即中文信息处理技术。我下定决心选择人工智能自然语言理解、机器翻译为研究方向，从此与中文信息处理结了缘。

下定决心后，我一边学习相关理论，一边进行实践。例如，从 1983—1984 年开始，为"汽车运输调度专家系统"研制"汉语人机专用接口"，着手为研究日汉机器翻译系统自学日语，分析归纳日语的句法、句型，等等。

1986—1988 年，我被借调到当时的国家教委科技司当联络员，跟着科技司的袁成琛大姐和周全胜大哥参与国家"七五"科技重点攻关项目规划工作。我主要负责全国计算机大项软硬件 75~67、75~68 两个（经费 2.8 亿元，内含人工智能项目 2000 万元）项目规划的调研、项目分列计划书的编写，参加国家教委、中科院、国家计委等部门规划协调联系会等。当时还因为想研究"日汉机器翻译"项目而在北京语言学院进修日语。有时因参加"七五"有关会议无法去上日语课，只能晚上在全家 4 口仅有的一间 12 平方米住房内，等两个小孩子睡后坐在小板凳靠在床边补习日语课文和做作业。而且，时有国家教委各个学校需要申请项目的老师深夜来访，也只好在小房间里接待来访者，听他们讲述欲申请项目和已有的研究基础、成果和具备的条件。这样，有时候我一晚上只能睡三四个小时。当我听说有人建议取消经费 2000 万元的"人工智能"项目规划时，我急得不行，因为当时清华大学是国内人工智能研究的先行和"十项全能"，因此我及时向我系的张钹、林尧瑞、石纯一、黄昌宁、夏莹、方棣棠、徐光佑等先生请教，了解人工智能国际国内研究现状，撰写关于人工智能研究重要性、国内外差距等情况的发言稿，在计委召开的联席会上作了长篇发言，我在会上特别提到，如果有人要取消经费为 2000 万元的"人工智能"项目规划，那他将来就可能误国误民成为中国的罪人。当时我虽然只是一个小小的

讲师，人轻言微，但最终保住了这个规划项目，为我国"人工智能"学科的发展作出了我的贡献。同时，我也向国家教委介绍了清华大学的诸位人工智能专家。

当年，我向中文信息学会领导建议，在学会中成立一个二级学会即"计算语言学专业委员会"。第一届计算语言学专委会经协调由鲁川先生担任主任委员，黄昌宁先生为副主任委员，我任秘书长，专委会挂靠在清华大学计算机系。后来的历届主任委员皆为黄昌宁教授，黄教授退休后，主任委员由我校孙茂松教授担任。计算机专委会筹备成立一个计算机学界、语言学界联合工作的专委会，工作由黄先生和我负责，我们联系计算机领域的专家刘开瑛、俞士汶、董振东等先生，一个一个地拜访常宝儒、林杏光、张普、冯志伟先生等汉语语言学研究专家。1987年6月，举行计算语言学专委会成立暨学术大会。一开始，这两个学界之间互相不了解对方正在研究什么，对方需要什么，甚至有时连对方的术语也听不懂。通过专委会的工作，我国首届计算语言学学术会议得以于1988年6月召开。

三、这是一条充满荆棘坎坷而又有无穷希望的路

20世纪80年代初至现今，越是深入了解、深入研究，就越有体会：人工智能自然语言理解机器翻译、中文信息处理是很有意义而又很困难的领域。之所以困难，是因为以下原因。

第一，人对语言的理解和运用是人类的最高智能，其机制人类自己尚不了解。但可以肯定的是：研究中发现人对语言的理解和运用需要词汇、句法、语义、语用、语境、篇章、常识、专业、推理等各种知识，这些知识如何总结归纳、在计算中如何形式化表达、如何教会计算机运用这些知识，这些都是困难问题。

第二，汉语本身的特点所致的困难。有着几千年文明史的中华民族使用的汉语是当今世界上三大通用语言之一，是最丰富、最优美、最简明、最发达的语言之一，也是联合国工作语言之一。但是，用计算机进行处理和理解时，困难要比印欧语系的英语、俄语等大得多。对于这个问题我有过专门研究，在这儿就不详细叙述了。

第三，汉语语言学研究起步晚，落后美欧很多年。最主要还是汉语语言学的研究缺乏从整体角度看汉语结构和规律，甚至有的语言学家一生只研究一个"打"字句、"把"字句、"被"字句。特别是能供计算机利用的语言学知识原来几乎没有研究过。

第四，中文信息处理起步时举步维艰。美欧等发达国家的计算语言学研究是在国家部门资助下有充足的研究经费，其队伍可观、梯队合理、学术交流频繁。而国内计算语言学研究起步是在资金短缺、设备落后条件下由少数中老年教师或研究人员带着研究生进行分散性研究（有的甚至是单枪匹马、步履蹒跚）的。后来在学会

的组织和倡导下进行，特别是在"七五"攻关项目和"八五"攻关项目以及"863"高技术计划支持下才大有改观，此是后话。

第五，中文信息处理研究遇上强大的竞争对手。记得曾有篇文章提到：各国到中国纷纷成立研究机构[富士通中国研究中心、微软中国研究院、IBM中国研究中心、英特尔中国研究中心、东芝（中国）开发研究中心、NEC等]，想抢占中国中文信息处理技术的制高点。它们采用各种办法：购买技术、挖走人才。这些公司研究经费雄厚、研究力量强大。

虽然困难重重，但是汉语是我国的国语，中文信息处理技术应该是我国的优势和特长，是可以与国外诸公司争夺市场的资本。如果中文信息处理的技术和产品让国外公司占主导地位的话，则不仅是我国的经济损失，也是我国的政治损失，甚至连国家的安全也要受影响。那样的话将会是我国计算机界和语言学界的奇耻大辱，是国之奇耻大辱。

研究汉语自然语言理解、机器翻译（亦即研究计算语言学），意义重大，与国计民生、国家政治、经济、军事、安全息息相关，刻不容缓。研究中文信息处理技术和产品，是我们责无旁贷的责任。为与微软、IBM、富士通等国外大公司争夺中文信息处理的制高点、话语权，为了国家政治、经济、军事的发展需要和安全，我愿意与中文信息处理结下一生不解的缘分，把中文信息处理作为自己一生的事业，成为中国与国外争夺中文信息处理的领导权和主导权的一个小兵乃至干将。

四、研究工作与专委会工作两不误

像中文信息处理这样的领域需研究的课题很多，填补空白的机会也越多。研究的趣味性越强，开拓性、奠基性也越强，我对它的兴趣也越大。

上一部分谈到中文信息处理、汉语自然语言理解、汉语机器翻译的研究困难时，还没谈到另外一个困难，就是我对研究主体——汉语了解得不够，需要我从头学习。我带着学生们到北京各个大书店收集、购买汉语、日语、英语的各种书籍论文集，例如，有关汉语的字、音、词汇、汉语词组（短语）、句型、语义、语用、语境、篇章段落、成语、同义词、虚词知识等方面的书，日语的教科书、词典、惯用型、日语动词词典、日词缩略语词典、日语地名词典、英汉意念分类词典，等等。一边研究一边恶补汉语知识和日语、英语知识，一边恶补一边还得总结归纳这3种语言的规律和特点。

清华紧挨着中关村，中关村的国外大公司和国内公司吸引着我们的本科生、研究生们去打工赚钱，学生就没心思在研究课题上。为此我想法承接了台湾"中央研究院"的一个研究员的项目"智能型拼音—汉字自动转换专家系统"作转换规则（词汇、句法、语义知识一体表达）的总结归纳和大规模语料转换实验等工作以提高自动转换的准确率。每月给研究生、本科生按工作量发补贴，让他们安心搞自己的研究课题。

无论是"七五"国家科技攻关项目、"八五"国家科技攻关项目、国家社科"九五"重大项目、国家"973"重点基础研究发展规划项目、"863"高科技项目、国家自然科学基金项目，也无论是军用项目、民用项目还是国际合作项目，我都认真花大力气去做好。我对中文信息处理的研究涉猎计算机汉语专用人机接口、汉语通用人机接口、智能型拼音—汉字自动转换专家系统、日汉机器翻译系统、日语自动分词系统、现代汉语语义知识库（含4个机器词典）、现代汉语语义分类体系、智能信息检索、智能信息抽取、文本分类、自动文摘系统、自动问答系统、中文搜索引擎等方面的研究。

我在中文信息处理的研究中，既注重实用又注意创新和理论探索。例如，在日汉机器翻译系统设计实现时，我提出一种多种翻译处理策略、多种语言模型综合表达、系统结构多 Agent 结构的机器翻译方法，采用基于配价模式、格语法和语义分类的混合模型方法、基于实例的翻译方法、基于断段分析翻译方法进行研究。"断段分析翻译方法"最初是由孙国钦在《速成科技日语》一书中作为一种我们人类速成学习方法提出来的，其核心思想是利用日语中助词、助动词的语法功能，把日语长句子、复杂句子切分成若干小段，然后进行分段分析和生成，亦即化难为易地进行翻译。受其思想启发，我曾长时间一直冥思苦想在日汉机器翻译中如何化用之。考虑日语是黏着语，主要靠黏着在独立词后面的附属词来决定独立词在句中的地位和语法功能以及句子的结构和意义，所以附属词在日语句子中起着关键的作用。我设计了一系列的助词、助动词等附属词的机器词典，再化作用人的断段分析日语的步骤，先基于接续词词典扫描一遍句子寻出句子的断点，再对各小段根据格助词、助动词一一分析其句法功能、相应的译词、在句子中的语序（位置）等生成译文，即用算法程序逐一实现之。断段分析法面向日语的长句、复杂句子与新句式，做到了化难为易、化繁为简，为提高日汉机器翻译系统的开放性和鲁棒性探索出了一条新路子。

汉语是语义型语言，语义因素对汉语理解的影响更重要。众所周知，机器词典的规模和质量是决定一个计算机汉语语言处理系统成败的关键。我是研究汉语机器理解要用语义知识的最早倡导者之一，并且也是汉语语义知识库（机器词典）的较早研究者和设计者之一。我提出汉语语义知识表示的一种研究思路，即对汉语述语动词、述语形容词从格框架角度用论旨网格方法描述其词法、句法、语义、语用知识；对汉语名词的定语从槽关系角度以槽关系为主，以语类、语序为辅，用槽关系联想表达式（槽关系和槽序的表达式）来描写复杂定语与被修饰的中心名词的语义关系；对名词还从语义场角度（即义类角度）描写上下位语义关系和语义特征。基于此，我对汉语名词槽关系这一国内外较少研究的领域进行了大胆、有益、有效的探索。专家一致评价：我们定义的70个槽类型可算是首创，确立的以名词为中心、以语义关系描述为主、句法关系为辅的槽关系描述方法，填补了汉语名词多项定语的语义信息的空白。我们将用论旨网格描述的动词格框架关系，与用槽关系描述作为论旨角色内部的语义关系兼与名词语义分类的上下位关系有机结合起来，为中文信息处理提供丰富的句法、语义、语用知识。专家认为该项研究既是理论研究又是语言工程。我们据此研究，联合中国人民大学的语言工作者花费了好多年时间共同研制成功一个信息处理用的现代汉语语义知识库。这个语义知识库已用在我的日汉机器翻译系统（限于计算机和IT技术领域的日汉机器翻译系统）上，用于翻译日语句子和日语的新闻，这足以证明作为信息处理的语言资源它是有用的、有效的，而且，它作为语言资源的一个产品，可提供给有些同人用于研究上。

我对中文信息处理研究的热情自始至终未曾减退，不管是白天晚上、平时周末、寒假暑假都不敢躲懒，也不敢稍有停歇。除了全力以赴投入研究工作，我还投入很多精力在计算语言学专委会的日常事务和学术会议上。因为中文信息处理事业、计算事业、计算语言学研究进展需要计算机学界和汉语语言学界的专家、研究人员的共同努力。我们清华大学计算机系自然语言理解小组一直是我国中文信息处理研究计算语言学研究的领头羊、中流砥柱和重要的研究队伍。我们对计算语言学、中文信息处理的贡献还体现在早期对国内外的联系沟通、对国内计算机学界与汉语语言学学界的沟通联合作了倡导和大量的具体组织工作。我们积极发挥计算语言学专委会跨学科的桥梁作用，组织引导大家从事长期的、有计划的基础研究工作，共同承担自然科学基金或"九五"社科重大项目。一个重要的大事是筹备组织学术交流会议。1987年至1990年召开的学术会，使两个学界开始相互逐步了解，语言学工作者的观念开始更新，两个学界开始合作。从1991年开始，召开中国中文信息学会、中国计算机学会、中国人工智能学会、北京市语言学会4个学会联合学术会议JSCL（后改为CNCCL，简称CCL），每两年召开一次，从2013年开始每年举办一次。JSCL作为国内自然语言处理专家社团组织中国中文信息学会CIPS的旗舰会议，经过30多年的发展历程，已形成十分广泛的学术影响，成为国内自然语言处理领域权威性最高、口碑最好、规模最大（2016年注册参会人数超过600人）、在国际上也有影响的学术会议，为研讨和传播计算语言学最新的学术和技术成果提供了高水平的深入交流平台。有时我们也会承办一些国际会议。可每次筹备组织JSCL学术会议的工作量是巨大的：一是会议经费拉赞助的问题。二是会议论文征稿、审稿、论文集出版问题。会议论文征稿通知拟写后打印200~500张，因中国电子邮件到很晚时间才普及，征稿通知盖章后必须填写地址贴上邮票粘在信封上从邮局寄送走。收到论文后，要复印多份供程序委员会成员评审，合审后造表格，发录取/不录取通知，以及正式稿件论文格式要求和样板，再从邮局寄送。最大的工作量还在对收到的正式论文的格式审查，有的人几次都达不到出版要求。最后就是论文集目录编写等出版事宜。三是会议议程、日程表拟写。若在外地开会则还得组织人将印出的论文集随身运送到会议地点，因论文集出版时间紧，邮寄既怕运输中丢失，又怕时间赶不上。若会议在北京召开，则还有代表的火车票、机票预订、会议餐饮、住宿、会场确定、会场服务的组织问题。所有这些杂事我都不嫌麻烦，心甘情愿去干好。

五、癌魔也不能动摇我对中文信息处理研究的坚持

我一向身体很棒，平时从不进校医院，系里同事有时开玩笑说我的身体在系里是 Number One。但在1996年夏季小学期给计算机系本科生上"人工智能语言程序设计"时，突然自查出乳房上有个小疙瘩，1996年10月医生先按良性做手术。手术时作病理检查，结果确定是恶性的，一下子似晴天霹雳击中了我，但麻醉气雾的面罩扣上我，我什么都不知道了。待我手术后醒来，麻药已过时了，大面积伤口痛得我咬紧了牙。医生说痛得受不了可以打止痛针，我问止痛针有什么副作用，答曰可能对脑子有妨碍。我想我不到50岁，我还得给学生上课，我还得进行中文信息处理的研究，不打了，继续咬牙忍住。最艰难的还是化疗对我身体的摧残和打击：化疗时我上吐下泻，化疗后头发一把一把地掉，连眉毛都掉没了。浑身疼痛，活下去真难。但我想到两个女儿尚年幼，父亲不在世而母亲70多岁尚须供养，老伴中年不能没有伴，最主要的是我舍不得我未完成的中文信息处理的那些设想、那些研究，那些是我研究的心血，那些是我的责任在肩，那些也是我的兴趣在心。想到这些，我有牵挂就有动力。我必须活下去，我要战胜癌魔，我要让身体逐步强健起来。

化疗期间正是我提出的多种翻译处理策略、多种语言模型综合表达、多个 Agent 结构的日汉机器翻译方法中的"断段分析翻译方法"研究关键时刻，我头天打完化疗针回到家，第二天就去找女研究生讨论研究。这期间也正是全国第四届计算语言学联合学术会议 JSCL-97 即将在北京清华大学举行，因而要筹备会议各种事项。我咬牙克服化疗对身体造成的极大残害和强烈不适，从会议拉赞助、征稿通知寄送、组织审稿和合审、录取通知寄送、正式稿件格式审查、论文目录编写、会议日程表拟定、会场、住宿地查看等事务都亲力亲为，而征稿通知、录取通知的盖章，

写信封贴邮票等则是我二女儿帮助做的。这期间,我白血球降至1000多(几乎没有免疫能力),当时又正值寒冬腊月,一个感冒就可以要了我的小命。但为了中文信息处理的研究,为了计算语言学联合学术会议能胜利召开,我外穿着大棉猴、头戴着帽子大围巾,不惧严寒跑东跑西,硬是战胜了癌魔对我的残害,我与人工智能中文信息处理结下一生不解的缘分。JSCL-97如期顺利召开,并圆满闭幕。

六、奋斗50年,不虚度此生

我毕业后奋斗了50年,虽不敢说硕果累累,也算得上小有成就。

在教学上,我曾先后担任过大学本科生"高等数学""复变函数""矢量分析和场论""数理逻辑"等课程的小课、习题课和辅导;担任过本科生"LISP语言""人工智能语言程序设计"的课程讲授;担任过全校研究生"人工智能"教学工作;担任过远程教育研究生"人工智能"的网上课件制作和课程讲授,有一年这门课程听课的研究生竟达1400人之多。先后指导过50多名本科生的毕业设计专题和1名博士生论文、20多名硕士生论文。

在科研上,特别是在中文信息处理方面的研究工作上,小有成就。参加"七五"国家科技攻关项目两项,一项"计算机汉语通用接口"获机电部重大成果奖,第二项和南京大学共同完成的"日汉机器翻译系统"获机电部重大成果奖和国家教委1991年度科技进步乙类二等奖(排名第二)。1991年获国家"七五"科技攻关有突

1990年,陈群秀在"七五"攻关项目鉴定会上答辩

出成绩科技人员奖励。担任"八五"国家科技攻关项目"军用文电理解技术及支撑环境"子项目"可移植性高的汉语通用人机接口"负责人,也是国家自然科学基金"现代汉语述语动词机器词典的研究与建立"项目负责人,此项目的成果已成为国内外公司购买的产品及资源,并获得1997年度北京市科技进步三等奖。担任社科"九五"重大项目"信息处理用现代汉语词汇研究"子课题"现代汉语述语动词机器词典的扩充和槽关系研究"的项目负责人,也是"973"项目子项目、"863"项目子项目负责人。先后参加多项国际合作项目,是国际合作项目"限于计算机和工厂技术领域的日汉机器翻译系统"的负责人,该系统卖给日本富士施乐公司。曾在国内、国际学术会议上或在一级学会的学报或杂志上发表过100多篇论文。还有7本译著或主编文集,有6个软件著作权登记。曾被中国中文信息学会评为学会先进工作者。

我能在中国中文信息学会领导下参与中文信息处理研究的一些开拓性研究,见证中文信息处理研究的发展和壮大的全过程,并且为中文信息处理研究贡献出自己的力量和心血,与人工智能中文信息处理结下一生不解的缘分,我为此感到骄傲和自豪。

经过我国大批学者、科研人员的艰苦努力,中文信息处理的研究已经取得了大量的重要突破和进展。我原来专委会秘书长的工作已由后起之秀刘洋接过去,计算语言学专委会现在更加发展壮大了。中文信息处理研究前途是光明的、远大的,但困难是巨大的,道路也是艰辛的,中文信息处理需要更多的人花费很长时间(也许需要几代人甚至几十代人)刻苦研究反复探索。我始终关心、关注着中文信息处理的每一步进展。

2021年10月

周立柱，男，1947年生，江苏连云港人。教授。1965年考入清华大学自动控制系，1970年毕业留校工作。1980年赴加拿大留学，获得多伦多大学计算机科学硕士学位，1984年回国在清华计算机系任教，2012年退休。在职期间曾任清华大学计算机科学与技术系主任、清华大学信息学院学术委员会主任、青海大学计算机技术与应用系主任、北京计算机学会理事长、中国计算机学会数据库专委会主任等职。

支援西部教育那些年

周立柱　自控系 1965 级　自 002

我在清华 50 年的职业生涯中有一段非常重要的经历，那就是 2006 年受命前往青海大学创建计算机系。这是清华大学对口支援青海大学工作中的一个重要举措，是我走进祖国西部，为西部计算机教育的发展作出贡献的一次机遇。

那是 2006 年秋，时任清华校党委书记的陈希同志给我布置了前往青海大学工作的任务。工作目标很明确，那就是组建新的青海大学计算机系，填补当时青海大学信息学科上的空白，从而促使青海大学学科布局全面发展。接受这一任务的除了我以外，还有清华计算机系的黄维通老师。根据清华大学、青海大学两校领导的安排，由我担任首任系主任，集中精力抓好青海大学计算机系的建立与发展的全局性工作，黄维通担任系常务副主任，常驻青海，负责系里的日常工作与管理。

当我们接受这一任务时，手里可用的资源是半栋四层的教学楼，还有负责全校计算机公共基础教学课程的 10 余名教师，以及青海大学网络中心（含信息中心职能）、青海大学电教中心、青海大学计算机开放实验室的教辅和管理人员。要建立一个崭新的计算机系，这样的基础显然远远不够。然而我们的身后有青海省政府的支持，有清华大学、青海大学两校领导做后盾，有全社会对西部建设的支援，我和黄维通都坚信一定能克服困难，完成任务。

一、挂牌建系，确立办系方向

经过几个月的调研和准备，2007 年 3 月 6 日，我们在青海大学召开了建系的筹备会议。当时所面临的急迫任务是：5 月份正式挂牌成立计算机系，7 月份完成"一本"招生工作，8 月底第一届新生入学，其间还需要做好计算机基础教学和校园公共服务体系的评估。针对这些工作我们作了些安排。而更重要的是在这次会议上大家对青海大学计算机系今后的长远发展统一了思想：一是准确地把握住建系定位和专业方向；二是建设一支合格的教师队伍；三是要有一个好的领导班子；四是要建设好计算机专业教学的实验基地。这一认识成为了我们日后建系工作的指导原则。

在建系和专业方向定位方面，我们进行了认真的分析。2006 年，全国共有 700

余所院校设有计算机专业,青海大学计算机系作为最新成立的后来者向哪个方向发展,是关系到将来能否生存和办好的首要问题。在回答这一问题时,我们没有盲目地抄作业,而是为青海大学计算机系确定了"面向青海省经济建设主战场,培养应用型信息化人才,服务于青海省的建设与发展,支持青海大学其他学科发展"的主导方向。

为了体现这一方向,我们将系的正式名称定为"青海大学计算机技术与应用系"。明确了青海大学的计算机学科发展着重在计算机的应用技术、而不是计算机科学与技术的基础研究,它的学生培养目标要具备良好的计算机应用技术素质和能力,要成为本地区和我国的工业产业及社会信息化建设的人才。

2007年5月28日,青海大学计算机技术与应用系正式挂牌成立。青海大学校园内红旗招展,一派欢乐景象。青海省政府有关领导、清华大学党委书记陈希、青海大学党委书记乔正孝在系馆前为我们系揭牌并致辞。

2007年5月28日,青海大学计算机技术与应用系成立仪式举行。左起:青海大学校长陈强、青海大学计算机技术与应用系首任系主任周立柱、清华大学信息学院院长孙家广、清华大学计算机系教授吴文虎、清华大学副校长岑章志

二、突出实践,形成办学特色

在办学定位确定后,我们制定了面向应用、具有自己特色的本科生培养方案。除公共基础课外,还设立了专业必修课、选修课及实践课,培养计划采用"3+1"

的模式。即用3年的时间全部学完专业课及专业基础课，用1年的时间进行实践环节的训练，其中，半年时间在本系创建的实训基地进行项目设计实践，最后一个学期到社会上进行实习训练，完成毕业设计。在课程设置方面我们调整、增加了"系统管理与维护""Web开发技术"等新的技术类课程。这样的培养方案在学生的培养定位、课程体系、实践教学等方面体现了青海大学计算机技术与应用系的办学特色，在和其他高校计算机院系的交流中也得到了充分的肯定。

在制定培养方案和教学计划的同时，我们紧抓计算机专业教学实验基地的建设。通过多渠道（教育部和青海省）筹集经费和清华在设备方面的援助，以及国内外企业的赞助，青海大学计算机技术与应用系陆续建立了计算机硬件技术与应用实验室、软件技术与应用实验室、多媒体技术与应用实验室、网络技术与应用实验室、信息安全实验室、信息技术实训中心。这些实验室配置了先进的软硬件，制定了管理制度，并配有管理人员。这一先进的实验教学基地与我们的专业培养方案相得益彰，有力地支持了专业课程的建设和学生的实践，突出了青海大学计算机系面向技术与应用、强调实践的办学特色。

三、依托清华，培养教师队伍

在建系过程中遇到的最大困难是师资队伍问题，这一矛盾在建系一开始就显现出来。5月份刚刚成立的计算机系必须为即将入学的新生准备好一系列课程，而其中的关键是要配备好讲课教师。青海大学计算机系教师队伍的班底就是计算机公共基础课教学的10余名老师，无论是在教师数量还是在专业教学的内容和水平上要满足教学的要求都十分困难。为了解决这个矛盾，我们采取了一系列措施，而清华则是这些措施的坚强后盾。

为了克服前述困难，我们决定在教学计划中专业基础课和专业课的第一轮授课都从清华请老师来讲授。而青海大学计算机系为每门课程配备一位教师从头至尾承担教学辅导，和清华的老师组成一个教学小组，在辅导过程中掌握和吃透课程教学内容与试验，为下一轮自己登台授课做好准备，这是他们的硬任务。通过这样一加一、边学边干的方法，既能保证教学任务的完成，又能在这一过程中培养青海大学计算机系自身的教师队伍。

在以上办法的实施中我们根据4年的教学计划列出了一张专业基础课和专业课的清单，然后按图索骥，从清华计算机系、软件学院、学校信息化技术中心先后邀请了20余位老师来青海大学讲授清单里的课程。这些老师把清华重教学的光荣传统带到了西部高原，他们的敬业精神和教学水平在青海大学计算机系树起了一个标杆，为青海大学计算机系师资队伍的培养作出了大贡献。

在邀请清华老师来青海大学讲课的同时，我们也抓紧招聘新教师的工作，我和黄维通亲自跑到西安、成都等地参加高校毕业生招聘会，物色愿意来青海大学计算机系工作的人选。由于受到西部地区经济条件的限制，我们能够招聘到的基本上都是计算机或相关专业的硕士毕业生。对于这些进入青海大学的年轻教师系里采用多种方式对他们进行培养和提高，包括单科进修、专题培训、到内地高校访问进修、选派到清华等高校攻读在职博士学位，等等。通过这些方式逐步缓解师资队伍紧缺的矛盾，并从整体上提高了教师队伍的专业水平。

建系第二年的2008年秋，在清华大学对口支援青海大学的大形势鼓舞下，在导师胡事民的鼓励下，刚毕业拿到学位的清华计算机系博士靳力、王晓英伉俪自愿来到青海投身西部地区的开发和建设。热爱教育的王晓英选择了我们对口支援的青海大学计算机系工作，成为系里第一位具有计算机专业博士学位的青年教师，给青海大学计算机系教师队伍的建设带来了一股春风。王晓英来到青海大学后立即全身心地投入到教学和科研中，在系里发挥了核心和骨干作用，并在不久承担起了系副主任的工作，成为青海大学计算机系年轻的学术带头人。今天，王晓英已经走上了青海大学副校长的领导岗位，成为年轻人扎根西部、献身教育事业的榜样。

四、以人为本，建设好的学风

学校的一切工作都是为了培养学生，而在培养学生中非常重要的是要树立起一个良好的学风。如果没有这一条，我们为系里建设所做的一切都将事倍功半，甚至化为乌有。因此，从建系开始我们就把学风建设放在了突出的地位。在这方面黄维通和王晓英做了很多有成效的工作，这里略举几例：（1）建立"系领导（学生工作组长）－辅导员－班主任－学生干部"为一体的完整的学生工作队伍，使学生工作落到实处；（2）加强思想教育，包括经常组织"青海省抗震救灾先进事迹报告会"这样的主题教育活动，积极发展学生党员，开展心理咨询等；（3）积极组织学生进行课外交流和科技活动，参加暑期社会实践；（4）组织以学习目标、人生态度、学习方法、自强自立等为主题的师生座谈会，交流学习经验；（5）开展丰富多彩的课余生活，构建和谐团结的班集体，包括寝室文化建设活动、参赛"红歌会""祖国万岁"歌咏比赛、举办计算机系首届卡拉OK大赛，等等。

通过以上工作，在青海大学计算机系逐步树立起了"努力学习，积极向上，团结友爱"的好学风。学生是学风建设的最终受益者。2011年秋，青海大学计算机技术与应用系的第一届学生35人毕业。他们当中的5人考取或被推荐为清华和

青海大学计算机系学生课余活动，托旗者为黄维通老师

浙大的研究生，一名同学考上了南方航空公司的飞机驾驶员，其余同学也都在企业或政府部门等机构找到了工作。这样的结果让我们每一位老师都十分兴奋。因为它客观上说明了我们的办学思路是正确的，其中就包含良好的学风建设这一重要因素。

五、多方携手，助力西部五校

国家支援西部的战略部署、教育部对口支援西部高校的计划产生了巨大的社会影响，这为我们支援西部提供了难得的机遇和资源。抓住这些机遇和资源，就能让支援西部高校计算机教育从青海大学走向更多的西部高校。对于这一点我有切身的经历和体会。

2011年清华建校100周年。年初，谷歌公司中国大学合作部的朱爱民来清华计算机系访问，希望能在建校百年之际和清华合作，做件有意义的事。时任系主任的孙茂松向他介绍了我们对口援建青海大学计算机系的情况，推荐他找我细谈。于是，我和朱爱民经过一番畅谈拟定了一个支持青海大学等西部五校计算机教育的项目——"清华携手Google助力西部教育"。项目的基本框架是：由清华牵头组织和管理，谷歌提供经费，为期3年，面向青海大学、新疆大学、宁夏大学、云南大学、贵州大学的计算机院系，在教师队伍建设、课程建设和大学生培养等方面提供务实的支持。项目立即得到了清华与谷歌双方领导的支持和批准。时任清华校党委副书记的陈旭同志亲自给青海大学、新疆大学、宁夏大学、云南大学、贵州大学领导打电话,邀请它们加入项目,得到了这五所高校的热烈响应。

2011年4月14日,"清华大学携手Google助力西部教育"项目签约仪式在清华大学隆重举行。清华大学党委副书记陈旭、清华大学校务委员会副主任岑章志、青海大学副校长俞红贤、新疆大学副校长努尔夏提·朱马西、贵州大学副校长金道超、宁夏大学副校长王燕昌、云南大学副校长武建国、Google中国工程研究院总经理杨文洛博士等相关人士出席了项目签约仪式。

"清华大学携手Google助力西部教育"项目签约仪式

从2011年至2014年,项目的实施取得了很好的效果,使西部五校受益匪浅。3年中,项目投入数百万元,开展了如下工作:(1)为五校的青年教师设立励教金,鼓励他们为西部建设作贡献,3年共有30人获得;(2)为五校学生设立励志助学金,支持家境困难和学习优秀的学生,3年共有75人获得;(3)支持了15门精品课的建设;(4)支持了35个大学生课外科技项目,包括两次现场项目比赛;(5)资助了30余名教师参加学术会议,发表论文36篇;(6)开办了7期多个领域的新技术师资培训班,共220人次参加;(7)资助了28位专家赴西部五校讲学。以上内容中有些比如师资培训还辐射到五校以外的其他西部高校,扩大了项目的受益面。这些对一线教学的支持,为提高西部高校计算机专业的办学水平作出了实实在在的贡献。

2013年12月，随着中国计算机学会（CCF）、上海交通大学、复旦大学的加入，支持西部教育项目的队伍得到扩大，也增添了新的可用资源。为此，项目名称更改为"西部计算机教育提升计划"，在内容上略作调整，计划为期3年，清华仍然作为项目的牵头和管理单位。2013年12月16日，项目在清华举行了签约和启动仪式，出席仪式的有清华、谷歌、中国计算机学会、青海大学、新疆大学、宁夏大学、贵州大学等各方领导。

"清华大学携手Google助力西部教育"从2014年至2016年共执行了3年。除了谷歌一如既往的支持，中国计算机学会也为计划作出了宝贵的贡献。包括每年全额资助每个学校一个优秀大学生参加中国计算机大会；每年资助（全额或部分）西部五校的教师或研究生参加中国计算机大会；派专家到西部五校演讲，给西部五校留出免费名额参加学科前沿讲习班等。此外，上海交通大学和复旦大学也贡献了它们的力量，承担了承办西部院校大学生科创项目比赛及现场评比等活动的安排和组织。"西部计算机教育提升计划"项目于2016年圆满结束。

六、结语

如今，与2007年建系初期相比，14年来，青海大学计算机技术与应用系已发生了很大的变化。从建系初期每年只招收1个班35名学生，到现在的每年招收4个班150名学生；从没有硕士点和研究生，到硕士点的建立和每年招收30余名硕士；从无科研项目和零经费，到累计获批国家基金项目、青海省科技厅项目18项，每年数百万科研经费进账；从最初只有6名专业课教师，到今天44人的专业教师队伍（教授、副教授19人，8人持有博士学位）；这些都从一个侧面折射出青海大学计算机技术与应用系的可喜进步。

然而，与国内其他高校的同类院校相比，青海大学计算机技术与应用系还有相当的差距，对口支援青海大学还将继续。从2007年至2020年，清华已连续选派了4位教师担任青海大学计算机技术与应用系主任的职务，包括我、黄维通、史元春，还有陈文光。在任期间我参与筹划并组织实施了"清华携手Google助力西部教育"项目，2012年从青海大学卸任后又筹划了"西部计算机教育提升计划"项目并参与实施。从2006年接受对口支援西部教育的使命算起，到2016年"西部计算机教育提升计划"项目圆满收官，正好10年。这10年能参与支援西部教育并贡献自己的力量，至今回忆起来仍然十分激动。

2021年8月

郑纬民，男，1946年生，浙江宁波人。教授，中国工程院院士。1965年考入清华大学自动控制系，1970年毕业留校。长期从事高性能计算机体系结构、并行算法和系统研究。曾获国家科技进步一等奖1项、二等奖2项、国家技术发明二等奖1项，以及何梁何利科技进步奖，ACM在计算应用方面的Gordon Bell奖，首届中国存储终身成就奖。

从"新工人"到中国工程院院士

郑纬民　自控系 1965 级 自 002

1965 年我考入清华大学自动控制系，1970 年毕业时留校当了"新工人"。留校后我去过工厂，去过农场。改革开放后，"新工人"变成教师，从助教、讲师、副教授、教授，一直到博士生导师。1979 年我读了硕士研究生。1985 年和 1989 年先后前往美国、英国从事分布操作系统与函数语言编译研究。回国后聚焦计算机并行/分布处理研究，并率先在高性能存储领域深耕发力。毕业后我除出国进修外没有离开过清华大学，一直在基层工作，是一个普通教师，最大的官是曾任计算机系高性能计算研究所所长。2012 年，通过民选我担任中国计算机学会理事长。2019 年，当选为中国工程院院士。下面说说 50 多年来的三点体会。

一、做好科研和教学本职工作

我的本职工作是科研和教学。在科研方面我的体会是，坚持做国家急需的科研项目。20 世纪 90 年代，高性能计算机方面出现了一种新的类型，叫集群系统，相对于 MPP、SMP，这种结构的难度和成本相对低一点。国家急需这种结构的高性能计算机，我们是国内最早开展集群系统研究的单位，我们做了由工作站组成的集群系统，做了由 pc 组成的集群系统，解决了集群系统中很多关键问题。我们做的集群系统用在北京市庆祝国庆 50 周年活动天气保障系统上，也因这一贡献，立了二等功。

20 年前，国际上出现了网络存储系统，这种系统上的数据可以共享，可扩展性也好，广泛应用于银行、审计、公安等部门。国外公司技术垄断，价格非常昂贵。国家急需这种网络存储器，经过技术攻关，我们做出具有自主知识产权的国内第一台网络存储系统，广泛应用于审计、公安、石油等单位，并使得国外存储厂家的价格降了很多很多。我们的集群系统和网络存储系统获国家科技进步二等奖。

在科研方面，我的另一个体会是要做世界一流水平的科研工作。我在存储系统扩展性、可靠性和集约性等公认的科学问题和工程技术方面取得了国内外同行认可的创造性成果，推动了存储领域的科技进步。在"863"计划的支持下，国内率先研制出具有自主知识产权的清华海量网络存储系统，应用于多项国家重大工程并发挥了重要作用，极大推动了网络存储技术的普及、发展和应用。该系统在整体技术上达到了国际先进水平。2011年我们第一次在国际高性能计算领域顶级会议FAST（USENIX Conference on File and Storage Technologies）上发表文章，这是中国大陆学者独立完成的首篇FAST论文。而今，FAST会议每年甄选的20篇文章中几乎都有中国学者的身影，2021年，我们团队在FAST上发表3篇论文。我发表在存储领域顶级期刊 *ACM TOS* 上的论文，是中国大陆学者首次在该刊发表的论文。

在"973"和"863"计划支持下，研制出支持多单位共用的通用存储容灾系统，广泛应用在审计、电信、教育、安全等行业及部门，支撑了数十个城市的应急系统工程和国家某信息安全绝密工程。推动了灾备技术国家工程实验室的建设，成功引领了国内外存储容灾的实施标准和方案规范。

我在国际上率先研制出既支持个人用户又支持社区用户共享的高可用云存储系统。美国的Cloudbook网站将其作为特色（featured）教育科研云服务平台收录，这是唯一来自中国的系统。鉴定委员会认为：总体达到国际先进水平。在跨数据中心的数据一致性维护、网络数据聚散RPC机制、基于社区的数据共享管控机制等方面达到国际领先水平。

当地时间2016年11月17日，在美国盐湖城召开的全球超级计算大会（SC2016）上，"千万核可扩展大气动力学全隐式模拟"联合成果获得"戈登·贝尔"奖，实现了该奖创办30年来我国在此大奖上零的突破。2017年，清华团队再次借助"神威·太湖之光"超级计算机，成功设计实现了高可扩展性的非线性地震模拟工具，实现了对唐山大地震发生过程的高分辨率精确模拟，再次斩获"戈登·贝尔"奖。我们团队两次"捧杯"。

我们团队在国际上首次实现了基于32＋16纠删码的高可靠自维护存储系统TStor。已大批量生产并在气象、电力、遥感、新能源等行业获得应用，提高了可靠性，降低了运维成本。

最近，我们团队又做了一件事，把分布式存储系统装在高性能计算机上，参加2020年和2021年国际IO500的比赛，IO500主要测试计算机系统读写文件的性能。如果得了好名次，表示你的系统输入输出性能好。参加比赛的都是国际有名的公司，例如，Intel公司、美国国家实验室、欧洲有名的大学。2020年，我们国家第一次获得了冠军，2021年又获第一名。我们为什么能得冠军？主要功劳是我们做了一个分布式文件系统MadFS。这个文件系统完全自主可控，性能做得非常好，我们IO500比赛的成绩达到3.6万多分，是第2名的20多倍，在国际上引起轰动。

2020年，我们团队在《自然》上发表我国第一篇以清华大学计算机系作为第一完成单位的论文《一种类脑计算系统层次结构》，首次提出"类脑计算完备性"（也称为"神经形态完备性")概念,提出了一种有潜力打破冯·诺伊曼瓶颈并推动下一波计算机工程的计算模型和架构。这项成果不仅实现了国内在计算机体系结构领域《自然》论文零的突破,也填补了类脑计算系统完备性理论与相应系统层次结构方面的空白,有利于自主掌握新型计算机系统核心技术。

"十三五"期间,我的团队坚持"面向世界科技前沿、面向经济主战场、面向国家重大需求",在高性能计算机系统结构、计算机系统软件、计算机存储系统,以及高性能算法与应用方面取得了一系列重要成果。

在科研方面,我的第三个体会是要促进我国民族产业的发展。我经常对年轻人和学生说:"做对国民经济有用的事",现在很多人觉得多发论文最重要,不是说这些没有价值,而是真正作研究,要能让理论落地,不能在纸上空比画。做事,还是得务实一些。我们用实实在在的技术突破、践行着我们的承诺。

我们的核心技术转让给内蒙古和林格尔公司、同方公司、华为公司、中兴公司、浪潮公司、百度公司、阿里云、阿尔山公司,近几年转让费达 14 698.52 万元。

转让给同方公司的 Tstor 存储系统可替代多副本存储系统,在国家网络与信息安全管理中心、招商银行、中国电信、中国民航等单位发挥了重要作用。浪潮公司反映,清华大学的网络存储虚拟化系统与云存储关键技术提高了浪潮存储系统产品核心竞争力,保障了国家重要行业数据的安全与可靠。近3年,浪潮存储系统销售额年复合增长率超过 60%,我们为此作出了一定的贡献。华为公司说技术应用于与华为公司联合研制的 PB 级海量高端存储系统,实现了我国存储高端产业由技术依赖型向自主创新的跨越,技术指标优异,达到业内领先水平,推动了华为公司在存储应用与服务领域的领先地位和互联网的发展。中兴通讯公司告诉我们,清华大学研制的存储系统扩展方法在提高中兴通讯存储系统产品核心竞争力方面,起到了关键性推动作用。中兴存

2014年在中国计算机学会年会上作为学会理事长发言

储系统销售额的年复合增长率在30%以上,到2016年,中兴存储系统总的销售额超过6亿元人民币。我为国家存储产业的发展作出了实实在在的贡献。

在教学方面,"计算机系统结构"这门课贯穿了我的整个教学生涯,课程的课件和教案每年都更新,讲授的内容始终走在领域前沿。已编写和出版计算机系统结构领域的教材近10本。上课要有激情和幽默,把复杂的知识点讲得清楚明白,让学生都听得懂、感兴趣,许多学生因为听了我的课,对计算机系统产生强烈的探索兴趣。如今,我培养的很多学生也站在了大学的讲台上,或幽默或通俗地为同学们讲授计算机的基础理论和前沿知识。我被评为北京市优秀教师、北京市教学名师。我主讲的"计算机系统结构"课程被评为国家精品课,主讲的"高等计算机系统结构"研究生课程被评为学校精品课。我已培养博士52名,硕士72名。

给学生讲课

"郑老师上课非常有激情,也很幽默,他总能把复杂的知识点讲得清楚明白,让学生都听得懂、感兴趣。"从本科起就跟着我做科研的计算机系教授陈文光,至今还记得近20年前我上课时打过的比方:"郑老师将初期的大型向量计算机比作'象群',将集群计算机中的小芯片群比作'蚁群',非常形象。""不自觉中,我平时上课也会跟郑老师一样,多举一些通俗易懂的例子,课堂氛围也相对轻松活跃。"陈文光说。当时慕名来听课的还有许多外系和外校的学生。

我们给学生讲课,至少在课堂上要让他明白70%,剩下30%有兴趣的可以再去学习研究。学生连课都听不懂,怎么可能对科研感兴趣?我至今还在全国各地讲课,从计算机系统结构讲到并行计算,再到区块链技术,一如既往地深入浅出。但凡开课,一座难求。

我向来鼓励学生作交叉研究。搜狗公司 CEO 王小川曾是我的硕士生，在读期间他突发奇想，提出想借助计算机作基因拼接计算。当时整个团队仍以并行处理的研究为主，这一想法看起来有些格格不入，但我却非常鼓励，并告诉他："基因很复杂，如果你要做这个题，你得先去把生物专业的基础书读透。"在我的鼓励和指导下，王小川立即做起了自己当时最感兴趣的研究，最终他研制出高水平的基因拼接软件系统。

我极为信任学生。高性能计算研究所现任所长薛巍副教授是清华电机系的博士生，常来计算机系实验室作运算处理。我看这个小伙子很勤奋，连周末都没日没夜地在作研究，就跟他说可以来我们组作科研，于是他就来了。恰逢计算机系与地学系合作天气预报研究项目，而薛巍本科阶段在电机系和环境系拿到了双学士学位，学习背景与这一项目非常契合，我就直接让他负责这一项目，并要求他"把气象学本科生教材全部学一遍"。一边做一边学，而今的薛巍已然是天候预报行业的青年精英。

有人问我起迄今为止最自豪的成就时，我没有丝毫犹豫，我的答案既不是评上院士，也不是拿下什么奖项，而是"我培养的学生们都很优秀"！

二、培养年轻人，建立创新团队

举几个例子说明我是如何培养年轻人和建立一个特别能战斗的团队的。

第一个例子是 20 多年前，学校要支持 CPU 研究，成立了 CPU 研究中心，我担任主任。我极力推荐年轻人汪东升为技术负责人，建立了一个有四五十个人的研究队伍，我只负责协调校外、校内和系里的力量，所有技术上的事由他负责，让他干，支持他。最后流片成功了，我们研制的 CPU 是当时在国内工作频率最高的 CPU。通过这个项目，汪东升成长起来，我们的团队也成长起来。

我再举一个例子，我极力推荐当时还是副教授的舒继武作为"863"项目中经费最多的项目负责人，研制网络存储系统，整个团队有四五十个人，大家一起攻关，每天加班加点，不怕困难，有硬件有软件，确实很难，很多是我们从来没做过的。最后成功了，填补了国内的空白，包括审计署、石油单位、教育系统、公安系统等单位都用了我们的系统，迫使国外同类产品价格大大降价。这个项目最重要的成果是培养了年轻人，成长了我们这个团队。

20 多年前，我们曾经参加教育部的 Chinagrid 项目，这个项目有 12 所大学近 50 人在清华大学集中研发，我让年轻人武永卫作为整个项目的总工程师，他协调 12 个学校，近 50 名年轻人一起搞研发，最后开发出一个在世界上都有名气的网格平台，项目成功了，年轻人武永卫也成长起来了，在国内有一定的影响力。

我们组年轻老师都成长起来了。杨广文曾任"863"专家组专家，现在担任无锡超算中心主任，连续两年获"戈登·贝尔"奖，为高性能计算机的应用作出了很大的贡献；舒继武是杰青、长江学者，曾任"863"专家组专家，在存储领域很有名气；陈文光是杰青，曾担任青海大学计算机系主任，是系统软件和系统领域有名的青年学者；武永卫是万人计划入选者，担任系副主任，在分布处理方面很有成就；张悠慧是教育部长江学者，在类脑计算方面已有名气；张广艳是杰青，在新型存储器件方面取得了很好研究成果；翟季冬是优青，他带领大学生参加高性能计算比赛，是国际上获奖次数最多的团队。在 2021 国际大学生超级计算机竞赛（ISC2021）上，由清华大学计算机系组建的清华大学学生超算团队再次夺得总决赛冠军，这是清华大学在三大国际大学生超算竞赛中获得的第 14 个冠军，翟季冬是教练；陆游游获国家基金委优青，他在新型存储系统方面取得了很突出的研究成果。

我总跟学生们说："做计算机系统结构方面的研究，要做好吃苦的准备。"每天工作十几个小时是组里师生的常态，短期内论文产出也不高，急功近利者几乎不敢踏入这个领域。我一直鼓励学生沉下心去作研究，"我们要做实事，才能成事业"。

总之，我们这支队伍是一个能打仗的国内外有一定名气的创新团队。

当摩尔定律的理论极限走到尽头的时候，中国的信息技术研究将何去何从？当计算机体系结构未来 10 年迎来黄金发展期的时候，中国的信息技术研究将何去何从？当因为国内信息技术基础设施建立在国外公司研制的基础芯片之上，而被别人在核心关键技术上"卡脖子"的时候，中国的信息技术研究将何去何从？对于这一系列的何去何从，我的研究团队坚守计算机科学初心，以实际行动给出了自己的答案。

2021 年是我国"十四五"开局之年，国内经济社会发展进入新常态，国家深入实施创新驱动发展战略，迎来了前所未有的机遇期，以芯片和操作系统为代表的基础硬件与软件将获得国家政策的大力支持，引发新一轮自主可控基础硬件与软件技术研发浪潮。新一代超级计算系统将成为促进科技创新的重大算力基础设施，全新计算机架构蓄势待发。但是，计算机技术的基础核心不自主、生态系统不可控、计算机系统核心软硬件的"卡脖子"问题，依然如同"达摩克利斯之剑"悬在我们头上。同时，随着摩尔定律逐步逼近理论极限，依赖工艺进步提升计算机效能的传统发展路径也不再有效。那么，如何才能解决在关键技术和系统上受制于人的问题，打破传统技术发展的壁垒呢？我坚定地说："科研自立自强。一是要敢于去作科研，面对困难不退缩，迎难而上，想办法去做；二是要做拥有自己知识产权、自主可控的东西。"

为了解决新兴应用需求与现有技术能力间的矛盾，直击计算机体系结构这一关键"卡脖子"技术，我的团队在由发展路径多样性而带来的体系结构基础创新的重大契机面前，切准了"十四五"的发展脉搏，即"在 E 级高性能计算机系统技术已有成果基础上，以计算机体系结构基础创新为核心，开展包括通用处理器、操作系统等基础软硬件，以及存储、数据处理、高性能计算等共性关键系统在内的计算机体系结构全链研究，突破自主性、高效能、安全性等方面的挑战，掌握核心技术，解决'卡脖子'问题"。统筹布局以通用处理器为核心的计算系统研发和以新型计算范式为基础的下一代系统研究，突破计算系统全链的系列核心技术，并发展出新型计算完备性理论与相应体系结构，引领计算系统关键领域的创新。同时，优化和提升教师队伍结构，引进国际知名专家，组建擅长产出系统性大成果的"高端教研"+"高端工程"团队。

"创新靠单打独斗是不行的，一个大的工程、研究都需要有一个团队，需要每一个人都有团队精神。"在计算机体系结构发展的黄金 10 年，成立强有力的科研实体，团结一批志同道合的研究人员，联合国内相关领域的龙头企业与研究部门，通过重大应用牵引，协同创新、合作，构建我国自主可控的计算机系统生态环境。我比较有信心，几年以后我们会更好！

三、为祖国健康工作 50 年

在清华读书时，蒋南翔校长提出的口号"为祖国健康工作五十年"响彻校园的各个角落，至今仍是清华人对国家的承诺。我始终记得这个承诺，从 1970 年开始工作到现在整整 51 年了，很骄傲地说，我已经践行了为祖国健康工作 50 年。2014 年我退休了，但我还是每天来实验室，特别是最近几年，早晨是第一个到实验室的人，很多个周末也在实验室度过，退休后仍然铆足干劲，为祖国的计算机事业奋力工作。在团队师生的印象里，我永远精力充沛，早上 8 点就来到实验室，中午吃完饭接着工作，项目组的教学科研进展我了如指掌，时不时还要各地出差、参加会议、主持讲座。年轻教师翟季东看到我退休后工作还这么拼，直言道："老师比我们还拼，做学生的哪敢不努力！"我现在身体还可以，争取再干几年。

1965 年进清华大学读书，1970 年毕业留校，2014 年退休。身份从学生、"新工人"、教授到院士。感谢清华大学，感谢老师，感谢我的大学同班同学，感谢我的同事和学生。

2021 年 8 月

孙哲，男，1945年生，河北香河人。研究员。1964年考入清华大学工程物理系，1970年毕业后留校。先后从事科研、教学、管理、党务以及校友工作。历任清华大学教务处教学研究科科长、党委宣传部副部长、清华园街道办事处主任、清华园街道党委书记等职。2007—2015年任清华校友总会《清华校友通讯》主编，曾主编《清华校友总会史料选编》《春风化雨——百名校友忆清华》等。

一个"新工人"的足迹

孙　哲　工物系 1964 级 物 02

1966 年"文化大革命"爆发，全国高校停止招生，教学秩序遭到严重破坏，造成师资青黄不接的严重局面，这是清华百年历史长河中的一段特殊时期。1964 年入学的 0 字班和 1965 年入学的 00 字班于 1970 年 3 月同时毕业，统称 1970 届，是"文革"前入学的最后一届毕业生，800 多人留校工作，被称为"新工人"。

说是清华大学毕业，实际上 0 字班和 00 字班分别只上了两年和一年。虽说"新工人"是"后天失调"，但"先天充足"，他们经过严格的高考选拔，又经过清华大学基础课阶段的严格训练，再经过清华"行胜于言"务实精神的熏陶，留校以后在干中学，学中干，步履坚实，逐渐地，讲师、副教授、教授、教学名师、国家科技奖获得者、院士、国家重点实验室主任、系主任、各部处长、副校长、校长……像雨后春笋般地从清华园这片沃土冒出。800 多名"新工人"没有辜负老一辈清华人的希望，在极端困难的情况下接班，奋力前行，"211""985"，教学、科研、管理与改革，清华一直保持着全国高校的领先地位，为改革开放新时期清华的快速发展奠定了基础。到了 2020 年大部分"新工人"已经退休，从 1970 年毕业至 2020 年正好 50 年。

下面是我经历的几个小故事。

一、我这 50 年与"8"结缘

我 1964 年考入清华大学工程物理系，1970 年 3 月毕业留校分配到试验化工厂（200 号）工作。我在清华的工作涵盖科研、教学、管理、党务、政府、校友工作等领域，而且与"8"结缘，基本以 8 年为一段。

第一个 8 年（1970 年至 1978 年），在"200 号"做科研工作。

第二个 8 年（1978 年至 1986 年），在物理系做教学工作。

第三个 8 年（1986 年至 1994 年），在教务处做教学管理工作。

第四个 8 年（1994 年至 2002 年），在党委宣传部做党务工作。

2002 年至 2006 年，在清华园街道办事处工作，先后担任街道办事处主任、党委书记，属于政府工作。

2007年，经原党办主任白永毅举荐，到清华校友总会工作，担任《清华校友通讯》主编，直到2015年，这是校友工作，又是一个8年，这是第五个8年。从主编岗位退下来继续返聘至今。这段时间虽已逾耳顺之年，但精气神尚足，还能拼一气，收获颇丰。2011年母校百年华诞，我主编出版了《春风化雨——百名校友忆清华》，2013年清华校友总会成立百年，我又主编出版了《清华校友总会史料选编》，另外，作为主要撰稿人，我还参与了15集大型电视专题片《大同爱跻 祖国以光》的摄制工作。2016年以后就比较轻松了，参与校史研究室组织的校友访谈工作，审阅《清华校友通讯》稿件等。2018年接到一个新任务，编写《清华校友总会时间简史》，献礼校庆110周年，经过两年的努力，到2020年年底已完成30万字书稿。至此，实现了蒋南翔校长"为祖国健康工作50年"的号召。

二、从制图课不及格到制图课教师

我还清楚地记得，入学清华大学的第一堂课是1964年9月7日上午在一教101上的"画法几何及工程画"大课，沈力虎先生讲授。沈先生个头不高，慈眉善目，和蔼可亲，讲起课来慢条斯理，条理清楚。在课堂上，大家全神贯注，跟着先生的思路如饥似渴地汲取新知识。但是很惭愧，由于我空间想象力差，学习不得法，期末考试不及格。这真是"奇耻大辱"。从小学到中学，从北京四中杀到清华工物系，几百门课程，可谓披荆斩棘，过五关斩六将，居然栽在了制图课上，而且全年级5个班150人只有2人不及格，鄙人就是其中之一。当然开学后补考算是勉强通过了。

毕业后第一个8年在200号工作。200号真是个神奇的地方，这里似乎工人和工程技术人员界限很模糊，说是搞科研、搞设计，实际上很多设计和加工是和工人一起干的，理论联系实际在200号从来不是挂在口头上的空话，简直就是日常工作的全部。我在200号参与了国家重大专项820工程热室和电随动机械手的设计工作，整天和图纸打交道，还当过钳工，当过金工间的技术员和调度。当时提倡和工人阶级画等号，"新工人"的称谓对于我们太贴切了，我们不就是懂设计的新型工人吗？

200号这8年最值得回味的是我还当过一年的工农兵学员机械制图课教师。1970年清华大学招收工农兵，我和杨富老师组成教学组负责200号工农兵学员的机械制图教学。200号的学员有好几位是我国核工业战线的英雄、劳模，但文化程度不高。我们是带着深厚的"阶级感情"教学的，师生关系融洽，没有"师道尊严"的隔阂。虽然我的制图课学得不好，但是我教出的学生都很优秀，没有一个不及格。究其原因大概是我在大学学的书本知识在工作中得到应用，加深了对知识的理解；

也可能是由于对自己当初没有学好这门课有了切身的体会，改进了教学的方式方法；当然也可能是工人师傅虽然文化水平不高，但是实践多，空间想象力强，理解得快。但我想，学员刻苦认真地学、教师手把手地教是最根本的原因。

三、第一个讲大课

1978年，学校恢复基础课建制，为响应学校"支援基础课"的号召，1978年4月我到物理教研组（后并到物理系）从事教学工作，开启第二个8年。先后做陆家和、董文达、高炳坤、张三慧老师的任课辅导教师。

1983年7月我晋升为讲师。我记得晋升职称的英语笔试是翻译一段热学的英文专著，考得很顺利，受到阅卷老师、物理系元老张孔时先生的偏爱，他说不用任何修改，已达到可以直接出版的水平（大意）。

我经过试讲，在物理系"新工人"中第一个登上大课讲台，1983年秋季学期为土木系、水利系1982级本科生讲授"普通物理"电磁学，大课排在一教102大教室。1984年春季学期又为电机系1983级本科生讲授电磁学。刚刚跨过讲大课这个坎，更大的挑战又来了。

1985年春季学期，张三慧教授进行教学改革，用美国原版教材为物理系1984级本科生开设物理课。张三慧教授是大学物理界的教学权威，享有很高的声望，他主编的《大学物理学》在国内有很大影响，很多大学都使用张先生的教材。说来也巧，张先生还是我的大学恩师，当年工物系0字班的普通物理就是张先生教的。张先生邀请我做他的任课辅导教师，既辅导物理，又辅导英语，还要求用英语讲辅导课，这是一个很大的挑战。我也是初生牛犊不怕虎，又是恩师的厚爱，我不假思索地把这个任务接了下来。

要完成这个任务有两大难点，第一点是我的英语底子薄，只能借助字典阅读专业书籍，是哑巴英语。我还清楚地记得，在三教小教室为物44班用英语上第一节辅导课时的情形：经过长时间的充分准备，虽然谈不上紧张，但是比学生还不如的蹩脚口语，不知道学生有何感觉。好歹都是中国人说英语，又有师道尊严，学生也没有计较什么。有人说张先生讲课是河南味的英语，不知道我的英语是什么味的。第二点是我的物理知识底子薄。虽然上大学时工物系在全校物理课要求是非常高的，尽管在完成教学任务的同时又修研、恶补了"分析力学""统计力学""量子力学""电动力学"四大力学和"非线性光学"等课程，但是离物理专业的物理还差得比较远，离做物理教师对知识的要求就差得更远了。张先生讲授力学和相对论。力学还好，相对论过去没学过，现在要辅导相对论，只能一边学一边教，现买现卖。以其昏昏，岂能使人昭昭？后来张先生说，大课用中文讲相对论学生都很难听懂，辅导课就改用汉语吧，这才把我解放了。后来张先生中途出国，我接替张先生为物理系学生讲振动和波以及分子物理学等部分大课。

四、我为母校赢得一个奖项

1985年年底，教务处副处长张孟威到物理系调研，在一个座谈会上，我谈了对课程改革的一些看法，会后张孟威找我谈话说，教务处主要负责全校基础课教学，高等数学和普通物理是两门全校性量大、面广的课程，数学课已经有老师在教务处工作，物理课还没有，希望你到教务处教学研究科工作。我答应了。1986年1月，我到教务处报到，这是第三个8年的开始。

据说教学研究科是1952年院系调整、全面学苏时成立的，蒋南翔校长钦点全校又红又专的典型吕应中担任教学研究科首任科长。我心中沾沾自喜，深感工作之重要，我能胜任吗？教研科共有3个人，科长是袁德宁老师，我任副科长，还有一位是蒋南翔校长都尊称为"先生"的德高望重的老职员郑晏，老太太是清华有名的老模范。袁德宁晋升为教务处副处长后，我升任教学研究科科长。

在教研科，袁德宁老师负责本科生培养方案和教学计划的研究制定，我负责本科生因材施教和大专生培养方案与教学计划的制定。清华学生藏龙卧虎，课程虽重，但仍有不少学生"吃不饱"，学有余力，学校实施因材施教，为他们搭建释放能量的舞台。当时教务处主管3项因材施教项目：以培养拔尖人才为目标的校级优秀生制度、以培养复合型人才为目标的双学位制度和以培养动手能力为目标的大学生二级工制度。我负责校级优秀生和双学位两个项目，大学生二级工项目由实践教学科和代科长负责。校级优秀生和双学位制度受到学生的普遍欢迎。我参与制定了《校级优秀生选拔与培养工作条例》，提出选拔人才应不拘一格，注重考查学生的创造能力；在培养方面，对校级优秀生实行导师制，单独制定了培养计划，倡导尽早参加科研。一年后，在二教会议室召开了校级优秀生学习经验交流会，涌现出一批出类拔萃的人才和实用科技成果。张孝文校长参会，会后张校长对我说，有这么多优秀生，我心里就踏实了。当年无线电系的胡雪、李劲，化工系的余龙文等都是校级优秀生。学校在充分的社会调查基础上，确定在机—电、工程—环保、工科—管理、理（工）—中文（外语）之间设置双学位，培养适应社会需要的"复合型人才"。"春江水暖鸭先知"，学生早就意识到知识面的扩展对将来就业的影响，双学位的报名异常踊跃，竞争激烈。校级优秀生、双学位和大学生二级工3项因材施教制度取得了良好的培养效果。

1990年国家教委举行全国首届教育科学优秀成果评选，清华大学教育研究所李卓宝老师和江丕权老师建议以这3项因材施教项目参加评选，报奖成果的题目是"大面积、多层次、多规格开展因材施教（报告）"。我是报告的主持者和主要撰稿人。1990年4月10日，这项成果获国家教委"全国首届教育科学优秀成果评选"一等奖，为母校赢得了荣誉。

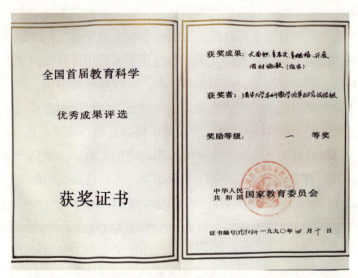

"大面积、多层次、多规格开展因材施教（报告）"成果
获国家教委"全国首届教育科学优秀成果评选"一等奖

五、"绿色通道"的由来

1994年5月底，时任教务长兼教务处处长的吴敏生（焊00班）在工字厅西院教研科门口见到我说："我的同学让你去帮忙。"这个同学就是他的大学同班同学庄丽君，时任党委宣传部部长。我以为"七一"临近，宣传部工作忙，我去临时帮忙，没想到这是正式的工作调动。就这样，我从工字厅西院教务处到东院宣传部上班，开启了第四个8年。在有些人看来，这么重要的工作调动简单得令人不可思议，但是，这正是清华人"听话、出活"的真实体现。

宣传部的领导班子由庄丽君、孙茂新和我3人组成，庄丽君任部长，孙茂新任副部长，负责思政教育，我是负责对外宣传的副部长。宣传部这8年，班子团结，齐心协力，思政、外宣方方面面都取得了很好的成绩。这8年，紧张而有序，很多事情至今仍然历历在目：既有夜以继日，克服人手紧缺，出色打赢校庆90周年宣传工作的阵地战；也经历了寝食难安、度日如年的"刘海洋事件"（2002年1月我校电机系学生刘海洋在北京动物园用硫酸泼熊事件）的遭遇战……一个事件接一个事件，一场战斗接一场战斗，一个成功接一个成功，光大了清华的声誉，捍卫了学校的合法权益。

（一）第一笔稿费和第一部专题录像片

刚到宣传部就接到一个任务。中宣部约稿，要求撰写一篇全面报道清华大学进行教育改革的文章。学校把任务下达到宣传部，宣传部把任务交给我。我也是"初生牛犊不怕虎"，欣然接受了。我综合查阅了学校人才培养、科学研究、后勤改革等方面的材料，撰写了一篇很长的文章。当时还不流行用计算机打字，稿纸就用了几十页。写好后，领导审阅了，请示领导署名，老领导张绪潭说，你写的就署你的名吧，我就斗胆署上自己的名字，然后发到中宣部，文章的题目是《清华大学在改革中阔步前进》。到了1994年年底，我收到了稿酬通知，吓了一跳，388元！我喜出望外，要知道我当时的工资只有578元（副高级的工资）。我到西单中宣部宣教局领了稿费，同时，中宣部宣教局还赠送我一套共7本精装版的《民族振兴之路》（中共中央宣传部办公厅编，学习出版社出版，1994年11月）。看了全书目录才知道，这是报道全国各个领域改革成就的一套丛书，教育领域只选了清华大学的这篇文章。

1994年年底，清华大学"211工程"可行性论证会在主楼接待厅举行，会上播放了介绍清华大学人才培养、学科建设等方面的专题录像片《我们的奋斗目标》，这部专题片是梁尤能副校长（"211工程"领导小组副组长）下达给宣传部的任务。此片片长45分钟，解说词由本人撰稿、负责制作，电教中心配合，一次成功，得到梁尤能副校长的充分肯定。宣传部的8年，每年校庆电视专题片都是由本人撰稿录制完成的。

（二）老校歌是这样唱起来的

《清华学校校歌》于19世纪20年代诞生以来，清华在各个时期创作出不少校歌，但传唱至今仍然保持强大生命力的却只有这首《清华学校校歌》，习惯上称为老校歌。新中国成立以后招收的清华学生唱老校歌并不普遍，校训"自强不息，厚德载物"也遭受同样的冷遇。记得1964年我入学时听说清华校训，对"自强不息"还能勉强理解，而对"厚德载物"则是一头雾水，连基本含义都不知道。2001年，在清华大学校庆90周年前夕的一个校机关新年联欢会上（大约是2000年年底），宣传部出的节目是小合唱《清华学校校歌》，令人耳目一新。那时我们对歌词还不熟悉，每个人手里拿着写有校歌歌词的提示夹。此后，宣传部向学校建议恢复校歌和校训，得到学校领导的认可，老校歌就这样唱起来了。后来徐葆耕教授和宣传部的孙茂新发表了清华大学校训和老校歌歌词的解释，为老校歌的普及、对校训的深刻理解作了很好的铺垫。2014年10月《清华大学章程》正式发布,把《清华学校校歌》确定为清华大学校歌,唱校歌成为清华重要活动中的必要环节。

(三)"绿色通道"的由来

宣传部主管的外宣实际上是对校外宣传,当时主要是国内宣传,国外宣传的局面尚未广泛开展。改革开放新时期,清华大学是高校新闻的"富矿",是教育教学改革信息的源头,但是最初宣传工作不理想。清华的传统是崇尚实干,不尚空谈,常常是先做后说,只做不说,对宣传工作不够重视,加之清华没有新闻系,文科系正在恢复之中,清华出身的新闻记者不多,所以清华的宣传工作远不及邻居,平时邻居见诸报端的消息比我们多了不少。

如何改变局面?我的办法就是以勤补拙,做到"三勤"。口勤,和记者多交流;手勤,撰写新闻稿,为新闻界提供更多素材;腿勤,事必躬亲,记者来校亲自陪同,随时解答记者提出的各种问题,为记者来访创造方便条件。做到了"三勤",广交了新闻界朋友,慢慢地摸出了一些门道。我的周围有二三十位"铁哥(姐)们",新华社的王呈选、《光明日报》的宋晓梦、《中国教育报》的姜乃强、北京电视台的吴义祥……招之即来,都是我的座上宾。至今我还记得62786293这个电话号码,这是我办公室的传真机,这条"热线"把我和新闻界的朋友连在一起,千百条清华新闻通过它传到全国社会各界。20多年过去了,这部电话机至今存在,见到它格外亲切。在这期间,每天在京主要新闻媒体中都有五六条清华的消息,清华的外宣工作有了很大改观。

成功的宣传越来越多了,"绿色通道"是一个典型的成功案例。

2005年,教育部、国家发改委、财政部规定各公办全日制普通高等学校都必须建立"绿色通道"制度,即对被录取的家庭经济困难的新生学校一律先办理入学手续,然后再根据核实后的情况,分别采取不同办法予以资助。从此,"绿色通道"成为全国高校的制度。年轻人可能不知道,"绿色通道"的发祥地是清华大学,早在1998年清华大学就建立了"绿色通道"。

1998年夏,长江、松花江、嫩江流域发生特大洪灾,突如其来的灾难给新生,特别是家庭经济困难的新生入学带来很大困难。新生入学前夕,学校专门召开了学生部、教务处、宣传部等有关部门负责人参加的协调会,研究帮助家庭经济困难的新生顺利入学的措施,我作为宣传部负责人出席协调会。清华对家庭经济困难的学生在帮扶方面有着优良的传统,新中国成立以后一直走在全国高校的前列,所以帮助家庭经济困难的学生顺利入学都是轻车熟路,很容易就落实了。最后,协调会讨论宣传工作,大家一致同意采用"绿色通道"的比喻,家庭经济困难的新生进"绿色通道",一切困难都可以解决了。

"绿色通道"口号响亮,令人耳目一新。我亲自撰写新闻稿,借机宣传清华对社会的庄严承诺"决不让一个勤奋和有才华的学生因为家庭经济困难而辍学",宣传清华精心构建的"奖、助、贷、勤、补"等多种形式的资助体系。广泛联络新华社、中央电视台和北京电视台,《人民日报》《中国教育报》《北京日报》《北京青年报》各主要新闻媒体来校采访,全方位报道,取得了良好的宣传效果。

"绿色通道"是通过我宣传出去的,大家都以为绿色通道是我的创意,实际上是时任副教务长的企001班陈刚在协调会上最先提出"绿色通道"的创意的。

六、一条虫和三条龙的合影

清华园流传着两句话,"留校一条虫,出去一条龙""今日我以清华为荣,明日清华以我为荣"。

2011年百年校庆之际在人民大会堂合影。
左起:郑元芳、顾逸东、孙哲、李武皋

这是10年前的一张照片。2021年是清华大学建校110周年,10年前的2011年4月24日,庆祝清华大学建校100周年大会在北京人民大会堂隆重举行。会前,胡锦涛等党和国家领导人与校友代表合影，我荣幸地参加了合影。合影前，巧遇工物系同年级的 3 位同学，格外亲切，蓬铁权学长为我们留下了这张宝贵的照片。

照片从左至右为，物 04 班郑元芳、物 03 班顾逸东、物 02 班孙哲、物 05 班李武皋。我们 4 位于 1964 年考入清华大学工程物理系，我们年级共有 5 个班，除了物 01 班，正好一班一个"代表"。

照片中，只有我留校工作，工作平庸，可以说是一条典型的"虫"，其他 3 位出校同学成就卓著，光彩照人，都是"龙"的级别，正应了"留校一条虫，出去一条龙"那句话。

物 03 班顾逸东：中国科学院院士，我国高空科学气球领域的开拓者和奠基者，载人航天工程应用系统总指挥、总设计师。

物 04 班郑元芳：赴美留学获博士学位，曾任俄亥俄州立大学电气和计算机工程系教授、系主任。19 世纪 80 年代，发明美国第一台双腿行走智能机器人，获得美国里根总统青年研究员奖，并成为 IEEE Fellow（国际电气与电子工程师协会会士）。2004 年，郑元芳教授回国担任上海交通大学电子信息与电气工程学院院长，把自己在国外世界一流大学从事管理的经验带回国，推动我国世界一流大学建设是他最大的愿望。

物 05 班李武皋：毕业后任教于解放军电子工程学院，后考入清华大学无线电系获博士学位，调至总参工作，多次荣获国家、军队高等级科技进步奖，副军职专职干部，少将军衔。

龙也好，虫也罢，我们都是奋斗者，我们都为国家的发展、民族的复兴作出了自己的贡献。我们没有辜负清华的培养，昨日我们以清华为荣，今天母校一定会以我们 1970 届的学生为荣。

国家有 4 个自信，清华也有自信，正如老学长季羡林先生所说"清华要干的事没有干不成的"。每个清华人也有自信，那就是"I can."我们不是什么都懂，但是，清华人从来不说不能干，因为我们有母校给我们的"猎枪"，不但听话出活，而且出好活，无往而不胜！"新工人"的经历就说明了这一切。

2021 年 1 月

李子奈，男，1946年生，江苏阜宁人。教授。1964年考入清华大学工程物理系，1970年毕业后留校，在清华试验化工厂（现为核研院）工作。1986年始任教于经济管理学院，计量经济学专家。曾担任经济管理学院副院长、经济系主任及中国经济研究中心联执主任等职。享受国务院政府特殊津贴。

我的退休庆贺会

李子奈 工物系 1964 级 物 03

一、缘起

我于 2012 年 4 月初正式办理退休手续，4 月 14 日，一部分已经毕业的学生相聚清华甲所，为我举办了一场隆重而热烈的退休庆贺会。

举办退休庆贺会的动议是我提出的。以前每逢教师节或我的生日，学生们总会提出聚会的建议，我都谢绝了。到了 2011 年 11 月，因为我即将退休，又逢 65 周岁生日，他们正式开始筹备聚会，我难以再次拒绝，于是提出将聚会推迟到正式退休之时。庆贺退休，一是有点新意，不落俗套；二是一生只有一次，不会造成连锁效应。

从心里讲，我也认为退休值得庆贺，但要满足 3 个条件，即对自己的职业生涯是满意的、退休时还保持身体健康、对退休后的生活充满信心。在 3 个条件中，第一个是最主要的，而我自己认为是基本满足的。

能够在清华当一名教师，我感到十分满足。我出生于农村，知道农民最希望子女成为两种人：干部和教师。按他们的说法，"崇拜干部，因为他们有权；崇拜教师，因为他们教孩子学好。"而我以为，前者是过眼烟云，后者则流芳千古。"教孩子学好"，是老百姓对教师的最高奖赏，加之自己从小学到大学，一直受到老师的悉心教导和关怀，心存感恩之心，所以教师一直是我心仪的职业。"文革"中作为一名在校学生，我也参加过很多次批判会，也曾批判"资产阶级反动路线"，但是，我没有在任何一次批判老师个人的会议上发言，更没有任何对老师不礼貌的举动。1981 年夏天，我研究生毕业，曾经被安排到当时的国家计委经济预测中心协助工作，直至 1983 年年底。可能是因为我的工作得到了认可，1982 年年底的一天，中心负责人找我谈话，说他们准备将我正式调过去，"作为处级骨干"，已经得到计委党组同意。我没有任何犹豫地表示，我还是喜欢学校的环境，喜欢当一名教师。

我感到更加满足的是，我自认为是一名合格的教师。

作为清华大学新时期经济学科发展的组织者之一，我于 1990 年至 2005 年担任经济系主任期间,先后作为主要学术带头人,在学校和学院的支持下,与经济系同事们一起,在经济学门类中从我们具有优势并且有良好发展前景的二级学科"数量经济学"入手,申请并获批建立了清华大学第一个经济学硕士点、博士点、国家重点学科点和"应用经济学"一级学科博士学位授权点,完成了清华大学经济学系列学科点布局,为清华经济学科发展和经济学人才培养作出了奠基性的贡献。

作为我国计量经济学课程建设和教学的先行者之一,我于1998年在教育部委托项目的研究报告中,正式提出了将计量经济学课程列入经济学类专业核心课程的建议,后受教育部经济学学科教学指导委员会委托,于2000年完成了核心课程计量经济学的教学基本要求和教材的编著。从1986年起,我主要讲授"计量经济学""高等计量经济学"等课程。1992年编写出版的《计量经济学——方法与应用》,是国内较早的计量经济学教科书,获得国家教委优秀教材一等奖;2000年出版的《计量经济学》,被教育部选作"国家级规划教材""面向21世纪课程教材"和"高等学校经济学类核心课程教材",并于2005年、2010年与合作者一起出版了第2版、

李子奈的计量经济学著作

第 3 版；2000 年与合作者一起编写出版的《高等计量经济学》，作为国家"九五"重点教材，是国内学者编著的第一本计量经济学高级课程教科书，并于 2012 年出版了新版《高级应用计量经济学》；"计量经济学"和"高等计量经济学"课程分别成为经管学院第一门本科生和研究生校级精品课程，"计量经济学"课程于 2003 年被评为北京市第一批精品课程，2004 年被评为国家级精品课程，成为全国第一门计量经济学国家级精品课程。

    我也是国内最早开展计量经济学理论研究的学者之一，并在该领域起到了重要的推动作用。我主持完成了国家社会科学基金重点项目"计量经济学模型方法论基础研究"和教育部人文社会科学重点研究基地重大项目"非经典计量经济学理论与方法研究"，使我成为国内在该两个研究领域率先开展立项研究的一位学者，研究成果对于计量经济学理论发展和应用研究具有重要的指导意义。作为中国大陆第一次参加世界计量经济学会学术会议的学者之一，我于 1987 年参加了在东京召开的世界计量经济学会远东会议并发表论文。我独立或与合作者一起发表于高水平学术期刊的论文百余篇；出版了《计量经济学模型方法论》等专著。由于我在数量经济学领域的学术水平和影响，曾长期担任中国数量经济学会副理事长、学术委员会副主任和高等院校专门委员会主任。完成的研究项目和发表的论著曾获得多项教育部、北京市和国家级奖项，以及被认为是中国经济学最高奖的"孙冶方经济科学奖"。

    在平凡的教师岗位上，我将责任牢记在心，教学高于一切，为学先为人，教书也育人，深受学生的欢迎和尊敬。曾先后获得清华大学、北京市和教育部的多

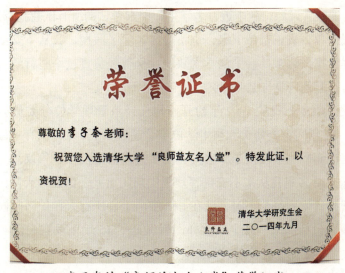

李子奈的"良师益友名人堂"荣誉证书

项称号和奖励。指导研究生近百人，其中博士生 34 人；作为研究生学习和成长的"帮助者"，在第一届至第八届"清华大学良师益友"评选中 6 次当选，并于 2008 年获得清华大学研究生"良师益友"评选 10 周年纪念奖。记得在那次颁奖会上，主持人将我们 3 位纪念奖获得者请上大礼堂主席台进行采访，其中有建筑学院秦佑国老师和航空航天学院朱克勤老师。关于获奖感想，我说：我获得过很多奖项，有领导授予的，有专家评定的，但我最看中的是"良师益友"奖，因为它是学生选出来的。

这样看来，在退休之际，接受学生们的祝贺，即使让他们从全国各地，甚至从海外专程赶来，也算不上过分。

二、寄语

学生们在筹备我的退休庆贺会的同时，还建议印一本小册子，记录一些大家想说的话，算是一个纪念，多少年后拿出来看看，也会感到欣慰，书名就是《李子奈退休庆贺文集》。我没有反对，并应邀写下一篇短文《退休寄语：不管大事小事，但求全心全意》。在短文中，我写下了如下的几段话：

"从 1970 年毕业留校工作起，几十年时间，做了不少事情。最令我感到满意的、值得在退休时向同学们炫耀的是以下两件，尽管它们没有给任何人留下记忆，甚至也会出乎大家的意料，但是在我心中却把它们看作记录和丰碑。

"一是关于教学。我始终坚持'一切都要给教学让路'，我每个学期都上课，而且每学年都为本科生上课。进入经管学院 26 年，讲了近百个课程，从来没有因为任何原因停课或者调课。教了近万名学生，期末考试的所有试卷我都是亲自批改。这些看上去很简单，真正坚持下来，也不容易。除了假期，我从不安排长时间的出国和出差；尽管担任许多社会上的学术兼职，也曾经负责过一些行政工作，各种会议和活动很多，但是只要与上课冲突，我首先保证上课。

"二是关于服务。我从 1997 年初开始担任经济管理学位分委员会主席，直至 2011 年年底。15 年间审查博士和硕士学位申请超过 1.2 万人，没有一位研究生是因为我的工作失误而影响学位授予，也没有发生过任何学位授予争议。为了不耽误学生的论文答辩，10 多年我从来不安排答辩集中期间出差，保证每天都在学校；而且将我的时间安排具体到每个小时，贴在办公室门上，所有人在任何时候都知道在哪里可以找到我，包括周末和晚上。这样，就保证了 15 年来没有一位学生因为找不到分委员会主席签字而变更答辩时间。

"不管大事小事，但求全心全意，也是我对同学们的期望。也许在清华杰出校友的名录中没有你们的名字,但你们会是曾经的老师心中永远的骄傲!"

《退休寄语》中讲的两件事情,并不是我的临时起意,而是取自我在 2011 年两次会议上的发言。一次是 6 月 30 日建党 90 周年前夕,中央领导视察清华时召开的座谈会,我作为老教师、老党员代表发言,主题是"教师党员如何创先争优";一次是 12 月 9 日学校学位委员会的换届大会,我作为离职的分委员会主席发言,主题是"如何才能做好分委员会主席"。

没有想到的是,整整 9 年之后,这篇短文又派上了用场。今年(2021 年)春季,为迎接建校 110 周年,学生在班级举办学习"清华精神"的主题团日活动,邀请我参加。我带上了《退休庆贺文集》,向同学们介绍了我的《退休寄语》。我说:"关于清华精神,并没有一个明确的、统一的描述,不同的人会有不同的解释,与他的价值取向、经历,甚至性格有关。我对清华精神的理解,或者说清华对我最大的影响,就是一句话:不管大事小事,但求全心全意。"

三、演讲

作为退休庆贺会的一项重要内容,我应邀作了一场即席演讲。这也许是我对学生们的最后一次公开讲话,我选择了我的人生体验作为主题,即"知进退,懂取舍,有自知之明",并通过我职业生涯中经历的几个事件加以说明。

我毕业留校的前 10 多年,一直在 200 号(即后来的核能技术研究院)工作,尽管从事的具体工作比较杂,但还是能够和反应堆工程挂上钩。我的硕士论文题目就是当时设计的球床高温气冷试验堆在失冷失压事故下的堆芯温度场计算,后来还作为清华大学科学报告正式发表,所以我也可以说是一个有专业的人。1986 年我从 200 号调到经管学院,已经接近 40 周岁,因此经常有学生问我,怎么敢于放弃已经从事多年的专业转到一个全新的专业?我的回答总是一句话,"是一个自然的转变过程,而不是特意地去追求。"这当然是事实,但是更重要的是,我对这次转专业充满信心。

20 世纪 80 年代初,邓小平同志提出"到本世纪末,争取工农业总产值翻两番",当时国家计委成立了一个经济预测中心,首要的工作就是对未来 20 年的经济作一个全面预测和分析。但中心成立后没有足够的人员,于是我在 1981 年研究生毕业后,就和其他几位同志一起被借调到国家计委从事经济预测工作,做的具体工作就是研究 2000 年工农业总产值翻两番需要多少能源?作预测自然要涉及用什么方法,于是我们就学习了国外的经济预测方法,其中包括计量经济学模型方法。这项能源预测工作取得了很好的成果,后来还获得国家科技进步奖。这一段工作实践,使我对自己有了新的认识，即以前的物理学训练以及良好的数学基础，对从事经济数量分析方面的研究是有明显优势的，也是当时经济领域的研究人员所缺少的。所以，1986年4月，当我即将结束联邦德国柏林工业大学的进修时，200号的老领导吕应中转告我，学校有关领导有意将我调到经济管理学院，我当时就表态同意了。

有信心是一回事，还必须充分认识到自己的不足。由于没有受到系统的经济学理论训练，包括马克思主义政治经济学和西方的主流经济学理论的训练，从事经济学研究的困难和局限还是很大的。谦虚谨慎，是我时刻牢记的，包括在学院内部和经济学界。我的教学与研究领域只局限在数量经济学，包括计量经济学、投入产出分析和经济统计学，虽然也讲过经济学基础、微观经济学等课程，那只是客串救急；我从来没有也不敢称自己是"经济学家"。记得20世纪90年代中期筹备"中国经济50人论坛"时，由于我是清华的经济系主任和中国经济研究中心主任，也收到一份邀请函，我谢绝了，自知不够格。也许正是我的谦虚谨慎，才能得到院内老师和经济学界同行的认可，使得我能够有所作为。

我从1988年担任经管学院院长助理、1990年担任副院长，直到1998年，在学院主管了10年的教学工作。这10年间，学院有了很大的发展，本科生和研究生人数都从全校的尾巴变为前列。发展快，面临的困难多，需要解决的问题也多。我自己评价，这10年，工作是努力的，成绩是主要的，老师们是认可的。1998年春天学院行政班子换届，我坚决提出不再担任副院长，开始各个方面都不理解，"不是干得挺好的吗，为什么不想干了？"

原因主要有两条。第一，前面10年，我努力了，也做得不错，但是我自己明白，我再继续做下去，也很难做得更好。既然不能更好，为什么还要做下去？换一个人来做，也许会有新的气象，不是更好吗？第二，我更想将更多的精力放到经济系主任工作上面。从1990年起，我一直同时担任经济系主任，其间也成功地建成了数量经济学硕士点，开通了经济学双学位，并于1997年开始招收经济学专业本科生，但是，经济学科建设的任务还很艰巨。我们选择了数量经济学作为优先建设学科，而我又是主要学术带头人，责任重大。一个人的能力是有限的，必须有进有退，有取有舍。

后来的事实证明，我的抉择是完全正确的。不再担任学院行政工作，专做我的系主任和学术带头人，1998年年底，我们就成功申请了数量经济学博士点；2001年，数量经济学博士点成为国家重点学科；2005年，应用经济学一级学科博士学位授权点通过评审。当我辞去经济系主任职务时，终于能够有一点成就感。

辞去经济系主任职务的想法，早在 2001 年就形成了。数量经济学博士点成为国家重点学科，标志着我们确立的"从优势学科点进入发展经济学科"的第一步目标实现了。清华经济学科发展的下一步，不能仅局限于数量经济学，应该是"入主流"，发展理论经济学和应用经济学中的主流二级学科。显然，我的知识背景和教学研究经历是无法带领大家完成这一任务的。2002 年，经济系从海外研究型大学教师中聘请了 15 名非全时兼职特聘教授，2004 年 7 月，他们中的两位哈佛大学经济学博士全时入职清华经管学院。一个星期之后，我向学院正式提交了辞职报告，经过半年的过渡，2005 年 1 月，我结束了整整 15 年的经济系主任任期。毫无疑问，我主动辞职的举动是正确的，对清华经济学科的发展是有利的。

辞去系主任工作，我将更多的时间用于研究，主要是关于计量经济学模型方法论基础的研究，而这项研究只有具有一定的教学与研究经历的人才能够胜任。我申请了国家社科基金重点项目，在《中国社会科学》《经济研究》等顶级刊物发表论文，出版专著《计量经济学模型方法论》，获得了"孙冶方经济科学论文奖"，并将研究成果引入教材修订版。可以说，我在计量经济学理论方法领域最主要的研究成果和学术贡献，都出于这个时期。

我用上述的一次转专业和两次辞职的经历告诉学生们，成功的职业发展并不是一直向前的，必须服从事业发展的大局，知进退，懂取舍，而前提是有自知之明。几十分钟的即席演讲，也算是我对学生们热情庆贺的一点回报。看得出，他们是满意的。

四、告别

就在那次退休庆贺会上，我向学生们宣布了退休后的计划安排：从当年秋季学期起，告别从事了近 30 年的计量经济学。为什么？又是一次"取舍"的决择。按照学院的规定，退休了就不再安排教学任务；至于研究，到了我这个年龄，要想在计量经济学理论方法上取得更好的研究成果，我没有信心。教学不需要了，研究很难做得更好了，告别也就是自然的选择了。

另外，我还有更感兴趣的工作任务需要完成，即进行新中国建立初期 10 多年的农村发展历史的调查研究。我 1946 年出生于苏北农村，直到 1964 年进清华学习，在那片贫瘠的土地上生活了 18 年，目睹了它的发展变化，也在脑子里留下了太多的疑问。小时候不懂，等长大了又无暇顾及，现在退休了，再无功利目标，也无职业束缚，不正是搞清楚这些疑问的好时候吗！

在退休庆贺会上即席演讲

对学生说过的话,一定要兑现,这是我一贯坚持的。同样,退休庆贺会上宣布的计划安排,我也做到了。从 2012 年秋天开始,我辞去了校内外所有学术兼职,不再参加任何学术活动。9 年来,对于原来从事的学术领域,除了《计量经济学》教科书的修订和担任《现代经济学大典》的《计量经济学》分册主编外,坚持"三不"原则:不讲、不写、不评。我将全部时间用于我国农业"大跃进"运动、农村人民公社化运动和农村互助合作运动的调查研究,于 2012 年至 2020 年间,查阅了近 200 个省、地、县级档案馆的开放档案,以及大量公开出版的地方史志等书籍资料,收集了千余万字的文字史料,编著完成了《各有各的错》(五卷本)、《回看农业"大跃进"》《农业互助合作运动史话》等书。在调查研究中我还发现,没有功利目标地按照自己的兴趣进行研究,是很愉快的,也是能够出成果的。记得在重庆市的一个县调查时,查阅档案馆的开放档案需要县委办公室主任批准,那位主任看了我的身份证,头也不抬地说:"退休了吧?还出来挣钱?"我笑着回答:"不是挣钱,是花钱,但是我乐意。"

我的退休庆贺会,从内容到形式堪称完美;无论是大家表达出来的感情,还是现场的气氛,在我参加过的师生聚会中,都达到了新的高度。这样的师生聚会,也很难再有第二次,从这个意义上说,这也是一次告别。2013 年冬至 2014 年春,为迎接经管学院建院 30 周年，学院举办了多场"师恩难忘座谈会"。学院办公室也曾准备为我举办一个专场，征求我的意见，我谢绝了，因为已经有了难以超越的退休庆贺会。

2021 年 5 月

朱邦芬，男，1948年生，江苏宜兴人。凝聚态物理学家，教授。中国科学院院士，英国物理学会会士。1965—1970年在清华大学工程物理系学习。曾任中科院半导体所研究员，2000年起任教于清华大学高等研究中心、物理系，曾任物理系主任、理学院院长等职。现任清华学堂物理班首席教授，国家基金委监督委员会委员，香港求是科技基金会顾问，《物理》杂志主编。与黄昆确立了半导体超晶格光学声子模式的"黄朱模型"。获国家自然科学奖二等奖2项、清华大学突出贡献奖。

一个非典型"新工人"的经历和思考

朱邦芬　工物系 1965 级 物 002

白永毅老师代表《继往开来——清华园里"新工人"》编委会邀我写一篇回忆文章，记录清华几十年来的发展以及1970届毕业留校的800多名"新工人"所作的贡献。我自忖不够格，因为我毕业分配到江西，并没有留校，然而推辞不了。想想自己本科毕业后两次离开清华又两次重返清华：一方面，半个世纪中差不多一半时间在清华，有较深的清华情结又比较深入地参与了学校的发展；另一方面，与典型的"新工人"不同，我另一半时间是以局外人视角来看清华的发展，由此回顾自己的经历，也许有点意思。

第一次听到"新工人"这个称呼是在1973年，此前我已做过两年"货真价实"的工人。1970年3月，学校的军宣队、工宣队把我分配到江西省。当时担任江西省革命委员会主任的程世清是林彪手下相当"左"的一位军长。他认为外省市分配到江西的大学生，不同于江西省大学生，没有经受过"共产主义劳动大学"的锻炼，应该先去从事农业劳动。于是，清华、北大两个学校分配到江西省的80多位大学生，统统被安排到位于江西高安县锦江边上的省军区五七农场当"军学战士"。按部队编制我们被编成一个连，排长以上都是现役军人。我们身兼三职：既是部队战士，又是农场工人，还是"老臭"，即需要接受再教育的"臭知识分子"。我们每天"斗私批修"，早请示晚汇报，顿顿饭前集队唱语录歌，每晚还得站岗，经常半夜紧急集合，还有一点军事训练。对我这样一个酷爱读书的人，最难受的是不允许阅读任何书籍，除了"老三篇"和《毛主席语录》，甚至连《毛泽东选集》，英文版的《毛主席语录》都不可以。管我们的军人认为，我们是来接受"再教育"的，把毛主席的"老三篇"和语录教导真正落实到行动中就足够了。种田是每天主要的任务，每年种两季稻和一季麦，7月底和8月初的"双抢"（抢收抢种）是一年最辛苦的时候，早上四五点钟出工，晚上八九点收工，在40摄氏度高温下，割稻插秧，腰都要断了。与普通农场或农村不同，我们没有农闲，没事就去田里耘禾、田埂除草或修水利工程。这样，到林彪集团垮台后离开农场，我完成了四季稻和两季麦的全过程。

1971年11月，我被分配到江西省德兴铜矿选厂机修车间当一名电工。江西德兴铜矿是全国最大的露天铜矿，矿石品位0.5%，必须磨成极细粉末经过浮选，成为含铜百分之十几的精矿,才能冶炼。选厂机修车间电工班的主要任务是维修全厂几百台电动机、供电配电装置和线路。选厂关键大设备是球磨机,每台球磨机的驱动电机功率为 600kW,全厂 8 台球磨机配备 8 台电机,没有备用的,一旦出故障就得不眠不休地抢修。1973 年年底厂里派我去北京重型电机厂出差,请它们帮助我们加工一批备用的高压电动机线圈。这样,离校 3 年多以后我第一次回到北京。一天晚上,我来到清华,与留校的老同学聊天,这也是我第一次听到留校的老同学称自己为"新工人"。1972 年杨振宁先生访华,向周恩来总理提出希望"倡导一下基础理论的学习和研究"的意见,清华大学闻风而动,办了 4 个研究班,学员都是"新工人"。两个同班同学——顾秉林和马铁良,也成为固体物理研究班的学员。那天我到清华已经很晚了,走进固体物理研究班在 2 号楼的集体宿舍,迎面而来的是久违的孜孜不倦的学习氛围,尽管当时研究班业已成为迟群、谢静宜在清华开展的"反右倾回潮运动"的对象,这批老学生仍然学得挺带劲。令我印象特别深的是,晚上 10 点钟了,每人都还坐在桌旁学习,边看书、边讨论问题,还有的为节省时间,在学习的同时把脚泡在盆里。那样的生活真令我神往,心想,哪天我能加入到他们中间来学知识,该有多好啊!

粉碎"四人帮"后,科学的春天来了。继 1977 年全国恢复高考,又开始在全国范围招收研究生。当得知清华固体物理班将招收研究生时,我马上回想起 1973 年回清华的场景,于是毫不犹豫地报考了清华固体物理专业研究生。从报名到 1978 年 5 月考试有一些时间准备,身处赣东北山区比较闭塞,所需的教科书必须托人到北京或上海去买,周围更没有人可以求教。在紧张工作之余,只能反复钻研手上现有的一些教科书,特别是以前自学过但掌握不够好的固体物理学,为此我重新细读了一遍方俊鑫、谢希德编著的两卷本《固体物理学》。我很高兴,临时抱佛脚居然还考了本专业第一。1978 年 10 月,我于而立之年第二次进清华园读书,与原固体物理研究班的"新工人"成为同学。

"文革"后入学的第一届研究生充满"要把损失了的时间补回来"的激情,学风优良,学习努力。我们这批老研究生中大多数人年纪比我大,离家住在集体宿舍,一周除了抽点时间洗衣服,从早到晚都在学习和研究。清华固体物理专业是新建专业,教研组几位教师的专业原先不是固体物理学,但给了研究生充分的学习和研究的自主权,固体物理研究生的研究课题绝大多数是自己提出的。1980 年年初,教研组特地邀请凝聚态物理的"教父"、1977 年诺贝尔物理奖获得者——安德森(PW Anderson)教授来清华讲学,为期 8 周。听众不仅有清华师生还有北大、中科院物理所的研究人员。安德森讲授的是他正在撰写的专著 Basic Notions in Condensed Matter Physics 中的第二章对称破缺,后来,他曾在一篇文章中提到:"关于对称破缺的想法在清华大学的授课中得到发展。"我和李仲明同学主要的任务是整理他的讲稿，我们反复听他讲课的录音，理解他对凝聚态物理中对称破缺概念的诠释和应用。由于10年的中断，中国的凝聚态物理研究与世界先进水准相差甚远，更不用说清华——几乎没人能与安德森开展对等的深入学术交流。今天，清华的凝聚态物理研究已有相当水准，在个别领域已引领世界，真有恍如隔世的感觉。

1981年3月，我顺利毕业。当年，国内公认黄昆先生是中国固体物理研究领域水准最高的一位科学家，我离开了清华，来到中国科学院半导体研究所，在黄昆先生领导下作研究。从1985年到1999年，我更是有幸与黄先生在同一个办公室工作，每个工作日都是以和黄先生无拘无束地讨论开始，成为世上受他教诲最多的一个人。这是我进步最快、研究成果最显著的一段时间。这段经历也使我体会到，一个清华学生最好不要一辈子留在清华。天外有天，山外有山。

2013年在清华学堂物理班学术道德会议上为同学们作报告

为了更好地发展清华的基础科学，1997年6月2日，以杨振宁先生为名誉主任的清华高等研究中心正式成立，作为一个清华校友，我也应聘担任高研中心的兼职教授。黄昆先生和杨振宁先生是从西南联大"三剑客"开始、心有灵犀的知己好友，黄先生内心不认为许多诺贝尔奖获得者是天才，但他最佩服杨振宁，认为他是一位最正常的天才。2000年1月，我离开中科院半导体所，第三次进清华，成为清华大学高等研究中心首位从校外正式聘任的教授。

21年来，在清华几任校领导的关心和支持下，在杨先生无微不至的关怀下，在许多同事的关照下，特别是在许多"新工人"同事的帮助下，清华成为我为祖国、为人民服务的新的、更大的人生舞台。作为一个清华教师，我欢度了清华建校90周年、100周年和110周年校庆，目睹了清华向世界一流大学奋进的步伐。我也很荣幸能参与到这一过程中。2002年杨先生带领沈元壤、沈志勋、沈平对清华大学物理系作了国际评估,指出了清华物理系进一步发展的方向。我被邀参加如何落实国际评估报告的讨论,由此触发我参加了物理系的改革历程,并于2003—2010年担任了7年的系主任。在学校的支持下,我们开展了物理系教授治学的改革,实施招聘人才的tenure-track制,开展各种教学改革,对全系faculty教学、科研、服务三项职责的全面要求,以及加强清华物理系历史、文化、传统、学风建设,等等。回到清华任教后,我进一步认识到,培育清华学生成为各个领域的顶尖人才是历史赋予清华教师的首要使命,为此21年来我始终坚持每年至少上一门本科生课程,对基础科学班和清华学堂物理班等杰出人才培育项目倾心倾力。近年来,清华物理系毕业学生的口碑越来越好,已经出现和即将出现一批世界级的科学家和其他各类突出人才。在"985"和世界一流大学建设的推动下,我们引进了一批顶尖人才,弥补了实验物理研究的薄弱环节,使得清华物理系的实力大幅度增强,在国内外同行中的声誉明显提升。清华物理系之所以这些年进步比较快,我认为"新工人"这个特殊群体为此作出了历史性的贡献。在物理系工作过的"新工人"将近20人,包括4位中科院院士(顾秉林、范守善、隋森芳、朱邦芬),正副系主任4人(顾秉林、陈皓明、朱邦芬、吴念乐),众多研究所和教研组领导与骨干(曹必松、朱鹤年、张连芳、何元金、郁伟中、陈振鹏、李复、刘凤英、王凤林等)。他们秉承清华"自强不息"的校训,承上启下,很好地填补了特殊年代造成的师资空白。

我曾想,为什么与同龄大学毕业生相比,清华"新工人"的成才率比较高?应该承认,这是时势造英雄的结果。"文革"结束后,百废待兴,国家急需人才,

在2019年清华学堂班毕业典礼上发言

清华"新工人"天时、地利、人和俱全，只要抓住时机，借助清华这个大平台，容易在作出贡献的同时也使自己成才。我又曾在一个探讨人才成长规律的研讨会上试图回答：为什么清华1970届毕业生在校学习年限远低于前几届学生，而当选中国两院院士人数有12位（顾秉林、范守善、朱邦芬、吴硕贤、隋森芳、顾逸东、周济、孙家广、郝吉明、李天初、岳光溪、郑纬民），明显比清华前几届毕业生多（即使考虑到0字班和00字班两个年级，将人数除以2，也是如此）？我以为有二点原因：其一，对于学习和研究主动性强的优秀学生，教师讲授课时的减少并不一定不好，因为学生通过主动学习、思考、探索获得新知识的途径更有利于未来的创新；其二，1970届毕业生所学的知识较少，地位较低，他们改变现状的意愿比较强烈，因此"文革"后这批人报考研究生最积极，而"文革"10年使得教师和前几届毕业生的知识也急需更新，如果知识比较多的人没有及时读研、进修、留学，反而将在几年后落后。

我想1970届"新工人"的经历对于我们今天培育创新人才也是有借鉴意义的。

2021年12月

施工，男，1946年生，江苏海门人。教授。1965年考入清华大学工程物理系，1970年毕业入职清华试验化工厂（今核研院）从事教学工作。1978—1982年在职攻读研究生获硕士学位。1989—1990在英国伦敦大学玛丽女王学院做访问学者。1977年在工物系讲授"核工程原理""反应堆物理与数值计算""高等反应堆物理"等课程。曾任反应堆工程教研组副主任，工物系主管教学的系副主任等职。

教书育人50年，平凡岗位尽责任

施 工 工物系 1965 级 物 004

光阴似箭，毕业已超半个世纪。这几十年虽然平凡无奇，却还是有些值得回忆和可说的东西。有的是因为有趣，有的是一些认识，有的则是对自己人生的一种评价，写出来与大家交流。

一、初入职场，有幸进入"200 号"

1970 年 3 月上旬一个大雪纷飞的日子，我结束了 4 年半的大学生活，搭坐一辆装了帆布篷的解放牌卡车，驶向位于北京昌平的清华大学试验化工厂，开始了我的职业生涯。清华大学试验化工厂实际上是一个从事核科学技术研究的研究所，出于保密的需要，起了这个名字来掩人耳目。而在清华大学，大家习惯把它称为"200 号工地"，简称"200 号"。一路上心情特别复杂，既兴奋又夹杂着担忧。兴奋是因为当时"200 号"刚刚上马了"820 工程"，我有幸参加这项伟大的工程；担忧的是自己只上了不到 9 个月的大学，基础课还没学完，专业课更是一点还没碰呢，能胜任今后的工作吗？我思绪翻滚还未有头绪大卡车已经行完 45 公里的路程，驶入了有解放军战士站岗的"200 号"大门，停在了有解放军战士守卫的 101 大楼门前。几位老师把我领进了 101 大楼三层，在简单的欢迎词之后，虞寿鹏老师告知我被分配到三连三班的控制组。组里同事们热情地给我介绍"820 工程"。原来"820 工程"是以周总理为首的中央专委会亲自批准上马的两项核能工程之一，目标是研究开发建造一座新型的热中子增值反应堆核电厂。技术非常先进，研制难度非常大。三连是研究、设计核电厂的心脏——核反应堆的，三班是研究、设计反应堆的大脑——反应堆控制系统的。我听了极兴奋，但是刚才一路上的紧张担忧仍未消失。好在同事、师长们个个乐于助人、提携后进、有问必答，使我很快消除了紧张情绪，投入工作中。我和老教师解正国负责液动马达及其射流控制系统的研制，经常要进城到有关工厂、研究所调研和联系加工，早上坐班车进城、晚上赶班车回"200 号"。有时事情多赶不上班车，就得坐晚上的市郊列车回去。火车只能到南口，下车后还要步行十几里田野小路才能回到厂里。有一次我独自一人夜行，天黑迷了路，心里真的很害怕。

但随即灵机一动，爬上一个小山包，四处一瞭望，马上看见了"200号"101大厅明亮的灯火（那时天天夜里加班），于是直奔灯火辉煌处，顺利回到"200号"。

那时候经常搞会战。某一班组的任务吃紧时，其他班组的人员都去支援。记得有一次参加液态金属铋回路大会战，由于液态铋温度高、黏性低，密封很困难，铋回路常常发生泄漏，需要采取紧急措施。当时有一位"新工人"同事，正闹肚子，但仍坚持值班。大家劝他回去休息，他高声答道："宁可自己漏，不让系统漏！"此豪言壮语一出，全组哄堂大笑。哄笑之余，大家对此君的敬业精神皆心生敬佩。那年月，这类一心为工作的趣事比比皆是，并非孤例。再说一例，3班理论组的一位同志为了抓紧时间工作，常常在同一时刻"上面刷牙，下面撒尿"。这绝非段子，而是发生在我们身边的真事。

科研工作是辛苦而充实的。经过短短几个月的工作实践，我的专业知识和工程实践经验得到很大提升。从一无所知，到了解工程总体并能在老教师的指导下开展本职工作，进步可谓神速。1966年时我改名施工，许多人认为我是想当工程师。没想到工作后真的搞起了"820工程"，看来当工程师有望啊！

这段经历让我初步体会到实践的重要性。结合工作实践边干边学，是一种极有效的学习方法。"200号"的师长们个个身怀绝技、能力超群，一群平均年龄23岁半的师生，竟造出了我国第一座屏蔽试验反应堆，其秘籍就是"在战斗中成长。"

二、一不小心，当了老师

正当我在科研路上昂首前行，并憧憬着有一天，不是因为我名叫"施工"而是因为我成了工程师而被人尊称为"施工"的时候，我的命运发生了改变。1970年秋，清华大学遵照毛主席指示，招收了全国第一批工农兵大学生，当时称为工农兵学员。"200号"当时合并了工物系、工化系以及自控系和土建系的一部分，意欲建成一个教学、科研、生产三结合的单位，所以也招收了工农兵学员。我们三连招了反应堆工程专业70多人，分成堆物理、堆热工、堆控制3个班。为了教学，三连抽调约10人成立了三连教改组（实际上就是教学组），我是被选中的人之一。领导找我谈话，问我是否愿意参加一些教学工作，我随口答应了。没想到从此以后我就"以教学为主"了，从工程技术人员变成了一名教师，而且一教就是50年。

工程师是做不成了，但教书也是我喜欢的工作，所以也没啥不高兴。然而新的担心又出现了。搞科研时我碰到不懂的事尽可请教老同志，极少会有人来问我。如今当老师了，每天都可能有学生来问问题。我大学只上了9个月，参加工作才刚半年，经得住学生问吗？幸好实际上困难并没有想象得那么严重。工农兵学员文化基础普遍较差且水平参差不齐，教学时为照顾大多数，教师讲课时起点较低，且特别讲究表达方式，使学生容易听懂。这就使得我这个小助教可以"现买现卖"。毕竟我的基础比学员们强很多，所以听课时毫无困难，听懂后辅导学生也可以应付自如，不曾出现过答不上来的尴尬局面。但自己心里十分清楚，单凭肚子里现在这点知识，要当好一名合格的教师是远远不够的，于是开始奋力恶补基础专业知识。从图书馆借来新出的英文版《核反应堆工程原理》死啃，每天晚上坚持读 2~3 小时。由于英语基础差，开始时一个晚上读不完一页书。读了两个月后速度明显提高，坚持一年终于啃完了全书，英语水平和专业知识都明显长进，教学工作做起来更觉得心应手。从此以后读书自学成了我们终身习惯。

在教工农兵大学生的七八年中，虽时常受到"极左"路线的干扰，但与学生们朝夕相处、教学相长，我的业务水平有了较大提高，已能够较好胜任各类教学工作（当课程助教、带实习、指导课程设计和毕业设计等）。当教师使我获得了很多实践机会。因为我们"200 号"有很多海军学员，所以我有机会带海军学员去我国核潜艇研究的 909 基地实习，登上核潜艇陆地模式艇参观；又因为工人学员来自我国军用核材料生产厂，我有了机会带他们去 404 厂实习。当年 909 和 404 可都是密级很高的单位，除了我们这几个教师经政审可以去，其他教职工都是无缘进入的。我还曾带学生去火电厂和化工设备厂开门办学，一去就是几个月。如此众多的实践环节，在一线摸爬滚打，大大拓宽了我的专业视野，增强了工程经验，其收获怎么说也不为过。在指导海军学员做毕业设计时，我们用上了计算机。当年（1973 年）计算机还是很稀罕的东西。我们用的是清华大学研制的 112 机，编程用的是机器语言，人机交互靠电传打字机。当时全清华除了自动控制系搞计算机的那些人之外，我们恐怕是最早学会计算机的人了。

那段时间里也有不少趣事，至今记忆犹新。有些工人学员年龄大、文化基础差、上课听不懂，强烈要求分班上课。但分班后有些人还是跟不上。一位姓张的师傅抱怨说："拴在两个槽，喂一样的料，管啥用！"哄堂大笑之余，领导决定对学习困难的老师傅加强辅导，我被指派去对一位姓强的老师傅进行"单兵教练"。足足半个学期，我每天下午辅导老强学习，可是成效甚微。最可悲的是教了几个月，也没能让他学会使用计算尺。做传热计算时需要计算某数的 0.8 次方时，他还是愁眉苦脸一筹莫展。后来我常常想，如果计算器早点普及到中国来，老强就不必吃这个苦头了。

从这件事和其他教学经历中，我强烈体会到基础知识的重要性。我辈"新工人"，正是因为基础打得还算好，只要坚持终身学习，学问还是能上得去的。基础重要，实践重要、这点认识体会说来平常，但它对我的工作大有裨益。在其后几十年一轮又一轮的教学改革和培养方案修订中，无论学时多么紧，我们都坚持基础课和各类实践训练环节不能削弱。事实证明这总是正确的。

三、立德树人，探索课程思政

"十年动乱"结束后，学校工作重返正轨。经过10年的工作磨炼和在职攻读研究生，我和许多同辈"新工人"们一样，终于能独当一面，从事讲大课等工作了。我主讲的是本专业的主干专业课"反应堆物理"。在课程负责人李植华老师的领导下，我们把这门课建成了清华大学"一类课"。当时在全校数千门课程中，第一批"一类课"只有4门，第二批也只有10余门，我们是其中之一。

20世纪90年代初，在教学实践中我们日益感到德育的重要性。思想品德不好的人，业务学得再好也不会全心全意为人民服务，而且思想品德不好者业务也学不好是大概率事件。要提高课程教学水平和人才培养质量，加强德育是当务之急。这不单是政工干部和政治课教师的工作，所有教师都责无旁贷。如何将德育与业务教学有机结合、而不是生硬地"贴标签"？我和李植华等老师合作开展了这方面的研究。用现在的话说，就是研究"课程思政"问题。经过发掘梳理，我们认识到：反应堆物理这门课，与核能、核武器、环境安全、国家安全关系密切，可以很自然地结合历史和现实的事例对学生进行爱国主义教育，增强制度自信和历史责任感；核能工程项目需要数以万计的人参与协作方能成功，这一事实可以对学生进行群众观点的教育；从反应堆物理这一学科的发展历史，可对学生进行《实践论》观点的教育；反应堆物理中使用的研究分析方法，可以对学生进行科学方法论和唯物辩证法的教育；教学上的严格要求，可以培养学生的严谨学风；启发式的教育，可以激发学生的创造性思维。总而言之，这方面是大有可为的。我们还研究了课程思政成效的评价方法。这些研究探索成果写成了两篇论文《反应堆物理课程的德育目标及其实施方法的研究》和《课程教学中德育工作效果的调查研究》，发表在《清华大学教育研究》和《北京高教研究》上，并荣获清华大学1992—1993年度教学工作优秀成果一等奖。

四、参与系领导工作，管理、教学双肩挑

1994年，我被任命为工程物理系教学副主任，协助系主任金兆熊做系里的教学管理工作。这一届系领导班子上任之初，面对的是十分严峻的局面。由于计划经济向市场经济的转变、大学毕业生由统一分配改为自主择业、IT产业的大发展和核科技行业的暂时不景气，以及人才培养方案和教学管理体制方面存在的问题，工物系

在招生、专业分流等方面遇到了很大困难，有些专业方向的课程几乎没有学生选修，学生的学习积极性也有所下降。由于多年没有优秀毕业生去核工业部门工作，社会上对清华的批评日益尖锐。另外，在科研方面，项目和经费短缺，教师待遇低，留不住青年教师。为了扭转局面，系领导班子决心进行大力度的改革：第一是招收、培养核工业定向生，以确保向核工业和核科技部门输送高质量毕业生；第二是进行教学科研管理体制改革，把各个教研组各管各自的一摊，改为系管教学、所管科研；第三是利用教育部进行本科专业大调整的机遇，真正实现全系办一个专业的人才培养模式。这3项任务都是硬骨头：培养定向生过去有些学校做过，但只限于中低端人才，培养输送高质量定向生尚无成功先例；系管教学、所管科研，许多人不习惯并怀疑其可行性；至于全系办一个专业，阻力最大，认为那么多不同的专业方向，根本不可能用一个培养方案来培养。系领导班子发动骨干教师进行深入调查研究，开展大讨论，统一了思想。在定向生培养上，设计了切实可行的方案。定向生能受到与普通学生同样好的教育，同样有免试推荐读研的资格；择业虽受一定约束但仍可在很大范围内双向选择，兼顾了学生和定向单位的利益，因此在实践中取得了很大成功。定向生的培养至今已实行了25年，为我国核科技部门输送了成千的优秀人才。全系办一个专业的培养方案注重基础，重视并强化实践环节，设计了全系学生必修的专业平台课程，比较彻底地解决了工物系长期存在的招生、分流困难问题，并使得我系在其后20多年一波又一波的教学改革中始终处于较主动地位。系管教学、所管科研的体制，为我系抓住机遇、集中力量攻克大型集装箱检查系统的关键技术提供了人力和体制保障，从此工物系摆脱了多年的落后状态，一跃为全校的先进单位，重新焕发出当年建系时的勃勃生机。何东昌同志兴奋地说，工物系放了两颗卫星：成功培养定向生是大卫星，研制成功集装箱检查系统是小卫星。

在担任系教学副主任的同时，我承担了大量教学工作。讲授的理论课有"核工程原理""反应堆物理数值计算"和"高等反应堆物理"，还带"反应堆物理实验"课，教学工作量位居全系教师第一名，这种情况在工程物理系的历史上是绝无仅有的。"核工程原理"是经过重组、面向全系学生的平台课程。"反应堆物理实验"也是所有学生必修的课，但是实验装置只有一套，需要将学生分成许多组轮流做，工作量之大可想而知，我常常是清早出门，深夜才回家。在大家共同努力下，"核工程原理"成为受学生欢迎的课程。"反应堆物理实验"课也有了很大改进，教学要求提高了，实验方法更安全了。我系拥有的全国唯一的次临界实验反应堆装置在全系学生的培养中发挥了重要作用。每个学生在本科学习期间都有机会亲自操控核链式反应和预测反应堆的临界质量，这是多么难得的机会，为此我付出多少辛劳都是值得的。

2019年施工于西昌卫星发射中心

五、集中精力，深耕教学

担任系教学副主任7年后，2001年我提前一年辞去了这一职务，集中精力于教学工作，并主动要求担任核21班的班主任兼核2年级级主任。"不当系主任去当班主任"一时传为美谈。有了更多精力投入教学，所教课程的教学质量有了进一步提高，"核工程原理"课一直在课评中获得高分。2021年"五一"期间，一位毕业生在朋友圈发文说道："翻阅'核工程原理'课件，梦回15年前施工老师的课堂，想起那些难忘瞬间。施老师风趣幽默，富于启发，整日被他的why，why，why包围，浸润在现象的物理原理中，强化着因与果的逻辑训练。从施老师的启蒙开始，一路走来，没有一次不为找不到问题答案而苦恼，没有一次不为发现背后的物理原因而兴奋，没有一次不为有所创造而自豪。15年了，我发现，原来我的兴奋点还是那些，始终相信物理，追求创造，初心不曾改变……"

研究生课程"高等反应堆物理"的建设也取得了较大进展，基本成熟、完整了，在人才培养中发挥了较好作用。研究生们曾在送我的教师节贺卡上写道"施老师，您教会了我们学习……"

作为一个教师，学生对自己工作的认可，是我最大的欣慰。

我从1970年开始工作到2008年退休，退休后返聘3年，到期后又干了4年。其间和其后还担任校、系两级的教学顾问；参加工程教育专业认证工作，担任核工程类专业认证委员会的认证专家和顾问，同时，还担任教育部核工程类专业教指委的顾问，为提高我国核工程人才的培养水平、让中国核工业走向世界继续发挥余热，至今还在不懈工作。这样算来，我已经达到了蒋南翔校长对我们提出的"为祖国健康工作五十年"的要求。

六、结束语

回顾一生，一直生活在清华园里，母校110年的岁月，我陪伴她走了一半。"自强不息，厚德载物"的校训一直鞭策我前行。不能给清华丢脸，不能忘记肩负的"承上启下"历史责任，我一直是牢记在心的。因此多多少少也为党的教育事业作了些许贡献。与周围许多杰出师友相比，这点贡献是如此微不足道，但对于资质平庸的我，也算是实现了自己的人生价值。一位"新工人"朋友曾对我说："本人一生没大的成就，但我的本职工作比起前辈来还是有点进步的。"这段话对他本人而言，可以说是谦虚，但是用到我身上却是再合适不过。歌咏言，诗咏志。在迎接党的百年华诞和清华110周年校庆的日子里，我写了两首小诗以表达自己的心情，放在这里作为此文的结尾吧。

清华110年校庆有感

母校百十吾陪半，欣逢校庆心潮翻。
师辈历历皆人杰，同侪济济多俊彦。
身虽驽钝知使命，五十年间未偷闲。
白头犹有预热在，老有所为亦陶然。

颂党百岁华诞

大道之行，天下为公，
马列宗旨，华夏融通。
奋战百年，国运昌隆，
终极理想，天下大同。
自从追随，矢志以忠，
渺小个人，融入党群。
贡献虽小，终是正功，
不虚此生，幸福无穷。

2021年8月

顾秉林，男，1945年生，吉林德惠人。物理学家和材料科学家，教授。中国科学院院士、发展中国家科学院院士、瑞典皇家工程科学院外籍院士。1965年入清华大学工程物理系学习，1970年毕业留校。1979—1982年赴丹麦奥尔胡斯大学学习，获博士学位。2003—2012年任清华大学校长，现任清华大学高等研究院院长。

乘火车赴丹麦留学那些事

顾秉林　工物系 1965 级 物 002

1978 年研究生班放暑假时，我去包头看望女儿，并向包头钢院的老师借来录音机，抓紧时间学习英语。快开学时，我回到了清华清林五号楼的家，刚要开门进屋，却见门上贴着一张显眼的白纸条，上面写着，让我随时等教育部的通知参加出国英语考试。没过几天，清华就有一批教师和"新工人"参加了全国的英语统一考试，现在回想起来考题并不算难，可我毕竟在中学学的是俄语，1965 年上大学时才又半路出家开始学英语，大学生活还不到 9 个月，就开始"文化大革命"……说实话，对能考成啥样一点底也没有。没想到的是没过多久，成绩就出来了，我们班的我和陈皓明通过了考核，并被告知要等待安排出国留学！当我们得知这一消息时，激动之情难以言表。

我们都知道，"文化大革命"后，全国各条战线均处在恢复、整顿、发展过程中，教育战线尤其如此。1978 年 6 月 23 日，在党的十一届三中全会召开前夕，时任中共中央副主席的邓小平同志在听取教育部关于清华大学工作汇报时，谈到为加速人才培养、学习吸取国外先进的科学技术、经营管理经验以及其他有益的文化以适应国家四个现代化建设的需要，应扩大派遣留学生。他指出，我赞成留学生的数量增大，主要搞自然科学，要成千成万地派，不是只派十个八个，要千方百计加快步伐，路子要越走越宽。这一指示着眼于党和国家工作的大局，着眼于民族的现实需要和长远发展，开启了新时期我国大规模派遣留学人员的序幕，翻开了我国出国留学工作的新篇章。其深远的历史意义不仅在于学习国外先进的技术，更重要的是吹响了我国对外开放的先声号角。

不过万事开头难，记得大家虽然都通过了考试，但当时全国第一批留学美国的 50 个人是 1978 年年底成行，最晚的是 1982 年才出去。因为自己深知英语基础差，所以我一边上着专业课，一边狂补英语，家里小马扎的包布总是被浸湿又磨破……1979 年 10 月我得到通知被派到丹麦奥尔胡斯大学去学习，教育部为准备出国的人发了 500 元钱，这在当时可算是笔"巨款"了，记得最大的开销是订做大衣和西服，此外还有皮鞋、衬衫、箱包等，因为平时真没有穿得出去的衣物，打点完之后，这 500 元钱竟没够。说起出国留学，大家肯定会想到去机场乘飞机，可教育部负责留学部门的人找我们开会,说当时国家还很困难,而飞机票要比火车票贵得多,让我们先试试,探索一条乘火车去欧洲留学的路。召集开会的人还说,乘火车从北京到莫斯科没有问题,外交官常常走这条线,只不过近年来中苏关系紧张,用得少了,至于从莫斯科去其他国家,中国驻莫斯科大使馆承诺帮忙。就这样,我作为第一批探索者坐着火车辗转经过了两周多的行程才到达目的地。不过今天回忆起这场横跨亚欧大陆行程中留下的许多事,深感这是值得记录下来的一生一次的难忘行程。

1979年12月5日,我一大早就赶到了北京火车站,进了站台,7点多钟,车身上挂着红色的中华人民共和国国徽的深绿色列车缓缓开了过来,这就是编号为K3次的北京—乌兰巴托—莫斯科国际列车。我们先后上了车,随着北京火车站站台上的时钟指针指向7时27分,列车伴随着咣当、咣当的响声,开出了站台。上车后我才发现,长长的八九节车厢一共只有我们8名留学生:我去丹麦,一位去瑞典,一位去瑞士,另外5位去英国,分别在4个包厢里。当时我们都非常兴奋,也很好奇,毕竟是第一次出国,第一次坐这么长时间的火车。但对只有8名乘客觉得奇怪,就去问列车长。他说,本来一般都是政府官员或代表团乘车,现在中苏关系不太好,去的人少了,中国普通百姓没人出国;加上铁道部要求苏联、蒙古国必须用美元结账,而蒙古国和苏联境内有它们自己的火车,用它们本国货币就行了,它们本身也没有美元,所以这列车就成了你们的"专列"了!我们听了,不禁窃喜,都说,赶紧一人来一间吧,还从来没有享受过这种待遇……可没过多久,大家又都聚在了一起,一人一个包间太寂寞、孤单,都从没坐过这么长时间的车啊,这趟车在中国境内有5站、蒙古国境内7站、苏联境内24站(苏联解体后俄罗斯境内的站减少了许多)。共计7 803公里,要行驶将近6个昼夜近131小时31分钟!

还有一个比较特殊的是这车上的列车员都是男的,这也很新奇,可列车运行不太长时间,我们就明白了:原来K3/K4次列车使用的客车车厢是绿皮车体,车厢内没有空调,供暖来自烧煤。由于途经蒙古国、西伯利亚等特殊气候地带,列车一年中有9个月需要采用燃煤供暖。听说最冷的一次是行驶在西伯利亚的原野上,温度降到了零下62摄氏度,车厢外的绿色漆皮都被冻掉了!当列车穿越寒冷的西伯利亚时,列车员平均每2~3分钟就要向锅炉里添一次煤,一个往返下来,每节车厢平均的用煤量达到6吨。繁重的烧锅炉工作使得列车乘务工作成了一项不折不扣的体力劳动,加之往返13天的超长路程,确实让女同志们吃不消。因此,列车员很快就换成了男同志,这次我们8名乘客又全是男士,这趟车就成了清一色的纯爷们专车。

再有感到新奇的是咱们在国内的列车标准轨道比蒙古国和俄罗斯轨道窄,列车开到二连浩特站后,要进行"换轨"的操作。先把车厢与车轮底盘卸开,把整个车厢抬起来,撤出标准的车轮底盘,之后把宽轨车轮底盘推进来,再把车厢整体放下,和底盘连接好。经过2个小时的操作，车再开时，就进入了蒙古国境内，虽然也下着雪，但满目望去仍是飞雪难掩的黄沙戈壁、大漠孤烟景象。周四中午，到了乌兰巴托，因停车时间较长，记得还让我们去车站的购物商店转了转，那里看上去是物质比较匮乏的，最突出的感受是膻味太重，呛得我们都赶紧又跑上了车。

周五凌晨进入苏联境内，一觉醒来，瞬间眼前荒漠变成一望无际的林海雪原，不记得是谁竟唱起了"穿林海，跨雪原，气冲霄汉……"那《智取威虎山》的著名唱段，现在想起来也许正和我们当时面临着要到全新的环境去探求未知的心态相合吧。苏联的自然条件显然比蒙古国强太多了！从乌兰乌德开始到伊尔库茨克（乘火车去贝加尔湖要下车的地方）的路上我们能从车窗里看到远处时隐时现的贝加尔湖的风光，据说，这是世界上最深的湖，如果不是冬天，会碧水连天，非常壮观。不过对我们来说冬季里有着特殊的美，在白雪皑皑和闪烁而过的参天林木缝隙间可看到晶莹剔透的淡蓝色冰面，难怪后来的旅游者将其称为"蓝眼睛"！现在看看风景是很不错，但想起汉朝派出的使节苏武，竟然被蛮横的匈奴单于扣押在这冰天雪地之处牧羊19年，真不知他吃了多少苦！他这种爱国气节实在令人敬佩。我们到欧洲各国去学习，其实从某种意义上说，也是在代表着中国出使异国，只是现在是友好国家，我们更要以良好的形象为祖国争光。

后来列车经过了中西伯利亚，时时闪过散落在茫茫原野上的俄式木屋，即使车站两边，也只有不多的楼房与三三两两的人，感觉挺荒凉的。我们在国内常说，中国是地大物博，看来，苏联是绝对的地广人稀，这时候有点让人感觉疲劳、乏味，同行人中有人打打扑克消磨时光。车上的乘务员们担心我们这些第一次离家出远门的人会思念家人，还与我们一起包了顿饺子，那可是我的强项，无论揉面、擀皮、包馅都是好手，这使我受到了大家的称赞，他们说："你这个清华学理工科的（用现在的话说是'理工男'）还真是个多面手啊！"

列车行驶到了新西伯利亚站后，沿路的城市渐渐多了起来，车进站后，站台上的人也多了些，还常有酗酒的人跌跌撞撞地扒着车窗用生硬的汉语喊着："二锅头！二锅头！"难怪人们常说苏联酒鬼多，还真是名不虚传。

听列车员说，我们现在经过的是新西伯利亚，这里是世界上面积最大的平原，是苏联最富饶的地方，不但是苏联的粮仓，还有煤田、石油等丰富资源，是苏联的重要工业基地。这里人不多，但却是地大物博啊！12月10日，周一傍晚，我们终于到达这次横跨欧亚大陆，途经中国、蒙古国、苏联旅程的终点——莫斯科。在站台上，大使馆的同志已经等在那里，我们一边与相处了近一周的乘务员们挥手告别，一边赶紧下车走向迎接我们的使馆同志，顿时那种"异国他乡遇亲人"的暖流不禁涌上了心头。汽车开到使馆安顿下来以后，我痛痛快快地洗了个热水澡，毕竟坐了那么长时间的火车，只能热水擦擦身呀。使馆的同志跟我们说，要在这里好好休息一下，在莫斯科参观参观，然后再订票去我们的目的地。第二天我们乘车前往红场，路边是高高的树木，两边时时闪过漂亮的房屋，雪后的蓝天白云格外清晰，真是一座美丽的城市。红场一直是我们心中的神圣之地，在这里，我们拜谒烈士墓，也瞻仰了列宁遗体。最后还去逛了最大的百货商场，那里有着琳琅满目的商品，不过给我印象最深的是感觉商场不像是购物的地方，倒像是游览艺术馆，无论是在商场的大厅里还是在旋转而上的楼梯边，总有些石刻的雕塑立在那里，古朴典雅，在这里走上一圈，那真是一种享受。当然，在克里姆林宫前，我们都留了影，现在我也会时常翻阅这黑白老照片，回忆那难忘的时光。在使馆，真是到家的感觉，休息得好，吃得也好，晚上还给我们放映了电影《小花》。

顾秉林在克里姆林宫前留影

两天后，使馆的一位同志陪我乘车去搭乘前往丹麦的火车，不巧那天下起了大雪，积雪很厚，汽车快到火车站时，就抛了锚，车轮一直原地打转，就是不往前走。没办法，只能把行李箱搬下了车，我们拉着四轮箱包步行赶火车，可是让人意想不到的是拉了一会后，有一个轮子掉了下来，四轮箱变成了跛脚箱，我们和使馆的人只能连拉带拽地拖着它跑，等我们气喘吁吁地跑进站台，踏上火车阶梯时，车门哐当一下就关上了。真是万幸！想起来特别要感谢送我上车的同志。

我乘坐的开往丹麦的列车，要经过波兰、德国的许多城市最后到哥本哈根，行驶近两天，如果坐飞机用不了两个小时，不过这倒让我来了个欧洲游。由于在莫斯科作了休整，人也来了精神，在车上看看沿途风光不禁令人心旷神怡。更让我难忘的是车到汉堡后，列车拐上了另一条轨道直接开向了一个海边小站，火车就从这里钻进了轮船肚子里，等火车在船上停稳后，我就随着人流从车里走出来，爬着楼梯到了轮船的甲板上。接着船驶进大海，这是我第一次坐这么大的轮船体验海上航行的滋味，先是看见了对面的一艘大船，听身边的人议论，说那船与我们一样是从丹麦返回的列车轮渡，那船肚子里也是装着四节车厢，一共是长106米多，正好轮船可以装下……对我来说，这可真是新鲜事（其实国内也早就有这种火车轮渡，不过听说，车上的人只能在上下船时才能在甲板上活动）。说起这火车乘船，其实还有不少学问呢，记得是在丹麦学习了半年后的暑假期间，我约了几个国内来的朋友准备到另一个岛上去玩，我们先买好了火车票，上车后，语言学院的张老师见我们车厢里人很多，他就站起来溜达，发现后边的车厢很空，于是提议我们转移到另一节车上去，哪知道中途的一站，我们的车厢被甩了下来，等我们发现，前边的车厢已经开远了。后来我们才知道，从你购买车票时起，你就被固定在那个位置上，因为其他车厢上的人与你的目的地不一样，他们的车厢会挂上别的车头转到别的轨道上去（从汉堡出发后，我并没有下车又上船，因为这是早就安排好了的）。

　　我是没有时间，也没有机会到海上观光的，这次可以直接在船上看到这海天相接的壮观景象，心中无限感慨，想着即将开始的求学之路，不禁想到"海阔凭鱼跃，天高任鸟飞"的诗句，但愿我能像鱼儿那样漫游在知识海洋，像鸟儿那样自由地在空中展翅飞翔！

顾秉林在往返于奥尔胡斯与哥本哈根之间的渡轮上

在甲板上停留久了，会被海风吹得晕乎乎的，于是我又跟着大家回到车厢里，等船靠岸火车就钻了出来，驶上了正常的列车轨道，过了一阵，到达哥本哈根，又是使馆的同志接我去使馆休息了一个晚上，第二天，他直接送我去海边的码头，从这里直接坐船到奥尔胡斯。本来想，刚刚坐了船，一切都很顺利，这应该没什么事，可偏偏又赶上海上骤起狂风巨浪，大船都不禁颠簸起来，我这个"旱鸭子"从没见过这世面，顿时觉得天旋地转，站都站不住，直想去吐个痛快。过了好一阵子我才缓过劲儿来，看来要想漫游大海，还必须练练真本事呀！好在船靠岸时，我的难受劲好了许多，不然，见到导师可就有点尴尬了。我刚下船，就见一位高高个子的人朝我走来，不用问，这就是我的导师安东契克教授，我这身打扮，也准让他第一时间就认出了我。他紧握我的双手，把我上下打量了一番后，随即带我上了他的车，他简单问了路上的情况后，跟我说，要先把我安顿在一位经常接纳年轻人的老妇人处，她单身一个人，有不少房间空着，等学校正式开学后，再去研究生的公寓里住。我想，先体验一下普通丹麦居民的生活也不错，老人早就给我收拾了一间宽敞明亮的房间，还为我准备了牛奶和面包，她笑容满面，让人感到很亲切。说到这里，我得特别提一下，这一路上，无论是苏联还是波兰、德国、丹麦，也无论是在什么场合，人家对我们都是很友好的，如果你主动用俄语或英语问上一句"你好！"人家就更高兴了。我想，他们对我们这些刚刚从封闭之地走出的中国人是充满了好奇的，只要我们有礼貌地对待人家，人家也一定会对你很友善。现在我们一些自以为富起来了的中国游客，走到哪里都一副盛气凌人的样子，而且总是喊着说话，喧闹之音非常刺耳，经常看到不少的国外行人都不禁会紧皱眉头，这真是令我想不到的变化。

导师后来领我去了图书馆、办公室，有了这两个地方，我就有了去处，开学前的日子里，我就每天早出晚归地钻进图书馆，如饥似渴地开始了专业的学习。如果有问题，就跑去找导师。我的导师曾是捷克的著名物理学家，在固体物理方面有很多贡献，是在他的祖国无法进行科学研究时，他来到了物理学著名的哥本哈根学派所在地丹麦，他愿意带我这个中国学生，可能与此经历有关吧。

没过多久，秘书通知我可以到研究生公寓住了，这次我终于有了属于自己的"家"，这个公寓是一处建在斜坡上的二层楼，一层除了6个单间外，在每个对应着的3间房处各有一个大的公共活动室和厨房，二层则只有6个房间，我住在202室，每间房子大约20多平方米。说起丹麦人的住房，可能是我当初感到与国内最大的区别了，我的宿舍就比我4口之家的清林5号楼12平方米一间的房子还大得多，而我曾临时住过的老妇人一个人的那套房子有六七个房间，其实，那里无论穷人富人都会住在套房里，即哪怕是一个房间也都是独门独户有厨房和卫生间。这让我非常羡慕，心想，我们什么时候能赶上他们呢？现在回过头来看我们研究生的住宿、

顾秉林与导师安东契克（左）在一起

老师的住宿都有了很大的改善，记得我在 2016 年去接受奥尔胡斯大学名誉教授时，又旧地重游，再看我曾住过的房间时，则深感我们中国大学的办学条件是在大踏步前进了。

当然，在丹麦的留学生活还有许多难忘的事。比如，有一次收音机播报了第二天的大风警报，可我想，我可是在内蒙古的狂风中待过的人，应该没什么大不了的，于是我照常早早起来，推着自行车出了门。可没想到这风还真厉害，我被风刮得东倒西歪，车根本无法骑，我只好把车扔在路边有树的地方，一个人踉跄着到了办公室，却发现一个人都没有……经过两年半多时间的学习，我终于得到了博士学位，回到了亲人身边，回到了清华。尽管关于学习过程中的事情也有很多，但现在回想起来，我的这段长达 10 多天的独特旅行却是很值得记忆的。

2021 年 9 月

蔡鸿程，男，1946年生，江苏滨海人。编审。1965年入清华大学工程物理系学习，1970年毕业留校在工物系工作。1985年调入清华大学出版社，历任编辑、室主任、副社长、总编辑。曾任中国编辑学会副会长、中国编辑学会科技读物分会主任、国家出版专业技术人员职业资格考试专家组成员等职。《编辑作者实用手册》《科技与出版》杂志主编，"院士科普书系"总策划、总责任编辑。

努力创出清华出版社的品牌

蔡鸿程　工物系 1965 级 物 003

　　1970 年 3 月我们如期毕业了，成为清华园里的"新工人"。当时我心里真想回江苏老家工作。领导找我谈话，要我留校在系里继续做老干部审查工作，尽快解放一批干部来指导恢复教学科研工作。我无条件地接受了安排，和几位老师一起抓紧调查研究，起草了对某原校党委领导的审查报告。这位通过审查的老同志不久重新走上了校领导岗位，领导教育教学改革，走出去、请进来，"开门办学"，教学与科研、生产劳动相结合，使清华大学的教育教学改革不断取得新成就。我感到学校的发展成就中也有我的一份劳动。

　　1974 年下半年，组织上又安排我去海淀区北安河公社的徐各庄大队劳动锻炼，补上接受贫下中农再教育这一课。徐各庄大队在山区，农田少而小，田里石头多，长有核桃树、山楂树、苹果树等。大队安排我们的劳动内容主要是整理这些小块农田，把田里的石头搬到田边、地头，再由大队的小拖拉机手将不需要的大块石头拉走。我们每两周可休息一次，为期两天，十来个人一起搬石头、一起唱歌、一起吃饭，听讲故事、互相学习、互相帮助，建立了友谊，培养了集体主义精神。这里建立了党支部、党小组，在各项工作中共产党员发挥了带头作用。我当时在十几个人中相对比较年轻，又是党支部委员，总想多搬石头，多做点事，劳动中不知不觉地经受了锻炼，提高了觉悟。

　　1975 年我回工物系担任学生工作组副组长、系团总支书记，成为一名政治辅导员。当时，学生是来自一线的工农兵学员，大多数年龄比我大，有的是老党员、老战士，立过功、受过奖。我尊重他们，学习他们的长处。对他们中个别人的错误言行也给予批评，耐心帮助，得到他们的理解。我体会到，要当好老师，首先要做好学生，共产党员尤其应该如此。1978 年起，学校为 1970 届毕业的留校同学举办了回炉班、进修班、研究班等，提高大家的业务能力和实际工作能力。我们这批人也得到了一边工作一边再学习、提高的机会，我也是其中一个受益者。1982 年，我研究生毕业并通过了硕士论文答辩，获得工学硕士学位。

　　记得那是 1985 年的春天，为了能充分发挥自己既爱好理工又爱好人文的特点，我经过努力顺利调到清华大学出版社做编辑。开始，分配我负责联系自动化系老师，组织自动化类的教材、专著方面工作。我一一拜访了自动化系自动控制理论、自动检测与仪表、自动控制系统、过程控制、柔性制造系统等专业教研室的著名教授、副教授，聆听他们对有关各专业的建立与发展的回顾。在他们的帮助下，我策划了"自动控制与系统"系列教材，被多所大学相关专业采用做本科高年级和研究生的教材，这套教材先后获得20多个国家级、部委级奖，受到专家学者和师生们的好评。我感到选择当编辑是正确的，我一定能越做越好。

从此，我安心在出版社工作，做过总编室主任、副总编辑、副社长、总编辑，除了组织策划《院士科普书系》等重大图书项目外，我的主要工作转为组织社内外编辑出版资源多出好书，多出教学科研工作需要的质量优良的书，努力创出清华大学出版社品牌。

20世纪90年代，清华大学出版社的计算机类图书（教材、专著、实用参考书、工具书）出了名，无论原创编著的，还是引进翻译的，或者直接英文版影印的，都销售较好。电子工业出版社、机械工业出版社、科学出版社（龙门书局）和清华大学出版社构成中国计算机图书市场上的"四强"，到1995年清华社成为四强之首强，迎来了清华社计算机科学技术类图书出版的青春岁月，首强地位持续了10余年。清华社组织编辑出版的"计算机科学技术学术著作丛书""清华大学计算机基础教育系列教材""清华大学计算机系列教材"等在高等院校和科研单位中受到广泛好评。这些系列书的编著者比较著名、内容质量可靠、编辑校对工作认真、印制装订质量良好，是清华社的畅销、长销品牌图书。清华社在国内有了点名气，在获得作者的授权后，20世纪80年代成功向英国牛津大学出版社输出《对策论》的英文版出版权。为适应国内读者学习英语的需要，清华社引进了一批科技英语及生活英语读物，有的做成英汉对照版，引进的《捷进英语》则作为大学英语教材。清华社引进图书最多的门类还是信息技术、计算机科技类图书，因为适应读者和市场需求，销售势头一直相当好。很多国外出版社看重清华社，乐意将最新计算机图书授权给清华社出版中文版。清华社成为计算机类图书的出版重镇、销售大户。1995年，清华版图书发行销售总码洋突破1亿元。此后，每年图书销售的增长率在30%以上。这不仅吸引、抓住了国内读者，而且对国外出版社更具有吸引力。

随着我国科技人员外语水平的提高，他们迫切希望更快地获取国外原版图书信息，等不及看翻译后出版的中文版，要求能看到价格合适的英文版科技书。清华社顺应这一需求，通过和国外一些出版社多次谈判，终于获得在中国内地影印出版英文版原书的权利。1998年前后，一批十几种影印英文版计算机图书每种三五千册，不到一年就销售完，有的品种重印了两三次。清华社为发展计算机科学技术类图书的优势，不仅建立了多个计算机图书编辑室，有两位副总编辑还专门筹划计算机图书的整体布局,社长、总编辑和社务会成员一起讨论计算机类出版物发展规划。清华出版社在加强国内作者编写科技专著和教材之外,还专门成立了对外合作部,统筹引进出版影印英文版和翻译中文版计算机类与经济管理等类图书,成了重视国际合作出版的著名大学出版社。我热爱编辑出版工作,20多年的工作实践告诉我:出版业的发展繁荣,一靠著译者的优秀稿源;二靠认真负责的编辑校对人员,三靠广大读者的欣赏或批评。但最重要的是靠党和政府扶持出版的优惠政策。看如今,在党的阳光照耀下,清华大学出版社在社领导班子和全社员工的共同努力下,已成为一个综合性大学名副其实的优秀出版社。

现今,作为已退休的老同志,思想上不能退休。但我不忘记:我是较早在清华园里加入中国共产党的"新工人",回想1964年自己在江苏省阜宁中学读书、年满18周岁时向党组织递交了入党申请书,1965年9月到清华大学不久,再次向党组织提出入党申请。1966年"文革"发生后,我初心不改,接受党组织考查,再次申请加入中国共产党,永远跟党走。1969年4月,我终于在党旗下宣誓,成为一名中国共产党党员,誓为党和人民的事业、为共产主义的远大理想奋斗终生。如今,我是有52年党龄、年过75周岁的老人,我将一如既往地关心清华大学,关心清华大学出版社,为学校、为出版社的每一个进步、每一个新发展鼓掌、点赞、欢呼!我更要按照党中央的要求,认真学习我们党的成长发展史,深刻体会习近平总书记近年来经常提到的我们中国共产党人的伟大革命精神,继承发扬党的光荣传统和优良作风,活着就要学习,保证思想跟上时代,行动跟上党的前进步伐,绝不能掉队,永远跟党走。

物003部分同学于2010年校庆日聚会,后排左5为蔡鸿程

2021年8月

周海梦,男,1946年生,浙江宁波人。教授。1970年毕业于清华大学工程化学系,1986年在中国科学院生物物理所获博士学位,在美国哈佛大学医学院从事博士后研究两年。曾任清华大学生物系副主任、主任,理学院常务副院长,校副秘书长,浙江清华长三角研究院院长等职。获国家自然科学奖一、二等奖各1项,国家教学成果奖二等奖1项等,出版教材和专著、译著5部。

栉风沐雨 行远自迩
——我的清华之路

周海梦 工化系 1965 级 化 001

1965 年的金秋时节,当我踏入美丽的清华园时,未曾想到就此与清华结下不解之缘,成为一辈子的清华人。从最初进入清华大学工程化学系学习,到 1970 年毕业留校后在化工系高分子教研组工作,成为一名清华园的"新工人",我便走上了与清华相伴的人生之路。一路走来,历经改革开放以来的巨大变化,从转向生命科学领域开展教学科研,到被学校派往浙江组建浙江清华长三角研究院,在时光荏苒中回望,我已在清华学习和工作了半个多世纪。起伏的思绪中滋生万千感慨,时代的变迁和进步,不仅给国家和社会带来翻天覆地的变化与发展,作为一名有着 55 年校龄的清华人,也践行了一条与时代共命运、与学校共脉搏的奋进之路。

1965 年 10 月周海梦在二校门留影

一、清华园的"新工人"——启程之路

毕业留校后,根据工作需要,我听从组织安排频繁地调动工作岗位。先是参加了校办工厂聚碳酸酯车间的建设,"聚碳酸酯"是当时国家急需的一种工程塑料,是由双酚 A 和光气缩合而成的高分子材料。我参与了合成的小试至大车间生产的全过程,那时的工作情景还历历在目。时值夏天,身上的工作服被汗水湿透,不久就白花花一片,虽然工作条件十分艰苦,还冒着随时都可能出现的试制过程中光气泄漏的危险,但胸怀报效祖国的信念,也体会到了"一不怕苦二不怕死"的豪情壮志。后来也曾以"新工人"身份参加过高能电池组三结合攻关小组。攻关小组隶属于基础课委员会化学教研组领导,组长孟祥发,有钱伟长(力学教授)、童诗白(电子学教授)、宋镜赢(汽车教授)和徐日新(化学教授)四大教授参加。在参与研制锌-空气高能电池的一年多的工作期间,我有幸向 4 位德高望重的教授近距离学习,从他们身上学到了严谨治学的风范,特别是钱伟长先生忘我工作的敬业精神让我终生难忘。要知道,那是一个特殊的年代,老先生们承受着巨大的多重压力,但为了填补国家的科技空白,哪怕再苦再累都无所畏惧,他们的爱国主义精神为我们树立了很好的学习榜样!

1974 年,我担任了化工系高分子专业 74 级分 41 班的班主任和分 4 年级的级主任,教师和学生组成教改小分队,我们戏称"小分队办大学",实行"开门办学",与学生们一起在天津塘沽的大沽化工厂摸爬滚打,在海河边上度过了春夏秋冬。也曾参加过开赴唐山开平化工厂的抗震救灾队伍,目睹了唐山大地震后的惨景和军民同心救灾的震撼场面,身临其境,着实锻炼了自己。回来后继续担任我的分 41 班班主任,直至 1978 年他们毕业后,奔赴全国各地工作。时间过去 40 多年,分 41 班学生的面容还一个个闪现在我的脑海中。在那激情燃烧的岁月,也走过了我的青春之路。

二、从化学工程到生命科学——转向之路

1978 年 10 月开始读研,当时,学校领导层已经在考虑恢复生物系,恢复理学院了,时任副校长的滕藤教授与我的导师方一梅教授商量,送我到中国科学院生物物理所去学习,师从邹承鲁先生,从化学工程转向生物学领域,攻读生物化学硕士学位。现在回想起来,仍深感庆幸,感恩目光长远的老师们为我选择了一条充满生机的发展之路。1981 年硕士毕业后又工作了两年,参与了由周昕教授主持的化学化工系生物化学研究室的建设与工作,地址在气象台。我们几个"新工人"青年教师带领几名学生将沉重的高速冷冻离心机、LKB 层析仪,靠着人抬肩扛搬上了气象台。1984

年生物系恢复，我被调入生物系工作。同年我考入中国科学院生物物理所，继续师从邹承鲁教授，攻读分子生物学博士学位。邹先生热爱科学、献身科学的精神，尤其是对待科学论文写作的严谨治学态度深深影响了我，也影响着我的一代又一代学生。1986年，我获分子生物学博士学位，赴美国哈佛大学医学院 Bert L.Vallee 教授（美国科学院院士）实验室从事博士后研究。出国后发现，当时国外实验条件与国内有着天壤之别，这深深刺激了我，回国时我通过海运带回了7大箱实验器材和书籍，希望为回国后的研究提供更好的条件，能够作出成绩报效国家。1988年，我回国继续在生物系工作，基本完成从化学工程向生命科学的转向。

1987年在美国留学时，周海梦（右）与导师邹承鲁夫妇在哈佛医学院留影

三、难忘的生物系——奔腾之路

我回校后受到了学校领导和系领导的亲切关怀，赵南明教授给我介绍了系里两年来的发展。我从三十六所离开，又回到了三十六所，然而马上就要搬进改造后的老生物学馆，这预示着生物系会迎来一个新的发展。我们生物系的"新工人"，属系里一群最年轻的教授，在生物系复系初期条件非常艰苦，师资力量十分紧缺，在这种情况下以赵南明教授为代表的系领导目光放得很远，毅然地把我们一批"新工人"送出国学习深造。1988年前后，这群人陆续回国，为生物系注入活力，发挥了骨干作用。这样"成批放飞，全部收回"的现象实属难见。

系里交给我两项任务，第一，立即为生6班（1986年入学的）学生讲授生物化学课，没有给我一个准备期，边备课边讲课，教材用 Lehninger 的 *Principles of*

Biochemistry，用双语教学。这门课不久被评为学校一类课程。10多年后，我领衔翻译了 Lehninger 的第 3 版教材，高等教育出版社出版的"国外优秀生命科学教材译丛"的《Lehninger 生物化学原理（第 3 版）》（中文版），受到了广泛好评。第二个是让我负责申报生物化学硕士点。当时我了解到，1987 年学科申报时我系生物物理学学科点获批了博士学位授予点，而生物化学连硕士点都没有获批。因此系领导十分着急，希望我们在 1989 年审批时务必拿下硕士点。我欣然地接受了这两项任务。经过努力我们如期拿下生物化学硕士点，而后在 90 年代又拿下博士点，使得我们系拥有两个二级学科博士点，为后来转为生物学一级学科博士点奠定了坚实的基础。

为"生物化学"教学备课

在实验室建设方面，1988 年搬入老生物学馆，系里给了我 25 平方米的实验室，在当时条件下已属很好了。同年申请获批一项国家教委资助优秀年轻教师基金 7 万元，在当时可是一笔不少的基金（那时国家自然科学基金面上基金才 1~3 万元），而后我又获国家自然科学基金面上基金 1 项。1988 年招生了第一名研究生，接受生物系首届 85 级学生 2 名入实验室做毕业设计，同时吸引 86 级、87 级学生 4 名提前进入实验室，这样就组建起了研究团队。那时期我们科研热情极高，成天泡在实验室，几乎放弃所有周末和节假日，工作近乎"疯狂"。我从那时起，主要开展了酶的结构与功能研究，包括酶的化学修饰、酶的催化动力学、酶结构改变对生物活性的影响等，集中于酶的活性部位柔性的研究，其后参加了"蛋白质折叠研究"的国家攀登计划项目，以及后来的"863"和"973"等多项科研项目，作出了一定成绩，后来还出版了《蛋白质化学修饰》《酶活性部位的柔性》等专著。同时，实验室拥有浓厚的科研氛围，为学生提供了宽松、自由的研究空间，也培养了一批优秀的学生，包括本科生，他们如今在生命科学的不同研究领域都已取得了突出的成就。

1990 年经过竞争，我晋升为正教授。1991 年被国家教委和劳动人事部表彰为"有突出贡献的留学回国人员",1992年获批享受"国务院特殊津贴"。1995年老系主任赵南明教授再次出山,二度担任系主任,我有幸担任系副主任,那段时期他担任着中国生物物理学会理事长等职务,同时他有意识地想培养我的领导能力,给我压担子,这为我在1999年承担系主任工作奠定了基础。在我任系副主任到系主任的9年时间里正逢"211工程"验收、"985项目"建设的关键时期,1999年学校一期"985"学科建设在经费上给生物系一个巨大的投入,我们抓住机遇,经全系教职员工的努力,在人才引进、学科建设、科研工作等方面均取得了长足的进步,实现跨越式快速发展,科研成果频出,初步建设了生物系实验教学中心,并顺利通过北京市基础教学实验室的评估,为建设北京市和国家级实验教学示范中心奠定了基础。理科基础研究与教学人才培养基地被教育部评为全国优秀基地。系主任的工作锻炼了我的能力,在自己的学科领域、教学科研方面都发挥了力所能及的作用,后来,曾任国务院学位委员会学科评议组成员(生物学评议组)、教育部生物科学与工程教学指导委员会副主任委员、生物工程与生物技术分委员会主任委员、教育部学科发展与专业设置专家委员会委员、国家"973计划"领域专家咨询组成员(健康科学领域)、中国生物化学与分子生物学会常务理事,酶学专业委员会主任委员等职,履行了应有的义务和责任。

在生物系多年工作中,我深深意识到,历届系(院)领导有一个共同的遗传基因,那就是重视人才、爱惜人才,全力引进优秀人才。通过一系列举措和规划,生物系吸引了一批优秀的海外学子陆续加盟,为清华大学生命科学的迅速发展奠定了人才基础和良好的教学科研氛围,由此也取得了科研项目、经费和论文等方面的多项突破,科研水平不断提升。2002年10月,我结束生物系主任任期,调任理学院常务副院长(院长为时任全国人大常委会副委员长的周光召先生)。

四、从北京到浙江——发展之路

2003年7月,我在国家会计学院参加学校的暑期干部会,晚上在院内散步时,迎面遇到常务副校长何建坤和副校长岑章志,两位校领导立即叫住我,开门见山就说,学校拟在浙江建立一个"浙江清华长三角研究院",打算让你去担任院长。我的脑子轰的一声,心想你们弄错了,我能胜任这工作吗?我立即想到深圳研究院,想到了院长老冯,我和冯冠平是好朋友,在担任生物系主任时常去香港科技大学、中文大学访问和交流,路过深圳时常去看看冯院长,我到过他们初创时的铁皮房,到过他们大楼的建设工地,我真佩服他们艰苦创业的劲头,老冯担任过科技处处长,在这方面有强大能力啊,而我一直是从事基础研究,没有离开过实验室小天地,确实没有能力去担任此重任啊!

继往开来

我回校后，找到考察选址的相关同志及拟任副院长的陈吕军（他也是考察组的成员）等同志了解情况，才知道此项工作的重要性。2003年3月17日，时任浙江省委书记的习近平、省长吕祖善率团访问清华大学共商省校合作机制，拟决定建立一个研究院。接着，学校派出了一个考察选址小组，经过几个月的考察，决定选址嘉兴建院。这是一个以清华大学科技、人才为依托，立足浙江，面向长三角地区经济社会发展需求，大力开展科技创新、技术服务、人才培养和高新技术产业化工作，为更好地发挥清华大学服务社会职能，推动长三角地区经济社会发展作出积极贡献的研究院。这个研究院定名为浙江清华长三角研究院（英文名：Yangtz Delta Region Institute of Tsinghua University, Zhejiang）。经过慎重考虑，我最终决定服从组织安排，出任浙江清华长三角研究院院长。

2003年12月31日在杭州黄龙饭店，浙江省人民政府和清华大学举行共建浙江清华长三角研究院签约仪式，时任浙江省委书记的习近平同志和时任清华大学党委书记的陈希同志出席了仪式。我被任命为浙江清华长三角研究院院长、清华大学副秘书长，并于2004年2月9日，我带领包括我在内的一共9人，入住嘉兴宾馆开始研究院的创建工作。

万事开头难。成立之初的研究院别说科技创新平台，就连固定的办公场所、实验设备都没有，不少专业性人才也奇缺。因此采取边筹备边运作的方式，哪个领域的条件成熟，就先建立那个研究所。2004年7月，研究院在集成光学方面具备了优秀的科研人员、实验室场地，还获得了浙江、江苏、上海二省一市的科技攻关项目，由此集成光学研究所成为清华长三角研究院成立的首个研究所（这个所后改名为先进制造研究所），利用浙江及长三角地区的光电产业集群优势和清华大学科研优势资源，整合了产、学、研、资等各种资源力量。

《浙江日报》2007年6月15日的报道这样写着："作为浙江清华长三角研究院的带头人，周海梦对研究院的发展前景充满信心。他说，自主创新关键在人才，浙江要又好又快地发展，就必须加强创新型人才队伍建设，重视培养引进高科技领军人才。研究院还与杭州、温州、嘉兴等地的相关企业建立联合研究中心，加快科技成果产业化进程。"

随着一大批高层次人才被吸引到清华研究院、研究院总部的5.5万平方米创新大厦的建成，生物技术和医药研究所、生态环境研究所、先进制造研究所、信息技术研究所也相继成立，并在各个领域不断实践、创新，在科技创新日益成为产业结构调整、经济转型升级的重要支撑之际，将科技研发与地方实际需求相结合，全力开展科技攻关，对既具市场前景又有利于地方经济发展的科技项目，特别是生物医药、生态环境保护、先进制造、电子信息和建筑、节能等领域的研发都取得了较大进展。2009年8月，我卸任浙江清华长三角研究院院长职务，继续担任研究院学术委员会主任，胡海峰同志担任第二任院长。在他的领导下，经过几年的建设，在以往基础上总结出了"政产学研经介用"的北斗七星论的发展模式，研究院得到快速发展。"一棵树，随着枝叶的繁茂，撑起的那片天空随之扩大延伸。位于嘉兴科技城的浙江清华长三角研究院也犹如大树般，随着一个个科技创新平台的涌现，枝叶不断外延，编织了一个科技创新大平台，依托清华，立足浙江，服务长三角"（摘自《嘉兴日报》2009年4月1日报道）。

建院10周年之际，中共中央总书记习近平于2014年5月在浙江省委、清华大学党委《关于浙江清华长三角研究院发展情况的汇报》上作出批示，极大地鼓舞了研究院的全体员工，怀着绝不辜负总书记殷切期望的信念，在第三任院长王涛的领导下全面完成研究院建设计划。在300亩的院区中，33万平方米的高楼耸立，建成了国家级博士后科研工作站、国家级国际科技合作基地、国家级海外人才离岸创新创业基地、国家级科技企业孵化器等多个高水平科技创新平台和基地。看着这蓬勃发展的研究院，我思绪万千。作为研究院首任院长，我当初肩负重任从清华来到浙江，在省、校领导的正确领导下，率领研究院从无到有做了大量开创性工作，努力发挥浙江清华长三角研究院的科技和人才优势，为推进产、学、研合作，助力地方产业提升创新能力，推动区域科技、经济与社会的协调发展贡献了力量，内心感到十分欣慰。

在浙江工作期间，我始终不忘教书育人的初心，清华生命科学馆里我的实验室在继续运行，争取科研项目、开展科研工作、培养研究生一直没有停止，直至2012年退休。2006年我获教育部中国高校自然科学奖一等奖1项。我到浙江工作后，2005年入选首批浙江省特级专家，延长了我在浙江的学术生涯，其间兼任浙江省科学技术协会副主席，为地方科技创新和人才培养作出了应有的贡献，2017年3月在浙江清华长三角研究院退休。秉持"桃李不言，下自成蹊"，多年来辛勤耕耘，迄今先后培养了硕士生、博士生、博士后和进修教师等百余人，为他们的教学科研发展提供了力所能及的帮助。

人生漫漫路，峥嵘岁月稠。而今迈步从头越，更要以旷达的心境，充实自我，去追求新的人生境界。现在，我默默地关注清华生命科学学院的发展，默默地关注浙江清华长三角研究院的发展，默默地关注着我培养的弟子们的发展，老有所为，做一些自己想做又力所能及的事情。又值金秋，徜徉在兰馨书香的清华园，目睹着学校日新月异的发展，怀着身为清华人的自豪与荣耀，满怀希望地期待，未来的路上，水木清华将更加璀璨辉煌！

2021年9月

刘坤林，男，1945年生，河北易县人。教授。1964年考入清华大学工程力学数学系，1970年毕业留校在机械厂工作。1979年到数学科学系从事教学与科研工作。1994年赴 Texas A&M University 做访问研究教授并讲学一年。曾任中国工业与应用数学学会理事、常务理事、副秘书长等职。

与数学为友

刘坤林 数力系 1964 级 力 05

我这 50 年的回忆与思考，没有什么深刻的思想与观点，但都是自身经历给予我的真实感受与烙印。

一、1970—1978 年，接受再教育

1964 年 9 月我考入清华大学工程力学数学系，与力 05 班同学组成一个 21 人的班集体。1970 年 3 月毕业留校工作。我的专业是一般力学，听老师们说这专业是搞飞行轨道控制与导航的，我自然很喜欢这个专业，觉得有点"高级"。我高考报志愿时，第一志愿是自控系，但因为视力色弱，没被录取，进了第二志愿，但还是高兴不已。正是这个专业的情结，给我种下了"控制论"的萌芽。我后来的兴趣、研究论文与学术成果绝大多数都属于控制理论与系统辨识学术领域。只可惜，在清华工程力学数学系学了不到两年，专业还没着边就赶上了"文革"，停课闹"革命"。毕业后我和其他大批"新工人"被分到机械厂，当时叫汽车厂，号称清华要造汽车，也确实造了一些汽车。当时我们头上顶着一顶帽子，叫作"接受再教育"。我很珍惜这个"接受再教育"机会，一是在实践中确实学到了一些东西，二是有了自己的收入，从此结束了向父母要生活费的历史。当时随处可见的口号是"抓革命，促生产""工人阶级领导一切"，还有"深挖洞、广积粮""备战备荒为人民"，等等。各级领导都是"三结合"领导班子，尤其强调"掺沙子"，还有，知识分子要夹着尾巴做人。记得我们晚上还曾加班去挖洞，当然，也有过夜间紧急集合、行军拉练，这些印象至今都很深刻。

刚到机械厂时，我被分配做了刨工，有一位老师傅给我指导。我们三班倒，负责开一台 4 米龙门刨床。我确实从工人师傅那里学到了不少东西，并且对我日后的发展有很好的促进作用。记得我当时还作了一项"技术革新"，对一台老旧的插床进行了改造，使得工作效率明显提高。车间为此还举行了现场会，祝贺我的革新项目成功。其实没有任何新技术，只是设计了一套无级变速机构，替换了原来的塔轮变速机构。有关领导可能认为我工作还不错，半年之后调我做了质量技术检验员。

接受此项工作，使我接触到了更多的工人师傅，同时也掌握了许多精密的测量技术与设备，增加了不少实践经验与技术知识。

大约1972年年底，汽车厂下马。经过调整，恢复机械厂名称，立项生产两类产品：一是批量生产立铣头，用以向学生提供金工实习教学环节；二是研制数控机床，并试制样机。调整后的车间命名为金工车间。车间成立了技术组，分别对批量生产立铣头与数控机床的研制进行技术与工艺管理。本人作为该技术组副组长，负责主管数控机床的技术工作。我同技术组其他"新工人"技术人员一起分工合作，处理有关数控机床的各类技术难题。其间，我曾为参加世界博览会的中型数控铣床设计了液压半自动主轴箱变速系统。我还清楚地记得，为保证这台中型数控铣床如期出国参加国际博览会，我同装配工人师傅一起加班调试机床，多次连续工作超过40小时。一天夜里11点，工作疲劳中因扳手打滑，手腕受伤，鲜血迸溅在身上，一位工人师傅把我送去医院缝针包扎。送走那台前往国际博览会的数控机床后，我同参与调试的其他技术人员以及工人师傅心情无比欢快，内心觉得有点"成就感"。现在回忆起来，多少有点可笑吧。

1975—1976年，本人还有幸去南苑农场（原为劳改农场）走"五七道路"一年。印象最深的是农田里劳动的欢快，另外，那里的桃子十分美味，伙食也还不错。作为从"五七道路"走过来的人，我真的感受到了一些好处，至少丰富了我的社会实践与感受。还有，我已经慢慢修炼了一个"小窍门"，那就是随遇而安，无论生活还是工作。说到这里，我想起几十年教学讲台上常讲的一个小故事：3位好朋友甲、乙、丙，约好去西湖断桥漫步春游，到了断桥，天下起了小雨。甲说，真倒霉，好不容易约个日子来游玩，还赶上下雨；乙说，雨不大，可以忍受；丙说，我喜欢雨中漫步，别有情趣。这最后一位，最聪明，不仅一派好心情，还悟到了养身之道。

二、1979—1982年，摇身一变成为教师

1977年，我国恢复高考制度，清华大学招收了"文革"后第一届新生，开始恢复教学科研秩序，急需扩充教学队伍。身处机械厂的"新工人"队伍开始动荡，考研、出国、分流到有关各系所。由于原来所处专业的控制论情结，我开始自学攻读自动调节原理、现代控制理论、最优控制以及系统辨识理论与方法，当然，还有必不可少的相关数学课程，并开始钻研国际上最权威的著作与学术论文。准备奔赴教学第一线的我，原本想回到力学系原专业，于是向学校递交了报告，并有幸与何东昌副校长约谈了一次。何东昌副校长建议我去正在筹建的应用数学系，因为那里有一个控制理论讨论班，急需教学科研人才，这也符合我的志愿。当时基础课正面向

全校征集志愿者，我顺应了潮流，1979年春季来到了应用数学系（后更名为数学科学系），并加入了数学系开设的微分方程与控制理论讨论班，在这里遇到了我敬重的几位老师。当时系里还为我们这些"新教师"安排了数学基础理论进修班，学习内容主要包括实变函数、测度论与泛函分析、群论、理想与近世代数等基础数学理论课。为尽快承担教学任务，系里还委派富有经验的汪掬方等老教师与我们这些"新教师"一起开设教学讨论班。当时系里为我选定的业务发展方向是分析与方程，我的业务兴趣为控制论，数学上属于微分方程的大范畴。

我承担的第一个教学任务是为化师8班上微积分习题辅导课，我非常重视这个机会，每次都花大量时间认真备课，从讲课思路、概念的层次与理解、问题的引入方式到选择例题，都精心反复推敲。真没想到，第一轮的教学任务完成下来，1979年年底就获得了教务处颁发的教学优秀奖。我知道这并不是什么大奖，但对我起到了良好的鼓励作用。两年后，我开始主讲大课，从复变函数开始。这开头一段时间的业务培训与教学经历，给我打上了深深的烙印，也许已经预示着，几年之后的我真的成为了清华微积分讲台上的一名主讲教授与责任教授。有谁会相信命运一说吗？在后来的岁月里，我主讲过的课程，时间最长的当然是微积分。此外，还包括了复变函数、概率统计、工程数学、系统与系统辨识（数学专业本科与研究生选修课）。本人经清华大学出版社等机构出版的教材，也大都属于微积分系列。

刘坤林在备课

三、进入控制理论与系统辨识研究行列

由姜启源教授主持的微分方程与控制理论讨论班,对我的业务成长与发展有重要的引导作用。每周半天的讨论班持续了两年多。在讨论班内,除了学习一些有关理论与方法,还特别关注现代控制理论、系统辨识与参数估计的国际最新进展及动态。1980年夏天,对我来讲是一个不寻常的夏天。受姜启源教授的委派,我和另一位教师去哈尔滨友谊宫参加了由中科院系统科学研究所主办的现代控制理论与系统辨识研讨班。作为一个刚入门小学生的我,当然非常看重这一机会。在研讨班上作报告的是在现代控制理论与系统辨识领域有着良好基础或有重要成果的研究人员,不乏控制理论界名流和教授。一些报告是介绍该领域内的最新进展与方向。正是在这里确认了我的科研兴趣方向:动态系统辨识与参数估计。当时的清华数学系主任是萧树铁教授,在倡导基础理论研究的同时,也曾大力推进应用数学方法的研究,特别是强调走出去、结合社会实际问题开展应用研究。作为清华"新工人",我算不上理论科班出身。因此,在不断提高理论深度的基础上,尽可能承担一些社会与经济方面的应用课题,是我当时的一个小策略。

1986年春季,由清华大学科技处牵头,我作为数学系派出的代表,同其他各系与会代表一起参加了"北京市20世纪末发展规划大会",并与自动化系老师共同承担了大会布置的"北京市自然与社会承载能力的研究"大型课题,我负责的部分是:基于北京市规划局与统计局给出的各类历史数据,为北京市各经济部门以及商业、交通、道路规划等方面建立预测模型,并给出20世纪末这些部门指标的供给与需求两方面的预测数据。当时距20世纪末还有十几年,我心目中的一个感觉就是:20世纪末还很遥远,靠模型的预测会有把握吗?在课题研究过程中,根据实际需要,运用系统控制及预测理论方法,提出了两类预测模型,并开发了相应的建模及预测软件,所涉及的理论与方法为多项式回归与时间建立序列分析,以及多变量线性控制模型。此为本人第一次接受社会与政府部门的应用课题,也第一次感觉到我所从事的方法与理论研究真的对社会确有所用场,同时,也感受到了北京市对清华大学的信任。此项目获得了北京市科技进步奖。还真没想到,10多年后,发现当年我提出的模型预测值与实际值误差均在3%~10%以内。后来与本系谭泽光教授合作,又承接了北京市与天津市的交通规划等课题,一些成果获得教育部或国家科技进步奖。

从事应用课题的研究工作,扩大了对社会了解的层面,也感受到了对社会的一份责任。作为更深刻了解社会(包括国内与国际)的一个经历,是本人受系主任萧树铁教授的指派,参与了中国工业与应用数学学会(缩写CSIAM)的创办与筹备工

作，CSIAM 由教育部与科技部审核支持，民政部批准注册，1990 年成立，是国际工业与应用数学学会 ICIAM 的大会员单位。从筹建、申请注册成立，到学会的业务管理工作，本人在学会任职理事与常务理事、副秘书长。这 10 多年的兼职工作，使我认识到了许多新的重要问题，其中最重要的认知收获是：21 世纪的竞争将是数学与应用数学技术的竞争，这是美国科学院院士、数学家、物理学家 James G. Glimm 的观点。美国是一个数学强国和数学大国，尽管如此，出于对 21 世纪美国经济与技术竞争力下滑的担忧，美国的一些顶级科技精英、院士、教授与专家，在 20 世纪末，花费了两年多时间，做了一件了不起的事情，那就是通过大量调查取证工作，举办了一系列学术研讨会，以国防部、能源部、交通部、国家原子能协会、国家科学基金委员会，以及国家航空和宇宙航天局等机构提供的一手材料为依据，最后委托美国科学院院士、数学科学委员会委员 James G. Glimm 执笔写成 *Mathematical Sciences, Technology, and Economic Competitiveness* 一书，由 National Academy Press, Washington, D.C. 于 1991 年出版。此书实为向美国总统与政府的进言报告。这本小册子的重要背景之一是："适逢数学在许多领域的应用日益增加，对学生的数学分析能力的要求也相应提高，而美国学生学习数学的积极性一直没能激发出来，这两件事已导致对数学学科在教育方面的认真、高层次的检查。"另一位美国科学院院士、数学科学委员会主席在本书的序言中写道："数学对美国的技术基础，在发展中的高技术，以及间接地对保持美国的竞争地位至关重要，这是已为学术界所熟知的事实。然而，美国高中生选择以科学与技术为职业的人数不断减少，这一事实足以表明许多人还未意识到数学对美国技术发展的中心作用。" 这些顶级精英们取得的共识是：美国过去的经济成就不可作为未来成功的保证；技术是取得经济成就的重要因素；而数学科学又总是这种技术的一个重要组成部分。我的粗浅理解是：数学科学与技术的高度发展必然催生科学技术的原创力。纵观一些发达国家的历史与现状，这一说法实不为过，一些发达国家往往亦为数学强国。一个数学强国必然会催生技术的原创力。有了这种意识之后，便利用一切可能的方式，在我的教学中引导学生努力培养数学与应用数学思想和意识，我常提到的两句话是："你今天造就的数学与应用数学思想，会孕育你未来的原创力。""也许你并不想成为数学家或数学工作者，但是，与数学为友，定会为你搭建成功之桥。"同时，科学研究亦会促进教学。

有了十几年的科研经历之后，大概从 1997 年开始，每当我站在大课讲台上，都会觉得心中更有底气。有时我会发现，有一些出奇聪明的学生在课堂上做一些玩耍的小动作，之后我会暂停讲课，面带微笑插说一段："大家应想到，这个教室里，除了你以外，还有别人在听课，我知道有的同学已掌握了我刚刚讲过的概念，如是这样，你可以静下来休息片刻。还有，在这个地球上，除了人类以外，还有鸟类和兽类，我们要保护环境。"我发现，这样的一些话语很有效，有时甚至会招来一片莫名其妙的掌声。为加强对一些数学概念的理解，我还常常引申到一些与新技术或某些生活中的细节相挂钩的知识。当然，有时也插说一些古典数学笑话。很显然，我的微积分大课教学气氛活跃了许多。从1998—2008年，我发现我的大课教室（六教201）总是座位不足，经常会有学生搬椅子来到教室里，坐在两侧走廊，讲台前空地也往往摆满加座的椅子。我明白，这些是限于名额、未能选进我微积分大课的同学。教师的科研经历，会对他的教学课堂增色，由此导致教学上的欣慰，又会激发科研的灵感。记得我刚到数学系时，一些深受敬重的老前辈曾经说过，教学、科研是相辅相成的。如今，多年的实践让我有了这种宝贵的切身体会。

中国工业与应用数学学会的成立，对中国的许多高等学校、科研院所与大型企业是一件大事，更是一件好事，为开展科研协作提供了不少重要机会。应该学会发起单位（亦为理事单位）成都飞机工业公司邀请，数学系委派我和何坚勇等老师于1991年初到成都飞机工业公司进行了访问考察，根据厂方的需求，签订了一批重要的合作研究合同。本人作为课题组牵头人，与其他几位老师承担了其中一项关于化学铣切过程中槽液浓度及温度实时检测与控制的数据处理实施合同项目。化学铣切是航空工业中对异型零部件的一类重要加工工艺，传统工艺是靠人工经验来控制化铣加工的时间与尺寸精度。成都飞机工业公司对本项合同提出的要求是：对化铣槽液的浓度与温度进行实时监测及调整量的预报。此项目的研制历时3年多，我们课题组在"成飞"现场工作累计近3个多月。记得有一次在化铣车间现场采样时，取样泵爆裂，致使高浓度氢氧化钠喷射在我的脸上和耳孔里，经医院紧急处理未造成严重后果。此项目的完成达到了成都飞机工业公司全面要求，1993年夏，该项目完成并通过验收。此项目为10号工程（歼10）下的子课题，当时为绝密工程，不可以发表论文，现已解密。"成都飞机工业公司副总工程师许德在验收会上高度肯定和赞扬这项课题的成果。他说，这项课题的成功为新机型的研制提供了一项高新技术的依托。他指出，由本课题提供的化铣质量要比美国产品强，这说明清华大学的老师们理论联系实际，使本课题完全达到实用的水平，工作做得仔细周到。他还特别对系统动态建模及自适应预报部分表示极大兴趣，对本系统用快速算法、病态算法以及模型库、算法库、克服随机干扰技术尤为满意。他认为，这项课题从理论方法到设备选型，从模型算法到软件系统，都是高水平的，工厂想到的问题都解决了，没想到的问题也解决了。"（摘自《清华大学科技简报1993年第9期》）在履行此项目期间，清华大学党委书记惠坚同志应邀率领清华大学代表团前往"成飞"，签订了成都飞机工业公司与清华大学中长期战略合作协议。

四、方法与理论的创新

入列控制理论与系统辨识研究十几年,虽然在核心学术刊物发表 20 多篇论文,但自身感觉总是不太满意,有一点遗憾,几乎没有重量级的理论成果。于是我暗自下决心要在理论与方法上上一个台阶。1993 年年底,系里通知我,由教育部出资准备派我出国访问。我知道这是一个学术上台阶的机会。我查阅了有关控制理论与系统辨识的大量资料,最后选了两所大学,投送本人学术简历进行联系。于 1994 年年初,我收到两份邀请,其中 Texas A&M University 数学系逼近理论中心与电力电子系发给我的联合邀请函承诺给予资助,并延长工作期限。

本人于 1994 年 4 月到该校的两个系作访问研究并讲学。每周有学术专题讨论班,不定期为系统控制方向的研究生开设讨论课。1994 年 6 月,针对复杂系统的建模,本人提出一种基于卡尔曼滤波的参数估计新算法,并搭建构造了实时并行算法,实现大系统的快速参数估计与建模,对参数估计的收敛性与稳定性给出了证明。论文题目为《多变量线性系统的递推松弛辨识及其并行算法》(*Recursive Relaxation Identification of Linear Multivariable Systems with its Parallel Algorithm*),作为作者,我收到 1994 年全球信息科学大会组织委员会的邀请函,邀请本人作 45 分钟大会特邀报告。我于 1994 年 11 月从德州前往美国北卡州,在 Pinehurst 度假村主会场作了 45 分钟大会报告(小组分会场在 DUKE 大学),报告受到高度评价,提交的论文被大会学术委员会评为优秀论文。之后,该文优先发表在美国核心期刊《Information Sciences》(Vol.89, 211~223, 1995)上。论文内容被广泛引用,至今不断。

1994 年在全球信息科学大会会址留念

在全球信息科学大会会场外留影

继上述成果之后,1995年春,在 Texas A&M University 的研究中又开辟了一个新课题,即系统辨识中困扰参数估计算法的病态数据问题。任何一种动态系统辨识的算法,在应用中,首先需要在线采集控制对象(目标)大量动态数据,这类观测数据有时会呈现病态问题,即由采集到的数据排出的矩阵几乎属于奇异(即矩阵行列式的值太小或几乎为零),此时任何好的算法都会失灵,快速建模会陷入无米之炊,更谈不上在线控制。针对系统辨识参数估计中的这一难题,本人提出采用数值分析中的 Householder 变换来克服这一困局,为保证算法省时快速,将算法设计成并行算法,通过并行机上的模拟试算,取得了令人满意的结果。这一方法成功地克服了基于病态数据的难题,使面临病态数据时,仍可快速动态建模,对大数据动态建模具有重要的理论价值与实战意义。该成果论文为《Household 变换的并行算法及其对病态问题的应用》(*Parallel Algorithm for Householder Transformation with Applications to Ill-Conditioned Problems*),论文发表在美国核心期刊《International Journal of Computer Mathematics》(Vol.64,89~101,1996)上。文章发表后,一直被广泛引用至今。

五、结束语

　　一代人有一代人的特点与使命。我们这一代,是有着特殊经历的一代。不管经历有多特殊,我们的身上还是有着永远的清华烙印,挥之不去的烙印。我们毕业 30 周年之际恰为世纪之交,那是 2000 年,清华世纪鼎落地清华校园。本人于 2021 年清华 110 周年华诞之际,写了一首小诗《世纪鼎之忆》,作为对清华世纪鼎落成的回忆、纪念与对母校之感恩,以此作为本文结束语:

<blockquote>
七零毕业三十载,执教学研业有成。
清华底蕴修在身,用之铸业有奇功。
欣悉欲立世纪鼎,你我他都乐融融。
铜鼎落地助清华,不疑来日有巅峰。
</blockquote>

愿清华大学在世界一流大学的征程上有新的巅峰!

2021 年 10 月

裴兆宏，男，1946年生，山西沁水人。研究员。1964—1970年在清华大学工程力学数学系学习，毕业后留系从事教学与科研工作。1983年获硕士学位。1992年起在人事处工作，历任师资科长、副处长、处长等职；2004年调医学院工作，任院党委书记、副院长；任《清华大学志（1911—2010）》副主编；2013年起，任国杰老教授科学技术咨询开发研究院副院长、院长。

在工字厅的日子

裴兆宏 数力系 1964 级 力 01

我于 1964 年考入清华大学工程力学数学系，学制 5 年半，1970 年 3 月毕业留在工程力学数学系从事教学科研工作，也兼任过教务科长、科研科长、系办主任等职务。

1991 年年底我从工程力学系调入学校人事处师资科，1992 年 5 月任科长。1993 年 5 月任人事处副处长，主管师资工作。1997 年任人事处处长。2004 年 9 月离开人事处调到医学院任党委书记、副院长。2008 年我从医学院党委书记的岗位上退下来，人事关系又转回人事处，2009 年 10 月退休。

在人事处工作的 13 年里，先后经历了三任校长：张孝文、王大中、顾秉林，三任主管人事的副校长：杨家庆、关志成、何建坤。办公地点都是在工字厅西后院，其中 2000 年一年时间因工字厅装修在立斋办公一年。

回顾在工字厅的日子，非常有成就感，值得记述下来留作纪念。

一、优化教师队伍，规范教师概念

1993 年暑期干部会提出了"到 2011 年建校 100 周年时，努力使清华大学跻身于世界一流大学的行列"的总目标。教师队伍建设作为实现总目标的关键因素，成为学校人事制度改革的重中之重。

1993—1994 年学校出台了一系列加强教师队伍建设，培育跨世纪人才的若干文件。1994 年，学校成立人才引进与选培工作领导小组，加大了骨干人才培养和人才引进的力度。人事处作为职能部门在学校党委和校长们的领导下，采取了多种举措，落实建设世界一流大学教师队伍的任务。

在 1994 年人事处提出"非升即走"的政策，当时仅指 9 年不能晋升副高职称的讲师将不再聘任，对青年教师形成了一定压力。一些兄弟院校人事部门认为，它们的主要问题是留不住人，"非升即走"有点超前。

同年制定的晋升高级职务的必备条件，对论文数量有了要求。当时学校提出了 SCI 千篇工程的计划，必备条件的实施改变了一些教师满足于成果鉴定报奖的习惯，开始注意书写学术论文和提高论文发表杂志的档次。在必备条件中，对教学为主的教师有一些变通的条件，并非只看学术论文。

在以往人事部门的统计中，把进校时有本科以上学历的人员都按教师统计，虽然工作在机关或后勤部门，或者从院系调到这些部门，仍然统计为教师。这样的数字不能准确反映教师队伍的数量和结构情况，1997年开始，改变了统计口径，只把在院系从事教学科研工作的本科以上人员统计为教师。2002年职工队伍改革，彻底将不在院系工作的人员分别划分到教育职员系列或其他专业技术系列，通过换发工作证完成了身份变化。

二、兼顾教学、科研，个人与群体的奖励政策

为了破除在教师职务聘任中论资排辈的现象，提拔青年教师早日晋升教授承担起学科建设的重任，学校开通了40岁以下择优晋升教授的渠道。1993年，40岁以下教授16人，到1998年达到80人。这些青年教授逐步承担了重要的学术担子，成为跨世纪教师队伍的中坚力量。

为了重点培养青年学术带头人，1995年学校推出"学术新人奖"，确定这个奖项名称时，我与时任校办主任的史宗恺商议，不用兄弟高校设置的各种"某某之星奖"，而称为"新人奖"。在1996年的暑期"教书育人研讨会"上，有教师反映"学术新人奖"对学术成果的要求太高，主要从事教学的青年教师也需要支持。会后我与教务处的吴敏生、宋烈侠商量，联合设立"青年教师教学优秀奖"，重点支持鼓励青年教师从事教学工作，同时资助研究经费支持他们开展学术研究。由教务处教学培训中心负责遴选，通过专家听课、评议等程序，1997年就评选出首届13位青年教师获教学优秀奖。第二年校务会议通过决议把"青年教师教学优秀奖"列为与"学术新人奖"并列的校级奖励。到2010年"学术新人奖"共选拔了164人，"青年教师教学优秀奖"遴选161人。获得这两项奖励支持的青年教师，陆续成长为学术带头人或教学骨干。目前这两项奖励制度一直在延续。

随后又推出"青年教师优秀群体"奖，到2010年共表彰58个群体。

这3项奖励既支持科研骨干又支持了教学骨干，既支持个人成长又鼓励团结合作精神，构成了立体的人才培养体系。

三、人才引进的花絮

1996年，为解决引进人才进校后的启动经费问题，我打报告给学校领导，建议把因合同期未满调离学校时交的违约金转为引进人才的经费，得到领导批准由人事

处专款专用,以每人5万元的额度资助了一些刚进校的教授,使他们顺利起步开展工作。

1998年学校推出"百名人才引进计划"和"百名高级访问学者计划",兼顾人才引进和智力引进。与教育部长江学者计划相配套,引进了不少优秀人才,为人文社会学科、生命科学、医学学科的建设和发展起到了重要作用。

程京是百人计划第一人,他在当选中科院院士时说,回国前到不少单位考察,好多单位都争取引进他,最后在上海一个大学和清华之间选择了清华,因为上海的大学校长让他领导有3名院士的团队,他认为这样的队伍不好领导,无法实现自己的愿望;我问他发展生物芯片需要哪些学科的教师,并提供了相关学科若干教师的名单简历,由他挑选配置队伍,他认为清华给了他挑选人员的权力,才能组成他能够领导的队伍。他进校后,我帮他组织了第一次见面会,介绍他们相互认识,以此为开端,组成了开发生物芯片的跨学科团队。

2000年从外校调入外语系的一名博导(当时全国也仅有几位英语博导),已经住进荷清苑社区,因为某种原因他想去广东一所大学,经劝阻无效,他终于调离。3个月后,他给我来了一封信说:当初没有实现在清华发展的愿望,于心不甘;女儿常常怀念清华附小的同学,于心不忍;妻子没有合适工作,于心不安。试探是否可以再回清华,我向学校核心组汇报得到批准,他又携全家回到清华,还是原住房,

2004年裴兆宏(前排左)参加经管学院到美国招聘人才

妻子回到原工作岗位，女儿回到原附小班级。他非常感激清华领导的胸怀和对人才的尊重。

一对从比利时回国的夫妇，已经被上海一所大学录用，路经北京时到清华大学看一看，产生了到清华工作的愿望，提出了有关住房、夫妇能否进同一个系、是否互相影响晋升等问题，在一天内从学校层面得到满意答复，当即决定不去上海，到清华工作。后来他说是清华的高效率使他们作出了决定。

一位从美国回国的学者，来清华应聘，当时清华承诺按副教授聘任，住房两室一厅。而北京另一个大学承诺按教授聘任，住房三室一厅。于是他去了北理工工作。3年后，他来信说，虽然住房等条件不错，但学术研究工作难以开展，无法实现回国的初衷，希望到清华发展。经人才引进领导小组批准，调入清华。

四、难以忘怀的青年学术沙龙

1996年，已经被清华录用的饶子和教授邀请我和赵南明教授访问英国牛津大学，在参观剑桥大学时，他指着一个不太起眼的酒馆说，一个生物学家和一个物理学家两人常常在这里会面交流，共同发现了蛋白质的双螺旋结构。

为了促进学科交叉和学术交流，我发起了"青年学术沙龙"，得到了学校领导的支持。王大中校长出席了第一次活动，与会的30余位教授都比较拘谨。为了活跃气氛，后来的活动一般安排在周五晚上，采取茶话会形式，在轻松活跃的气氛下交流、沟通。第一阶段，每次确定一个院系的教授介绍学科前沿课题，从相互认识到深入

2010年参加青年学术沙龙活动，左起：裴兆宏、颜宁、邱勇

沟通，增加跨学科合作的机会。学校也通过这个沙龙征求对学校发展和重大改革举措的建议，增强青年教授的参与意识。沙龙成员不断扩大，一些刚进校的引进人才通过沙龙很快融入这个群体。大家都十分珍惜参加每一次活动的机会，为此设法更改出差日程。到 2002 年共举办了 43 次沙龙，这些青年教授对沙龙有很深厚的感情。偶尔也有国外学者参加活动，他们都称赞、羡慕这样的沙龙。

邱勇教授是沙龙的成员，十分怀念沙龙的氛围。2009 年，他到学校担任副校长主管人事工作，要求立即恢复学术沙龙。

五、岗位津贴的出台

1998 年，国家开始实施"985 工程"，清华和北大都有 3 年 18 亿元的经费，其中有 3 亿元可用于教师队伍建设，主要用于提高教师待遇。为了开阔思路，人事处拜访了中科院数学所、中科院人事局，也邀请中科院人事局局长到清华人事处介绍他们的经验。

有一次我和北京大学人事处处长陈文申一起到教育部开会，为了打破过去两个学校人事部门不相往来、相互保密的局面，我将人事处年鉴的所有数据向陈文申公开，从此两校人事处建立了密切关系，每学期互访一次沟通情况，至今未断。

在酝酿如何提高教师待遇的方案时，两校相互沟通，一致同意采取岗位津贴制度的方式，重点改善教师待遇。两校约定最高津贴为年 5 万元，分为 9 级，实施方案中清华最高为 9 级 5 万元，北大最高为 1 级 5 万元。

1999 年，学校把岗位津贴方案向教育部人事司、人事部有关部门作了多次汇报，但一直得不到正式批复，我们理解为上级不反对就是默认，于是从 10 月份开始发放岗位津贴。

清华、北大的岗位津贴制度实施以后，在兄弟院校引起了强烈反响。因为教师待遇提高幅度之大，前所未有。不少高校纷纷前来学习交流，很快由羡慕转为期盼：清华、北大开了先例，其他高校跟进还会远吗？

六、讲席教授计划的实施

通过实施双百人才引进计划，从海内外引进了一批优秀青年学者到清华任教，但很少有一流大学的副教授以上的高端人才。王大中校长提出，要研究邀请世界一流大学著名教授来校工作的办法。通过调查研究，学校决定设立"讲席教授"制度聘任副教授以上学者，通过企业赞助筹集资金，给予每个讲席教授 100 万元经费的支持，其中有 10 万美元的年薪。

第一位讲席教授就是来自美国普渡大学的美国工程院院士萨文迪，受聘为新建的工业工程系系主任。在他的领导下，工业工程系在 3 年内进入国内同学科前列，又 3 年进入世界同类学科前列。

讲席教授制度在实施过程中，采取了一些灵活政策。如一个讲席教授名额，可以以组团方式，由著名教授为负责人，组织多位教授轮流来校工作，合计每年达到 10 个月的工作时间。到 2010 年年底，先后有 30 个讲席教授团组 220 余位教授来校工作，为提升学校教学科研水平和学科建设发挥了重要作用。讲席教授制度成为与一流大学交流的渠道，也成为一些学者加盟清华的桥梁。例如，姚期智、钱颖一、李稻葵、白重恩等教授都有讲席教授的工作经历。

七、教师划分系列的策划

1994 年，学校实行教学关键岗位聘任和岗位津贴办法，提高基础教学岗位的待遇。1998 年，岗位津贴制度全面实施以后，主讲教授和其他责任教授岗位一样最高也就是 9 级，无法体现倾向教学的政策。王大中校长又提出人事制度进一步深化改革的方向：在人员分类管理的基础上，教师队伍要按岗位划分职务系列。

2002 年，人事处经过国内外大学教师职责以及周学时分布等调研，提出了"教师队伍按岗位划分职务系列"的初步方案。指出：研究型大学具有人才培养、科学研究、社会服务三大职能，但大学的首要功能是人才培养，教师的首要职责是教书育人。教师是完成三大职责的主力军，但不是每个教师必须全能。不同职务系列有不同的岗位职责，也有不同的考核要求和薪酬体系。

这个改革方案在院系引起了不小的反应。一些青年教师不理解，为什么少于 32 学时教学工作量的教师不能聘任教授、副教授职务。很多院系领导希望人事处出面解释，我应邀到 16 个院系直接向青年教师宣讲，强调大学的首要功能是人才培养，教师首要职责是教学。划分系列就是要提升教学的地位，强化教学责任。

在青年学术沙龙征求意见时，有位杰出青年基金获得者说，系里引进我来清华就是要我多写学术论文，可以不搞教学。我说，那你就是研究系列，不能聘任为教授。后来这位教师也承担了不少的教学任务。

从 2002 年到 2004 年，陆续聘任了 3 批教学科研系列的教授和少量副教授。虽然当时没有明确薪酬方面的区别，也促使一些只关注科学研究的教师开始接受教学任务。

教师队伍划分系列改革工作持续多年，直到 2013 年《清华大学深化人事制度改革，加强教师队伍建设的若干意见》和相关实施细则出台后，各院系先后制定了改革方案并启动实施，到 2016 年才全面完成了按职责聘任职务和相应的考核、薪酬体系的改革。

八、教育职员队伍的改革思路

规范教师队伍概念后，一批原来统计为教师而且带有副教授、讲师、助教职称的人员划入教育职员系列。学校新设置的 7 级职员制度在高级职员之上设置了教育管理专业技术职务：副研究员、研究员。其指导思想是鼓励教育职员队伍加强研究工作，提高职业水平，要向专业化、职业化方向努力。教育管理也是一门科学，不仅要有工作业绩也要有学术研究，教育管理研究员的水平不低于各学科的教授水平，其待遇也应与他们相当。教育职员制度仿照国家公务员制度的双梯设置，职员职级不与行政职务挂钩。党政职务职数有限，职员职级则能体现其所在岗位的德才表现、工作实绩和资历。双梯制度有利于激发教育职员队伍积极进取，有利于职员队伍的稳定和发展。

九、工字厅里的"新工人"

20 世纪 90 年代，一批"新工人"先后担任学校和部处级职务，被誉为工字厅里"鸡飞狗跳"（这批人大多属鸡属狗）之辈。他们在学校改革与发展中发挥了重要作用。有一次和史宗恺聊天，他说很怀念这一批部处干部，他们把管理当作一项事业全身心投入，曾经给工字厅带来很融洽的气氛和高效率。

何建坤任副校长、常务副校长期间一直主管人事工作。我们共事时间最长，工作非常默契。我打交道比较多的一批部处负责人大都是"新工人"，不仅日常相处融洽，涉及工作方面事情很容易沟通，很少相互推诿扯皮。

有一次和邓卫参加同一活动，聊天时他说，过去接触较少，但对我印象深刻。因为在调他到学校工作时，陈希副书记约他谈话，希望他到学校工作后，要大胆发表意见。并说，有一些老同志，如李树勤、裴兆宏就经常发表意见、建议，包括不同意见。通过邓卫的话我才知道，在工字厅的日子里居然给领导留下如此印象。

十、重视人事工作研究

在人事处工作期间，为了提高工作水平，不仅自己加强学习研究，也发动各科室结合本职工作加强学习研究，每两年召开一次人事干部研讨会，汇编论文集。为了扶持青年职员的成长,先后指导了4位人事处在职硕士研究生和一位在读研究生。我校的人事工作不仅重视学习研究,在实际工作中不回避矛盾,发现倾向性问题,都会找到解决办法,拿出改革方案。兄弟院校遇到同样问题时发现清华已经解决,于是就到清华来学习交流经验。

1993年,我开始参加中国高校师资管理研究会和北京师资管理研究会的活动。清华在中国高校师资研究会担任副理事长的是副校长,他们没有时间参加很多研究会的活动。我有幸参加了研究会的所有活动,多次在大会上宣讲清华的研究和改革经验。我和教师发展中心的田静在中国高教学会师资研究分会的刊物《中国高校师资研究》上,分别发表研究论文8篇,发文量名列所有作者前10名。仅2004年的年会上清华有5篇论文分获一、二、三等奖。我曾和时任理事长、上海交通大学校长的谢绳武被中国高教学会表彰为学会活动积极分子。

1996年我担任北京高教学会师资管理研究会理事长,当时我是理事长、副理事长中最年轻的。2001年任期两届期满时我成为年纪最大的,章程规定理事

2002年裴兆宏指导的研究生喜获硕士学位

长最长担任两届,为了留任我,常务理事修改了章程,推选我又做了3年理事长。在任期间我每年设置若干课题,分组研究,带动了北京高校的师资管理工作。研究成果汇编论文集,并编辑出版了《永恒的主题——大学教师队伍建设的思考》一书。

十一、编纂百年校志的10年

2008年,我作为百年校庆筹备委员会成员,在庄丽君领导下负责校庆出版物和校史展览工作。2011年百年校庆时,共组织出版了50余本图书,并参与讨论百年校史展览脚本,组织编写了反映学校各个领域改革历程的《行胜于言》一书。参与《清华大学志(1911—2010)》的编写工作,2012年起担任副主编,承担了中后期大量的编辑工作,直到2018年正式出版发行。我为2019年校史工作60年纪念文集撰写的《百年校志编纂是历经十年的浩大工程》一文,详细介绍了这段工作。

2021年5月

陈克金，男，1944年生，河北保定人。研究员。1965年入读清华大学工程力学数学系，1970年毕业留校从事教学科研工作。曾在学生部、武装部工作，攻读在职研究生。在行政处工作近10年间，积极进行思想体制制度等方面的建设，努力创造能满足教学、科研、职工生活服务的各种条件；2003年曾被派往"非典"定点治疗医院酒仙桥医院，任临时党委书记、抗击"非典"指挥部副总指挥。

一块砖
——后勤工作大有可为

陈克金 数力系 1965 级 力 004

我 1965 年考上清华大学工程力学数学系，在力 004 班学习。我们这个 00 届在清华是特殊的情况。清华本来的学制是 6 年制。1964 年入学的新生按清华的编制要求应该叫 0 字班，因"春节指示"这一年入学的改为 5 年半。1965 年我们考上清华大学以后，学制又改为 5 年制，也应该是 0 字班。这样清华就有了两个 0 字班。为了区别两届学生，将 1965 年入学的命名为 00 届。清华荒岛上的"零零阁"就是我们这届校友捐建的。1966 年 6 月 5 日，我到体育大学找同学玩，回来听说蒋南翔校长作报告，提出"引火烧身"。从此，清华大学就停课闹革命了，我们的学业就停顿了。

一、甘愿做一块砖

1970 年，国家批准我们按时毕业，我被分配留在清华大学本校工作。我参加过教研组的教学科研工作，也在校机关学生部、武装部等一些部门做过工作。当时我在读本专业的在职研究生，正当我要选择做业务工作还是做行政工作的时候，艾知生副校长找我谈话，他说人到 40 不能老双肩挑，要有所侧重了，希望调我到学生部工作。我就放弃了研究生的论文工作，到了学生部。我是农村长大的苦孩子，是党的助学金、是党的义务教育让我上的学。我能来到清华大学都是党的领导和教育的结果。我在思想上是向党靠拢、听党话的。在我看来，学生的思想教育工作和后勤工作是学校里最忙的工作之一，这些和主流业务相比虽然都不很被人看重，但是意义是十分重大的。我热爱学生生活，我热爱与学生接触多的工作。后来到学校后勤系统工作，我的思想也经历了一番斗争，在当时的条件下，整个教育界的舆论都是愿意做业务工作，不愿意做行政工作。行政工作往往不受重视，不被人看得起。有的老师还举出了很多做了几十年行政工作的人作为例子，他们往往累了一辈子，评职称非常困难，行政职务也上不去。做业务工作的人职称上去了，最后反而是政治业务都有好的评价，而搞行政工作的人是白白地付出。但想到从小受的教育是应该服从党的领导，服从党的事业的需要，服从大局的需要，而且当时有一句话是，"革命战士一块砖，哪里需要哪里搬"，于是我选择了服从组织安排。这对我的思想是一次价值观的选择、人生观的选择，作为一位入党50年的老党员，我对自己的选择没有遗憾。一生能为清华大学做一些工作，能对清华大学的一流大学建设做一点力所能及的工作，也是有意义的。

二、打造一流的社区服务体系

清华大学的老书记李传信同志问过我，你干后勤工作不觉得吃亏吗？我说，没有党的培养我上不了清华大学。我能为清华大学作点贡献是我的光荣，是党和学校给我的机会，我要干好后勤工作。传信同志说，没有好的后勤就没有好的清华。他鼓励我努力工作，做出成绩。我在工作中遇到了很多困难，有工作上的、有拨乱反正工作中的、有人文思想方面的，我都要一一克服，把工作做好。学校发展很快，一方面，要恢复清华的优良传统，恢复清华的办学条件；另一方面，学校提出一流大学的建设，后勤要努力跟上学校的前进步伐，为教学科研、为师生员工提供一流的服务。没有这个一流的服务，一流的清华大学也无从谈起。我在行政处工作将近10年，在街道办事处工作将近10年，努力创造性地工作，为清华大学的发展、为教职工的生活，想方设法做好服务管理工作。学校领导非常重视后勤工作，当我汇报到有人认为街道后勤工作不重要时，王大中校长说，你们的工作很重要，不是可有可无，而是三分天下有其一。他还为我们题词，要我们以

1995年王大中校长为街道工作题词

街道为中心,打造清华大学一流的社区服务体系。我为此写了文章,刊登在学校的杂志《清华大学教育研究》上。

  当时的清华大学改革开放刚起步,拨乱反正任务很重,有点儿百废待兴的意思。我一方面积极进行思想体制制度等方面的建设,一方面用改革的办法把各方面的服务与现代化的要求相联系,创造高质量能满足教学、科研、职工生活服务的各种条件,在汽车交通、幼儿教育、社区服务、教室服务管理、学生宿舍服务管理、伙食服务管理、老人服务管理、电话通信服务管理、老龄大学、老龄互助社服务管理等方面改革创新;提倡优质服务,服务育人,加强管理,提高工作效率,制订岗位职责,加强队伍建设。特别是对队伍的思想用现代化后勤服务管理理念武装后勤职工的头脑,用制度把它固定下来,和奖惩待遇联系起来,使得后勤服务的精神面貌、质量数量都有很大的提高。汽车队由原来的开老爷车变成了开优质清廉的服务车。教室服务,由原来的无岗位职责和岗位规范、无纪律要求到职责分明、规范标准服务、自觉服务,使质量和效率大大提高。电话服务,由原来的几百门电话发展到几万门,极大地满足了教学科研和师生生活的需要。在社区服务、老人服务方面做到了"有求必应、不说不""不因事小而不为,不因利小而不为"。还经常开展一些适合老人特点的活动,使老人们在身体上和心理上得到极大满足。有一位院士说,我们现在退休了,党又给我们多了一份关心,我们多了一份放心。当一个老同志拿到老年活动奖状时说,我一生得到的奖状很多,但是没想到老了又得了这样的奖状,我非常珍惜。有一个老同志家门口的一块砖活动了,怕出安全事故,社区服务很快就给他修好了。当他知道其中一个服务人员(女同志)和他母亲是同姓的时候,他流出了激动的热泪。他说,母亲是关心我的,现在没有母亲,又有党更关心我了。老龄大学学画画、学书法、学诗词,学员们心情非常愉快。他们高兴地形容,头堆雪,墨染青,老(龄)大(学)这边情更浓;山不语,鸟无声,有圈有点写人生。幼儿园从教育理念、教育环境、师资队伍到园务管理都向现代化幼儿园作了大幅的改进,还在校长和香港友人的支持下投资1000多万元,按照教育的理念重新建设了幼儿园。杨振宁教授说,清华大学幼儿园是世界一流的幼儿园。老龄互助社的活动丰富多彩,有座谈会、纪念会、生日会,还有参观游览,有不定期家访,特别是对一些同志开展有针对性的家访。比如,两院院士张光斗先生,他和老伴儿都有点身体不适,老龄互助社的工作人员,有的有医疗资质,每天专门拜访,了解服药情况、饮食情况、精神状态,并提出建议,叮嘱注意事项,对他们的康复起了很好的作用。老龄互助社针对这些特殊人群还提出了"特事特办、一日一访"的原则。学校领导非常支持这样的活动,提出对于老龄人员,特别是有贡献的专家做好服务,在人员和经费上要"特事特办、不计代价"。这些,对学校、对教学科都研有非常大的好处。

三、为学校建设建言献策

清华大学前校长梅贻琦有一句名言：所谓大学者，非谓有大楼之谓也，有大师之谓也。此话不假，清华的大师成就了清华的宏图伟业。但是，一个大学没有好的教学楼，没有好的教学设备、好的实验室、好的学生宿舍、好的食堂也是不能成为一个好的大学的。随着改革开放的深入发展，学校的学术交流、教学交流、办学理念的交流非常多，接待工作成为一个非常重要的工作。我向学校领导提出建议，要在学校发展一个接待的机构，建设一些必要的接待设施。要不要建招待所？建成什么样的？建在哪里？如何与清华大学的校园景观和教育理念相结合？如何筹备？经过校务委员会15次的讨论、两年多的酝酿，终于建设了一个宾馆式的招待所。它坐落在美丽的西湖岸边，和朱自清的《荷塘月色》池塘比邻而居，环境非常优美。经过技术处理，房子的高度和样式极其符合"荒岛"及圆明园的园林要求。我和有关部门积极筹措经费、学习撰写建筑任务书、协调有关建设事宜，听取后勤服务前辈的意见。1990年年初，清华大学比较早地建起了接待服务的一整套机构，一整套服务理念，设计了服务机制，建立了服务队伍，有力地促进了教学科研和学术交流。

国家改革发展要求教育快速发展，特别在招生人数上要大规模增加，为国家多培养人才。多招学生，教室食堂压力很大，但是相对比较好办。唯独学生宿舍，不但压力大，而且不能克服。一个学生必须有一个床位。国家规定研究生、博士生要住的面积大一些。学校的领导每年为解决学生住宿问题着急上火。有时候不得不挤占其他机构的房子暂时让学生住宿。学生宿舍的建设，成为学校规模发展的瓶颈。我针对这个问题组织人员对学生宿舍进行了严格的统计调查。根据国家的住宿规定、根据清华的实际情况和改革要求，提出用改革的办法解决学生住宿的建设问题。我把调查情况、改革设想、建议方案写成报告。学校领导一致同意用改革的办法，一次性解决问题。趁着当时北京市支持高校发展学生宿舍的大好形势，学校向银行贷款，一次性建设了一个新的学生生活区。38万平方米的紫荆广场宏伟壮观，一次性在数量上和质量上达到了标准，一次性解决了清华学生住宿的老大难问题。我有一个很深刻的体会：后勤服务，不是领导让干啥就干啥，不是只解决吃喝拉撒睡，不是只需要下苦力去干苦活，而是要提出带全局性的问题、提出可供决策的方法建议。紫荆公寓的建成使学校30年不用为学生宿舍发愁、使清华大学的一流大学建设厚积薄发、顺风顺水。后勤不是在后面，而是在前面。后勤不是事关局部，而是事关全局，事关方向。清华大学历来十分重视后勤干部的配置。后勤干部不是水平高低都可以，而是一定要高水平、高奉献。清华大学的领导多次说，清华管理后勤最重要的经验就是重视干部的配备，舍得配好干部给后勤。后勤设施的建设、校园环境的建设，学校总是未雨绸缪，提前规划，为长远着想，像铁路搬家、新区建设、四大建筑建设，都是在清华传为美谈的战略决策。清华大学的建立，在我们国家不是最早的。但是它后来的发展却是比较靠前的，是后起之秀，为什么呢？其重视学校的办学宗旨和设施建设是非常重要的原因。后勤的建设，不仅是解决吃喝拉撒睡，更重要的是解决办学理念、办学基础。没有这两条，学校的高水平是谈不到的。

四、深入改革，稳定大局，提高优质服务水平

20世纪90年代初，学生伙食服务管理工作迫切需要改革。当时伙食服务管理工作有3个不满意：领导不满意、服务人员不满意、师生不满意。要改善伙食服务，提高质量，又不能增加学校负担，让大家满意，改革的难度非常大。我被任命为副总务长主持这项工作。我深入食堂做了认真细致的调查，发现大家反映伙食质量不好，其实是品种数量不够多，伙食的选择性不强；说食堂晚了吃不上饭，其实不是没有饭吃，而是炊管人员没有积极性；说价格贵，实际上是伙食服务没有分出层次；食堂秩序不好，排队太长，实际是管理不科学、不精细。针对问题，我采取了如下措施：一是增加品种；二是分出伙食的层次，满足大多数，照顾两头，保持基本伙食的形态，增加特色品种、特色小吃，做到有各种特色小吃，保证现做现吃；三是改善服务质量和服务态度，比如，荤素搭配的菜分开售卖。研究主食副做的品种，推出现炒现卖，保持饭菜温度；四是科学管理，规范菜的标准和价格。过去的价格精确到分。现在只有圆角，不要分。一个牌子，一个价格，不用询价和找零钱，使排队时间大大缩短。根据心理学原理，要求对学生提意见不作解释，只作改进。允许学生退菜换菜。根据学生的需要和口味增加品种、改进技术，使学生一进食堂就兴奋点提高，胃口大开，吵嘴的事儿再也不发生了，既提高了满意度又有了管理费。实行各食堂饭票一律统一，学生不仅可以选择食品，还可以选择食堂，这大大提高了炊管人员的积极性。女生不愿意吃大馒头可以吃小笼包，解决了胃口问题，价格就不是主要问题了，而是个人的选择问题了。改革至今30年来，清华的伙食服务管理在全国一直评价较高。高校学生称颂说"吃在清华"。

建立膳友至上的理念。对任何一个事物的评价，特别是对伙食的评价，主要的不是看专家怎么说，而是看膳友怎么说。菜价管理取整，不找零，方便省时。过去菜价的算法是一铝盆菜分成100份，一份的成本就是菜价。这种做法是不符合认识

论的。人们认识问题是从客观到主观,是分析法。人要做事,总是从主观到客观,是综合法。一盆菜分 100 份,每份 0.71 元,分成 102 份,每份 0.7 元不就可以了吗?价格和品种分开选择,方便、省时间。从心理上,一个人进食堂吃饭,实际上要考虑两个问题:一个问题是价格;一个问题是品种。过去,他们不到菜台子前面是做不了选择的。到了菜台还要询价选品种。现在一个菜牌一个价格,让他们进食堂一站队就选择价格。到菜台子面前只选品种,不用对话,不用找钱。吃饭变成了精神享受,说起吃饭,让人感到荣耀、感到自豪,个人在吃饭问题上体现和享受了充分的自主和自由。伙食问题改革的意义把握、政策定位、理念明确、措施得当、宣传到位,使清华大学几万人口吃饭的大问题改革创新,提升了水平,得到了三满意的效果。我们也提高了工作的信心和自豪感。

五、积极参加校园文化建设

融入清华文化建设。人们走进清华园,文化的气息就会扑面而来,有建筑文化、人物文化、景观文化、花草树木文化、历史典故、校友文化、学校育人和治理文化,等等。这些不但每日每时教育着在校园内的师生员工,而且影响着来到清华校园的校外人员。我们做好本职工作,既是具体的后勤服务工作,也是在做校园文化。理解校园文化,学习校园文化,发扬校园文化精神,正是清华后勤人的本质所在和基

为敬老公寓拟写的对联

本特征。清华90周年校庆的时候，学校重点宣传"自强不息、厚德载物"的校训文化。我专门撰写了几千字的对清华校训文化的理解，收在校庆专辑里。学校要为敬老公寓写一副对联，我经过查阅历史资料和文献史料写了一副对联："清水潺潺颐潘鬓，华木泱泱伴青松。"这副对联写出了敬老院的性质、坐落的位置。院内青松翠柏，院外校河流淌，环境非常优美。横着看是水木清华。潘鬓是借用了历史上著名的人物典故。这副对联引起了很多人的驻足和解读。在清华大学80周年校庆的时候，我在古月堂的院子角落发现了一个木牌，上面写着"多受福祉"四个大字。额首写着"清光绪25年，慈禧皇太后御笔"，落款写的是"清大学士南书房行走，国子监祭酒，臣王懿荣"。王懿荣为什么会得到慈禧皇太后的御笔呢？御笔怎么又会落到清华园里来呢？对我们有什么意义呢？我到国子监、国家图书馆等有关部门进行了调研。清华园原来是清朝皇子的封地，著名学者陈梦雷曾经在这里组织编纂《古今图书集成》。王懿荣因病研究药材发现了刻有文字的甲骨，清华四大导师之一的王国维与其是好朋友，他们曾一起开创甲骨文的考古研究工作。郭沫若同志研究甲骨文正是在王国维先生的基础上发展的。王国维和王懿荣曾经一起在故宫任逊帝溥仪的南书房行走。一块木牌把御笔、甲骨文、清华园联到了一起。清华大学的文化底蕴太深厚了！我认真思考了这件事与校园文化的关系，然后写了一篇文章叫《我们与校园文化》，刊登在校报《新清华》上。我在文章中引用了马克思的名言：人的教育，不能只是环境的产物，应该是革命的实践。人和环境要互动，人在环境中受教育，也要给环境打上自己的烙印，使环境增加文化的色彩。

六、在工作中锻炼提高

我在清华园里成长。我从1965年考上清华大学到现在已经在清华度过了56个春秋。我的一生可以说就是在清华度过的。我在清华参加工作、参加学习，也受到教育。清华让我学会工作，学会做人。清华有无限的知识，有美丽的环境，有浓厚的人文。清华的师生自我要求很高，业务水平很高，我在学校里受到了很好的熏陶，在工作中得到了很好的锻炼。我和同志们学习中国文化，学习中国共产党的理论，学习清华文化，提高自己的思想水平和工作水平：比如，是工作选人，不是人选工作；再如，要做到宠辱不惊，不要数典忘祖。我们这届校友给清华捐建了一个叫"零零阁"的建筑。我模仿《滕王阁序》的文章格式写了《零零阁序》，登载在《新清华》校报上和《清华校友通讯》上。当时我正值"知天命"之年。我写了这样的话：水流千遭归大海，人行万里近晨昏；春蚕到死丝方尽，蜡炬成灰泪始干；人前背后谁无指，天高地厚自慰魂。我在评副高职称的时候连续3次把名额让给其他的同志。在清华园街道当书记的时候,我作为书记一把手,带领班子8年和科长享受一样的奖金标准。我认为作为排头兵,一定要走稳。在一个单位工作用嘴说怎样怎样,不如在行动上作出怎样怎样才叫人佩服。我在工作上始终做到服从组织。2003年"非典"暴发。学校刚接手的酒仙桥医院就成了卫生部指定的定点治疗医院。学校派我到那里工作,担任临时党委书记、抗击"非典"指挥部副总指挥。这项工作是有风险的,大夫护士有些恐惧。危难面前我毫不犹豫地奔赴岗位。经过50多个日夜的奋战,圆满地完成了任务,受到北京市的表扬。我在工作中不断提高自己的理论水平,学习马列主义、毛泽东思想、邓小平理论,特别是习近平新时代中国特色社会主义思想。胡锦涛总书记号召全党加强学习,我撰写了《高举中国共产党的学习旗帜》,刊登在《高校后勤研究》。联系工作实际,我注意写一些理论性、探讨性、总结性的文章。我们的社区工作和文章得到民政部领导的肯定,我受邀参加了全国社区建设理论研讨会。在工作中我注意工作的创造性,注意党的政策性,注意把党的方针政策和单位的实际情况结合起来。我注意把工作中局部利益和全局利益结合起来,把推进现实工作和

2003年5月31日,最后一批SARS患者康复出院,市委原副书记强卫、信息产业部、清华大学及卫生局的领导来院表示祝贺。左7为陈克金

解决历史问题结合起来，把解决职工的具体问题和解决思想问题结合起来，取得了很好的成效。在推进后勤服务改革的工作中，我注意把社会效益和经济效益结合起来，把体制改革和机制改革结合起来，把改革创新和队伍建设结合起来，效果很好。我在人生观、价值观上有很深的体会：人生的价值是客体对主体的关系，是为人民为党做点事儿的问题。个人的成长，荣誉不是最重要的，最重要的是社会评价、人民的评价，是心灵的评价。我们要为党为人民立功、立言、立德。回首一生，时间过得很快；回首一生，感想多多；回首一生，没干什么大事，但是，对得起党和人民，问心无愧。走在清华园，到处有自己的心血和脚印。恩格斯说过，只要灵魂得到安慰。这就是彻底的唯物史观的人生观、价值观。

2021 年 9 月

附录一

清华世纪鼎和零零阁

孙 哲

百年清华，人文荟萃。在学府圣地的清华园内，一届又一届莘莘学子毕业后留下了大量的捐赠纪念物，使校园中的自然景观和人文景观融为一体，烘托出清华校园浓厚的文化氛围。在这些纪念物中，以年级校友毕业或入学周年捐赠的纪念物尤为突出，下面列出的是几处有代表性的纪念物。

1919级校友毕业时捐赠的喷水塔（建于1919年，现位于综合体育中心西南青年广场）是清华校园最早的校友捐赠纪念物，开创了以年级校友名义捐赠纪念物的先河；1920级校友毕业时捐赠的日晷（建于1920年，位于大礼堂前草坪南端），上面镌刻有"行胜于言"；1922级校友毕业时捐赠的喷水塔（建于1922年，现位于逸夫图书馆门前）。这三尊纪念物号称早期清华校友捐赠纪念物三甲。到了近代，以年级名义捐赠的纪念物多了起来，比较著名的有清华第五级校友（1933届）毕业50周年之际捐建给母校的纪念物"三叠泉喷水池"（建于1983年，位于生物馆之南）；1958届校友毕业40周年敬献给母校的"校训碑"（建于1999年，位于图书馆老馆门厅）；中央主楼前广场名为"常青松"的五棵松，是1965届校友毕业40周年（2005年）认捐给母校的纪念物；1970级清华大学第一届"工农兵学员"捐赠的"孺子牛"石雕（建于2004年4月，位于主楼前广场西侧）；"文革"之后恢复高考的第一届毕业生（1977级）于1982年毕业时在中央主楼台阶上的石刻"一九七七级一千零一十七名同学　一九八二年"……本文特别记录的是1970届的两个年级校友捐赠给母校的纪念物——清华世纪鼎和零零阁。

一、0字班、00字班和"新工人"

1964年9月11日，清华大学举行新生开学典礼，1964级新生1631人入学，原学制6年，后改为学制5年半。1965年8月31日，1965级新生开学典礼，1620名新生入学，学制5年。这是"文革"前清华大学招收的最后两届本科生。1970年3月，1964级和1965级本科生同时毕业，统称为1970届。"文革"前，清华大学以毕业年份的尾数为级号，称为"＊字班"，1964级、1965级两个年级于1970年同时毕业，出现两个"0字班"，为区分起见，1964级称为0字班，1965级称为00字班（清华历史上仅有的"两位数"级号）。1970年3月，两个年级同时毕业分配，其中有800多人留校工作，时称"新工人"，后改称"新教师"。他们在学校的教学、科研和管理及社会服务等各个岗位上努力工作，起到了承上启下、继往开来的作用。尽管"新工人"现在已经迈入古稀之年，尽管他们之中院士、教授、研究员比比皆是，尽管现在的年轻学子对这个称号感觉非常陌生和稀奇，但作为当事人，一提起"新工人"就勾起我们毕业50年来为清华的发展而艰苦奋斗的回忆。

二、捐资兴建零零阁

清华园被誉为"全球最美大学校园"之一，而近春园又是清华园内最美的风景区。近春园荷塘环绕，是朱自清先生著名散文《荷塘月色》所描写的地方。近春园内亭台楼阁，荷塘月色亭，晗亭，吴晗塑像，临漪榭，还有假山和石桥以及校友捐赠纪念碑石……星罗棋布，交相辉映，美不胜收。近春园西南有一座小山，山顶一座典雅的仿古观景亭，名曰"零零阁"。零零阁于1996年校庆85周年落成，是00字班校友捐赠给母校的纪念建筑物。零零阁为中国古典式双层重檐观景阁，地基座为160多平方米的花岗岩砌石，石基有护栏围绕，座柱上刻有1970届00字班27个

零零阁

班级的班号。零零阁柱立八面、顶分双圆、红木起架、白玉做栏，造型古朴典雅、气势宏伟壮观，彰显00字班学子深厚而执着眷恋母校之情。匾额"零零阁"由清华大学著名书法家金德年先生题写。《零零阁记》镌刻石镶嵌于零零阁基座之上，文曰：

  本届学子一千六百二十人于一九六五年九月入学，适逢清华学制由六年改为五年，故与一九六四年入学之学长同于一九七〇年毕业。六四级学长以"零"字编班，本届学子则冠以"零零"之特称。

  值入学三十周年、毕业二十五周年校庆之际，"零零"学子会聚清华园。抚今追昔，畅抒襟怀。兹议定由全体"零零"学子捐资，于近春园荷花池畔建阁一座，取名零零阁。

  零零阁阶通四面，柱立八方，重檐攒尖圆顶象征我"零零"气概之昂扬。凭栏可近观荷塘月色，登临似远聆闻亭晨钟；忆二校门之沧桑，话清华园之巨变；华阁隽拔，人文日新；是以为记，刻石铭之。

清华大学全体"零零"学子
一九九六年校庆立

（一）母校呼唤，00字班校友请缨

  1995年是母校建校84周年。5月4日，校庆刚过，"零零阁"筹建组向00字班校友发出《关于在全校00字班校友中集资筹建"零零阁"的倡议》。倡议说出了00字班校友响应母校呼唤，主动请缨，向母校捐资兴建零零阁的原委：

  "今年的校庆是我们00字班校友入学30年，毕业25周年的纪念日子。校庆之前，校友总会和学校有关领导给了我们00字班全体校友一个十分难得的好机会。大家可还曾记得我们在校时的"荒岛"否？如今经过几年的规划和建设，这里已成为亭榭环立、水秀山青、草碧石奇、树绿荷红、早晚游人如织的近春园景区。就在这近春园遗址之南，西湖游泳池之北尚有堆土成山一座，高约10米，顶阔近30平方米，学校规划部门已决定在此山上建两层观景阁一座，落成后可雄踞于绿树丛中，登阁而眺，北有近春、南濒西湖、西傍喷池、东望静斋，整个近春园景区可尽落眼底，定会成为清华园一处新的胜景！此阁学校有意在我们这届校友中募捐筹建。能在清华园如此秀美的地理位置，用我们自己的双手，为我们这一代、也为我们的子孙后代竖起一座和我们年级的名字联在一起、又如此意义非凡的纪念物——'零零阁'，对我们这届学子难道不是良机吗？为此，我们00字班目前尚留在学校的校友，几次聚会商讨，联名向校领导呈交了一份报告，并向全校00字班校友发出倡议。目前，这一报告已经学校有关领导批准，'零零阁'已立项筹建，建筑方案的初步设计也正在酝酿之中……我们热切盼望能借这次筹建'零零阁'之机，加强相互联系，使我们中活着的每一个人都能在2000年的校庆——这个跨世纪的大庆日子，回到母校，共庆我们毕业30周年！"

倡议号召："亲爱的00字班校友！想想看，当我们用1600多颗心筑起的'零零阁'拔地而起、耸立在清华园时，或我们年级校友聚会，或我们每个人携家带口到母校一游，我们这一代，乃至我们的子孙后代，登阁揽胜，谁不触物生情，情及所至，何能忘怀零零！同学们！机不可失，时难再来，让我们携起手来共同把这件事情办好吧！"

（二）雷厉风行，零零阁一年落成

从1995年4月校庆84周年母校决定修建观景亭、00字班校友主动请缨开始，到1996年4月零零阁落成典礼只有短短的一年时间。在这一年的时间里，00字班校友雷厉风行，捐款、设计、施工，夜以继日，克服了重重困难，终于如愿以偿，他们豪迈地说，"如今，雄伟壮观的零零阁已然屹立在近春园荷花池畔、游泳池北土山之巅，丛林相拥、蔟荷衬映，游人连连、学子依依，这里已经成为清华园内又一处崭新的人文景观。亲爱的00字班校友们，历史将会永远记下我们这一届校友对母校的这一片赤诚之心！"

附：零零阁大事记

1995年5月4日，各系、各班00字班校友代表共33人联席会议举行，形成共识，一致决定动员全体00字班校友捐资建阁。

1995年5月9日，联席会议决定成立零零阁筹建组，筹建组的5位成员是：李永德（土木系）、刘国光（财务处）、史其信（土木系）、吴敏生（教务处）、张复合（建筑学院）。联席会讨论并通过了"集资办法"，立即向各系、各班分发。

1995年5月15日，举行零零阁设计方案讨论会，学校副总务长王景厚和张益对零零阁设计方案提出原则性指导意见：建设观景亭不仅对近春园景区，而且对整个校园来说都是非常重要的景点，是关系到我们这一代和子孙后代的大事。设计方案要突出清华的特色和与整个景区的配合与协调。可以做出两个或3个初步设计方案加以比较，供学校有关领导审批。建00班冯小麟校友承担主要设计任务。

1995年6月6日，冯小麟校友专程从苏州回到母校，和学校有关领导及筹备组成员对零零阁的设计原则进行了深入而具体的讨论，并对近春园景区的环境和建阁现场进行了考察。一致商定，在7月上旬提供两三个零零阁初步设计方案供校友审阅和学校领导审批。8月份拿出选定方案的施工图，9月初破土动工，计划在年内完成结构施工，第二年年开春后进行装修，力争在母校85周年校庆前落成。

1995年9月6日，学校校长、书记联席会议通过了设计方案，"零零阁"正式定名，要求明年校庆时落成。

1995年9月20日，零零阁的地质勘探工作结束，施工图已完成。对施工单位招标工作开始。

1995年10月，零零阁破土动工。为确保结构稳定，基础牢固，开挖近7米之深，9根直径为40厘米的钢筋混凝土立柱，共同支撑起一层基面平台。钢筋混凝土浇筑的地基底座30厘米厚。从基础到一层结构浑然一体，于1996年1月基本施工完毕。

1996年4月28日，在母校85周年华诞的大喜日子里，零零阁落成典礼隆重举行，近千名校友会聚，共庆零零阁落成。在校友们一片热烈的掌声和欢呼声中，老领导李传信和方惠坚为新落成的零零阁揭幕。孙继铭副校长代表学校对全体00字班校友献给母校的这份特殊礼物表示了诚挚的谢意和衷心的祝愿。

在零零阁筹建过程中，00字班校友爱校感恩之情溢于言表，可歌可泣的感人事迹层出不穷。多少人为了与遍布于世界各地的校友取得联系而耗资、费时又操心，多少人在家庭经济并不富裕的生活条件下节衣缩食，慷慨解囊捐资为母校献上这份爱心，更令人感动的是一位校友在身患绝症、生命垂危之际，强忍巨大的病痛，托付家人要办的最后一件事竟是不要忘了替她为零零阁捐款！截至1997年3月18日共收到00字班校友捐款388 481.44元，全部用于零零阁工程建设。

2020年为迎接1970届校友毕业50周年零零阁修缮一新。

三、捐资兴建清华世纪鼎

2000年，正值千禧之年世纪之交，清华大学建校89周年，0字班校友毕业30周年。4月的清华园春光明媚，在大礼堂草坪东南角、旧水利馆和旧土木馆门前的小广场

清华世纪鼎

中新添一尊具有特殊意义的纪念物——清华世纪鼎。清华世纪鼎是0字班校友捐资铸造敬献给母校89周年华诞的贺礼。青铜铸造的清华世纪鼎古色古香，古朴端庄，与充满着老清华浓郁厚重的文化氛围和历史感的四周环境融为一体，成为小广场的画龙点睛之笔。

2000年4月30日，清华大学建校89周年校庆日。上午10点钟，"清华世纪鼎"揭幕仪式隆重举行。原校党委书记方惠坚（1953届土木系）和时任中央统战部副部长的刘延东（0字班工化系）共同为清华世纪鼎揭幕。时任副校长郑燕康（0字班机械系）主持揭幕仪式，时任副校长何建坤（0字班工物系）、时任校党委副书记张再兴（0字班自控系）出席揭幕仪式。

清华世纪鼎由土建系建0班校友纪怀禄承担设计，工物系物02班校友孙哲撰写铭文，建筑系时年81岁高龄、德高望重的汪国瑜教授书丹鼎体铭文，水利系水01班校友周士渊书丹基座铭文。鼎的铸造者为南京晨光集团公司艺术制像分公司。

清华世纪鼎长131厘米，高167厘米，宽107厘米，以青铜铸造而成，重量近1吨。鼎的正面铸有篆书鼎名"清华世纪鼎"五个大字；背面铸有篆书清华校训"自强不息，厚德载物"8个大字；鼎的两侧各有上下两行字，均为隶书，分别为"母校八十九周年华诞纪念 一九一一—二零零零"和"一九六四级校友毕业三十年谨献 一九七零—二零零零"。

清华世纪鼎外面的主要纹饰为龙纹，寓意清华学子为龙的传人。鼎的四面上部正中为清华大学的标志图案，表明了世纪鼎的敬献对象。清华世纪鼎内面铸有铭文和各系系名及各班班号。

清华世纪鼎铭文如下：

千年交替，萬象更新，祖國繁榮，母校鼎盛。吾零字班同窗壹仟陸佰叄拾壹人自公元壹仟玖佰陸拾肆年入校至壹仟玖佰柒拾年毕业届叄拾年矣。值清華捌拾玖年華誕，本屆學友共襄盛舉，鑄清華世紀鼎存念，以表對偉大祖國和母校之深愛。

一九六四级校友敬立
公元貳仟年肆月

清华世纪鼎的环境设计体现了多种寓意：汉白玉基座位于8米×8米的正方形草地中央，"4"与"8"两个数字寓意0字班校友分布在海内外四面八方；汉白玉基座四周的草地上铺砌着11块相互独立的扇形花岗岩地面，每块扇形铺地上立着一座直径为40厘米、高40厘米的汉白玉石柱，共11座，代表着当时的11个系；石柱外侧刻着各系的系名，内侧刻着各班的班号。如是，0字班11个系、54个班、

1631位校友均会有一种归属感；11块扇形铺地被11块白色石墩联系起来，形成一个圆环，既寓意着0字班的"0"字，又象征着0字班11个系同学之间的友谊。

2000年是0字班校友毕业30周年，又是跨世纪之年。1999年4月10日晚，0字班部分校友代表座谈会在甲所召开，商讨毕业30周年校庆活动，刘延东、何建坤、郑燕康等12人出席座谈会，决定成立"0字班毕业30周年校庆活动筹备委员会"，郑燕康任主任委员。会议特别讨论了为母校捐赠纪念物一事。建0班校友纪怀禄带来4个纪念物备选方案，大家一致赞同"清华世纪鼎"方案。会议要求广泛征求0字班校友意见，并请纪怀禄进一步完善"清华世纪鼎"方案，绘制渲染图。4月18日晚，在甲所召开的"毕业30周年校庆活动筹备委员会"第一次全体会议确定了"清华世纪鼎"方案，讨论并决定了所需费用和集资方案。此后，"清华世纪鼎"工程紧锣密鼓而又有条不紊地顺利推进，从策划到竣工共用了一年的时间，于2000年校庆前竣工。0字班校友为母校捐赠清华世纪鼎踊跃捐款，截至2000年4月5日，共计捐款389 187元。铸就清华世纪鼎的同时还按1/8比例缩小复制了1 700尊小鼎分送每位0字班校友。小鼎内侧铸有铭文，底部铸有收藏编号。小鼎已经成为0字班校友的珍贵收藏品。

2020年是1970届校友毕业50周年，是大庆之年。2019年12月4日，郑燕康主持清华世纪鼎景观修改设计方案讨论会，清华世纪鼎设计者纪怀禄等部分留校0字班校友以及清华大学美术学院特约教师代表出席讨论会。会议决定，保持清华世纪鼎原样原位置不变，汉白玉基座由原来汉白玉石板包裹水泥芯改为整块实心汉白玉，基座下面铺砌的扇形花岗岩地面以及四周的白玉石柱重新制作，清华世纪鼎铭文重新镌刻于汉白玉基座上。修缮后的清华世纪鼎看似变化不大，实际上经历了"脱胎换骨"的变化，更加厚重。2021年校庆前夕，清华世纪鼎以崭新的面貌矗立于清华园，与日月同辉。在清华世纪鼎修缮的全过程中，郑燕康指导施工，作出了突出贡献。

"清华世纪鼎"和"零零阁"是1970届0字班和00字班全体校友捐献给母校的纪念物，表达了感恩清华母校的深情厚谊。在建造过程中，两个年级留校校友（新工人）理所当然、责无旁贷地承担起策划、组织、联络、筹款等各项任务。他们克服了重重困难，付出了辛勤的劳动，确保零零阁和清华世纪鼎建造任务如期高质量完成。

2021年8月

附录二

1965年院系名单及0字班、00字班班号

1964级（0字班）
土木建筑系
　建0 房01 房02 给0 暖0 材0
水利工程系
　水工01 水工02 水工03
动力机械系
　燃0 热01 热02 量0
农业机械系
　汽01 汽02
精密仪器及机械制造系
　制01 制02 光0 精0
冶金系
　金0 焊0 压0 铸0
电机工程系
　电01 电02 高0 发0 企01 企02
无线电电子学系
　无01 无02 无03 无04 无05 无06
自动控制系
　自01 自02 自03 自04 自05
工程物理系
　物01 物02 物03 物04 物05
工程化学系
　化01 化02 化03 化04 化05
工程力学数学系
　力01 力02 力03 力04 力05

1965级（00字班）
土木建筑系
　建00 房001 房002 0300 暖00 材00
水利工程系
　水工001 水工002 水动00
动力机械系
　燃00 热001 热002 量001 量002
农业机械系
　汽001 汽002
精密仪器及机械制造系
　制001 制002 精00 光001 光002
冶金系
　金00 铸00 压00 焊00
电机工程系
　高00 企001 企002 发00 电001 电002
无线电电子学系
　无001 无002 无003 无004 无005
　无006
自动控制系
　自001 自002 自003 自004 自005
工程物理系
　物001 物002 物003 物004 物005
工程化学系
　化001 化002 化003 化004 化005
工程力学数学系
　力001 力002 力003 力004 力005

附录三

1970年留校毕业生（新工人）名单

（2021年12月编辑组整理）

1. 此名单是根据1971年2月学校人事组"1970年留校毕业生（新工人）名单"（清华大学档案，人事处70003卷）为基础整理，原档案说明中提到总人数为828人，实际名单列入826人。此名单补充了遗漏的2人。

2. 除人事处档案，还参考了当年新生名单（手抄本）、学籍卡、《清华大学零零阁校友通讯》，以及1970届校友召集人联络群里老师们提供的线索。

3. 名单按当时分配单位以及毕业系排序。

4. 每个系的名单，按1964级（0字班）、1965级（00字班）排序。

5. 同系同级名单，按姓氏笔画排序。

一、分配到200号（核能所）的毕业生（134人）

土木建筑系

1964级（0字班）

卢有杰

1965级（00字班）

马宝民　刘凤阁　郝吉明　胡广书

工程物理系

1964级（0字班）

马振国　王文然　王克斌　王国力　王锡清　田民波　白庆中　冯嘉猷
曲成彦　华如兴　孙　哲　孙永明　孙传耀　孙忠智　苏庆善　李子奈
李志华　李善祥　何建坤　佟仁城　佟允宪　张济忠　陈嘉祥　周冬成
孟祥提　柯永荣　贾宝山　徐　勇　徐振英　梁敬信　蔡湘涌　魏义祥

1965级（00字班）

马文超　王东光　王加龙　王悦敏　王培清　王裕民　朱胜江　刘桂来
许祥源　杜彦从　杨志军　杨宝华　肖宏伶　何元金　邹彦文　张　斌
张良驹　陈振朋　金　元　金德华　周全胜　周宏余　周明林　房贺祥
施　工　栗乃志　曹必松　蔡建新　潘光国

工程化学系

1964级（0字班）

丁富新　于国凤　万春荣　王　兵　王玉春　叶裕才　朱慎林　刘　湖
刘瑞芝　孙登文　严玉顺　李如生　连祥珍　吴永和　沈子生　张凤莲
张志庚　张连芳　张建华　林登彩　周玉祥　周景春　荣泳霖　查美生
徐景明　唐春和　梁俊福　屠萍官　韩世昆　谢明高　臧希年　缪培松

1965级（00字班）

王凤林　王根栓　王瑞偏　王嘉瑞　毛宗强　白守仁　包铁竹　仲朔平
刘凤英　刘青山　刘国光　刘造起　闫双景　闫胜义　李进表　杨　武
杨基础　沈光球　沈金玉　张永清　张英侠　张荣锦　陈利建　陈德朴
林爱光　段明星　姜长印　顾吉信　徐寿颐　徐洪生　郭兰典　唐庆玉
戚太足　戚文发　梁珍贵　潘子昂

二、分配到汽车厂的毕业生（136人）

水利工程系

1964级（0字班）

王家振　卢达溶　杨小庆　陈乃祥　周士渊　宓湧民　聂孟喜　高晋占
梁青福

1965级（00字班）

王喜坤　杨铁笙　吴振宇　施祖麟

动力机械系、农业机械系

1964级（0字班）

王建民　尹尊声　刘俊杰　应金良　陈全世　孟嗣宗　赵家佑　施　寅
夏群生　徐国栋　薛德荣

1965级（00字班）

王　慧　王希成　左文辑　石耀初　李庆华　李守让　杨向宇　吴秉芬
吴贵生　何小荣　张大奎　范守善　赵奎元　秦永钧　黄德胜　萧元星
曹传福　蒋大洲　傅水根　谢起成　雷源忠

精密仪器及机械制造系

1964级（0字班）

李维康　罗传新　徐康富　隋森芳

1965级（00字班）

王小芹　王乐煦　萧贻江　吴筑平　沈　英　张启明　陈大年　罗高来

周绍平　徐　峰　高森泉

冶金系

1964级（0字班）

于惠忠　马喜腾　王水菊　王克争　王振家　王鹤泉　朱康民　刘文焕
刘金城　刘裕品　芮争家　严绍华　李先耀　李德华　吴伯杰　吴树林
何宜生　张晓萍　邵会华　林国息　郑建华　黄永聚　曹建中　程代展
谢保权

1965级（00字班）

马二恩　马兴坤　王天曦　王学优　区智明　石鸿昌　成克强　庄丽君
刘继国　安　钢　许纪民　许润贤　孙礼照　李　敬　李令全　李志强
吴敏生　何鸿志　汪展文　张学政　张复实　陆润民　孟明辰　赵柏云
姜忠良　夏云菊　黄天佑　屠世荣

电机工程系

1964级（0字班）

朱鹤年　杨启文　姜彦福　贾玉平

1965级（00字班）

王心枢　王家森　李鸿儒　吴念乐　钟约先　黄冠英

无线电电子学系

1964级（0字班）

王酉生

1965级（00字班）

薛芳渝

自动控制系

1964级（0字班）

王仁宇　李中孚

1965级（00字班）

李全盛

工程力学数学系

1964级（0字班）

刘坤林　罗豫冠　赵景文

1965级（00字班）

王永梁　李柏青　吴恩华　高晓虹　程从明

三、分配到电子厂的毕业生（108人）

冶金系
1965级（00字班）
朱张校　李友国　武庆兰　梁开明

无线电电子学系
1964级（0字班）
马丽庄　王　璋　朱维仲　邬鸿彦　刘庆华　张锦云　陈兆武　陈金凤
陈培毅　林代茂　金开祥　韩学林

1965级（00字班）
王正德　方莉莎　田立林　刘玉兰　刘海涵　刘理天　齐家月　孙　平
杜金煌　李林法　杨明杰　束明定　张兴华　张俊岭　林孝康　林惠旺
赵华凤　郝素君　侯东彦　耿天鹏　管祚尧

自动控制系
1964级（0字班）
王光海　王洪涛　王嘉贞　叶　榛　冯一兵　刘　钟　孙学敏　孙政顺
苏云清　李建桐　李超靖　杨文龙　杨春武　杨继贵　张再兴　张国煊
张金水　张贵陞　陆文娟　陈太恒　陈志良　苗玉峰　范贻昌　林福宗
杭光汉　罗建北　相士俊　姜瑞宝　班平国　郭同霖　黄贤汀　黄顺珍
梅顺良　程渝荣　蔡莲红　戴一奇　戴福根　瞿振元

1965级（00字班）
王水弟　王保印　文如珊　尹祚明　卢义明　史杏荣　边计年　朱义胜
向采兰　汤友福　汤志忠　孙义和　孙家广　李　芬　杨雪郁　邹绪春
张阿卜　陈群秀　苑春法　林功燕　周立柱　郑纬民　房小翠　赵雁南
贾培发　唐建邦　唐祯敏　黄兆树　曹谷崖　温冬婵　慕春棣　蔡月茹
薛茂华

四、分配到精密仪器及机械制造系9003工厂的毕业生（52人）

精密仪器及机械制造系
1964级（0字班）
丁天怀　王庆酉　毛乐山　龙铮山　包成玉　冯冠平　吕永令　庄企华
刘朝儒　余官正　沙淑华　宋彩功　张永贵　陈田养　陈嘉惠　武祥村
范珍良　林喜荣　周翠珍　赵亮宏　贾惠波　徐金国　郭汉康　郭庆丰

继往开来

潘龙法　魏喜新

1965级（00字班）

丁伯炬　马建生　马贵龙　王东生　王伯雄　王潞槐　毛文炜　叶蓓华
申永胜　白永毅　刘济林　齐国生　孙道祥　红　宇　杨晓延　肖举森
余兴龙　辛　暖　张一飞　张志广　段广洪　洪　钧　徐友春　徐振明
高雪放　崔瑞祯

五、分配到土木建筑系的毕业生（25人）

土木建筑系

1964级（0字班）

王　林　王志浩　王余生　刘振海　刘增全　纪怀禄　杜文涛　张玉良
郭玉顺　黄祥村　葛　仲

1965级（00字班）

王凤祥　史其信　包　薇　吴天宝　张复合　张惠英　陆正禹　范素珍
郁　峰　金伯良　周　坚　聂永丰　倪进昌　崔国文

六、分配到水利工程系的毕业生（11人）

水利工程系

1964级（0字班）

许洪元　李仲奎　张福墀

1965级（00字班）

李一深　李树勤　张思聪　陈乃君　柳宪斌　唐德玲　韩文亮　谢树南

七、分配到动力机械系与农业机械系的毕业生（60人）

水利工程系

1964级（0字班）

张学学

1965级（00字班）

李立勤　杨瑞昌

动力机械系、农业机械系

1964级（0字班）

王云山　王锦标　王瑾玉　吕泽华　朱成德　任彦申　刘振荣　孙述璞
李学忠　李定凯　杨献勇　何锦英　陈世康　陈泽荣　周文华　姜学智

袁小和　顾传宝　顾利忠　徐向东　韩光明　韩敦履　谢茂清　雷树业

1965级（00字班）

马恩德　王俊杰　尹孟银　邓小雪　刘　奇　刘　颖　齐秋根　安自卫
孙之荣　孙振华　阳宪惠　李迎春　杨学岗　肖德云　吴占松　何世忠
张文法　陈昌和　赵莼善　段秋生　索沂生　郭继华　唐多元　梁秀英
童陆园　颜纶亮

电机工程系

1964级（0字班）

李福祺　郁士瀛　施惠昌

1965级（00字班）

唐　英　虞思进

工程力学数学系

1965级（00字班）

张兆芬　郭大成

八、分配到电机工程系的毕业生（87人）

电机工程系

1964级（0字班）

于新才　王　雄　王　普　王文有　王映雪　公衍道　朱向东　刘文煌
刘蜀仁　关志成　孙崇正　李兆玉　李作臣　杨士元　杨学昌　杨德发
肖田元　邱阿瑞　张乃尧　张巨洪　张志忠　张秀芳　陈　瀛　陈贯良
陈慧蓉　范全义　荣　钢　侯国屏　姜　毅　高　林　高　杨　唐光荣
唐竞新　黄立培　曹玉金　曹家喆　崔文进　崔德光　梁德全　戴德慈

1965级（00字班）

王士敏　王心亮　王宏宝　王金凤　王学恭　王建生　王树民　王赞基
尤　红　邢协豪　朱　军　华成英　刘廷文　刘春阳　刘敬申　孙梅生
麦继平　严继昌　苏鹏声　李学农　李美莺　杨心泉　杨存荣　来文占
何延生　沈锡臣　张　莹　张大力　张曾科　陈　刚　郁伟中　胡东成
宫兴林　钱利民　倪　恩　徐文立　徐国政　徐福媛　殷树勋　高上凯
唐应武　黄斐梨　曹慈惠　董名垂　焦宝文　窦日轩　瞿文龙

九、分配到四川绵阳分校的毕业生（146人）

土木建筑系

1964级（0字班）

邢秋顺　刘玉梅　那向谦　钱稼茹　倪寿增　窦春朋

1965级（00字班）

阮苏苏　陈兆祥　陈经木　祝万鹏　徐忠华

精密仪器及机械制造系

1964级（0字班）

田　芊　许熙府　李滋兰　杨惠英　何庆声　何树荣　张书练　陈家骅
高慧芬　潘安培　潘志文

1965级（00字班）

邓　颖　刘小明　李学志　吴庚生　吴瑞林　宋玉福　宋耀祖　张庆瑞
范文斌　施迎难　娄彩芸　姚敏玉　贾维溥　顾爱民　高文焕　章恩耀
廖元秋　霍玉晶

冶金系

1964级（0字班）

邓海金　孙业英　李永德　陈秀云　陈皓明　周和平　郑燕康

无线电电子学系

1964级（0字班）

山秀明　王一心　王元钊　王永吉　王纪民　王泽雨　王洪烈　王振华
王健华　王海生　王菊庭　王嵩梅　王新久　王德生　尹传平　申本奇
石昭祥　白应奎　冯正和　宁安荣　朱希夏　华敏生　刘序明　刘梦松
严樟根　李凤亭　李永明　李德坚　杨秋生　吴桂松　邱盛藩　汪健如
沈石楠　沈明其　张林娜　张尊侨　陈开元　林春应　周淑华　胡思正
栾德富　唐　昆　唐正兴　黄云森　龚正虎　崔慧娟　蒋汉生　富力文
薛保兴

1965级（00字班）

王　蔷　王仁康　王有存　王秀坛　韦乐平　乐正友　冯振明　吕洪国
庄其才　许瑞洪　孙宇华　李小英　李德杰　杨知行　吴永清　吴孟禄
吴荣治　佘京兆　邹静娴　汪　蕙　汪晓光　张茂芝　张振怡　陈金柱
陈德才　武秀玲　范正荣　罗淑云　周玉明　封照龙　南利平　徐根耀
殷立峰　高立昌　高振林　黄心元　曹振宇　崔元浩　章鸿猷　韩行洲
曾烈光　谢世钟　熊富钦

工程力学数学系

1964级（0字班）

沈金发　张素琴　郝中军　徐士良

1965级（00字班）

朱继生　李大法　谢星明

十、分配到工程物理系的毕业生（10人）

工程物理系

1964级（0字班）

沈永林　张化一　孟殿强

1965级（00字班）

马铁良　伏　亮　孙毓仁　陈章武　顾秉林　黄云祥　蔡鸿程

十一、分配到工程化学系的毕业生（15人）

工程化学系

1964级（0字班）

史士东　李昇平　杨增家　张超泉　罗保林　周　蕊　胡　平　徐永福

1965级（00字班）

朱文涛　寿祖康　李永德　周海梦　洪　炜　高光华　潘伟雄

十二、分配到工程力学数学系的毕业生（31人）

工程力学数学系

1964级（0字班）

汤荣铭　孙明珠　李志信　沈文龙　张明山　张新建　郁吉仁　姜俊成
凌均效　曹恒忠　程保荣　甄造堂　裴兆宏　薛伟民

1965级（00字班）

于和生　卫景彬　马远乐　王志岩　王希林　李春景　李荣先　吴炜煜
张凤成　张冠忠　张聚成　陈克金　罗学富　殷荣高　高小旺　常亮明
焦群英

十三、分配到基础课的毕业生（1人）

英语师资班

1965级（00字班）

刘海屋

十四、分配到修建队的毕业生（12人）

土木建筑系

1964级（0字班）

朱宏亮　焦金生

1965级（00字班）

王　珊　任爱珠

电机工程系

1964级（0字班）

陈书君

1965级（00字班）

李志康

自动控制系

1965级（00字班）

丁冬花　田金兰

英语师资班

1965级（00字班）

余文娟　周光明　徐　琴　顾莉珠

附录四

系名全称简称对照表

全称	简称
土木建筑系	土建系
水利工程系	水利系
动力机械系	动力系
农业机械系	农机系
精密仪器及机械制造系	机械系
冶金系	冶金系
电机工程系	电机系
无线电电子学系	无线电系
自动控制系	自控系
工程物理系	工物系
工程化学系	工化系
工程力学数学系	数力系

注：动力机械系和农业机械系两系合署办公，合称"动农系"

编后记

2020年，1970届的0字班、00字班迎来了毕业50周年，各系各年级各班都积极地忙碌起来，筹备50周年返校的系列活动。一场突如其来的新冠肺炎疫情打乱了同学们的美好计划，校庆日的欢聚搬到了网上。大家期待金秋时节再相聚，又因疫情未能如愿。10月8日，学校特意召开1970届"新工人"代表座谈会，校长邱勇、校党委书记陈旭出席座谈会。邱勇校长说，你们是清华过去50年发展的经历者、见证者和奋斗者。他代表学校对各位校友为学校、国家和社会作出的贡献表示祝贺和感谢。陈旭书记欢迎大家继续关心学校的改革和发展，多提意见和建议。校领导还希望校友们能动笔记录下这段历史。学校党委原书记贺美英老师一贯重视校史资料的收集和编辑，这些年组织了10多人的队伍，加大口述历史的访谈工作。她说，现在应该抓紧对"新工人"史料的"抢救"工作，趁他们还能动手动脑，多留些资料。校务委员会副主任、校友总会副会长史宗恺很关心支持此事，希望编辑一本"新工人"的回忆录，记录历史，供后人了解，并请校友总会和校史研究室派人协助。随后成立了以学校党委原常务副书记庄丽君为组长的6人编辑组。

2020年11月18日，编辑小组召开第一次会议，研究讨论本书的定位，包括组稿对象、稿件内容、征稿方式、工作进程等。会议确定征稿对象为1970届0字班、00字班留校的教师；撰写内容确定为1970年毕业留校以后本人在清华工作、学习、生活的经历和感悟；组稿采用征稿和约稿方式进行，编辑小组的4位"新工人"，焊00庄丽君、精00白永毅、光0田芊、物0孙哲分头约稿，同时通过1970届校庆召集人微信群，向各班同学发出《征稿启事》。经过一年多的努力，本书共征集编录稿件46篇。由于各种原因，一些教师未能完稿，这只能留待以后找机会弥补遗憾了。

在工作过程中，编辑小组对书名进行了讨论，书名定为《继往开来——清华园里"新工人"》，继往开来，契合"新工人"在清华一生的写照。清华大学原校长、物00顾秉林院士题写书名。书稿按照1965年清华大学行政机构设置中院系的顺序编排，同一个院系 0 字班在前、00 字班随后，同一年级按照作者姓氏笔画顺序排列。

编辑组对来稿进行了编辑和审核，与作者联系不断完善稿件。校纪委原书记、精 00 孙道祥，校务委员会副主任、校友总会副会长韩景阳对书稿进行了审核，并提出了宝贵的修改意见。校友总会黄文辉和校史研究室冯茵对文稿的收集和初步编辑，做了大量的工作。

关于附录中"1970 年留校毕业生名单"，一直以来学校在报道清华"新工人"人数时都说 800 多人，较少提到确切的人数。编辑组通过查阅档案了解到，1970 年毕业留校人数是有过变动的。目前，书中收录的名单是以 1971 年 2 月学校人事部门整理的 828 人名单为准。由于当年名单抄写不清楚，有不少错误，加之"文革"中一些人改名等原因，编辑组花了大量时间进行核实、纠正。其间得到 1970 届各系各班多位联络人的热情帮助，在此向他们表示感谢。

2021 年 12 月